大学问

始于问而终于明

守望学术的视界

熙丰残照

北宋中期的改革

萧瀚 著

·桂林·

熙丰残照：北宋中期的改革

XIFENG CANZHAO：BEISONG ZHONGQI DE GAIGE

图书在版编目（CIP）数据

熙丰残照 ：北宋中期的改革 / 萧瀚著. -- 桂林 ：广西师范大学出版社，2025. 1（2025.3 重印）. -- ISBN 978-7-5598-7530-3

Ⅰ. K244.05；D691.42

中国国家版本馆 CIP 数据核字第 2024ME1049 号

广西师范大学出版社出版发行

（广西桂林市五里店路 9 号　邮政编码：541004
网址：http://www.bbtpress.com）

出版人：黄轩庄

全国新华书店经销

广西广大印务有限责任公司印刷

（桂林市临桂区秧塘工业园西城大道北侧广西师范大学出版社集团有限公司创意产业园内　邮政编码：541199）

开本：880 mm ×1 240 mm　1/32

印张：15.125　　　　字数：370 千

2025 年 1 月第 1 版　　　2025 年 3 月第 2 次印刷

定价：98.00 元

献　给

我的父亲叶林山

我的母亲陈名斌

自　序

从2020年1月起念到2023年12月底杀青，写这本书花了整四年时间——虽然最早动手写作其中的章节要晚至2021年中，并且在此次出版过程中，我删掉了原稿的三分之一，其间无暇进行其他问题的研究。

这本书虽不能让我自己完全满意，但依然期待来自读者的思想碰撞——是的，我需要向读者证明，在数千篇王安石变法的论文中，在上百部同题的专著或传记中，这本书并非纯粹浪费油墨和纸张的陈词滥调。

我对熙丰变法尤其是熙宁变法（熙宁变法是指王安石执政的熙宁年间的变法，熙丰变法则包含熙宁变法和宋神宗亲自主持的元丰改制）的考察，首先将其置于2132年（前221年—1911年）的皇权时代大朝代中通常都会出现的中期改革系列，同时也赋予了熙丰变法历史独特性——它不仅有着与汉唐明清等大朝代中期财政改革相似的部分特征，更有着完全属于熙丰变法自身的全面性、系统性、超前性。

宋代尤其北宋，时常被认为是2100多年帝制时期文化成就最高的朝代，本书在赞同此说的同时，对宋代的政治文化特性进行了我自己的解说。通过对其诸多政治制度创新和成例的梳理，本书认为宋代之所以取得那么高的文化成就，源于其自身独一无二的政治智慧。

太祖黄袍加身得帝位后，对皇室宗亲、外戚、旧朝遗臣、开国武将、逃荒百姓、四面强邻可能带来的威胁，使用金钱和地位的赎买政策来解决。宗亲不涉政但待遇优厚，旧朝遗孤、遗臣终生受优待，武将以兵权换富贵，底层百姓荒年入厢军以解生存之忧，对强邻则以岁币换和平。两千年帝制时代，只有宋代是以利益交换的方式来维护内政与外交的稳定与和平，而不是一味地依靠暴力颟顸统治。

本书因此将宋代的政治性格定义为“赎买政治”。这种具有极大包容性和宽容性的政治智慧与政治性格，是日后规模空前之大变法无可争议的政治底盘，也是王安石这样空前绝后之雍容大儒得以产生的政治文化基础。

所有重要的历史活动与历史行动，在根本上都是人的行动，而人的行动根本上是人的观念和思想在现实中的投射。因此，研究这场规模空前的大变法——熙丰变法，尤其是前期的熙宁变法——对于改革总设计师王安石的思想的了解与理解就变得至关重要。荆公新学在近年的宋史研究中已是成果辈出，本书原先对王安石思想的展述在出版过程中做了必要的压缩，仅仅对王安石思想中与改革密切相关的部分做了简要的概述。其中的一个重要内容，便是早在20世纪初就有萧公权等学人注意到他的“功利主义”思想，本书则将其具体化为“朝廷与人民分利思想”——王安石并非如许多人所认为的褒赞或贬斥意义上的国家主义者（我自己以前就曾批评他为国家主义者），以及王安石向往三代之治所构想的“准民族国家”改革思路。本部分内容与当前荆公新学研究现状不同，这是本书的工作本身决定的。

正是基于北宋政治文化的独特性以及由此产生的王安石思想的独特性，本书对熙丰变法进行了全面的梳理和考察。虽然已有成果中，对有关熙丰变法的研究，已有较为全面的展示，比如梁启超、邓广铭、漆侠、刘子健、叶坦等重要学人不可绕过的重要作品。但这些研究主要依然集中于若干传统领域,比如财政改革、经济改革、军事改革,并且对这些传统领域的研究,也常常未能注意到一些属于系统性改革的部分,而轻轻略过。

比如刘子健先生十分重视的吏士合一政策(仓法,即后世所谓重禄法),并不是梁启超、邓广铭、漆侠、叶坦等学人重视的;梁启超先生十分重视的熙宁变法中设立分科学校的创新政策,也并非漆侠等其他大部分学人重视的;再如,“一道德,同风俗”这一试图确立国家—社会伦理共识的努力,在不同学人笔下,解读的结果是完全不同的,赵冬梅教授就将“一道德,同风俗”解为王安石消除异议的思想专制主义做法;又比如,关于熙丰变法时期台谏制度以及党争问题,许多学人都意识到其严重性,但对于台谏到底起了什么样的作用,是好作用还是坏作用,以及党争到底是怎样加剧乃至成为压垮北宋最后一根稻草,则异论纷纭;还比如,王安石在工商领域的改革,既有市易法等后人几乎一致反对的错误政策,也有未能引起人们多少注意的反对榷禁、推广招标扑买制度、解除铜禁等而理应获得更多关注的优秀政策;再如,元丰改制中的相权改革到底意味着什么,这是余英时先生巨著《朱熹的历史世界:宋代士大夫政治文化的研究》中虽然讨论了南宋权相问题却未能触及元丰改制的制度暗锁而错误归因的重大问题……诸如此类的问题非常多,不能尽列,可以说,这些都是为本书所重视的,因为本书的一个重要目标,是要展示熙丰变法尤其是熙宁变法在中国改革史上空前的系统性特征——割裂了的看似并没有那么重要的政策,在整个系统改革中可能却是十分关键和不可或缺的。这种系统性的考察,使得熙宁变法的几乎每一项政策在本书中都获得了它自身单独价值之外的溢出价值。

熙丰变法到底是成功了,还是失败了,向来也是众说纷纭,但以失败论为其主流。本书对熙丰变法既进行了全面的实效考察,也进行了单项的实效考察,还对其后来的流变进行了简要梳理,与主流的成见(成见未必就是偏见)经常是不一致的。本书并且认为,考察熙丰变法的成败需要两个维度,一是其现实的政策效果,二是其最终的政治成败。前者是复杂的,一语不能尽言;而后者是简单的。宋神宗驾崩后变法政策就基本上被废除,政治上当然就是失败了。本书专辟一章以当代经济学中的制度经济学方法对熙丰变法进行了其成本、收益的考察,目的是更为明晰地了解这场变法的综合成败。

由于本书对熙丰变法的叙述和展论与传统主流方法,以及与20世纪初、20世纪80年代以来的方法均有不小差异,因此对熙丰变法中两派政治人物的看法,也与主流有相当的不同。尤其因为涉及对政治人物政治品格的讨论,既不能完全以现代政治伦理苛责古人,也不能完全以陈腐的皇权氏族伦理为古人糟糕的政治行动背书,同时还涉及具体的制度性激励与阻碍因素,因此对新旧两党政治人物都进行了应有的复杂性考察。

需要提及的是,如许多前人早已注意的,北宋神宗哲宗两朝因受党争荼毒,官修史书常常很不可靠,有“神哲无信史”之说,因此在史料选择时雷区极多,这也是对两朝政治人物评价与主流观点差异大的原因之一,本书尽可能使用多方互证的史料,少量地方会进行必要的考辨。新旧党政治人物考察这部分内容在涉及吕惠卿、章惇、曾布、司马光、苏轼、苏辙、范纯仁、吕公著等人时,都与古代和当代主流史评颇为不同。

上述就本书相异于同题作品的概述,并不能替代本书三十万字的具体论述与论证过程,但书已经呈现于此,剩下的就交给读者了。

是为序。

2023年12月10日

目　录

第一章

帝制中国的皇朝中期综合征

作为一个总的基本制度，中国古代的帝制皇朝持续了2132年（前221—1911年），但在这近2200年的漫长岁月中，中国经历过统一和分裂的折磨，经历过战火的爆锤，更经历过一次又一次的皇朝鼎革、朝代更迭，达数十次之多。这些朝代的国祚长则二三百年，短则数十年，除非像秦朝、隋朝这么短命的皇朝，国祚稍长点的朝代，其从生到死，常常会经历许多相似的阶段。

当代著名思想家金观涛、刘青峰伉俪曾在他们1984年出版的《兴盛与危机——论中国封建社会的超稳定结构》一书中提出中国古代社会的超稳定结构及其周期性震荡回归稳态假说，解释自秦以来中国两千年的皇朝历史。[①] 此后，虽然历史学界主流迄今并未完全接受这一假说，但也并没有出现更让人信服的宏观假说体系。

金刘命题无疑给人们思考历史与现实增加了新的思想养分，从这一历史哲学中可以引申出大量新的命题。在长达2100多年的历史中，几乎每个国祚超过百年的朝代，都可以见到相似的皇朝轨迹，例如皇朝初期的休养生息，皇朝中期的瞎折腾、抑兼并、自我改革，皇朝晚期的经济虚假繁荣、皇朝末期的横征暴敛……皇朝轨迹中不同皇朝每个阶段的

---

① 金观涛、刘青峰：《兴盛与危机——论中国封建社会的超稳定结构》，长沙：湖南人民出版社，1984年版。

具体做法虽然有诸多差异,但大体上依然是相似的。

西汉231年(含新莽)、东汉195年、唐代289年、宋代319年、明代276年、清代267年,国祚接近或超过200年的这六大朝代,它们的兴衰轨迹最能代表皇权时代中国的政治经济文化历史结构。这些朝代经历了类似的兴衰轨迹,从建政初期的休养生息到皇朝中期的内外折腾,再到内外折腾之后的衰落,回光返照式的晚期虚假繁荣,及至最后的内外交困与崩溃,都有着极大的历史镜像性。

一、六大皇朝中期综合征

在这一常见的连续剧式的帝国兴衰图景中,人们很容易注意到其中的一个环节,就是皇朝中期的各种政治经济文化景象,它们一般始于帝国前期的最后阶段,一直延续到帝国后期的早期阶段,逐渐过渡到帝国晚期和末期。这个阶段的皇朝,很容易让人感受到某种帝国荣光,它们往往在经济上比较富裕,军事上强盛,文化上强势,统治者充满自信,朝野上下一派舍我其谁的昏然顾盼自雄。此外,由于皇权缺乏有效的制度性约束,遇到昏庸的皇帝,朝政往往落入各类权臣之手,从而引发政争以及由此而来的腐败型乱政;遇到好大喜功的皇帝,则伴随着帝国虚荣的还将是帝国前期各种相对自由、包容、稳定时代的结束,前期帝国因相对休养生息积累的朝野财富,此时因帝国虚荣或腐败乱政所加强的征敛与颟顸摧折而浪费虚耗,人民的生活日渐脱离旧有相对安宁的轨道,直到有一天,帝国发现人民已处于民不聊生的艰难境地,帝国财政吃紧,往昔的荣光已经不复存在。

(一)西汉:海内虚耗的皇朝中期

西汉在文景治世之后,进入汉武帝刘彻时代。公元前 141 年,武帝即位,年仅 16 岁,汉文帝的皇后窦太皇太后(也就是武帝的祖母)临朝,继续文景时代无为之治的道家政治,六年后,即公元前 135 年,窦太皇太后去世,汉代正式进入汉武帝时代,这一年距刘邦称帝建立汉朝的公元前 206 年是 71 年。《史记·平准书》说:"汉兴七十余年之间,国家无事,非遇水旱之灾,民则人给家足,都鄙廪庾皆满,而府库余货财。京师之钱累巨万,贯朽而不可校。太仓之粟陈陈相因,充溢露积于外,至腐败不可食。众庶街巷有马,阡陌之间成群,而乘字牝者摈而不得聚会。"①此时的西汉至少国家财政相当雄厚。窦太皇太后在世时,约束汉武帝,不让他实施虚荣扰民的儒家政策,现在汉武帝可以完全没有顾忌了。22 岁就掌握了帝国最高权力的高智商年轻人会做什么,常人很容易会想到:政治经济文化全方位地加强中央集权(以"推恩令"削弱地方诸侯、收地方盐铁归中央专卖、打击富户、独尊儒术),发动汉匈战争,征服南方东瓯国、南越国、闽越国、卫满朝鲜等,并置郡县,册封夜郎国、滇国等。汉武帝在位 54 年 325 天,汉匈战争就进行了 44 年。

这位穷兵黩武的所谓"汉武大帝",亲政 48 年,打仗打了 44 年,先后任用了 13 位丞相,其中除了三位正常死亡,其他四位被免职,三位被逼自杀,三位被直接处死;不但文景时代留下塞满各种钱粮的巨大国库已成空库,就是刘彻自己的私房钱(少府)也都花光了,帝国人口减半,陇西 200 多万流民不堪压迫与困苦,遂起

---

① 《史记》卷三十《平准书》。

身造反……帝国似乎有风雨飘摇之相，于是公元前89年，聪明的汉武帝下了“轮台罪己诏”，对自己数十年来的胡作非为做了貌似诚恳的忏悔，并且从此一改穷兵黩武为安民劝农的国策。这是西汉不但没有迅速灭亡甚至不久即迎来昭宣中兴之治的重要原因。司马光《资治通鉴》对汉武帝有一段非常著名的评价：

> 臣光曰：孝武穷奢极欲，繁刑重敛，内侈宫室，外事四夷，信惑神怪，巡游无度，使百姓疲敝，起为盗贼，其所以异于秦始皇者无几矣。然秦以之亡，汉以之兴者，孝武能尊先王之道，知所统守，受忠直之言，恶人欺蔽，好贤不倦，诛赏严明，晚而改过，顾托得人，此其所以有亡秦之失而免亡秦之祸乎！①

司马光对汉武帝的这段评价有前后自相矛盾之嫌，“孝武能尊先王之道，知所统守，受忠直之言，恶人欺蔽，好贤不倦，诛赏严明”云云与前面的批评“孝武穷奢极欲，繁刑重敛，内侈宫室，外事四夷，信惑神怪，巡游无度，使百姓疲敝，起为盗贼，其所以异于秦始皇者无几矣”如何并存？这很大可能是因为汉武帝崇儒政策符合司马光的口味，不过他有一点说对了，至少晚年的汉武帝知所进退，及时止损，既能悔悟，还能安排好后事，尤其是安排好后事，这是相当不容易的。显而易见，如果汉武帝没有那么无边的帝王虚荣心——“武王开边意未已”；那么西汉中期不会遭受那么严重的伤害，人民的生活不会被挤压到忍无可忍的地步。正如邝士元所说：“有三十二年，汉武帝几乎是年年出师，讨伐四夷，即有一两次不出师，也派遣使节出国，可以说是一个长期战争时代。而战争是最费钱的，当时所需战费之多，是不难想象的。在这个时期，

---

① 《资治通鉴》卷二十二《后元二年》。

主持财政,唯一的任务就是筹战费。所以,桑弘羊的财政政策,实际就是战时财政政策。”[①]将民生逼入一个战时状态,在除了自然力约束权力几无制约的古代,尽可能地刻敛百姓就是必不可免的。

(二)东汉:皇权内乱的皇朝中期

东汉的“皇朝中期综合征”与西汉不同。东汉和帝刘肇在位(生于79年,88—106年在位)期间进入中期时代。东汉自和帝开始,之后所有皇帝都是幼冲即位,在他们或夭折或成长后亲政的过程中,都不可避免地频繁发生外戚、宦官、朝臣之间的权力斗争,这是东汉自中期以后一直延续到灭亡的基本政治特征。即使在如此特别的朝政特征中,皇朝中期综合征照样发作。

相比较而言,汉和帝刘肇比他父亲汉章帝刘炟(56—88年)更有能力,章帝继承了爷爷光武帝和父亲明帝较为清明祥和的帝国,却不知节制地引入外戚之祸,和帝刘肇虽然年幼,却一举荡平跋扈干政的外戚(92年),帝国权力从乱象回归稳定。和帝掌权的这18年里,亲政14年,其间亲贤远佞、轻徭薄赋、简政宽刑,成就“永元之隆”,东汉国力臻于鼎盛,史书上对他也颇多赞词,但这是享国195年东汉的最后荣光了。

因为和帝27岁就去世了,继位的殇帝刘隆是三个月大的婴儿,皇权落入新外戚邓太后与其兄邓骘集团之手,八个月后,殇帝夭折(106年),其12岁的堂兄刘祜在邓氏拥立下继位,是为汉安帝,皇权仍归邓氏之手,直到121年邓太后死后,27岁的汉安帝(被夺权了15年)才亲掌朝政,此时的帝国,边患、灾害、民变频仍,安帝开启了东汉下坡路的旅程。由于和帝慧眼识珠,他的第

---

① 邝士元:《国史论衡》(上册),上海:三联书店,2014年版,第166页。

二位皇后邓绥邓太后虽过于揽权，但总体上可算德才兼备的天才政治家，故其统治期间继承了和帝的事业，但在重视名分的古代，女主临朝统治得再好也难服众，稳定中已是危机四伏。

安帝后再历八帝，即前少帝刘懿（？—125年，继位半年即夭折，外戚拥立）、汉顺帝刘保（115—144年，在位19年，宦官拥立）、冲帝、质帝、桓帝、灵帝、少帝、献帝，东汉遂亡。这期间，安帝之后，东汉江河日下，朝政不是归于外戚就是落入宦官之手，直到桓灵时代两次党锢事件，士大夫阶层遭重创，东汉再无起死回生的可能，即司马光所谓"士类歼灭而国随以亡"[①]。

东汉自和帝驾崩后，政治权力即已日渐腐化（虽然邓太后临朝很大程度上延缓了这一进程），宦官、外戚轮流执政，互相残杀，置民生于不顾，而上层统治者的贪婪和挥霍并不消减，再加镇压羌族的战争靡费民力钱财，以至于国民经济几乎崩溃，被人们讥为"三空"——"田野空，朝廷空，仓库空，是谓三空"[②]。

东汉的这一权力内乱型"皇朝中期综合征"很大程度上是中国历代皇朝中期综合征的另一种常见类型。其基本特征便是皇帝昏庸（包括冲幼等皇权继承带来的问题）导致大权旁落，以至于无论执掌者是否公忠体国，都会引发权力斗争，这是名分引发的权力斗争，对帝国的日常政治伤害很大。安帝时代，外戚邓氏家族掌权下皇朝运行得还不错，但邓太后迟迟不肯归政安帝导致她死后邓家被灭族；顺帝以来梁冀专权十多年，朝政不堪，直到159年桓帝时将其剿灭，之后皇权落入宦官之手；第一次党锢之祸后一度掌权的窦武等外戚派，公认是朝中君子，行事遵从法度，但宦官们并不买他们的账，并且仗势胡作非为，这必然导致双方正邪

---

① 《资治通鉴》卷五十六《孝灵皇帝上之上建宁二年（己酉）》。

② 《后汉书》卷六十六《陈蕃列传》。

交战，此时，愚蠢的皇帝通常就会站在乱政者的一边，桓帝也没有例外。一个皇朝的清流就这样被逐渐摧残殆尽，朝政昏乱，民瘼无依，最后，灭亡就只是个时间问题了。

（三）唐朝：皇位继承最不稳定的皇朝

唐朝自618年建政后，经过太宗贞观之治和高宗永徽之治后，朝代前期的辉煌结束，690年，武则天篡位称帝昭示着皇权继承正式进入动荡时代。武则天执政16年后的705年，宰相张柬之联合禁军发动神龙政变，中宗复辟；此后，皇权继承继续动荡，直到712年唐玄宗扫平了太平公主的势力后，唐代皇权继承才稍恢复平静。然而，这种平静只存在了短暂的43年，安史之乱再次将唐帝国抛入权暴泥淖；之后，除了唐宪宗（805—820年在位）十几年的所谓“元和中兴”，唐代迅速滑入宦官乱政和藩镇割据的双重权乱中，这一状况一直持续到907年朱温废哀帝称帝建立后梁，唐朝灭亡，国祚289年，其中还包括了将近十年的黄巢之乱（875—884年）。

简要梳理唐朝历史就可知，这个中国历史上著名的大唐帝国，近三百年的国祚中，中央权力稳定掌控全局、帝国内部和平，这样的时间总和竟然不过百年而已，而持续和平稳定的时间则更短，而且一次比一次短。皇室权力更迭波诡云谲，甚至腥风血雨，虽然未必都会直接影响全社会，但中央权力的不稳定，必然导致其施政与变政的草率，社会政策变得极其不稳定。例如，武则天为了维持自己的权力，大力发展酷吏，提倡告密，这种权力行为不可能不严重败坏社会风气。天宝兵变之前虽是一片繁荣景象，但唐玄宗个人的骄奢淫逸、不理政事，也不可能带来清正的施政效果——宰相李林甫专任“寒族、蕃人”为边将之策亦被视为安史之乱在政策上的源头之一。不稳定的权力，以及在宦官、外戚、朋党、节度使等所有权力乱源的共同摧残下，社会经济就像航行在波涛汹涌、水流湍急的大海上的一叶扁舟，随时会倾覆，帝国财政也因此时荒时丰，唐中后期实行两税法虽是多方因素共同的结果，但与唐朝的权力内乱频仍也是相关的。同时，权力不稳定的区域性以及唐朝特别突出的权力割据性质，也导致了经济中心逐渐南移至江淮、两浙、闽广，从政治上说，这是中原地区长期权乱的自然后果。

（四）宋朝：敢于全局更革的皇朝中期

宋代的情况比较特别。这个朝代处于中国中央集权大大加强而皇权较为理性的时代，同时它也是中国历史上唯一推崇并践行了士大夫政治的朝代，在中国历史上具有标杆性的意义。太祖、太宗两任开国皇帝，通过兴科举推文治、不杀大臣及言官、完善台谏制度、重整军制、隔绝外戚与宦官，使得宋代的士大夫政治与中央集权几乎完美结合，终宋一代，没有发生过武将、外戚、宦官专权的政治事故。即便如此，宋代依然有自己的“皇朝中期综合征”，这与其特殊的国际关系相关。太祖、太宗兄弟都是喜欢用赎买方式进行统治的皇帝，他们对文臣武将如此，对外夷如此，就是对难民也是如此（荒年募兵）。赎买作为一种国策，推行时间越久，其制度冗余或者说制度垃圾就堆得越多，越需要清理，“冗官、冗费、冗兵”这三冗问题就是所有领域赎买政策产生的制度垃圾，到仁宗时代（1023—1063 年在位）的皇朝中期，已是极其严重。到神宗继位的 1067 年，宋代国祚已过百年，神宗上台伊始，心急如焚，稍事休整，即请名高数十年的王安石主持变法。从熙宁二年（1069）到熙宁九年（1076），王安石从参知政事（副宰相）到同中书门下平章事（宰相），主持变法，对宋代的政治、经济、军事、文化整个制度进行了全面的变革，但由于自仁宗朝以来，朝廷原本就持续了多年的党争，再加改革的部分举措湍猛、政策难尽如人意，由此引发空前的党争，王安石辞相去位后，神宗亲自主持了元丰改制，既对官僚制进行了精简，并以强化皇权为目的进一步强化了相权。历史上将两段时期的改革并称“熙丰变法”。熙丰变法本身不能说是失败的改革，虽然它在有些方面存在问题。这一改革的表面财政聚敛其实很大程度上是以提高农业和工商业生产力为基础的，其中有些政策的失误也是可修正的，但因宋神宗不到38岁就去世，并且没有能够像汉武帝那样安排好后事，以至于人一死，新法就出于政治原因被非理性地废除；更为糟糕的是，宋代士大夫政治从元丰年间神宗独裁之后开始，逐渐走向反政治理性的党争内讧式的没落，神宗死后，来回碾压式的党争就淹没了此后的宋代朝廷；元丰改制导致了产生权相的概率大大提高，北宋后期开始直到南宋灭亡，宋代中后期盛产蔡京、秦桧、韩侂胄、史弥远、贾似道等权相并非偶然。许多历史学家都将熙丰变法视为宋代开始走向没落的转折点，这不是没有道理的，至于将靖康之祸归罪于王安石变法则是没有根据的，这场大宋帝国全方面制度变革以及自救行动的失败是一场政治失败，而不是变法本身的失败。靖康之祸，祸在神宗元丰埋下的敌对式党争到哲宗高太皇太后摄政的元祐时发挥光大，至哲宗亲政的绍圣时则已是自然延续，再到徽宗统治时期，则已经完全摧毁了朝廷的正常政治，国势焉得不败？若无外敌，宋代国祚或可超319年，但因为这样的党争，他们自己也能整垮自己。在这319年的帝国阳寿中，自中期开始的三冗问题，并没有引发严重的帝国危机，故问题虽在，但发作缓慢，直到神宗朝的熙丰变法刮骨疗毒几已成功，却被意气之争的党争毁了。公允地说，宋代以变法自强来解决皇朝中期危机的方式在各朝各代中可谓独树一帜，其努力可歌可泣，其功败垂成也让人唏嘘扼腕。由于熙丰变法是宋代揪发自提的改革，宋代皇权、相权、监察权三权的关系又错综复杂，再加变法的政策存在一定缺陷，而政治继承问题一直都是极难解决的，故熙丰变法的成功改革想要持续地保持，其概率非常低。

（五）明朝：皇帝集权与宦官乱政的皇朝中年

明清两代是中国历史上皇权独裁专制最严重的两个朝代，明太祖朱元璋从加强皇权入手，将中央朝廷所集的权力几乎全部转为集中于皇帝，甚至为此直接废黜宰相制度（1380 年），被黄宗羲《明夷待访录》痛斥“有明之无善治，自高皇帝罢丞相始也”[①]。朱元璋、朱棣父子在此基础上进一步摧残宋元残留的士大夫政治，折辱大臣的廷杖遂为定制。废黜宰相制度，另设内阁制度，此皇权独裁对皇帝个人无论身体还是智力、品德都提出了极大挑战，最终导致了权臣与宦官轮番弄权的双轨制。史学界通常认为明英宗正统年间是明帝国由盛转衰的关键时期，正统六年，即 1441 年，第六代皇帝 13 岁的明英宗朱祁镇在登基六年后终于开始亲政，仁宣之治结束，帝国开始切换为小朋友的好大喜功折腾模式。英宗“不负众望”，不到一年，实际皇权即落入宦官之手（对于一个 14 岁的少年来说确实难免，除非他是秦始皇、汉武帝或清圣祖这样的权术天才），明代开始了第一次宦官专权。1449 年，在宦官王振怂恿之下，英宗亲征瓦剌，遭土木堡之变，被生擒掳去，但得礼遇。新都不久的北京也遭瓦剌攻打，在于谦等大臣领导的抗击下得以保全。景泰八年（1457）夺门之变英宗重登帝位后，除了对当年拥戴景泰帝的大臣们进行残酷清洗，其他施政还算理性清明，但好景不长，七年后的天顺八年（1464），明英宗即驾崩。此时离

---

① ［明］黄宗羲：《明夷待访录·置相篇》。

大明立国96年,宪宗朱见深、孝宗朱祐樘两朝的成化、弘治这41年,在明史中往往被忽视,而实际上多有可圈可点之处。以明宪宗统治的23年论,一方面,成化年间的朝政因明宪宗宠幸万贵妃而衍生出包括宦官专权的诸多昏乱之象(比如西厂、皇庄、传奉官);另一方面,因前代的财富累积以及明宪宗本人的宽宏大量,民生未及受扰,这对于古代中国人来讲是十分重要的。明孝宗朱祐樘的18年弘治政治,在历史上则可谓有口皆碑,被视为明代276年国祚中朝政最好的18年,所谓"弘治中兴",明孝宗朱祐樘本人也被历史学家们称道,甚至被视为与汉文帝、宋仁宗齐名的古代三大仁君之一。但弘治这18年显然也已是明朝最后的清明之治,明武宗开始,剩下的这140年,明朝都在走下坡路,历经武宗、世宗、穆宗、神宗、光宗、熹宗、思宗,朝政污浊,宦官专权、党争竞起,经济民生屡扑不振,直到被李自成农民军和清军灭亡。

(六)清朝:中年依然健硕的皇朝

清朝国祚268年,与历史上其他朝代不同的是,第一,这是个继承了明代皇权独裁专制的异族政权,专制皇权制度已相当成熟;第二,因为对于皇权获得的合法性缺乏自信,清朝自动汉化,而且清朝皇帝总体上相当勤政(专制地勤政),不论能力;第三,清代入关后的前四代皇帝(清世祖、圣祖、世宗、高宗)的统治,历时150年,其中康熙和乾隆两朝即历时121年,在稳定统治方面,多有可圈点之处。虽然从圣祖康熙后期开始,朝政有废弛之象,所谓"唯至末叶,吏治稍偷,经济变动颇剧,物价渐昂,人民资生,顿感不易"[①],但并没有严重问题;世宗雍正期间的14年,虽然是高压,但亦可算励精图治的时代;高宗乾隆并非庸碌之辈,故直到乾

① 邝士元:《国史论衡》(下册),上海:三联书店,2014年版,第802页。

隆晚年,帝国才因其好大喜功而呈颓废没落之相。总体而言,清朝没有像历朝那样进入中期即开始问题重重,而是大大地推迟了危机的来临时间,仁宗嘉庆元年(1796)爆发的白莲教起义可视为帝国由盛入衰的转折点,此时离大清入关已有152年。自鸦片战争开始的晚清最后70年里,烽烟四起,包括太平天国运动以及西方列强入侵、革命党反清,其间有47年是在慈禧的实际控制之下,她去世后三年,清朝就灭亡了。

终大清一朝,有康熙这样可算既雄才大略又勤政爱民、仁心不移的千古一帝(此为相对之论,并不妨碍他是个独裁者),而且在位时间长达61年,为历朝帝王之最;高宗乾隆虽然远没有达到康熙这样的成就,且有好大喜功、滥兴文字狱的大过,但在一般治理上也做得不差,宽猛相济、不竞不绒,且同样统治时间长达60年(名义上退位后又继续统治了四年,其实是64年),在他统治期间,清朝国力臻至巅峰。所谓"康乾盛世",若以郭成康教授的《康雍乾盛世历史报告》的时间起讫法,则是指从康熙二十三年(1684)到嘉庆四年(1799)的这段时间,时间竟长达115年,这是中国历史上持续时长空前的盛世。成就这一皇权专制时代盛世的因素是多方面的,有政治上稳定之功,这包括康熙年间在政治文化上的高度汉化带来的民间顺服,皇位继承制度上清世宗雍正确立密储制度,官僚政治上清世宗实施密折制度,这都给皇权中央集权的政治稳定加强了有效的保障;此外,又有马铃薯、番薯、玉米等农作物在晚明传入中国带来的人口易养之经济原因;还有到康熙二十三年(1684)为止平定西部和北部"四夷"后国际地位上空前强大的因素。这些因素共同促成了跨越百年的所谓"盛世",即使对汉人一直奉行高压的专制政策。然而,即便是大清也没有能够成为千年帝国,盛世余晖落尽之后仅用了一百余年便轰然倒毙,但这一跨越百年的盛世时代依然是皇朝中国历史上最辉煌的一页。清朝之前历朝的皇朝中期综合征,在清朝不但只是有限发作,且症状相对较轻,发作的时间也大大延后。

二、皇朝中期综合征的成因

从上述简要胪列中国各个大朝代的皇朝中期由盛转衰状况,可以较为清晰地发现一些普遍现象,即承平日久的帝国,其实病灶多多。各朝开国初期,权力的行使方式通常比较温和亲民,只要政策稍有延续性,就能够在短短的五六十年里至少造就一个经济上有较大发展的帝国。随着经济的崛起,帝国病从皇朝中期就会开始显现,或是皇位继承无序引发动乱,甚至是长期的动乱,比如东汉、唐朝、明代;或是帝王个人热衷于开疆拓边,日常权力颟顸无忌,造成连年征战、国库空虚、民生艰困,比如西汉;或者是受制于自上而下的朝廷自我革弊无力,不但自救无能,甚至会将帝国往泥坑里再推一把,这几乎是所有朝代的问题,每个朝代都有帝国承平带来的官僚机构膨胀问题,以及相应的权力行使方式的混乱和财政适应能力的减弱。这所有问题都会带来政治经济民生文化外交等一系列危机。

几乎每个朝代都会发生帝国自救的行动,尤其到中晚期问题非常严重的时候,但这种揪发自提的自救,通常难以从根本上解决问题。西汉昭宣时代、唐玄宗前期及德宗改革、宋熙丰变法、明万历初年、清同治中兴,都曾有历史上的高光闪耀之时,但也都未能延续帝国的落日余晖,短暂的辉煌之后,就继续迅速地滑向深渊。像清代康雍乾三朝即达近135年之久,而且三位帝王均未出现因严重昏聩而乱亡朝政的,2100多年的帝制中国仅有清代一例,绝大部分朝代到这个时候已经积弊深重、左支右绌,即便是在皇朝中期能够遇到像东汉和帝、明孝宗弘治那样好皇帝的概率都极低,2100多年里屈指可数。

从各朝历史具象中看到的皇朝中期病象虽各有不同,但其发病阶段上的相似性却反映了皇朝时代相似的病理,概括起来不外乎下述几项:权力约束问题、中央与地方权力行使的有效性问题(尤其是行政和司法)、皇权继承引发的政局稳定问题、财政汲取能力与社会经济的难以协调、官僚胥吏集团腐败问题等。

(一)集权与极权:缺乏约束的权力

中国历代的权力都缺乏约束,这成为中国古代治乱循环的起点。权力的性质决定了无论是皇帝,还是太后,抑或外戚、宦官、权臣在内的任何人,只要没有外在的硬性约束,掌权者鲜有谨慎节制善用权力的能力,即使如唐太宗这样的贤明皇帝,晚年也是一昏再昏地乱来,康熙这样的千古一帝晚年也被立储问题搞得焦头烂额。然而,秦以来中国古代的皇朝,恰恰没有确立严格限制皇权的制度,历朝皇帝们偶尔有个人厉行的节制性运用权力或朝政运行中约定俗成的制约皇权惯例,都没有能够成为刚性的皇权约束制度,随时会被打破。

因皇权缺乏长效、制度性的健康制衡,皇权滥用不节制、恣意行使权力的现象,是各个朝代从立政到灭亡时刻存在的普遍现象,而在皇朝中期时,随着朝廷国库日渐充盈,皇权滥用现象更是密集、频繁以及程度加深,其最严重恐怖的典范就是汉武帝暴君型好大喜功为开疆拓土耗竭民力——这当然也与汉代的皇权更缺乏约束相关。

中国在宋代之前，名义上至高无上的皇权尚处于相当不稳定的制度状态，换句话说，皇权的制度化程度还不算高，在具体行使过程中，不确定性问题尤其严重。无论在中央朝廷横向的权力关系上，还是在垂直的央地权力关系上，皇权在绝大部分情况下，都尚未具备全面的集权能力，虽然它在秦始皇、汉武帝等少数暴君手里对社会具有极大的集权伤害性，但总体而言，汉唐时代无论地方权力，还是朝廷上大臣们的权力，都具有一定的自主和独立能力。这种未被集权的外泄权力，同样具有在其自主和独立范围内的缺乏制约问题，落实到日常社会生活中时，它就呈现出更繁复也更难以捉摸的特征，这是汉唐时代，外戚、宦官、藩镇、党争轮番伤害帝国权力统一行使，也伤害人民日常经济民生的原因。

宋代吸取前代教训，通过重文轻武、分散事权、科举制等手段，建立了高度集权的中央集权制度，除了没能消除党争，历代屡发的外戚、宦官、藩镇专权问题都得到了很好的解决。明代继承宋代中央集权制的同时，拒绝了先进的士大夫政治，将其改造为皇权集权制，并且留下了程度比前代弱的宦官专权；而清代在明代基础上进一步加强皇权集权制，尤其是清世宗通过密储制和密折制以及若干财政政策等制度化努力，使得皇权集权制臻于基本完备。

至此，除了皇权可以为所欲为，其他权力至少在理论上都丧失了独立自主肆意妄为的能力。在这一皇权的集权过程中，永远没有权力的依然是人民，自上而下的权力内部约束，并不能解决权力滥用、残民以逞问题。因此，皇权集权无法根本上解决两汉、唐、宋、明、清六大朝代的皇朝中期问题，清代皇朝中期综合征爆发时间延后有着极大的偶然性（康雍乾三朝皇帝才能杰出、执政时间超长），不足为恃。晚清慈禧专权这个案例，或许可以说明明朝那样才是更普遍的皇权集权制下的帝国规律。

（二）难以完善的皇位继承制度

秦始皇上睥三皇五帝，下藐黎民众生，结果现世报出现在帝国继承人问题上，二世而秦亡，西汉高祖一死就被吕后和外戚僭权，东汉从和帝开始皇位继承一直陷入幼帝魔咒，而唐代为皇位继承问题经历的腥风血雨当是历朝之最，宋代虽相对平稳得多，但依然有惊悚时刻，明代则因争夺皇位而爆发内战、幼帝受制于宦官，由此，皇位继承危机成为皇朝时代最严重的政治死穴，无论朝廷还是人民，历朝历代都为此付出无量的血的代价。皇朝中期的各种危机中，由皇位继承危机引发的全局性危机，可谓比比皆是。汉武帝号称雄才大略，可是他亲手逼死了贤明的太子；东汉和帝之后，冲幼之帝均面临宦官与权臣僭政；唐代则从太宗夺嫡之后，皇位继承从未真正稳定过，其震荡一直持续到唐朝灭亡；宋代虽有惊无险地度过了皇权继承的所有惊悚时刻，但因继承人冲幼引发的女主临朝问题依然带来皇权行使的正当性质疑；明初叔侄皇位之争引发内战、中期英宗与代宗景泰帝争位引发的血案，也都无可避免地造成了政局与民生的动荡；千古一帝康熙晚年为立储问题心力交瘁，到死都没有完全安排好皇位继承问题，其晚年的储位之争，朝廷为之动荡，余波一直延续到雍正继位之后多年，到乾隆年间才彻底平息。清世宗建立密储制，以为可以一劳永逸地解决皇位继承问题，结果实行了150年即遭慈禧1861年的辛酉政变而终结。2100多年的皇朝史证明了，帝制时代不可能存在完备的皇位继承制度，密储制能够对付大部分的不确定因素，但依然无法解决继承人冲幼问题。

皇位继承危机引发的政治混乱对帝国的影响常常是全方位的，举凡人事、财政、日常政策、民生，均在受影响之列。皇朝中国的皇位继承问题终2100多年无法解决,究其根本,还在于皇权官僚制这种专制政体本身的内在缺陷,换句话说,这是一种制度和制度文化的基因缺陷所致。

在韦伯的支配社会学中,皇朝中国属于一种家产官僚制,其核心则是"家产制",即国人所谓"家天下",这必然涉及继承问题,而其中最重要的便是权力,即皇位继承问题。在2100多年的中国皇朝史上,皇权的合法性虽然根本上来源于武力的胜利,但历朝历代却不肯承认这一点,而将武力上的胜利置于天命即由开国君主所代表的所谓朝代的"德性"之后。这种皇权合法性人为前置的天命论形成了一种权力服从的卡理斯玛(Charisma),如韦伯所言,"卡理斯玛,从一种独特的个人天生禀赋,有可能被转化为某种资格,此种资格或为(1)可让渡的,或为(2)可追求的,或为(3)不是附着在个人身上,而是联结在官职的拥有者或制度性的组织上,而不论所涉者何人"①。虽然以立朝开基所必须具备的现实的卡理斯玛论,唯有开国君主能够拥有,但开国君主所拥有的这种卡理斯玛在结合人类的繁衍观念时,就被赋予了其血缘上的一定传承性,即韦伯所谓"卡理斯玛之即事化最为人熟知的情况是:相信卡理斯玛可以经由血缘纽带来转移"②。家产制下的皇权继承便是基于此。但开国君主的后代,无论有无、多寡、性别等问题都会呈现各种情况,单一的某项制度都可能导致失败,由此,自西周创立以来3000年间,中国的王权和皇权都实行宗祧继承的皇位继承制度,即根据后继者与开国君主之间的血缘亲疏关系

① 〔德〕马克斯·韦伯:《支配社会学》,康乐、简惠美译,桂林:广西师范大学出版社,2010年版,第298页。

② 〔德〕马克斯·韦伯:《支配社会学》,康乐、简惠美译,桂林:广西师范大学出版社,2010年版,第298页。

确定皇位继承人。宗祧继承制中,虽然嫡长子继承制在清代以前都是最主要的继承方式,但其实际的效果则很有限。学者谭平曾对西汉以来继位皇帝超过6个的15个朝代进行了统计,发现总计185个皇帝,“其中,绝对意义上的嫡长子继位的59个,相对意义上的嫡长子继位的21个,非嫡长子继位的105个。以上三者占总数的百分比分别是:31.89%;11.35%;56.76%”①。而他同时对自秦至清各朝也进行了统计(十国与十六国除外),“在中国从秦至清二千余年的历史长河中,只有2/5的皇帝是依靠嫡长子继位制登上皇位的”②。其中除了受君主男性后代的有无、多寡等因素影响,还广受权力分配平衡的干扰,举凡后宫、外戚、宦官、军人、权臣、民变(这常常直接导致改朝换代)都常常会是直接影响皇位继承的重大因素。皇帝常常既要设置储君,又得防备储君,因为权力的本性决定了储君既可能是巩固皇权的,也可能是削弱皇权的最重要力量。这就造成了皇帝们在安排皇位继承问题时十分矛盾。“秦始皇、汉武帝、唐太宗与康熙帝,都是中国古代雄才大略之君。……这四位杰出帝王各自处于他人无法替代的重要地位。可是,当他们处理皇位继承问题时,却无一例外地出现失误,有的甚至一筹莫展,窘态百出。”③杨珍教授此处所谓四大杰出君主处理皇位继承的“失误”,事实上要复杂得多,这些被视为豪杰的人物一旦当了皇帝,几乎都会变成雄猜之主。他们在安排皇位继承问题上,与其说是失误,不如说是无法在保权和放权、分权取得兼顾性、协调性平衡的结果。作为最高权力的集权者,皇帝们

---

① 谭平:《中国古代皇位嫡长子继承制的计量分析》,载《成都大学学报(社会科学版)》,1998年第4期,第31—32页。

② 谭平:《中国古代皇位嫡长子继承制的计量分析》,载《成都大学学报(社会科学版)》,1998年第4期,第31—32页。

③ 杨珍:《清朝皇位继承制度》(修订版),北京:学苑出版社,2009年版,第6—7页。

通常对任何外来的放权和分权企图与可能性保持高度警惕，是所有皇权禁脔中禁忌级别最高的禁脔。任何具有可预期性的皇位继承人，都会成为皇权的分割者，从而往往引发朝廷势力的变化；而任何无法预期的皇位继承状况，则可能会引起朝局不稳。秦始皇、清圣祖等在此问题上的失败，均来自既恐惧失权又恐惧朝局动荡的心理，两相纠结，就左支右绌、顾此失彼了。

自春秋以来，历代由君权和皇权继承问题引发的血腥政变不计其数，皇室亲人间为此反目、杀戮者也史不绝书，这是中国皇权史上的"东宫诅咒"（太子居东宫）。皇权作为一项遗产时，它所具有的魔力和魔性，它所激发的人性的黑暗，是任何其他利益无法比拟的，故争位必然血腥。开国君主的卡理斯玛随着时间推移递减，其随着血缘传递的皇权合法性也随之衰减，既表现为皇权继承人的候选范围不断扩大，也表现为皇位继承过程的复杂性和凶险性增加。历代皇朝用各种方法努力消除皇室、后宫、外戚、宦官、军队、权臣、民变等几乎所有皇位继承的干扰因素（比如宋代、清代），但没有哪个皇朝真正成功过——这是专制政体下不可能解决的问题。

（三）败多成少的财政中兴

财政是任何政权存续的基础命脉，它常常直接决定帝国的存亡。当代财政史学家刘守刚先生说过，皇朝时代的中国，"皇朝中期大多会进行财政制度改革"。又说"大体上，一个皇朝能否延续较长时间，取决于皇朝中期能否'中兴'，而皇朝能否中兴又在相当程度上取决于中期财政改革是否成功，即实现'财政中兴'"[①]。由于对地方各种势力缺乏合理和有效的约束，各个皇朝初期通过

---

① 刘守刚：《家财帝国及其现代转型》，北京：高等教育出版社，2015 年版，第 120 页。

授田形成的一家一户式小农经济(宋代是个罕见例外,建政之初没有立田制,而是保护现状),到中期时一般都已遭到强取豪夺土地者的破坏;同时,皇室靡费、宗室膨胀、官场腐败、吏治污浊,也都成为国库的蛀蚀者。因此,为了确保朝廷财力,皇朝中期朝廷常常会迫不得已进行财政制度改革。改革的常规思路不外两种:抑兼并,以恢复土地的分散占有,使得人民能够正常承担赋税;或者重新清丈土地、统计人口,将无田户的负担转移到有田户,落实"履亩而税"。前一种方法很难实现,如果要强行实施,朝廷与民间豪强常常两败俱伤(比如西汉、宋代),东汉则是朝廷几乎完败。此外,各个皇朝试图通过一般性的开源(比如卖官鬻爵、开矿、盐铁茶酒专卖,宋代熙宁变法在开源领域所获得的巨大成就是个罕见的例外,但只有少数史家重视)和节流(比如压缩皇室开支)来争取收支平衡,但往往杯水车薪。因为中期的官僚机构膨胀、吏治腐败、开支靡费,尤其是遭遇对外战争等,所有这一切都很难通过一般性的开支调整和常规赋税收入解决问题。由此,宋代和清代,皇朝中期的财政制度改革将目光投向工商业税收。

汉武帝通过利弊并存的币制改革(统一币制以及中央垄断铸币权固然有利于经济发展的一面,但借机随意通货膨胀则是抢劫)、盐铁官营、控制财货流通渠道、征收财产税等一系列国家主义的经济政策加强帝国的财政汲取能力。抢劫性的财政政策固然短期内迅速充盈国库,但也因此后继乏力。到汉武帝执政晚期,经过了44年的战争,不但国库耗尽,就连汉武帝自己的皇家财库少府也耗完。民间则更是财尽民穷,甚至整个帝国人口减半、民变四起,帝国危如累卵;若非汉武帝及时改弦更张,与民休息,帝国可能就此寿终正寝。西汉社会经济真正的大致恢复,则要到昭宣时代,元成时代则重新走向衰落。东汉光武帝崛起于豪强之间，建政于豪强平衡之间，故中央政府的国家能力一直是相对较弱的，其财政汲取能力由此先天不足，明章之际朝廷财力即已捉襟见肘；尤其是中期肇始于安帝永初年间集政经与地主武装一体的坞堡经济日渐扩张，贫民入庄园、租税进私门，中央政府不但大权日渐落于地方豪右之手，而且财政因此干涸，这种状况一直延续到东汉灭亡。唐代因长期政权动荡，中后期德宗时的财政改革，致力于落实“履亩而税”，其实行的两税法，成为后代长期奉行的财政政策。宋代中期的宋神宗—王安石熙宁变法，常常被误解为奉行国家主义征敛之法，社会各界利益都受到损害，而事实上其所奉行的是效用主义或曰官民分利主义经济财政政策，但旧党出于党争原因的非理性反对，致使改革成果付之东流，新旧党争几经跌宕，到蔡京所谓再造新法时，则已变为征敛无度，北宋灭亡与蔡京新法有着紧密的关联。明代实行洪武年间朱元璋制定的税收、劳役、物品征派的额定制度，且长期僵硬执行，这带来包括官俸极度低等公共开支严重不足问题，同时这也成为官僚集团与胥吏阶层极度腐败的重要原因；明中后期张居正理财，也无法在根本上改革这一糟糕的财政制度，只能主要在财政管理制度上下功夫，缩减开支、清丈田亩、理顺行政秩序，是其主要特点。但无限的权力造成财政制度上出现了黄宗羲《明夷待访录》中描述的历朝在前代历次合并税制基础上，不断重复征税以致税收越加越重的现象，即秦晖先生概括的所谓“黄宗羲定律”，征税无休止的明末三饷（辽饷、剿饷、练饷）就被黄宗羲视为明亡的原因。[①] 清代，康熙晚年，国家财政已出现国库空虚、地方财政不足、规礼（或称陋规，下级政府以送礼为名向上级官员行贿的一种非

① ［明］黄宗羲：《明夷待访录·田制三》。

正式财政制度)破坏正常财政等严重问题。清世宗雍正帝上台后,整肃财政纪律,除了肃贪和重新规范财政秩序(比如增设养廉银、火耗归公),在全国推行康熙晚年即已在少量地区实行的"摊丁入亩"制,将丁银均摊到地粮之内并造册征收,也是致力于解决长期无法实现的履亩而税的痼疾。这一制度对于抑兼并以均贫富、消除长期以来失地逃亡转赔现象、抵御胥吏贿赇起到了不错的效果,取消人口税也刺激了人口的增长。清世宗的整顿,为持续百年的康雍乾盛世注入强心剂,但这一健康的财政状况经不起乾隆中后期开始的再次崩坏,到晚清时因内忧外患,而财政状况步步坎陷,再次陷入巨大危机。

在这些历代的重大财政改革史里,可以清晰看到,由于多重复杂因素的综合作用,历代皇朝中期的财政改革,大多并不能完成其长远目标,即使短期内成就斐然,往往也留下长期财政乏力甚至枯竭的恶果,这往往就预示着皇朝无可避免地将会走向衰落。

(四)膨胀与腐败的官和吏

皇朝时代的中国,素以官僚制发达著称,皇朝中国 2100 多年的官僚制,也是经历了从粗陋到精细、从简易到繁复的发展过程。不管粗陋简易还是精细繁复,皇朝中国从秦制草创时,即已产生中国特色的强大官僚政治,此后 2100 多年,历朝历代不断添砖加瓦,日臻"完善",可以毫不夸张地说,中国的普通百姓,2100 多年来都是生活在地方官僚与胥吏集团统治之下的。

历史学家王亚南概括过皇朝中国官僚政治的三大特点,即延续性(2100 多年)、包容性(政治、经济、文化无所不包)、贯彻性

(弥漫并且深透社会与个人生活的所有领域)①是极有道理的。中国古代的官僚政治显然是从皇权衍生出来的,是随着各级地方官僚代表皇权统治普通民众而发生发展的。中国上古以来巫君合一的权力源头,到皇权时代赋予了皇权以巫权性的合法性传统——以二十六史为代表的官修史书,几乎在所有朝代开国皇帝的本纪中都记载了诸多光怪陆离的神迹,便是为了论证这种巫权性的权力合法性。巫权合法性的一个显著特征是强调力,其最重要的功能其实是强调不可战胜的暴力能力,以及隐含的对人民的恐吓效应,现代大儒牟宗三先生所概括的古代皇权合法性的两个维度力与德②,显然力在德前,力主德辅。这种巫权合法性顺理成章地延伸为各级官僚在地方的治理合法性,通常历代地方官除了来自上级官僚直到皇帝为止的名义上的纵向约束,在地方上并不存在横向的同级约束,宋代是唯一罕见的例外,设置了与知州品秩相同并且分权牵制、监督知州的通判,宋以后各朝虽依然设置通判一职,但其已与宋代通判的功能大相径庭,早已丧失分权制衡之功。

历代各朝,在其立朝之初,无论建政的皇帝,还是朝廷百官,都对前朝崩溃的惨烈记忆犹新,再加剧变刚过,百废待兴,财力贫弱,皇帝和官僚们都会意识到节俭和清廉的必要性,整个朝廷的人财物耗费上相对较少,因此不至于过于糜烂堕落。经过早期的数十年经济发展,到皇朝中期时,随着朝廷日渐富裕,民间社会经济日渐正常,上层人士对皇朝崩溃的警惕性逐渐丧失,多代之后的皇权继承者也难有居安思危的意识,包括胥吏体制在内的官僚体制不但日渐膨胀,而且各级地方官在本辖区独掌大权,这些都

① 王亚南:《中国官僚政治研究》,北京:商务印书馆,2010 年版,第 29 页。

② 牟宗三:《政道与治道》,桂林:广西师范大学出版社,2006 年版,第 1—4 页。

促成了腐败的滋长。这种腐败不仅仅是物质性的生活方式的腐败,也是权力本身肆意妄为的权力腐败,而所有这一切,都弥漫在整个朝廷,除了宋代因其士大夫政治给官员们带来荣誉感而别有表现,其他各朝官僚腐败形式的差异都很小:胥吏架空政府官员并残贼百姓(王安石试图通过重禄法即仓法的"吏士合一"制给胥吏提供更好的待遇解决这一问题,可谓开现代带薪公务员制度之先河,但神宗驾崩即被废除)、官员胥吏勾结鱼肉乡民(从未解决这个问题)、上下级官员形成腐败网络规避监察制度(到清世宗的密折制之后有所减弱)、中央政府对地方腐败既缺乏长效监督能力也缺乏意愿(清世宗这样基本成功的彻底改革是个例外,但其真实效果也因专制底色而有限)。腐败的官僚胥吏集团必然造成地方政治腐败、经济扭曲,不但提升民生乏力,遇到凶年时更会使得民不聊生。

总之,观历朝历代之兴衰,官僚与胥吏的腐败问题,在皇朝中国从未得到长期有效的解决,是个基本事实。

小结:泥足巨人的改革

综上,2100多年的中国皇朝时代,历朝历代的皇权大致经历了从一般的中央朝廷集权到皇权集权的强化发展,直到帝制时代结束。每一个朝代,尤其是国祚接近和超过200年的六大朝代两汉、唐、宋、明、清,也都经历了相似的立兴衰亡过程,并且在此基础上出现了皇朝内相似时段的中期危机现象(清朝的中期危机大幅度延后是个例外,但仍未脱离之前朝代的一般性兴亡律)。这一现象源于皇朝的一般性帝国结构。

2100多年的皇朝中国,其根本性的帝国结构,在整个2100多年中没有实质性改变,这是皇朝兴亡律及其附带之皇朝中期综合征的基本原因。缺乏制度性约束的皇权从中央集权到皇权集权,从这一权力源头衍生出来的各种弊端,成为既有的长期痼疾,难以更革,即使有不同程度的改善,也只服务于皇权集权,比如清世宗的密储制和密折制都只是服务于皇权。从这一根本性问题上衍生的,包括但不限于:大小权力缺乏有效的横向约束、纵向约束乏力甚至失灵、皇位继承制度不稳定、财政制度缺乏理性化能力、官僚体制和胥吏制度不断膨胀且腐败……所有的问题都带来了恶果,比如政局不稳、社会经济不稳定、土地兼并严重、税源枯竭帝国财政开始下坡、民生沉浮动荡、社会风气变得腐朽堕落等,这些恶果通常在皇朝中期时即已显现。

皇朝中期呈现的这些衰败之相,常常促成有责任心的皇帝和大臣们改革朝政,但这种非根本性的内部有限改革常因触犯整个官僚胥吏集团早已固化板结的共同利益而遭抵制,以至于在绝大部分情形下,都难以取得如清世宗那样的改革成就,虽然他的改革目的和成就也只是进一步巩固了皇权,但对于整个帝国包括对人民依然是有利的。皇朝中期的改革,长远看,通常是败多成少,但对于当时,至少在征敛上是有奇效的,如此一来,这些改革对于帝国的长远目标而言,也常常变成饮鸩止渴之举。无论是汉武帝包括币制改革在内的一系列财政政策调整,还是唐德宗的两税法,抑或明代张居正的税制合并改革,都在当时的成功表象下掩盖着长远的弊端:它们都导致了赋税越征越重的黄宗羲定律;即使像宋神宗—王安石这样大规模、全方位展开的熙丰变法(尤其是王安石在位期间的熙宁变法),也因神宗缺乏保护改革成果的理性安排而迅速被毁，同时也因改革本身存在过于超前的经济财政政策而产生一定的排异效应而一时不易健康推行。改革时常失败不说，在改革中顺利扩权的政府，征敛能力常常因此大大提高，从而激起民愤。比如，经过宋神宗亲自主持的元丰改制，皇权集权制进一步加强，却在中央集权的掩护之下，顺理成章地，宋代出现了第一个权相：蔡京。这位举着王安石新法旗帜，却在宋徽宗支持下大肆征敛的权臣，成为北宋灭亡的重要罪人之一。

所有的自我改革总是会遭遇一个悖论，即改革需要权力，而权力应当受约束，不然会作恶，旧制权力如何通过适当的权力行动构筑一个既能约束权力又充满活力的健康制度，对于缺乏比较政治制度视野的古人来讲，几乎是不可能完成的任务，古人甚至根本不可能去思考这个问题。即使如宋代开国者赵匡胤等许多统治者都想到了要约束权力，但他们思考的终点是皇权，换句话说，一切权力都应当限制，但皇权除外，这就是他们制度设想的天花板。这样的天花板下，能够建成什么样的制度大厦，不必想也能知道结果。

中国各个朝代，除了晚清崩溃前最后一次改革，其他所有改革都是泥足巨人的迈步——既然他迈不过皇权集权，就不可能迈过不稳定的皇位继承，也不可能迈过与皇权集权相应的财政制度，更不可能迈过如蛛网般无处不在的帝国官吏网络，这位泥足巨人走不出多远就会倒下；做得好的朝代如清代可以延缓皇朝中期综合征的爆发，但最终无法跳出兴亡周期的规律。

第二章
皇权补丁：两千年间的皇朝改革

一、近三千年来中国重要改革概览

自秦以来的2100多年皇权时代，正如其时间所显示，并非断然天降，而是一方面有秦孝公以来到秦始皇之集大成的创发（且不论其创发的制度之善恶性质），另一方面也有商周以来长期的政治、经济、文化、军事在制度与民俗上更革的积淀。钩沉这一历程对于理解后世中国的改革，有着重要价值，同时对于理解后世中国何以会长期困于既有的藩篱，也有着同样重要的价值。

西周以前的夏商历史，因年代久远，历史记载不确，细节稽考困难，故缺乏学界公认的信史，但西周的建立过程及其确立政治制度的历史已有诸多发现。因此，论史以西周为开端似乎是一件较为安全的事，更何况，讨论改革史这个问题时，西周史的重要性尤其不可忽视。

王国维先生在《殷周制度论》中开篇就说："中国政治与文化之变革，莫剧于殷周之际。"[①]并说："周人制度之大异于商者，一曰立子立嫡之制，由是而生宗法及丧服之制，并由是而有封建子弟之制、君天子臣诸侯之制；二曰庙数之制；

① 王国维：《殷周制度论》，载王国维《观堂集林》（上册），彭林整理，石家庄：河北教育出版社，2001年版，第287页。

三曰同姓不婚之制。此数者,皆周之所以纲纪天下。"[①]虽然这一殷周制度革命论诸观点被陈梦家认为既违背历史事实而且明为著史实为替清朝借尸还魂[②],但至少殷周时代是奠定中国数千年政治基础的时代是不必怀疑的。从政治角度看,殷周时代最重要的当是源于宗法制的立嫡与封建制,以及与之相应的诸项制度,比如世卿世禄的贵族制,以及为维护宗法等级制而制定的礼乐典章制度,以别君臣、上下、父子、亲疏、尊卑。上述制度完善于周公姬旦摄政时期,即使在西周灭亡之后,这套制度的核心内容,既维护王权,也传之后代。西周灭亡之后,礼崩乐坏,宗周被放弃,王权不复先前号令诸侯之力,成周天子仅剩下礼仪性的名义权力,实权已落到地方诸侯之手。

公元前 685 年,姜尚封地齐国发生内乱,齐襄公、公孙无知两任国君先后死于这场内乱,公子纠和小白因此爆发君位争夺战。获胜后的公子小白,就是齐桓公,不计前嫌,任用之前辅佐公子纠的管仲为相,实施谋强图霸之变法(详细内容述评见后文),获得巨大成功。公元前 651 年,齐桓公召集鲁、宋、卫、郑、许、曹等国的国君在葵丘(今河南省民权县)会盟,周襄王派宰孔参加,并赐齐桓公以周王室祭肉,承认其霸主地位,齐桓公"九合诸侯,一匡天下"的霸业臻至巅峰。

早在齐桓公改革之前半个世纪,春秋时期率先进行政治改革的是郑庄公。郑庄公虽然在加强君权、重视军改、鼓励农商方面颇有作为,且效果显著,并且一度获得小霸主地位,但因其改革的深度、广度和力度都相当有限,故在中国历史尤其改革史上并无

---

① 王国维:《殷周制度论》,载王国维《观堂集林》(上册),彭林整理,石家庄:河北教育出版社,2001 年版,第 288 页。

② 陈梦家:《殷墟卜辞综述》,北京:中华书局,1988 年版,第 630 页。

相当地位。而管仲辅佐齐桓公的改革因其所具有清晰的全局性和深刻性,以及成就齐国数十年的霸业,从而成为中国历史上的重大历史事件,也成为后世诸多国君和皇帝谋强图霸的效仿对象。

春秋时代,继齐国之后的是晋文公在晋国的改革,之后是楚庄王改革、吴越改革;战国时代,各国纷纷改弦易辙,魏国李悝、楚国吴起、韩国申不害、秦国商鞅,都受到桓管变法模式一定程度的影响,对本国进行了改革。商鞅变法甚至因其巨大成功,成为秦统一六国的前提条件。至秦统一六国前,西周和春秋时代的贵族制已相当没落,除了嫡长子继承制未遭根本意义上的动摇,封建制已逐渐被郡县制替代,并且替代过程即将完成。世卿世禄的世袭制正在日渐被更具平等性的军功选拔制替换,一个新的具有官僚制性质而非贵族制性质的官员体系也在形成过程中,西周建立的整个礼制体系正在被严刑峻法的法家规则体系取代。那时的中国正面临着一场剧变和巨变。

秦朝在中国历史上地位极其重要,因为这是一个继往开来的时代——无论你是否喜欢这样的继往开来。秦朝在制度上有多项创造,包括但不限于下述五项:一是皇帝制度,二是废除封建制行郡县制,三是废除贵族制行官僚制,四是以秦律为代表的法制,五是统一度量衡、统一文字、统一思想的文化专制主义。秦始皇的这些制度创设为建立一个中央集权制的帝国打下了基础。秦因暴政而亡,但并未人亡政息,汉高祖刘邦基本上继承了秦帝国的框架,并且在秦崩之后 70 年左右,汉武帝继承秦始皇遗绪,在秦制基础上增加了多项有利于中央集权制的制度创设,包括但不限于:一是确立中央集权的意识形态;二是颁布推恩令,继续深化郡县制改革;三是创立流官制度,防范地方官成为抗衡中央权力的势力核心；四是创立察举制，解决官员选拔问题（到隋唐时逐渐被科举制取代）；五是创立年号制度。从此，皇朝时代的中国，每一任皇帝都有自己在位时期的年号。秦皇汉武为建立和巩固皇权而在中央集权制方面进行的制度改革，在2100多年的皇朝历史中不断被加强和完善，在奴役人民方面获得了持久的生命力。秦制在新莽激进的复古改制彻底失败之后，其生命力无形中获得了某种更具说服力的加持。

三国两晋南北朝时期，中国最引人注目的现象，政治上是从豪族到门阀到士庶同流；经济上则是形成三大经济区（其中西晋太康元年即280年晋武帝开始的占田、课田和户调法令作为一项重要的经济制度改革，对后世影响深远）；国际关系上则是多民族的融合（其间北魏冯太后与孝文帝的汉化改革也是这一时期的重要事件，代表着胡汉高度融合的气象）。继北魏改革之后，北周宇文泰、宇文邕父子的改革（继续北魏未竟的均田制和赋役制改革，创建府兵制，抑佛崇儒等）对于北方的政治和文化及民族统一有着极大的贡献。这几项都为后来隋唐的统一新时代奠定基础。

581年，北周权臣杨坚以禅让之名夺取宇文阐皇位而称帝，建立隋朝，是为隋文帝。面对一个统一的北方，一个胡汉混杂的新局面，杨坚开始了全面的汉制回归与改革。杨坚为了加强皇权的中央集权能力，将原先事无不统的相权一分为三，在中央政府创设尚书、门下、内史、秘书、内侍五省，其中前三省职能即原先相权的职权内容，是中央政府的职权核心，尚书省下设吏、礼、兵、度支（后改称民部）、都官（后改称刑部）、工六部，各设尚书一人，成为对后世影响巨大的三省六部制雏形。与三省制相应，为了强化政府机制，杨坚创立了著名的政事堂议事制度、监察制度、考绩制度，这些都被唐与后世各朝继承。杨坚的第二项重要改革成就，是废除了九品中正制,代之以科举制,这是一项划时代的制度成就,在中国未来的历史中持续了1300多年,彻底改变了中国的社会结构,其选拔官员的统一规则与平等精神是值得高度肯定的,这是一项远远领先于世界许多时代的杰出制度创新(不必讳言它初创时的粗糙与不完善,至于宋以后各朝陆续改造带来的弊病则与杨坚无关)。杨坚并且进一步简化地方行政层级,裁汰冗员,加强了中央集权。经济上,杨坚推动均田制的进一步改革以劝农桑,减轻赋役、整顿户籍。军事上,进一步完善府兵制,使得皇权对军队的控制能力进一步加强。法制方面,为减轻刑罚,颁布《开皇律》,因其条文简约却全面、条理清晰,且重罚大量减少,被誉为"刑纲简要,疏而不失"。这些全面而重大的改革,使得隋初的政治、经济、文化得到了鼓励,整个社会状况迅速改善、繁荣,是为"开皇之治"。

唐太宗在隋朝改革的基础上,进一步推进、落实、完善隋文帝的政治、经济、文化、军事制度与政策。例如,亲自督促均田制的全面落实,进一步完善府兵制,在隋政体基础上确立三省六部制,并且将原有的中央集权皇权独裁制改为中央集权君臣共议制,这一改革具有深远影响,至少对后来宋代实行君臣共治制度产生了极好的示范效应。相权结构虽然继承了隋朝的一分为三架构,但相权地位明显得到提升,一改汉武帝以来尤其是东汉以来被贬压的态势,对于健康治理国家有着明显的正向激励作用。与古代其他皇帝一个重要差别,也是唐太宗成为中国古代皇帝明君典范的重要特征,是他对皇权以及治道都有极为清晰的理论自觉,表现为对制度的重视、维护法制的意志(著名的《唐律》便是中国古代法制的典范之作)以及求贤若渴的政治真诚,在中国古代皇帝史上可谓独树一帜。唐太宗甚至亲手撰写政治学名著《帝范》,系统阐述了皇帝的“职业规范”和“职业操守”以及“职业技术”，这在中国皇权史上具有划时代的意义，对后世皇权时代中国的皇帝们也产生了深远影响，甚至远播日本等国，在东亚诸国产生同样深远的国际影响。唐太宗之后的高宗、武则天、唐玄宗，也都在很大程度上继承和发扬了唐太宗的治国理念，深化其未竟的改革事业，除了劝农、轻徭薄赋等传统的标准仁政动作，扩大科举制的范围，使之在制度意义上更为稳固，因此继“贞观之治”之后，尚有“永徽之治”，武则天虽有酷吏治国的败笔，但终究是个敢于任事的杰出政治家，在其退出政坛之前，已基本结束酷吏治国的败政之举，并且开始任用贤才，由此，唐朝到玄宗时达到了“开元盛世”的巅峰大治。历史上，唐朝还有两位重要改革家，一位是刘晏，他所进行的市场化改革得到了后世的高度评价；另一位是杨炎，其在税制上的两税法改革影响深远，从此中国告别租庸调制而走向两税法。

经历了唐朝晚期的乱局和五代十国的分裂之后，中国迎来了皇权时代的巅峰朝代——宋代。两宋享祚 319 年，中间虽有北宋之覆灭与朝廷南迁之辱，但除了军事孱弱，其所取得的政治、经济、文化成就，在中国皇权史上都是空前绝后的。宋代成为中国 2132 年皇权史抛物线的顶端，绝非偶然，这与宋太祖赵匡胤在开国之初的立国改制，以及宋代后世皇帝们的继承与发挥，以及各个时代的重要制度创设、巩固及更革，都有着密切关系。举其大者，政治、经济、文化、军事，各个领域的制度创新与改革都多有可圈可点之处，并且对后世产生深远影响。宋太祖立国未久，即着手改革军事，吸取唐末兵权过重、地方军队集地方财政军政大权之教训，设置了分拆兵权、相互牵制的“枢密院—三司”体制。这一军事体制确实实现了地方无力反叛中央的军事稳定目标，但也因此矫枉过正，导致军权缺乏统一指挥、军队难以御敌的弊病，成为北宋和南宋灭亡的重要原因之一。宋太祖进一步改革中央政府机构，在继承了唐代的集体宰相制基础上，通过叠床架屋的机构设置分散事权，以加强中央集权，在倡导并实践君臣共治天下的同时，有力地遏制了权臣势力的生长（但也造成了严重的冗官、冗员、冗费三冗问题），直到宋神宗熙丰改革之后，才具备了产生蔡京之流误国权臣的制度基础。宋太宗大力推行科举制，科举制在他手中臻至成熟，稳固地成为此后任何一个皇朝的官员选拔常制，随着时间的推移，后人可以清晰地看到，这一制度重新塑造了中国社会。当然，宋代不必为明清两代几近变态的科举制弊端负责，那是明清两代自己的问题。而宋代对商业和市场的宽容态度，也是历代所无，是皇权时代空前绝后的，宋代都城汴梁（今开封）废除了宵禁政策，这是皇权时代绝无仅有的朝代，宋代的商业官营体制市易法在熙丰变法期间一度变得比较糟糕，严重干扰了原本较为正常的民间自由市场，但这个时间并不很长。至于文化，科举制的成熟推广，给宋代文化带来了巨大成就，既有继承又有创新的宋学，其影响力遍及社会政治经济文化的所有领域，并且硕果累累。宋代开国近 109 年后，即 1069 年，宋神宗任用王安石为参知政事（副宰相）开始了一场旨在富国强兵的官民分利主义的全方位改革，即迄今人们依然津津乐道的“王安石变法”或“熙丰变法”（“熙宁变法”+“元丰改制”=“熙丰变法”，元丰改制时，王安石早已不在相位，由宋神宗自己亲自主持）。这场改革规模宏大，先后颁布推行 1.均输法（1069 年 8 月）、2.青苗法（1069 年 9 月）、3.措置宗室法（1069 年 11 月）、4.农田水利法（1069 年 11 月）、5.重禄法（1070 年 9 月试行，1072 年 5 月正式实施）、6.保甲法（1071 年 1 月）、7.贡举法（1071 年 3 月）、8.免役法（1071 年 10

月）、9.方田均税法（1072 年 10 月）、10.太学三舍法（1071 年 11 月）、11.市易法（1072 年 4 月）、12.保马法（1072 年 5 月）、13.设经义局（1073 年 4 月）、14.军器监法（1073 年 8 月）、15.免行役法（1073 年 9 月）、16.置将法（1074 年 10 月），可谓遍及政治、经济、军事、文化、外交等国家与社会生活的所有方面，无论是对当时还是对后世都产生巨大影响。尤其因其改革结果毁誉不一，千百年来人们聚讼纷纭、莫衷一是，迄今依然是历史学界的显学。熙丰变法对宋代本朝和后代，甚至到现在，都影响深远：毁之者，将之与北宋的灭亡以及南宋屡出权臣败乱朝政相关联；誉之者，视之为一场无比智慧和充满勇气的超前改革，垂范千古。毫不夸张地说，宋代因有熙丰变法而成为中国皇权史上最重要的改革之朝代。且不论成败，皇权时代的后世改革，无论在规模上、深度上，还是在立意上，都再没有可与熙丰变法相提并论的改革（清末新政可视为一个例外）。

元代最重要的改革结果，可能是忽必烈创制的行省制度：在地方上设置中书省，代表中央统治地方。行省制加强了中央集权制，是对秦郡县制的一个重要补充，因此，对后世影响深远。这一制度自从元代之后，再未撤销，迄今依然——“那时的行省划分已奠定了今天中国的行省规模”[①]。由于清承明制，明清两朝，最显著的特点自然是明太祖朱元璋废除丞相制度后，中国皇权制度在原有的中央集权制基础上形成了新的进一步的皇权专制，即皇权集权制；明清的另一个显著特征，是科举制发展到巅峰状态，已成为“聚天下之英才而毁之”的人才绞肉机，同时它也使得朝政的官僚化程度达到历史高点，利弊皆在其中。史学界虽有清承明制之

① 顾奎相、陈涴：《中国古代改革史论》，沈阳：辽宁大学出版社，1992 年版，第 524 页。

公论，且大体符合事实，但尚有一些重要领域，明清各有其制。比如，清圣祖(康熙皇帝)、清世宗(雍正皇帝)1723年创立的密储制(秘密建储制)，很大程度上消弭了皇位继承通常容易引发的帝国危机(虽然这一制度被慈禧1861年的辛酉政变摧毁，但也延续了将近140年，至少保证了三代皇位继承的安全)。密折制，即授予部分大臣直接向皇帝秘密递交奏折的权力，本来是历代就有的非制度化、因人而设的临时制度，明清两朝因废除了丞相制度，密折制终于踏上制度化之路。官员的密折可以直达皇帝，使得密折制对官员们开始发挥其隐秘而强大的恐吓性功能。明太祖时创立的密折制，贯穿明朝始终，到清朝时，经过清世宗的改善，严格的制度化流程使得其保密性臻至极境，皇权的集权能力因此也臻至极境。

明清两朝，还有过几场重要的经济和财政改革。明代的张居正，可谓雷厉风行，在大力整顿官场之后，向全国全面推广30年前即已昙花一现过的旨在简化赋役制度的“一条鞭法”，财政效率上取得了极大成果，其弊端则在于一条鞭法使得征税越征越重的所谓“黄宗羲定律”也相应地变得简便易行，黄宗羲在《明夷待访录》里认为明亡就跟辽饷、剿饷与练饷这三饷派发无度相关。清世宗的火耗归公与养廉银制度，对于整顿财政纪律、减少腐败起了很好的作用。这都是明清两朝可圈可点的经济财政改革成果。

内忧外患之下，晚清进行了两次大的改革，一次是洋务运动，一次是清末立宪改革。虽然史学界通常以1894年的甲午战争中清朝惨败作为这场进行了将近35年的洋务运动失败的标志，但因其处于特殊的历史时代，以及与历代中国的政治经济改革之巨大差异，洋务运动具有极高的历史价值，它是中国数千年来第一次睁眼看西方世界的改革。紧随甲午战争之后，1898年的戊戌变法,从改革进程与具体行动上看,虽然毫无章法,并且因其鲁莽灭裂而遭以慈禧为代表的当权派剿灭,但其拯救国家的远大志向依然不容抹杀。仅仅过了不到三年的 1901 年,慈禧下诏进行晚清的最后一次改革,这场改革很大程度上可以说是中国 2100 多年皇权时代压轴性的自新自救运动,其所涉的领域遍及政治、经济、文化、军事,并且是一次前所未有的移风易俗之革命。这场改革因其自身的严重缺陷,以及清朝本身的病入膏肓,未及取得更多的成就,就在辛亥革命的里应外合成立共和国中终结,但其改革力度之猛烈、改革深度之彻底、改革速度之迅猛,都是数千年中国仅此一见的一场重大自我革命。新成立的共和国,在经历了短暂和失败的两次帝制复辟之后,开始颤颤巍巍地走向宪制之路,不能不说与清末新政具有某种政治文化的连续性和关联性。一般正史往往过度贬低晚清这几场波澜壮阔的伟大改革,但纵观历史,无论规模,还是目标,清末新政的自我改革(君主立宪制的尝试以及科举制的废除,兴办大学,与世界接轨的新式警察制度、新军事制度都是石破天惊之举,无论有多少缺陷,其价值都是不容忽视的),都是中国两千年改革第一榜。尤其是在皇朝末期,进行如此深具远见卓识的革命性变革,中国历史上仅此一例。而主导这几场改革的核心权力人物,例如慈禧太后、光绪皇帝、曾国藩、李鸿章、左宗棠、奕䜣、文祥、张之洞、袁世凯等人,也迄今尚未获得应有的公允评价。

二、皇权的补丁:中国两千多年来改革的一般特征

自秦以来的各个朝代,尤其是国祚较长的,都在皇朝的早、

中、晚各期进行过改革，有些改革甚至规模宏大，有些改革起到了激浊扬清之效，有些改革则功败垂成，更有些改革甚至直接促成了皇朝的最后崩溃。总的来说，所有这些改革，甚至包括清末最后的新政，各朝改革的目的都只是维护皇权、加强皇权，从这个意义上说，中国 2100 多年皇朝期间的改革，都只是皇权专制的补丁。这个出发点，使得皇朝时期的改革都具有某些相似甚至相同的特征，厘清这些特征，有助于更加深入地了解中国历史，也有助于从改革这个视角吸取历史教训，参酌历史经验。

（一）改革的目标：维护皇权与加强财政汲取能力

西周建立建制化的宗法制、封建制、礼乐制度，至少在那个时代就是为了王权的巩固，在事实上通过这些制度也都实现了制度化改革的目标。西周灭亡之后，春秋时代的改革，王权难以为继，地方权力兴起，从齐桓、晋文公等的图霸改革中可以得知，封建诸国也是国君们为了自身的权力稳固和本国的崛起而进行的改革。并且春秋时代的改革模式延续到战国，只是战国时代各国的改革，其黩武主义色彩比春秋时期更甚，秦国的改革既是其中翘楚，也更加体现这种特征。

进入皇朝时代之后，除了秦始皇时代严重的黩武主义特征，其他历朝至少在其初期阶段往往会抛弃黩武主义的制度结构模式，而只是构建维护和加强皇权的一般模式。比如汉初就不再实行黩武主义国家路线，而是黄老之治（皇权集权和黩武主义改革要到汉武帝时代才抬头），这从后代的历史中可以看得很清楚，后续的东汉、魏晋南北朝、隋唐、宋元、明清，基本上都是如此。朝代之初，之所以通常会摒弃黩武主义路线，根本原因是大一统。大一统使得皇权和国家都至少暂时失去了军事征服的需求，即使像宋朝那样统一得并不完整，时时处于北方异族政权威胁之下，也不愿意奉行黩武主义的国家模式。抛弃这种模式是大一统的产物,大一统至少让军事需求处于暂时休眠状态。

到了皇朝中期,早期制度运行时间久了之后,会产生大量制度冗余和制度垃圾,这些制度冗余和制度垃圾已经给国家带来严重危机,比如肆意妄为的皇权破坏了社会的安宁和正常的经济、越来越膨胀且贪腐的官场、越来越艰难的民生、越来越严重的贫富分化、越来越严重的日常不公正、法制废弛……尤其这一切倘若造成中央财政的严重危机,那么往往就需要改革。钱袋子是一切政权,尤其是专制政权存在的首要基础,这就成为皇朝中期的改革通常都跟整顿财政有着密切关系的原因。历史上那些最重要的赋役制度和财政制度改革,比如汉代的桑弘羊财政改革,唐代的刘晏、杨炎改革,宋代夭折的庆历新政、宋代的熙丰变法,明代的张居正改革,清代清世宗改革,都与整顿财政密切相关,虽然像熙丰变法其目标远不止于此,但财政依然是其重要组成部分。换句话说,财政紧张直接影响了皇权的稳固,敛财,而且是尽可能用理性的制度化方式重新安排财政制度,调整财政汲取格局和方式,以收到既能增加朝廷收入,又不至于引发难以承受的民怨之效果,所谓"民不加赋而国用饶"(虽然事实上即使不是完全不可能,但也会很难)往往是皇朝中期改革的特征。

然而,通常这样的改革成效往往有限,原有的那些帝国症状并不会随着改革消失,最多只会暂时休眠一段时间,之后便会卷土重来,而无限制的皇权及其代表地方官僚们并不会在心底里珍惜和善待人民。于是,随着时间的推移,积弊再来,且往往病势凶猛,帝国再行改革,而这时候的改革(清末除外)一般而言已经无力回天,通常只是横征暴敛的遮羞布,它通常都将面临帝国的终局。帝国晚期的改革通常都会失败,因为此时帝国的制度冗余和制度垃圾已经到了无法清理的地步——官僚胥吏集团推行针对他们自己的改革是不可能的,泥足巨人无法将自己的泥足换成钢筋铁架,倒下只是个时间问题。

皇朝时期的帝国改革,通常不直接关乎人民的利益。帝国的人民,对于皇权来讲,确如唐太宗所言,"夫人者国之先,国者君之本"(唐太宗《帝范》)。但绝大部分的皇帝是不会认识得这么深刻的,而唐太宗的这种清醒与深刻,最终目的依然是维护皇权。为此,历朝各期的改革,即使在早期时为拯救民瘼留下位置,但出发点依然是帝国财政和维护皇权的需要,这是毋庸置疑的。而到了皇朝中期的改革,则民生疾苦也得让位,朝廷财政和维稳通常是第一位的,晚期若还在改革,则更是如此。

因此,没有一场改革是从帝国臣民的利益出发的,正常的人类都无法相信,站着颐指气使的人会为了匍匐在自己面前的奴隶的利益而殚精竭虑。即使这些改革有惠及人民之处,但也只是改革目标本身的副产品,或附件,从后人的角度看,只是这附件太重要,邮件正文反倒无关紧要了。

(二)改革中的权力:从中央集权到皇权集权

秦制两千年,一个显著特征,就是随着时间的推移,总体趋势上(不排除短暂的中断,比如元朝),各朝皇权越来越重,直到最后从中央集权制转变为皇权集权制的明清体制。

秦始皇虽然试图建立皇帝独裁的体制,但因其继承了严刑峻法的战国法家黩武主义遗绪,故二世而亡。汉初在吸取秦亡教训后,在最初的70年间进行了大规模的制度更革,且在汉高祖刘邦、吕后、汉文帝、汉景帝、窦太后执政期间,基本上实行了与民休息、相府施政这一较为合理的权力安排,帝国因此繁荣昌盛。但汉武帝亲政之后,即实行了加强皇权独裁的制度安排,皇权主义以及半黩武主义的执政路线，导致了皇权时代中国的第二次加强中央集权制改革。但皇权—中央集权制的制度模式，因以丞相为代表的中央政府并未完全稳定地服从于皇权，即汉宣帝所谓“霸王道杂之”的状态，这一过程经历了相当漫长的时期，魏晋南北朝、隋唐都在很大程度上继承这一遗绪。其间虽然经历了包括东汉光武帝对皇权的扩张和对相权的破坏、隋文帝和唐太宗对相权的分拆，皇权分量的加重并不十分严重，而中央集权制的一般性制度结构也没有极大地加重中央集权。宋代是个重要的分水岭，宋太祖以分拆权力部门和分散事权的制度形态，使得中央集权的程度大大加深，宰相的权力被大大削弱，到宋神宗元丰改制之后，宋神宗通过增加宰相人数降低相权的同时，却又通过将三司权力重归相府而在实质上扩张了相权。但宋代总体上的君臣共治模式并没有遭到根本性破坏，君权和相权之间总体的权力均衡也没有遭到破坏。元代忽必烈学习汉制，在其中央权力的制度架构中，丞相地位十分突出，这使得名义上独裁的皇权与拥有实权的相权之间的关系无法正常平衡，忽必烈死后，皇权与相权长期激烈冲突，直到皇朝覆灭。

皇权分量加重这一趋势到明代时由朱元璋裁撤相府(洪武十三年即1380年)收官，黄宗羲所谓“有明之无善治，自高皇帝罢丞相始也”[①]。说的就是这件事。朱元璋废除实行了1600多年的丞相制度，六部直接向皇帝负责。自此，在接下来的530年皇朝史上，皇帝独裁成为一项常规制度，中国皇朝时代最重要的权力安排模式，从中央集权制转为皇权集权制。朱元璋设置的内阁，只是皇帝的秘书班子，从权力名分上看，包括首辅在内的内阁大学

---

① [明]黄宗羲:《明夷待访录·置相篇》。

士只是皇帝的私人助手，并不掌握权力，只是权力的现实运行，常常使得内阁辅臣们攫取了权力，尤其是那些有能力的权臣，例如张居正。清朝在顺治和康熙两朝，权力主要由皇帝及其内阁掌控；清世宗时（1730年）设立的军机处，演变成与明代内阁相同功能的机构，而内阁反倒失去实权，内阁大学士只有进入军机处才能协助皇帝参与国政处理，军机大臣们也和明代内阁辅臣一样，无品级无官阶无俸禄，但因其直接辅佐皇帝，所以权力极大。清朝灭亡前夕的1911年，军机处才因清末新政设立西式内阁而被废除。

（三）选官制：从粗糙到精密

两千年皇朝时代的另一个显著特征，是官僚制的变迁，经历了一个从粗糙到精密的过程。这个过程不仅是官僚机构数量的不断增加及其精密化过程，还是官员任免与考核制度的不断精密化过程。

苏东坡曾对古代的选官制度有个简要概括，他说："三代以上出于学。战国至秦出于客。汉以后，出于郡县吏。魏、晋以来，出于九品中正。隋、唐至今，出于科举。虽不尽然，取其多者论之。"[①]他的这一概括大致符合历史事实，其中论及秦朝的选官制度，以"出于客"为主，也大抵不差。秦朝继承了商鞅以来的选官制度，按黄留珠教授的考证，"商鞅变法后入仕的几种主要途径，构成了秦仕进制度的主体"[②]。包括保举、军功入仕、以客出仕、客卿、吏道入仕（推择为吏或考试取吏，由吏入仕）、通法入仕（通晓法令者入仕），其中后两种，即吏道入仕和通法入仕在秦的最后六

① ［宋］苏轼：《论养士》，载《苏轼文集》（第一册），孔凡礼点校，北京：中华书局，1986年版，第140页。

② 黄留珠：《秦汉仕进制度》，西安：西北大学出版社，1985年版，第75页。

年里成为选官制度的主要方式[1]，可见秦朝原本有意实行一种高度平等化的法家入仕制度，如果不是迅速灭亡，可能会提前建立起以考试和通法为基础、更为平等的选官制度，虽然那只是秦朝这个恐怖帝国官僚制的一项统治技术。

汉代的选官制度很大程度上也继承了秦朝的吏道入仕制度，即使是后来确立的察举制，也有着"推择为吏"的遗痕。不过，这种表面上的相似背后有着显著的意识形态差异。文帝开启察举选官制时，虽无十分明确的意识形态，但显然与秦代法家的刻薄寡恩与冷血治国明显相抵牾，到武帝该制度成熟时，已是明确的儒家意识形态，孝廉、贤良、文学、明经、至孝这些察举科目都一目了然地反映了儒家观念。察举制分为常科和特科两种，常科是一种每年都举行的岁举科目，包括孝廉（由郡国官员按孝子廉吏的标准察举人才的科目，是最常见的察举制）、察廉（限于已仕官员，选中后通常担任县长至县丞级别的官员，比茂才低）、茂才（原称秀才，为避光武帝讳而改，东汉时成为岁举科目，举主多样，被举茂才任职高于孝廉任职，举孝廉时常成为举茂才的前置程序）、光禄四行（即九卿之一的光禄勋推举有敦厚、质朴、逊让、有德等四种品行的人为官）。察举的第二种科目为特科，特科包括两种，一种是常见特科，包括贤良方正（德才兼备之士）和贤良文学（德才俱佳之儒生），另一种是一般特科，包括明经（通晓经学）、明法（通晓律法）、至孝、有道（通晓方术或被认为有德之士）、敦厚（出现天灾人祸时皇帝为了表示罪己纳谏选拔人才而察举）、尤异（治绩极佳的官吏）、治剧（治难治之行政区成绩突出的官吏）、勇猛知兵法、明阴阳灾异（懂阴阳术数者）。

---

① 黄留珠：《秦汉仕进制度》，西安：西北大学出版社，1985 年版，第 76 页。

魏晋南北朝期间,皇朝中国实行的选官制度是九品中正制。东汉末年,郡崩国裂,天下大乱,魏蜀吴三国鼎立,鉴于人才选拔的困难,曹操不拘一格选拔人才,“九品中正制”遂得其雏形。曹丕得帝位后,因伪禅让之得位不正,也让曹丕及其大臣有着强烈安抚旧朝官吏和求取人才的需求,故魏国于文帝黄初元年(220)就率先实行“九品官人”法。司马光《资治通鉴》卷六十九《魏文帝纪》载:“尚书陈群,以天朝选用不尽人才,乃立九品官人之法;州郡皆置中正以定其选,择州郡之贤有识鉴者为之,区别人物,第其高下。”因中正官的设立,这一选官制度在后世通常被称为“九品中正制”①。这个制度的大致内容是,在地方郡国设置中正一职(唐长孺先生说:“中正由司徒选任,而司徒也有兼中正的。……中正主要的任务是评定人物,除此以外还有委任州主簿及从事之权。”②),参酌乡里的“乡邑品第”(宫崎市定将之命名为“乡品”,

---

① 日本汉学家宫崎市定认为,宋代以来,中国史学界将“九品官人法”称为“九品中正制”之后,“九品官人法”这一正确的概念长期遗失,宫崎市定因此在其代表作《九品官人法研究:科举前史》一书中重新提出并且使用这一本来的概念。不过,宫崎市定的这一观点虽然影响巨大,但无论在海外还是在中国,都没有成为学界共识,史学界主流迄今依然称“九品中正制”。唐长孺、川胜义雄、张旭华等历史学家们都认为九品中正制是专指选官制度而言的,而九品官人法则除了选官制度还包括职官制度,因此,两种称呼所针对的对象范围并不相同。(宫崎市定解释其使用这一概念的原因说:“以往学术界,不论日本或者中国,都把九品官人法称作九品中正制度。然而,‘九品中正’一称,大约始于宋代,到底是什么含义,并不清楚。所以,尽管研究这项制度的学者众多,却举不出足以称道的成果。它始于三国的魏朝,延续到隋代,这是清楚的。但是,从三国的魏开始到晋代,中正的活动为世人所重,却于其后的南北朝时代寂寂无声,到隋朝突然被废除,人们不能不面对这样一个事实。我在详细调查魏晋的记载之后,得出了所谓的九品中正制度其实应该称作九品官人法的结论。它是用九品选人为官的法规的意思,指的是设置九品标准,据以选用人才的制度。阐明这一点之后,我的研究就生动而顺利地取得进展,而当初想要探讨的胥吏起源问题暂时搁置起来,却不知在什么时候被彻底忘记了。”详见〔日〕宫崎市定《九品官人法研究:科举前史》,韩昇、刘建英译,杭州:浙江大学出版社,2008 年版,第 352 页。)

② 唐长孺:《九品中正制度试释》,载《魏晋南北朝史论丛》,北京:商务印书馆,2017 年版,第 103、104 页。

之后发现《世说新语》中有"乡品"一词的现成用法①),给辖区的人确定一至九品的不同等级,上报政府,政府据此品级任命官员。需要厘清的是,这里的九品制,存在着三种不同的品级,一种是乡品,即地方郡国乡里的品评;另一种是中正根据这些乡品上报政府,之后政府给予的相关品级评定,再就是政府根据这些品级给予的官职品级。三者之间存在关联,比如中正根据乡品评定某人可授予何种品秩的官职,上报政府,政府再根据中正的评定,酌情授予或低于、等于中正评定品秩的官职。

九品中正制在其设立之初,也是一项加强中央集权的措施,品第人物的权力流失于民间,使得朝廷认为自己大权旁落,中正一职的设立将选官用人权从民间夺回。但这一加强中央集权的制度并未将散落民间的权力全部收归中央,而是给地方郡国留有极大余地,这也是它能施行的重要条件。正是从这一权力视角出发,可以发现九品中正制不仅仅是一种选官制度,更是中央政府权力的一种实施方式,从中可以看到权力演变的历史趋势。黄留珠先生因此得出结论说:"两汉及两汉以前的选举,举士举官合为一途,而从唐代开始,举士举官明显分为二途。魏晋南北朝的九品中正制,岂不正是横于这两个阶段之间的一个过渡么!可以这样说:九品中正制是举士举官分途之滥觞。"②

在权力像镜子一样掉在地上,碎成许多玻璃块的魏晋南北朝期间,九品中正制前后实行了将近四百年,它在给捡起权力碎片的各个帝国输送人才方面无疑作出过卓越的贡献。但任何制度

---

① 《世说新语·尤悔篇》:"温公初受刘司空使劝进,母崔氏固驻之,峤绝裾而去。迄于崇贵,乡品犹不过也。每爵,皆发诏。"温峤(288—329年,东晋名臣)的这个故事一定程度上说明了魏晋期间乡品之风骨。

② 黄留珠:《中国古代选官制度述略》,西安:陕西人民出版社,1989年版,第162页。

运行久了,都会产生大量与其初衷相悖的制度垃圾,从而使得该制度无法继续正常运行。除了九品中正制自身就存在着严重的"重家世,轻才德"问题,以至于并非出身于豪门的人才遗珠草泽可谓不计其数;同时,随着时间推移,权力导致腐败这一铁律无疑也在九品中正制上应验,中正官所垄断的选官推举大权导致了他们自身的腐败与堕落,这几乎无法避免。于是,那些奸佞之徒勾结中正官,伪造家世谱牒,一旦登第手握重权便胡作非为、形成豪门垄断权力,给政局、吏治均带来严重的腐败后果。后人耳熟能详的名言"上品无寒门,下品无势族",便是九品中正制的结果,它已呈现出夕阳黄昏之象。

隋朝建立后,隋文帝于开皇年间正式废除了九品中正制,并废除了州郡长官辟举佐官的制度,中央收回包括地方佐官在内各级官吏的一切任免权。[①] 为此,隋文帝确立了一些新的选官制度,例如开皇七年(587)命各州"岁贡三人"应考"秀才",隋炀帝于大业初年增设"进士"[②]和"明经"两科,这被视为科举制的雏形。吴宗国在《唐代科举制度研究》中说,"开科考试在隋炀帝时就形成了一个层次不同,要求各异,由法令所规定的完整的体系,成为国

---

① 《隋书》卷二十八《百官志》、卷七十五《刘炫传》。

② 所谓隋朝设立"进士科",其实史无明文记载,此说最早出于唐杜佑《通典》卷十七《选举五》记载的一段天授三年(692)右补阙薛登(字谦光)上疏武则天的批评隋炀帝增设进士科奏折中提及"及炀帝又变前法,置进士等科,故后生复相仿效,皆以浮虚为贵"。另外,元马端临在《文献通考》卷二十八《选举一》末尾处中有一句毫无解释和说明的孤文:"炀帝始建进士科。"再有《文献通考》卷二十九《选举二》中征引唐肃宗时"宝应二年,礼部侍郎杨绾言:'进士科起隋大业中,是时犹试策。'"黄留珠在《中国古代选官制度述略》(第196页)中认为:"薛登所谓的'置进士等科'实际上指的是设置了以文辞取士的新科目。……薛登眼里的'进士等科',不正是上升到了首位的'学业'、'才艺'诸科目的代名词么?过去有的史学家指出'十科'中的'文才美秀'即进士科,其说虽不够严谨,但却与薛登说旨意吻合,大原则上是不错的。"(此处所谓"有的史学家"是指元朝的马端临,黄留珠先生认为他在《文献通考》卷二十九《选举二》中有这样的议论,但该卷似乎并无此议论。)

家纯粹按才学标准选拔文士担任官吏的考试制度”[①]。但黄留珠认为,隋朝的科举制处于高于南北朝时的萌芽水平,低于唐朝的制度化水平。后者似乎更符合实际情况。

唐代科举制的制度化从唐高祖武德四年(621)四月一日发布的敕令开始(主要是恢复隋朝的科举制),中间经历了唐太宗贞观时期不遗余力地推广,虽然当时科举制还只是选官制度中份额较少的一部分,远非全部,但其趋势已是越来越明显。高宗统治时,继续推广科举制。武则天统治时期,科举制得到极大发展,宰相中科举出身者占比已从太宗时3.4%、高宗时25%到达50%;宪宗、穆宗、敬宗、文宗、武宗、宣宗、懿宗朝,中晚唐的这七代皇帝统治期间,进士出身者在宰相中的占比分别为:58.6%、57.1%、85.7%、75%、80%、87%、81%。这一占比数据表明,科举制已在唐代选官制度中居于极高地位。[②] 唐代的科举设有常选(也称常科、常举),属于每年都会举行的岁举项目,整个唐朝,常选科目有十几种,最常见是的是下述六种,即秀才、明经、明法、进士、书、算,另外,不同年份,还有其他一些科目,著名的有开元礼、童子科、道举、三礼、三传、史科;除了常选,还设有制举,又称制科、特科、特举,属于非常之选,考试日期和内容都由皇帝临时决定,举凡文辞、军武、吏治、特长、玄学、方术等,总数有数十种之多,普通人和官员都可以参加。除了这些文举科目,武则天时期还开创了武举

---

① 吴宗国:《唐代科举制度研究》,北京:北京大学出版社,2010年版,第8—9页。

② 黄留珠:《中国古代选官制度述略》,西安:陕西人民出版社,1989年版,第201—204页。黄先生说:“进士出身者在宰相中占据多数,标志着科举制在选官中主导地位的完全确立。这无论在唐代科举制发展史上,抑或在整个中国古代选官制度史上,都具有划时代的意义。如果把进士第一次在宰相中占到多数的宪宗朝的结束之年——公元820年,作为科举制主导地位确立的具体年代的话,那么,此时距离武德四年下令恢复科举制,已经接近二百年头了。”

项目。与宋亡以后的科举制相比,唐代科举制可谓充满了健康、开放、阳光的生命力。

科举制自唐朝制度化之后,一直到 1905 年清末改革废除,在中国皇朝时代实行了 1300 多年,其间经历了草创、完善、巅峰、僵化、腐朽、废除六个阶段。

宋代是中国科举史抛物线的顶端。宋代科举制在继承唐代科举制的基础上,对科举制进行了许多重大改革,成为后世科举制的主要继承对象。一是形成稳定的解试(由州通判监试)、省试(州试录取的考生冬季在京城尚书省礼部进行复试)、殿试(殿前皇帝亲试,宋太宗时将殿试录取的进士分为赐进士及第、赐进士出身、赐同进士出身三个等级,所谓三甲)三级考试制度。二是科举的频率。唐代为岁举,宋初无定制,仁宗朝曾实行两年一举,英宗即位后下诏礼部三年一举,从此,三年一试就成为历朝定例。三是取士不问家世原则彻底实现。因深感旧门阀制度的残余对科举的公允录用构成极大障碍,太祖、太宗二朝下重手整治,以"公荐"入罪,限制官僚子弟参试,遇到与主考官、本地行政长官有裙带关系的考生参试时进行"别试"(回避制度)等制度化的技术方法严禁请托。作为对官僚集团利益的补偿,宋代另有几乎泛滥的恩荫制度,允许官僚集团实现在科举制中无法实现的利益积累。四是超乎寻常的严格考试制度,包括与外界隔绝的考场,苛刻的搜身制、锁院制、封弥与誊录(隐去考生姓名,试卷由专人誊录以隐去考生笔迹,防止考官作弊)。正是这些非常具体的改革措施,使得宋代科举制成为中国历史上制度技术最严密的制度,其中的封弥誊录制尤其意义重大,它在技术上使得"取士不问家世"原则得以真实贯彻。五是熙宁变法之后科举考试的内容发生了重大改革和突破,形成了经义取代诗赋的趋势。这一趋势就是在全面反熙丰变法的高太后元祐更化时期也没有受阻，并对后世产生了深远的影响[①]，甚至与明代八股文的诞生之间都存在密切关联，只是后者并非常态而是变态的制度。六是除了进士科最重要，宋代科举制还有许多丰富的科目，比如包括九经、五经、开元礼、三史、三礼、三传、学究、明经、明法等合称“诸科”的科目，还有制科、文词和武举（制度设置参照进士科，考试制度比唐代大大完善，例如武举也有殿试）。其中制科逐渐发展为真宗时期的“景德六科”，以及仁宗时期在此基础上再增三科的“天圣九科”定制（贤良方正能直言极谏、博通典坟达于教化、才识兼茂明于体用、武足安边、洞明韬略运筹决胜、军谋宏远才任边寄、高蹈邱园、沉沦草泽、茂才异等，熙宁变法期间，制科被废除，高太后秉政期间短暂恢复了贤良方正能直言极谏科，哲宗亲政后再废，绍兴元年即1131年恢复贤良方正能直言极谏科，直至宋亡。还有一个重要的常选，是继承“随事设科”的唐制，设鸿词、词学兼茂、博学鸿词三科，应急性地选拔文书人才。除了科举选官，宋代还有学校储才与荫补、荐举。熙丰变法期间，三舍法改革就大力发展学校选拔（包括武学、律学、医学、算学、书学、画学），一度取代科举，虽然时间不长，哲宗之后因新旧党争，三舍法的实行多有反复，直到宋徽宗的宣和三年（1121）废除太学以下的三舍法学校选官制度。荫补制度是一种特权，享有这项特权的人员范围非常广泛，除了皇亲国戚，还有大量官员的后代，过于泛滥的荫补造成了科举制与荫补制，即平等与特权之间的冲突，后来的朝政败坏显然与此

① 黄留珠先生有个总结：“宋代文章长于议论，诗歌也不免带有散文化、哲理化的格调，都与科举考试所提倡的文体有密切关系。总之，以经义取代诗赋的改革，是我国科举制度史上的一大变局。科场试文从此分为两个时期：从隋唐五代至熙宁以前，为诗赋之文的优势期；熙宁以后，迄于清末，为经义之文的优势期。”详见黄留珠《中国古代选官制度述略》，西安：陕西人民出版社，1989年版，第277页。

相关;荐举作为入仕的途径之一,虽然在真宗朝之后管理越来越严格,但毕竟也具有特权性质,因此也与科举制的平等性形成冲突,并非良法。

宋代的科举制虽然在选官平等性上走出了最重要的一步,并且高度制度化,但一则其本身无法杜绝腐败,二则恩荫、荐举等特权性选官制度的广泛存在,很大程度上抵消了科举制的成就。无论如何,宋代科举制在公平取士方面已经达到了很高的水准。科举制为宋代的人才济济、群星璀璨做出了卓越的贡献。宋代科举制在制度上的成就由此传之后代,辽、夏、金、元、明、清历代很大程度上都继承了成熟的宋制。

明清时期科举制最重要的新特点,是学校与科举的合流,即明以前学校只是通往科举考试的途径之一,而在明代则成为通往科举考试几乎唯一的途径,除去少数恩荫特权当官的。在明代,生员的入学考试和选拔考试是科举考试的起点,入学之前,考生称童生或儇童,无论年龄;经府、州、县官考试合格后,童生才有资格参加提学官的考试,合格后录取,始称生员,民间称其为秀才或相公。提学官在任三年,主持两次岁考,其职责是选拔生员和对已有生员按成绩升黜。这便是明清科举制的第一级考试——童试。生员经过乡试,合格被录取者,便是举人,获得参加三年一届京城会试的资格,也可以直接担任地方上的中下级官员,比如主簿、县丞等。举人会试合格后,成为贡士,再经殿试合格,就是中了进士,至此完成科举全过程。各地生员中的优秀生会被选入国子监就学,是为监生,经过国子监的三年学习成绩合格者,可以直接当官,每年结课时若不合格,则继续留在国子监学习。监生们在国子监学习期满后,除了直接做官,也可以去参加会试,走进士之途。监生分为民生和官生,民生主要来自府州县学的保送岁贡生员及举人(年少者与会试落第者);官生主要来自品官子弟、土司子弟和海外留学生。明清科举制的另一个重要特点,是对文体的限制性规范,即著名的八股文。八股文也叫制义、制艺、时艺、时文、八比文、四书文等,因其要求一篇文章中必须有四段对偶排比的文字,共分八部分,即破题、承题、起讲、入手、起股、中股、后股、束股,故名八股文,最后结语"大结"不算入八股正文。八股文对内容也有规范,即考官须专取四书五经的文义命题,以程朱派注解为准,代圣贤立言,八股格式固定,"清规戒律"极多。八股文虽然通常被认为是源于王安石的经义文体,但王安石并没有制定明清八股文这样严重扭曲举业的变态规范。除了科举选官,明清还保留了少量的其他入仕途径,即荐擢、荫叙、赀选(花钱买官)、吏道四途。明清科举制在大的方面大同小异,主要是清朝在明朝科举制基础上,增加了制度的周密性和复杂性,其根本制度方面差异很小。明清科举制两大特点,即学校与举业合流,以及八股文,都是朱元璋以来建立皇权集权制这一大背景下的产物,举学合流与八股文是这一政治专制目标的派生性制度,它在协助完成皇权集权的同时,对中国几乎所有领域的戕害是空前的。举学合流导致了民间自由办学的衰落,在科举制这个巨无霸的挤压下,民间书院成了模拟府州县学和太学的伪民间办学,直接摧毁了社会性的自由思想、科技创发,八股文则更是将从事举业之人变成无能却听话的蠢才,可谓聚天下之英才而毁之。这种对创造性思想与文化氛围不遗余力地扼杀与浪费,正是所有独裁政权的共同点,但科举制的方式来得更系统,更有组织,后果也更严重。

秦到清2100多年的皇朝中国,从选官制度的演变史中,可以清晰地看到,一方面,至少到宋代,选官制度都因其与儒家意识形态的若即若离关系而存在着诸多自由、活泼、丰富,甚至很大程度上富有魅力的特征;另一方面,在宋明理学成为官方意识形态的标准答案之后,皇权集权制通过对科举制的变态改造,使得它在整整500多年间从一项伟大的制度发明转变成了中国政治、经济、文化、军事等几乎所有领域的国家噩梦。其从粗糙到精密的制度变迁,既是一个国家从中央集权到皇权集权的过程,也是一个原本丰富无比的巨大社会从充满活力变得暮气盈野的过程。这样的改革历程不得不说是让人极其遗憾的。

三、世界史:两种方向的改革

本章简要梳理了中国皇朝时代的改革史,得出一些并不是让人很愉快的结论。苛刻地讲,中国皇朝时代的改革,除了晚清的洋务运动和清末新政,其他改革乏善可陈,本书研究的重点熙丰变法另议。"乏善可陈"这个评价可能会让人觉得不公允,对于古代改革的时代性缺乏理解性的同情。然而,一切评价皆有标准,也得有坐标,评价的标准和坐标两者缺一不可,缺了标准,无法讨论,缺了坐标,难以公允。我的标准是,改革是否在原有基础上更有利于民生与民权,而坐标,则是全球史。以民生和民权为标准,就可以评价改革在时间线上的纵向成果,以世界史为坐标,就可以通过比较世界史评价改革在横向空间意义上的成果。

如果以一种趋势性的视角考察世界历史上的重要改革,会发现古希腊、古罗马历史上的重要改革,与中国3000年来的改革存在着很大差异,这种差异是一种对权力理解上的差异之产物。比如古代雅典的三次著名改革,即梭伦改革、克里斯提尼改革和伯利克里改革，每一次改革，改革者都用具体的制度改变来表示权力得到了进一步监督，人民的自由和民主、民生都得到更优的对待。比如他们重视公民大会的设置，克里斯提尼改革将梭伦体制的400人议事会改成500人议事会、重新划分选区以扩大选举的民主性、创立“贝壳流放制度”以警惕和限制权力长期被人把持与滥用；而伯利克里改革则推行法律面前人人平等，将贵族会议的特权归入公民大会等全民性的议事机构，扩大平民担任公职的范围，推行公薪制，这些都是向着公权力更加民主化方向的改革。古罗马王政时代有过一次非常著名的塞尔维乌斯·图利乌斯（约公元前578—公元前535年）改革，除了在建城者罗穆卢斯（Romulus）基础上创建新罗马这一重要成就，根据古罗马历史学家李维的说法以及近现代罗马史大师蒙森的考证，图利乌斯进行了影响深远的户籍制度改革，他所进行的第一次人口普查，为建立一个强大的罗马奠定了基础，通过户籍登记、财产登记、土地登记[①]，图利乌斯将罗马人原先按照身份制服役的方式（公民需服役，而外来的客民则不需要）改革为按财产状况划分义务等级，财富的多寡成为罗马公民对罗马城所尽义务多寡的依据，即拥有财富越多，就要对罗马城尽越多的义务。图利乌斯改革很大程度上拆除了之前罗马社会的种族、血缘壁垒，使得罗马社会的展开具有更强的平等性。古罗马史上最著名的改革，是发生于公元前133至前121年间先后由格拉古兄弟推行的土地改革。第一次改革是公元前133年，提比略·格拉古任保民官之后，为了解决帝国土地集中于贵族、民生艰困问题，提出土改方案，规定每户公民拥有的共有土地不得超过1000尤格，超过部分由国家按价强制收归

---

① 〔德〕特奥多尔·蒙森：《罗马史》，李稼年译，李澍泖校，北京：商务印书馆，2015年版，第98页。

国有,并划成每块30尤格的份地分给贫民,这个土改方案因触怒大土地拥有者,提比略被杀。十年后,提比略的弟弟盖尤斯·格拉古任保民官后,除了重提哥哥的土改方案,还提出旨在赈济城市贫民的粮食法以及授予骑士司法权的司法改革方案,这同样触怒了贵族利益,盖尤斯也被他们杀害(公元前121年)。不过,格拉古兄弟虽然不幸被害,但他们的许多改革措施都不同程度地保留下来了。蒙森所谓腐败的寡头政治和未熟先烂的民主政治同在[①],两者也一直在相互斗争,这种斗争可以被视为格拉古兄弟改革部分成果得以保留的重要原因之一,并且拉开了百年内战的序幕。罗马共和国在从共和转向帝国的过程中,凯撒旨在加强统一和君主专制的改革,以及奥古斯都继承凯撒遗志完成这一改革,这两件事不单是在罗马史上,在世界史上也是举足轻重的大事。除了凯撒稀释和减弱元老院的权力被奥古斯都继承,奥古斯都以元老院信息公开以及裁员三分之一来进一步削弱元老院的权力,并且创制了元首制。他在名义上不但没有废除罗马的共和制,甚至还宣称恢复罗马共和制,但真正的大权却掌握在"第一公民"(所谓"罗马皇帝",这一称呼不可与中国皇朝时代的皇帝相提并论)手中,他同时任元老院的首席元老,设立皇帝法庭,自任裁判者,在缩小军队规模的同时建立了常备军,并且确立了最高权力并非世袭的指定继承制,他在事实上创建了罗马帝国,这场重要的改革被政治学家多伊尔称为"奥古斯都门槛"——能否完成这

① 〔德〕特奥多尔·蒙森:《罗马史》,李稼年译,李澍泖校,北京:商务印书馆,2015年版,第991页。

样的改革意味着帝国之生死,所以叫"门槛"[①]。罗马帝国后来的历史中也还有一些重要的改革措施,比如 212 年旨在赋予帝国全境自由民以公民权身份的卡拉卡拉敕令、3 世纪末旨在安度危机而后产生四帝共治制度的戴克里先改革、380 年东西罗马共同宣布基督教为国教等,这些改革也都十分重要,但从全局性的广度和力度上都无法与奥古斯都改革相提并论。

欧洲中世纪最重要的改革自然是 14—17 世纪的文艺复兴运动,以及相伴的 16—17 世纪的新教革命。这些改革主要来自民间的思想和文化观念及其成果的剧烈变迁,与政治存在关系,但更多的是一些较为间接的关系。近代以前,从政治和法律角度看,古希腊的民主制远没有古罗马的法治和宪政对欧洲的影响大。包括 17 世纪的英国革命在内,直到法国大革命之前,这一状况都没有发生过根本变化,君主制下的欧洲各国以及威尼斯、佛罗伦萨等城邦共和国,都更多地将精力集中于权力制衡、权力分立以及法治,而不是民主。18 世纪的法国大革命带来了一场几乎席卷全球两百年的平等与暴力革命意识形态运动,这股浪潮下,即使对暴民政治非常提防的美国制宪会议,也很大程度上奉行了部分的民主精神。

近代以来,席卷全球的改革大潮中,从西到东的传染性政治变革中,英国的近代化革命结束于光荣革命,从此世界上第一个建制较为完整的宪政国家卓然而立;第二个是美利坚合众国(联邦共和国),成为世界上第一个制定了成文宪法的宪政国家;法国

① 按照多伊尔的说法,所谓"奥古斯都门槛"其实是指奥古斯都在亚克兴大捷之后,集政权和军权于一身,于是对共和国进行了帝国式的制度改造:建立皇帝独裁制、掌控军权、为政府有效行政建立适当的官僚机构、掌控各地政府首脑的人事任免权、建立有序的皇位继承制度。多伊尔认为这些是罗马帝国建立和存在下去的基本条件。详见〔美〕Michael W. Doyle:*Empires*,Cornell University Press,1986,pp93—97.

大革命给法国带来了近200年的动荡，其全球性的政治涟漪半径也很长。欧洲自威斯特伐利亚体系确立后，主权国越来越多，法国大革命制造的法兰西拿破仑帝国既给欧洲带来战乱，也加速了欧洲的近代化。拿破仑帝国瓦解后，在维也纳体系护持下的百年，一批新的主权国确立，荷兰的君主立宪民主议会体制就是在19世纪中期确立的，其间比利时独立、西班牙王国、葡萄牙王国都摆脱了拿破仑帝国，丹麦确立了君主立宪制，二元制的立宪君主国奥匈帝国确立，瑞典、丹麦、挪威等重要的北欧国家也在这个时期结束了长期的领土与主权争端，并且各自重回宪政体制，德国于1871年统一于君主立宪制之下。

18世纪初，俄国开始走向近代化，彼得大帝的改革、叶卡捷琳娜二世的改革，都是其重要标志，直到1917年的俄国十月革命之前，俄国都在进行近代化宪政改革的努力，其亚历山大二世改革、斯托雷平改革都有着可圈可点的亮光。19世纪下半叶，日本的明治维新改革，是一场脱亚入欧的重量级改革，但在被明治维新打断之前，日本幕府进行的幕末改革，其力度和改革的智慧并不低于明治政权。同时期以及稍晚的晚清也进行了两次比较成功的近代化或西化改革，尤其是其开放国门与改革内政对后世的中国影响至巨。

欧洲各国近代的宪政与民主化浪潮，很大程度上说，都可以追溯到他们自身的历史，比如北欧瑞典诸国16—19世纪将近三百年的专制并非其传统，民主选举的国王和政府机构才是其传统。前述欧洲包括君主立宪在内的宪政变革可谓其自身古老传统的延续。托克维尔曾说：“14世纪，‘无纳税人同意不得征税’这句格言在法国和在英国似乎同样牢固确定下来。人们经常提起这句话：违反它相当于实行暴政，恪守它相当于服从法律。在那个时代，正如我说过的，法国的政治机构和英国的政治机构存在许多相似之处；但是后来，随着时间的推移，两个民族的命运彼此分离，越来越不同。"①托克维尔这段话说出了近代以来欧洲政治史的两条路线，而这两条路线深刻地影响了世界。即使是法国大革命那样具有极权倾向，并且与现代世界极权主义高度榫合的政治变异，也与东方专制主义传统下参酌西方现代德俄极权政治而衍生的极权主义之间，有着内在的差异。宪政的核心，在于分权与制衡，在于对权力的法治约束，这既是英国式的日耳曼法传统，也是古罗马以来的西方政治史的重要特征，而这些对于东方专制主义传统下的皇朝中国而言，十分陌生。

在进行东西方改革史比较时，既需要进行时间同步性的横向东西方比较，也需要进行本国史上不同时期的纵向比较。从这两种比较中，就可以明白在全球性的近代化改革之前，中国的政治史是一部皇权不断加强的历史，而西方首先是总体上不存在中国式的皇帝这种政治职位，古代西方历史上的君主没有中国的皇帝那么大的权力。其次，西方的政治史，总体上是政府权力不断受到规则约束和限制的历史。无论东西方，个体人民的自由和权利得以不断伸展，是与权力受到更规范的约束与限制此消彼长和同步的。西方历史的总体趋势，正是权力不断受到规范的约束和限制，民权民生不断地得以扩展；而中国历史的总体趋势，直到晚清之前，都是皇权不断加强，民权和民生不断遭挤压，无论皇朝中期的改革，还是末期的改革，通常都只是皇权的补丁。这种状况一直持续到晚清的几场改革之前，晚清的几次改革，尤其是清末新政，在中国皇朝时代的改革史上出现了一个巨大的逆向行动：皇

---

① 〔法〕阿列克谢·托克维尔：《旧制度与大革命》，冯棠译，北京：商务印书馆，2017年版，第139页。

权加强与民权褫夺的情形短暂停顿后，开始了民权加强皇权减轻的走向。

慈禧太后在世时，清末新政的改革循序推进，经过八年几乎刮骨疗毒式的重改革，可谓成果喜人，但慈禧太后去世后，仅仅三年，大清就亡于革命党和朝中大臣的联手推翻。清帝退位，清末新政就此终结。中国历史上唯一一场从根本意义上伸张民权限制皇权的宪制改革，就此寿终正寝。

第三章 国史上的宋代

宋史不但是20世纪中国史学界的显学,也是21世纪的显学。随着岁月的流逝,宋史在中国古代史学研究中的地位似乎一直处于上升进行时之中。这不仅仅是因为长期以来的唐宋分野论或宋代近世说的遗绪,更是因为宋代历史本身的丰富性引发学界持久的兴趣,这从很大程度上印证了陈寅恪先生著名的所谓"赵宋中华文明造极论"。

杨联陞先生曾有一篇有趣的小文章,叫《朝代间的比赛》,罗列了历代名臣关于朝代间优劣的议论,但这些朝代优劣的比较囿于作者所关切的一些问题,后者已去现代甚远,所及内容虽部分与今人所关切者相关,但许多今人所关心的内容并非古人感兴趣的,故不可能涉及。例如,余英时先生因之获克鲁格人文与社会科学终身成就奖的巨著《朱熹的历史世界:宋代士大夫政治文化的研究》,其所念兹在兹的是宋代的"君臣共治天下"这一独特的政治文化。这就不是古代著述者所热衷的朝代间"竞技项目"。再如,宋代尤其是北宋政治文化中的另一个突出现象,即无论内政还是外交,均崇尚以和平的利益交易方式来达成共识与和平,而不是暴力解决问题,这也不是历代著述者所关切的。至于宋代在日常生活方式上的巨大变迁,更非古代著述家会留心注意的。本章因此拟对上述这些重大问题展开论述,以期读者能够从本书中获得一种独特的宋代之观感。

一、君臣共治天下

钱锺书《谈艺录》一开篇就说：

> 诗分唐宋，唐诗复分初盛中晚，乃谈艺者之常言。……余窃谓就诗论诗，正当本体裁以划时期，不必尽与朝政国事之治乱盛衰吻合。士弘手眼，无可厚非。[①]

有趣的暗合是，日本思想家、京都学派创始人之一内藤湖南从更宏阔的视野提出著名的“宋代近世说”（或称“唐宋变革论”），认为唐宋分野是中国历史从中世到近世的重要转折，所涉范围从政治到经济、军事、文化，无所不包，无所不波及，诗分唐宋在这一史观下就显得更是理所当然了。[②]

钱先生的“诗分唐宋论”已经是中国古代诗论中的共识，内藤先生的“宋代近世说”（“唐宋变革论”）经其弟子宫崎市定等人的进一步完善，虽未能一统，但在日本汉学界也已成为重要的主流史学。内藤史学在中国也有不少早期知音，如严复、胡适、钱穆等（具体理据不一，但唐宋分野论却是一致的），但在中国整个史学界尤其是当代的宋史学界并没有被广泛接受，并且有学者认为内藤“宋代近世说”在中国宋史学界尤其是涉及制度史领域时几乎没什么影响力。[③] 究其原因，是无论从政治、经济、军事、文化各个方面作比较，宋朝在整个的中国历史上都显得卓荦不群，它既不同于之前的朝代，也不同于后来的朝代，陈寅恪先生有一段话是

---

① 钱锺书：《谈艺录》，北京：中华书局，1998 年版，第 1 页。

② 〔日〕内藤湖南：《概括性的唐宋时代观》，载氏著《东洋文化史研究》，林晓光译，上海：复旦大学出版社，2016 年版，第 104—111 页。

③ 王化雨：《“唐宋变革”论与政治制度史研究——以宋代为主》，载李华瑞主编《“唐宋变革”论的由来与发展》，天津：天津古籍出版社，2010 年版，第 171—210 页。

1943年提出的，被广泛征引，因其更精准地把握了宋代在中国史上的独特地位：

> 华夏民族之文化，历数千载之演进，造极于赵宋之世。后渐衰微，终必复振。①

陈先生这段话之所以获得广泛响应，显然是因为学界的共鸣，许多历史学家都有着与陈先生相似的看法——宋朝是2000年帝制中国时代除了武功其他诸如政治、经济、文化等成就的巅峰时代，并且它是个分水岭。之前，成就未达此高度；此后则在回落，宋是中国历史抛物线的顶端。

宋儒程颐有段很著名的话，可与陈先生的话部分印证，他总结了宋朝超绝于历代的五项政治成就：

> 尝观自三代而后，本朝有超越古今者五事：如百年无内乱；四圣百年；受命之日，市不易肆；百年未尝诛杀大臣；至诚以待夷狄。此皆大抵以忠厚廉耻为之纲纪，故能如此，盖睿主开基，规模自别。②

程颐此说大体符合事实，而且在所有中国朝代中绝无仅有、独此一家，倘若就此空前绝后也不奇怪，这确实是极高的政治成就。

其实，关于百年无内乱这个问题，最早是宋仁宗嘉祐六年(1061)时任同知谏院的司马光提出的，他说：

> 由是观之，上下一千七百余年，天下一统者，五百余年而

---

① 陈寅恪：《邓广铭〈宋史职官志考证〉序》，载氏著《金明馆丛稿二编》，北京：生活·读书·新知三联书店，2001年版，第277页。

② ［宋］程颐、程颢：《河南程氏遗书》卷十五。

已。其间时时小有祸乱，不可悉数。国家自平河东以来，八十余年内外无事，然则三代以来治平之世，未有若今之盛者也。①

七年后，也就是宋神宗熙宁元年（1068）春，神宗第一次见王安石，也问了这个问题，何以会实现“百年无事”这样的成就，王安石之后以《本朝百年无事札子》上奏，解释实现这一成就的原因。王安石认为，从太祖到太宗、真宗、仁宗四代皇帝，尤其仁宗，一直都敬天爱民、克己求仁，追求无为而治的仁政统治；对外关系上，对辽和西夏，一直坚持和平共处，宁可屈财换和平；政权内部，历代皇帝也都善于运用台谏制度维护畅通的言路，执政中不易出现太多失误，即使有失误，也容易纠正。虽然王安石接下来话锋转成除弊革新的主张，但关于百年无事的原因分析，也是符合历史事实的。

宋代是否开启了中国历史的近世时代，尚有诸多可讨论甚至严重分歧之处，但它所取得的成就则人所共知，并且在中国学界获得极大认同。

有鉴于中国历史上政治在整个帝国生活中所处的中心地位，上述重要共识的言外之意也是呼之欲出，即宋代的政治成就在各项成就中也居于中心地位，并且是其他成就的重要基础。而政治成就的核心内容，则是通过制度的安排，使得皇权在整个帝国各项生活中处于增益社会福祉的总体良性地位，并且因此而成为其他国家与社会生活发生良性互动的重要媒介。若以此衡量宋代319年历史，大体而言，自北宋初年以来逐渐形成的以“不杀大臣

---

① ［宋］李焘撰：《续资治通鉴长编》卷一百九十四“仁宗嘉祐六年八月丁卯”条。（《续资治通鉴长编》以下简称《长编》）。

和言官”这一以太祖誓约为保障的“君臣共治天下”权力观，从观念到制度，到制度的延续性，都戛戛独造于前世，茕茕孑立于后世，这是宋代之所以不同于中国其他朝代的根本特点，也是宋代获得其他重要成就的原因之一。

马克斯·韦伯对权力有过一个经典的定义：

> “权力”（Macht）就是在一种社会关系内部某个行动者将会处在一个能够不顾他人的反对去贯彻自身意志的地位上的概率，不管这种概率的基础是什么。[①]

韦伯对权力的这一定义，充分概括了权力的弹性与幅度，若以1—10作为这种“能够不顾他人反对贯彻自身意志”的概率衡量中国历代皇权状态，显然各个朝代差别极大，以此权力的定义来观照中国历史上的皇权，也可见到宋代迥别于其他朝代之处。中国自公元前221年秦皇扫六合一统宇内建立第一个大一统的皇权专制帝国秦朝，一直到清末1911年辛亥革命推翻帝制，历2132年，其间经历了两汉、三国两晋南北朝、隋唐、五代十国、宋、元、明、清，除了三国两晋南北朝、五代十国大体是分裂而非大一统时代、元97年异族文化统治时代、清异族汉化统治时代，其他朝代均为汉族及汉文化统治的时代。所有这些朝代中，“君臣共治天下”这一字面提法并非宋代最早提出的[②]，但像宋代这样明确提出“皇帝与士大夫共治天下”这样的权力哲学观、政治原则，而不仅仅是在治道上的权宜之计，并且设计具体制度保障其真实运

---

① 〔德〕马克斯·韦伯：《经济与社会》（第一卷），阎克文译，上海：上海人民出版社，2010年版，第147页。

② 汉高祖刘邦有求贤诏曰：“与天下之豪士贤大夫共定天下，同安辑之。”（见班固《汉书·高帝纪》）；汉宣帝说过：“与我共治天下者，其惟良二千石乎！”（《晋书》卷六九《刘隗附孙波传》）曹操有求贤诏曰：“自古受命及中兴之君，曷尝不得贤人君子与之共治天下者乎！”（见陈寿《三国志·魏志》卷一《武帝纪》）

行数百年者，别无他家，独此一朝。

后世广泛征引的“与士大夫治天下”，语出《长编》，是熙宁四年(1071)三月朝廷上大臣们政策辩论时，北宋三朝元老文彦博说的话。当时参与辩论的有宰相王安石、枢密使文彦博以及参知政事冯京和枢密副使吴充等人。

> 彦博又言：“祖宗法制具在，不须更张以失人心。”
>
> 上曰：“更张法制，于士大夫诚多不悦，然于百姓何所不便？”
>
> 彦博曰：“为与士大夫治天下，非与百姓治天下也。”
>
> 上曰：“士大夫岂尽以更张为非，亦自有以为当更张者。”
>
> 安石曰：“法制具在，则财用宜先，中国宜强。今皆不然，未可谓之法制具在也。”
>
> 彦博曰：“务要人推行尔。”[①]

先不论上述辩论谁更有理。如余英时所言：“值得注意的是：文彦博‘为与士大夫治天下’一语也是神宗和王安石共同承认的前提。”[②]这一点确实很重要，余英时又说：“文彦博这句话脱口而出，视若当然。其实这正是宋代的一大特色，也是宋代能获得‘后三代’美称的一个主要根据。”[③]不过，余英时之前特地解释了，认为“我们不能误将神宗口中的‘士大夫’和‘百姓’看作两个对立的社会阶级”[④]，这一解释倘要成立可以说非常困难，因为传统中

---

① 《长编》卷二百二十一“熙宁四年三月戊子”条。

② 余英时：《朱熹的历史世界：宋代士大夫政治文化的研究》(上册)，北京：生活·读书·新知三联书店，2004年版，第221页。

③ 余英时：《朱熹的历史世界：宋代士大夫政治文化的研究》(上册)，北京：生活·读书·新知三联书店，2004年版，第222页。

④ 余英时：《朱熹的历史世界：宋代士大夫政治文化的研究》(上册)，北京：生活·读书·新知三联书店，2004年版，第221页。

国原本就是宗法等级制国家,宋代有其极高的政治成就不假,但要把“士大夫”和“百姓”视为一体,即便起这些千年前古人于地下,他们自己恐怕都不会同意。如邓小南所说:“宋太祖赵匡胤与太宗赵炅(匡义)等人,事实上是五代时期成长起来的职业军阀与准军阀,他们并非凭借‘真龙天子’的高贵血统,而是倚恃自己把握的军事实力、利用‘义社兄弟’结合而成的军事集团发动兵变进而改朝换代的。”[①]而正是这一点,结合赵匡胤、赵光义兄弟两人的个人性格与志向,使得赵宋皇室建立了一套仁政治理模式,但这一仁政是儒家等级制下的仁政,无等级的平等是他们的世界里不能想象的事,否则何以理解宋朝长期滥施恩荫。正因为有等级的存在,皇帝即使纡尊降贵与士大夫一体,而百姓则永远是在利益上处于即便不是对立至少是相异的一个阶层,问题在于,大量情况下,双方的利益就是对立的。正如司马光所代表的主流观念中,天下物产有限,不在衙门手里,就在百姓手里,这种利益对立是无法避免的。

事实上,在“与士大夫治天下”这个问题上,百姓的利益是否与官僚集团的利益对立并不是关键所在,关键是,这样的一种治理模式,在中国历史上几乎也只有一个宋代大致做到了,其他朝代,且不论他们残刻人民,光是皇帝滥杀大臣这一件事,就不够格。以一种经验论的立场看中国历史,会发现,一般而言,官不聊生的时代也是民不聊生的时代,皇权如果残暴到了连对待服务于它的官僚集团也极尽惨酷之能事的话,官僚集团对待人民也不可能仁慈,最典型的就是秦始皇时代、汉武帝时代、朱元璋时代、朱棣时代、朱由检时代;而那些真正能够体恤民瘼的皇权,通常对官

---

① 邓小南:《祖宗之法:北宋前期政治述略》(修订版),北京:生活·读书·新知三联书店,2014年版,第212页。

僚集团也不至于刻薄寡恩，比如汉文帝时代、光武帝时代、宋朝的大部分时代、明朝的仁宣孝时代、清朝的康熙时代等。换句话说，帝制时代的中国，皇权或仁慈或残暴，是一种具有扩张性、渗透性和弥漫性的政治风化，不太可能出现皇帝很仁慈，大臣、地方官全都刻毒或者皇帝很刻毒，大臣、地方官全都是体恤民瘼好官僚的情形。正因为如此，宋代皇帝与士大夫共治天下，才成为美谈，因为它很大程度上意味着皇帝主动地不专权，此其一。其二，对人民的残剥（不残剥的可能性是不存在的）相比于那些皇帝专制时代程度一定会略微减轻，有些时候甚至大大减轻——虽然财政史上宋代征敛的财富远超前代，但主要源于生产力的极大发展，而不是依靠敲骨吸髓。

正是出于上述那种历史经验，后人可以清晰地看到，皇帝与士大夫共治天下的时代，通常会是普通老百姓能够过得比其他时代稍好，甚至是好很多的时代。所谓共治天下，换句话说，就是皇帝和士大夫共同统治人民，现代人没必要回避"统治"而非"人民自治"这个基本事实，无须美化，更无法美化。

赵匡胤、赵光义兄弟两人建立了宋朝独特的"君臣共治"统治模式，不仅仅与五代十国的前鉴相关，更与他们自身的个人爱好读书相关（爱读书的皇帝未必就愿意跟大臣共享治权），太祖"酷好看书，虽在军中，手不释卷，若闻人间有奇书，不吝千金以求之"[①]。他甚至说："宰相需用读书人。"[②]早在他登极之前，太祖就有搜罗书籍的雅好，《邵氏闻见录》里记载过一个太祖酷爱搜罗书籍的故事：

---

① 《邵氏闻见录》卷七。作者邵伯温声称此节内容系转引自王禹偁所著《建隆遗事》。

② 《长编》卷七"乾德四年五月甲戌"条。

显德初从世宗南征，初平淮甸，有纤人（“小人”）谮上于世宗曰：“赵某自下寿州，私有重车数乘。”世宗遣人伺察之，果有笼箧数车。遽令引入行在，面开之，无他物，惟书数千卷。世宗异之，召上谕之曰：“卿方为朕作将帅，辟土疆，当坚甲利兵，何用书为？”上顿首谢曰：“臣无奇谋上赞圣德，滥膺寄任，尝恐不逮。所以聚书观览，欲广见闻，增智虑也。”世宗曰：“善。”①

太祖所谓“聚书观览，欲广见闻，增智虑也”很能说明他旺盛的求知欲，以及对知识的热爱与尊重，而这种尊重也必然延及他自觉地意识到治国之艰难，以及皇帝一人孤掌难鸣，不可能独立治国，需要文臣武将的支持。尤为难得的是，太祖以及后来的太宗都能自觉地意识到皇帝不仅不是万能的，而且需要大臣们时时提醒自己不要犯错。楼钥（1137—1213）曾代撰敕令时引用太祖的话，“艺祖皇帝有言，曰：‘国家设科取士，本欲求贤，以共治天下’”②。雍熙二年（985）太宗也跟宰相们说过：“卿等与朕共理，当各竭公忠，以副任用。”③类似的话也出现在仁宗的敕令里，“敕：朕制临天下，思与贤材而共治之，故开荐举之路”④。因此，自太祖以来，宋朝历任皇帝对于“皇帝与士大夫共治天下”这件事是世代相续、衷心认可的，科举制在宋代大放异彩便是这一观点的制度化结果。

通常认为，宋代的“共治”传统，起于太祖，发展于太宗，成熟

① 《长编》卷七“乾德四年五月甲戌”条。

② ［宋］楼钥：《攻媿集》卷三十六《敕赐进士及第陈亮承事郎签书建康军节度判官厅公事》。

③ 《长编》卷二十六“雍熙二年十二月”条。

④ ［宋］蔡襄撰：《蔡襄全集》卷九《戒励臣僚奏荐敕》，陈庆元等校注，福州：福建人民出版社，1999年版，第226页。这三条史料均转引自张希清《宋太祖“不诛大臣、言官”誓约考论》，载《文史哲》2012年第2期。

于仁宗,"仁宗朝是宋代士大夫政治发展史上的关键时期。在这一时期中,一方面,'以天下为己任'不仅是士大夫理念的号召,也成为其先进者践履的信条;'人臣以公正为忠''以道事君''从义而不从君'的观念,在这一时期中真正长养起来。"[①]能够养出这样的士大夫信条,需要非常具体的良善的配套制度,没有稳定持续的制度,人走茶凉、人亡政息,历史上屡见不鲜,甚至可以说每一朝代都是如此,但宋代基本上摆脱了这一魔咒,因它自有不同于前朝后代的高招。

这个高招,就是宋代皇权奉行"皇帝与士大夫共治天下"时最突出的善政:"不杀大臣与言官"传统。这就引出历史上一段重要史学公案,即所谓"不杀大臣与言官"的太祖誓碑真伪问题。以目前学界中争论各方所呈现的史料证据论,我比较倾向张荫麟和张希清等学者的观点,即誓碑是否真实存在难以确定,但太祖誓约确实存在。[②] 假如这一誓约确实存在,程颢所谓"百年未尝诛杀大臣"的原因就获得了最有力的解释,同样,整个宋朝除了钦宗朝有悖祖制诛大臣的糟糕记录(若与其他朝代相比,钦宗朝也不算苛酷),其他各帝统治期间均无,这一记录很大程度上可以反推誓约的真实性。

宋代的"皇帝与士大夫共治天下"传统,保留了大臣们独立的个体人格,这是极其难得,在中国政治史上也是罕见的,几乎独一无二。汉文帝、唐太宗等历史上著名好皇帝,虽有善待肱股的贤

---

① 邓小南:《祖宗之法:北宋前期政治述略》(修订版),北京:生活·读书·新知三联书店,2014 年版,第 426 页。

② 张荫麟:《宋太祖誓碑及政事堂刻石考》,载张荫麟《宋史论丛》,北京:北京师范大学出版社,2020 年版,第 244—249 页。张希清:《宋太祖誓约与岳飞之死》,载龚延明、岳朝军主编《岳飞研究论文集汇编》(第二辑),杭州:浙江大学出版社,2013 年版,第 314—322 页;《宋太祖"不诛大臣、言官"誓约考论》,载《文史哲》2012 年第 2 期。

名，但他们都没有保留数百年皇朝制度性的政治传统，并且常常有善始无善终，汉文帝对待周勃，唐太宗对待魏徵，都是如此。即便像光武帝这样名声不错的皇帝，《后汉书》里记载他动辄抄家伙打骂大臣，而这种事除了像宋太祖早期曾有过一次并且立即道歉之后，无论他自己，还是后来的宋朝皇帝，都没有再发生。至于像明朝以剥皮实草、廷杖等变态酷刑对待百官的情形，在宋朝是绝对无法想象的。宋哲宗刚亲政时，曾因在朝廷上当场呵斥苏辙，范纯仁既为苏辙辩护，也提醒宋哲宗说："陛下亲事之始，进退大臣，不当如诃叱奴仆。"[①]对于宋朝皇帝来说，大臣们不仅仅是治国之臣，同时也是他们应当敬重的老师，而不是皇帝们的奴才。"从道不从君"这种儒家理想，在别的朝代通常只是句漂亮的空话，而在宋代，则是士大夫们经常有机会实践的现实。王安石长期不奉召调任更高职务，司马光坚拒神宗升迁令，宁可回洛阳修史书，也不肯在无法按照自己理念施政的朝廷上掌权，而这修史一修就是江湖夜雨、青灯古卷的十五年，这些事在宋朝都是很普通的事，但人们绝对不会想象明清两朝的皇帝能容忍大臣如此骄傲的独立——朱元璋对于不肯应召的读书人甚至曾经用砍头来对付。

二、独迈千古的贿买政治

中国皇朝时代，每当新朝建立，通常都会从动荡的前朝遗留下严重的暴力回声，这种暴力回声不震破新朝人鼓膜的情况十分罕见。从汉到清，只有东汉、宋代等极少数的新朝统治者以和平

① [元]脱脱等：《宋史》卷三百一十四《范纯仁传》。

而非暴力的方式经历过渡期。西汉、隋唐、明清这些大朝代,都经历了腥风血雨的旧朝入新朝“仪式”,不是大肆杀戮前朝宗室,就是剪除功臣、血流成河,就是政局变幻、皇位异位,明初朱元璋甚至将开国功臣屠戮殆尽,创中国历史新朝血祭之极限。

宋代自太祖黄袍加身得帝位后,对旧朝周世宗的遗孀遗孤一直礼遇有加,并且延及后代,这在古代中国已是相当罕见。宋太祖虽忌惮大臣们,尤其是那些手握重兵的武将,但他并没有像刘邦或朱元璋那样大开杀戒,而是以“杯酒释兵权”之类缓和的手段剥夺武将们的兵权。为了维护社会稳定,宋太祖发明了荒年征兵这一独一无二的维稳手段,将逃荒的人们编入厢军,既解了荒年民变之忧,又填充了帝国的工兵,不得不说是一种高超的政治智慧。面对强邻,宋代开国皇帝和北宋后期的继任者虽然并不心甘他们的存在对大宋的威胁,真宗、仁宗、英宗时代总体上与大辽等国都保持了和平的共处,其和平背后自然也有着岁币的输出。从秦到清,所有这些朝代里,只有宋代真正重视用利益交换的方式以维护内政与外交的稳定与和平,而不是一味地依靠暴力颟顸统治。

(一)礼遇后周宗室及其后代

宋太祖赵匡胤是通过军事政变获得政权的,但他对待前朝宗室与旧臣并不残忍,这在一个国家权力私有制的时代是极其不易的。赵匡胤在策划陈桥兵变时,已经想好如何对待后周旧臣。在黄袍加身这一出“千古名剧”中,赵匡胤对“拥逼”他称帝的军中将领们约定说:“少帝及太后,我皆北面事之,公卿大臣,皆我比肩之人也,汝等毋得辄加凌暴。近世帝王,初入京城,皆纵兵大掠,擅劫府库,汝等毋得复然,事定,当厚赏汝。不然,当族诛汝。"[①]这段话完全可以视为他对即将发动的兵变以及具体过程把控的纲领:他要终结之前梁唐晋汉周五代以来篡位必纵兵大掠的所谓"夯市"恶习,善待人民,并且决心善待后周的宗室贵胄与旧臣。

宋人王巩《随手杂录》记载了一条赵匡胤对待周世宗两个儿子的笔记,颇能反映他内心既提防旧朝又尽可能仁慈的矛盾心境。

> 太祖皇帝初入宫,见宫嫔抱一小儿,问之,曰:"世宗子也。"时范质与赵普、潘美等侍侧,太祖顾问普等曰:"去之。"潘美与一帅在后不语。太祖召问之,美不敢答。太祖曰:"即人之位,杀人之子,朕不忍为也。"美曰:"臣与陛下北面事世宗,劝陛下杀之,即负世宗,劝陛下不杀,则陛下必致疑。"太祖曰:"与尔为侄。世宗子不可为尔子也。"美遂持归。其后太祖亦不问,美亦不复言,后终刺史,名惟吉,潘夙之祖也。美本无兄弟,其后惟吉历任供三代,止云以美为父,而不言祖,余得之于其家人。[②]

这则笔记内容得到了南宋绍兴年间的王铚《默记》相当程度的印证[③],虽然在具体细节上稍有出入,比如王巩记载是收养为侄子,但王铚记载的是收为养子。此事经当代学者考证,确是事实。[④]

如何对待后周宗室,这直接影响大宋皇朝的政权合法性,影

---

① 《长编》卷一"建隆元年正月甲辰"条。

② [宋]王巩撰:《随手杂录》,载朱易安、傅璇琮等主编《全宋笔记》(第二编第六册),戴建国、陈雷整理,郑州:大象出版社,2006年版,第63页。

③ [宋]岳珂、王铚:《桯史 默记》,黄益元、孔一校点,上海:上海古籍出版社,2012年版,第130—131页。

④ 李裕民:《周世宗皇子失踪之谜——赵匡胤政治权谋揭秘》,载《浙江学刊》2013年第04期。

响其国祚长短，应该说，赵匡胤兵变到江山底定，已经尽可能避免了杀戮，陈桥兵变当天，只杀了后周大将侍卫亲军副都指挥使韩通一家人，赵匡胤知情后十分生气，他本来要斩杀违令擅杀韩通一家的王彦升，群臣劝说下才住手了，但此后对其终生未予重用[①]，以至于程颐将和平兵变作为超越前代、值得夸耀的事情看待，所谓“受命之日，市不易肆”——赵匡胤严令不得扰乱社会生活，所以秩序井然，不知不觉间江山易主。一脱五代走马灯的鼎革必大乱之恶俗。太祖这第一步就走得相当稳。接下来该如何对待后周宗室，也非常考验新统治者的政治智慧。

清赵翼《廿二史劄记》卷二十五有一条“宋待周后之厚”云：

> 宋太祖为军士拥戴，既登极，迁周恭帝及符太后于西宫，易其帝号曰郑王，太后曰周太后。作周六庙于西京，遣官迁其神主，命周宗正郭玘以时祭享，又遣工部侍郎艾颖拜嵩陵（太祖）、庆陵（世宗）。建隆三年，郑王出居房州。开宝六年，郑王始殂，距禅位已十四年矣。宋祖素服发哀，辍朝十日，谥曰恭帝，命还葬庆陵之侧，陵曰顺陵。仁宗嘉祐四年，诏取柴氏谱系，于诸房中推最长一人，岁时奉周祀。寻录周世宗从孙柴元亨为三班奉职。（先是加恩郭氏，至是又恩及柴氏。）又诏周世宗后每郊祀录其子孙一人。至和四年，遂封柴咏为崇义公，给田十顷，奉周室祀，并给西京周庙祭享器服。神宗又录周世宗从曾孙思恭等为三班奉职。熙宁四年，崇义公柴咏致仕，子若讷袭封。徽宗诏柴氏后已封崇义公，再官恭帝后为宣教郎，监周陵庙，世为三恪。南渡后，高宗又

---

① 《长编》卷一“建隆元年正月戊申”条：“王彦升之弃命专杀也，上怒甚，将斩以徇，已而释之，然亦终身不授节钺。”

令柴叔夜袭封崇义公。理宗又诏周世宗八世孙承务郎柴彦颖袭封崇义公。此皆见于本纪及《续通鉴长编》者。盖柴氏之赏延直与宋相终始,其待亡国之后可谓厚矣。[①]

赵翼的这条札记详细记录了宋朝统治者在整个319年国祚间如何有始有终地善待后周柴氏后人,并且做了一个归纳总结。这种情形在皇朝中国十分少见,虽然自孔子以来,许多思想家都倡导过一种"兴灭国,继绝世,举逸民,天下之民归心焉"[②]仁慈以待前朝的存祀主义[③]主张,但在事实上,新朝能够善待前朝的陵墓已是难得(例如清朝入关后对明代十三陵的保护),尤其像赵匡胤这种使用武力篡夺得来皇位的,能够善待前朝宗室更属罕见。虽然赵匡胤及宋朝后世皇帝们能够一直保持对后周后人的善待,与赵匡胤个人不尚杀戮关系很大,但善待前朝后人毕竟不仅仅是一种私人的仁慈,更是一项有着重大政治含义的朝廷行为。因此,有必要分析赵匡胤此举的政治意义。

人人皆知赵匡胤黄袍加身的陈桥兵变,即使兵变成功后名义上他是从符太后与周恭帝的"禅让"中继皇帝位,这种假禅让的戏码,中国政治史上所在多有,无论前人后人,都没人真相信所谓禅让(也许王莽的禅让得位该算是最真实的了)。赵匡胤此举很大程度上是要人们相信他是真禅让得位,而宋代后世的帝王们为了延续这一"合法性"下的民心,就有必要持续地善待后周后人。历朝历代绝大部分皇朝都不会这么做,即使不这么做,人们也并不真在意。更何况,对于那些从假禅让中获得帝位的皇帝们来讲,

① [清]赵翼撰:《廿二史劄记校证》,王树民校证,北京:中华书局,2013年版,第562—563页。

② 杨伯峻译注:《论语译注》(典藏版),北京:中华书局,2015年版,第301页。

③ 关于存祀主义,详见王尔敏《中国古代存祀主义之国际王道思想》,载王尔敏《先民的智慧:中国古代天人合一的经验》,桂林:广西师范大学出版社,2008年版,第143—161页。

屠戮“禅让”者比善待他们其实更有利于人们遗忘往事,最多也就极少数读书人会竭力记录这些事情。显然,赵匡胤不仅不愿意给后人留下残忍这一骂名,用善待后周后人这件事让人们称颂他——他果然做到了。更重要的是他要让后人认为他得位正当,虽然这是不可能的,但他至少赢得了宽宏大量之名。而且,赵匡胤及宋代后世帝王善待后周后人这一行为还获得了意外的收获——在元朝结束了宋代国祚之后,他们并没有对宋室赶尽杀绝,赵家后人广播天下,这也可算是不幸中万幸,而明朝宗室就没有这样的好运,酷爱屠戮的朱元璋,其后人在明朝末遭到农民军和清兵的大肆屠戮,不少地方的藩王宗人甚至几乎灭族。

(二)善待旧臣

赵匡胤不仅善待后周郭氏、柴氏后人,就是对待后周旧臣也相当宽宏。宋初甚至整个宋代的权力体系中,居于皇帝之下的最高权力中枢,是由宰相和枢密使构成的宰辅执政阶层。宰相的权力机构是中书门下,政事堂是其办公场所,称为“政府”,主管民政。枢密使所在的权力机构是枢密院,称为“枢府”,主管军政。两府分列东西,政府在东,故又称东府;枢府在西,故又称“西府”。两府合称“二府”“二司”或“二地”,以“二府”称法最为常见,所谓“二府大臣”,通常包括宰相、副宰相(参知政事)、枢密使、枢密副使。为了稳定政局,赵匡胤对中枢大臣并未立刻调整,后周宰相范质(周世宗临终托孤的顾命大臣)、王溥、魏仁浦三位不但官职一仍其旧,还分别兼任枢密使、参知枢密院事,另一位枢密使吴廷祚也是后周旧臣。[①] 虽然此后赵匡胤逐渐淘汰旧臣，但直到乾德二年(964)，上述几位后周旧臣才彻底退休，人事上的新旧交替全部完成。

除了善待中枢旧臣，对中枢以下的旧臣，赵匡胤也有极大的心胸善待。宋人夷门君玉《国老谈苑》有一条记载，很能反映宋太祖对前朝旧臣在心态上的自信与宽宏大度：

> 太祖尝曲宴翰林学士王著，御宴既罢，著乘醉喧哗。太祖以前朝学士，优容之，令扶以出。著不肯退，即趋近屏风，掩袂恸哭，左右拽之而去。明日，或奏曰："王著逼宫门大恸，思念世宗。"太祖曰："此酒徒也，在世宗幕府，吾所素谙，况一书生，虽哭世宗，能何为也？"[②]

且不论这则笔记内容的真假，但类似关于宋太祖善待后周旧臣的传闻很多确是事实。后人可以想象的是，这种事不可能出现在明太祖朱元璋身上，甚至历史上大部分的开国皇帝都不可能有此心胸，只有被《晋书》誉为"宇量弘厚"的晋武帝司马炎或可比肩。

(三)怀柔将领

五代十国时期，政局板荡，反叛石敬瑭兵败被杀的节度使安重荣有句名言似可概括当时的状况："天子，兵强马壮者当为之，宁有种耶！"[③]在天下初定，且大片土地尚未统一的宋初，赵匡胤不

---

① 《长编》卷一"建隆元年二月乙亥"："司徒、兼门下侍郎、平章事范质加侍中，右仆射、兼门下侍郎、平章事王溥加司空，枢密使、中书侍郎、兼刑部尚书、平章事魏仁浦(仁浦，初见天福十二年，卫州人。)加右仆射，枢密使太原吴廷祚加同中书门下二品。先是质、溥参知枢密院事，于是皆罢。"

② 王君玉撰：《国老谈苑》卷一，载王云五主编《东斋记事　附补遗　国老谈苑　涑水记闻　附补遗(一)》，北京：商务印书馆，1936年版，第41页。

③ 《旧五代史·后晋·列传十三》。

得不焦虑皇权的稳定问题。如何既能解决兵权威胁皇权之忧,又不伤君臣关系,成了赵匡胤的头等大事。

《长编》卷二记载,在剿灭了李筠和李重进谋叛之后的一天,赵匡胤问赵普:天下自唐末以来,数十年间,皇权八易其位,战祸连绵,生灵涂炭,这到底是为什么?我想要长治久安,该怎么做?赵普回答说,是因为各方镇拥兵自重,君弱臣强,现在要解决这个问题,也不需要什么特别的法子,只要"稍夺其权,制其钱谷,收其精兵,则天下自安矣"。赵匡胤说,那我知道该怎么做了。

赵匡胤于此显出极高的智慧,开启了一套分权制衡的兵权体系。从宋太祖开始,中经宋太宗,到真宗朝时,北宋的兵制完成了兵权从相权中剥离(相府中书外特设枢密院,掌管中央调兵权)、调兵权与领兵权分离(枢密院与三衙),以及领兵权一分为三(三衙:殿前都指挥司、侍卫马军司和侍卫步军司)的分权过程。[①] 除了中央兵制内部分权制衡,中央与地方的兵制安排上,则奉行前述赵普的"强干弱枝,内外相维"原则的最初构想。赵普"稍夺其权,制其钱谷,收其精兵"不只是针对中央军,同时也针对地方军。

赵普这"强干弱枝"三策,落实到具体制度上,表现为:

第一策为夺权策,所谓"稍夺其权",就是架空节度使。让地方政府绕过节度使,直接向皇帝奏事与述职。太宗时下诏,命令节度使属下的支郡,权力悉归中央,节度使只领一个州府,与一般州府长官知州的权力并没有大区别,并且逐渐演变为一个荣誉性的空头名号(名义上武官的最高官阶),即南宋叶绍翁《四朝闻见录》所谓:"太祖罢节度,立权发遣与权知之类,故士大夫作郡,皆

① 关于这套分权制衡的兵制建立的详细过程,可见范学辉《宋代三衙管军制度研究》(上册),北京:中华书局,2015 年版,第 63—101 页。

自称曰‘假守’，谓非真节度也。”[①]并且中央派出朝臣到地方任职，太祖乾德元年(963)，“始命刑部郎中贾玭等通判湖南诸州”[②]。从此开始了通判与知州并举的地方权力相互制衡格局，目的是控制地方、监督知州，防止知州权力过大、擅作威福，并且形成两种地方权力相互制衡以利中央的局面。由此，唐五代时作祟长达百年的节度使，其权力基本上被架空，彻底告别藩政割据、尾大不掉的“乱”局(与中央集权相对的所谓“乱”)。

第二策为“夺财策”，所谓“制其钱谷”。中央通过增设转运使这一职务，将地方财政和中央财政联结起来，“凡一路之财，置转运使掌之，虽节度、防御、团练、观察诸使及刺史，皆不预签书金谷之籍，于是财利尽归于上矣”[③]。在州以上地区设置若干转运使，将全境分为十五路，每路设一个转运使。转运使的权力很大，除了掌握本路或多路的财赋，还拥有考察地方官吏、掌控维持地方治安的权力，到真宗朝时甚至成为路的最高行政长官。

第三策就是“收兵权”，所谓“收其精兵”。宋太祖下诏，要求地方政府“择本道兵骁勇者，籍其名送都下，以补禁旅之缺，又选强壮卒，定为兵样”[④]，就是确定精兵的国家标准，让各地送至京城，皇帝亲自考察甚至参与拣选地方送来的兵士，挑中的成为禁军，挑剩的组成“厢军”，用于维持地方治安，杜绝其威胁中央禁军的可能。同时，还制定“更戍法”，轮换派遣禁军戍边，“复立更戍法，分遣禁旅戍守边城，使往来道路，以习勤苦、均劳佚”[⑤]。结果

① [宋]叶绍翁撰：《四朝闻见录》卷三《丙集》“节度”条。

② 《长编》卷四“乾德元年夏四月乙酉”条。

③ [明]陈邦瞻撰：《宋史纪事本末》卷二《收兵权》。

④ [明]陈邦瞻撰：《宋史纪事本末》卷二《收兵权》。

⑤ [明]陈邦瞻撰：《宋史纪事本末》卷二《收兵权》。

是，“自是将不得专其兵，而士卒不至于骄惰”[①]，赵普三策对于建立一个中央集权的稳定政权可谓卓见成效。

军队的总指挥权则在皇帝手中，以此“兵不知将，将不知兵”，将军们几乎无法利用手中兵权作乱。这套制度随着岁月流逝，有过较大改变，从太宗朝到神宗朝再到南宋孝宗朝，都有一些起伏波折，但皇帝提防武将、分宰以及制衡兵权，是两宋319年的长期国策且从未动摇，宋代与辽、西夏等政权的战绩不佳、名将狄青郁郁而终、岳飞父子风波亭被杀都与这一国策相关。

（四）官俸上善待大臣

本章第一部分所阐述的“君臣共治天下”自然可视为宋代开国者对大臣最优厚的善待，尤其与明清两代皇权将大臣视为奴仆相比。此外，从宋代大臣的官俸中也可见一斑。关于宋代官员的俸禄，历代多有争议。宋初，官员俸禄依唐五代旧制，通常认为比唐时低很多，只是那时物价也低。但后来，随着经济复苏，物价上涨，官员的俸禄也随之调整。如张全明的论文《也论宋代官员的俸禄》中所说：“各个时期的俸禄水平，并不是一成不变的。即使是宋初官员的俸禄，也是一个不断增加的变量。”[②]但争议依然没有消除，俸禄争议主要是源于宋代实行级差幅度极大的俸禄制度，即高官则厚禄，低官则薄禄，吏禄则时有时无。《宋史·职官志》记载：“京朝官宰相、枢密使，月三百千，春、冬服各绫二十匹，绢三十匹，绵百两。参知政事、枢密副使，月二百千，绫十匹，绢三十匹，绵五十两。”便是被清人赵翼误以为宋代官员俸禄都很优厚的原因。[③] 虽然俸禄级差制给后人带来这些误会，但总体而言，宋

---

① ［明］陈邦瞻撰：《宋史纪事本末》卷二《收兵权》。

② 张全明：《也论宋代官员的俸禄》，载《历史研究》1997年第2期。

③ ［清］赵翼撰：《廿二史劄记》卷二十五“宋制禄之厚”条。

代对官员在俸禄方面依然是慷慨的。张全明说:“太祖期间,在承后唐制的同时,多次诏令行省官益俸之策。不久,又颁布《复置俸户诏》,规定地方官员的俸禄由固定的俸户承担支给。太宗执政以后,在罢废天下俸户的同时,仍以增俸益禄作为改革俸禄制度的基本原则。”[①]这意味着太祖时期就已经深刻认识到官员俸禄对于政权稳定的重要性,而且也是从太祖朝开始,宰执大臣们的俸禄特别优厚,当为历朝最高。中级官员的俸禄也不低,低阶官员的俸禄比较低。同时,地方官不但俸禄不低,而且额外的补贴尤其优厚。王安石长期不肯赴任京官,重要原因之一,就是家族人口繁盛,做京官的俸禄不够花销,所以宁可做地方官。如之前所述,宋初开始,宰执大臣们的俸禄就很高,宰相和枢密使的月俸高达300贯,副宰相级别的执政大臣如参知政事、枢密副使、知枢密、同知枢密、三司使的月俸为200贯,宰执大臣们的俸禄终整个宋朝都是这一定制,在元丰改制后,宰执大臣们的官名变了,但俸禄依旧。两宋319年间,虽然币值波动大,通货膨胀严重,“衡量物价的宋代货币之复杂,为中国历史之最”[②]。根据彭信威的研究,宋初七八十年,货币购买力相当强[③],后来随着经济发展,以及伴生的通货膨胀,货币购买力波动很大,即使如此,无论在哪个时期,宋代官员的薪水都是处于历朝的中上水平,宰执大臣的俸禄

---

① 张全明:《也论宋代官员的俸禄》,载《历史研究》1997年第2期。

② 程民生:《宋代物价研究》,北京:人民出版社,2008年版,第5页。

③ “太祖开宝四年(971年),因米价腾贵,官定每斗七十文。在丰年,米价还要低。司马光曾说太宗平河东的时候,米价每斗十余钱,那大概是太平兴国四年的事。端拱二年粟麦每斗十钱。淳化二年岭南米价每斗只要四五个钱。咸平年间用铁钱的四川也只要三十六钱一斗。景德四年底(1007—1008)淮蔡间粳米两百钱一斛。次年斗米自七八个钱到三十个钱。大中祥符五年底河东一斛米卖一百钱。就是在发行交子以后的乾兴元年(1022年),京西的谷价,还跌到过每斗十钱。天圣六年有同样的报告。”见彭信威《中国货币史(校订版)》(中册),上海:上海人民出版社,2020年版,第347页。

尤其是历代最高。

与宋之前历代皇室对宰相的礼遇相比，为了加强中央集权，尤其是在君臣共治这个总政治哲学统摄之下，宋代从立国以来，皇室就刻意地要在礼仪上拉开皇室和大臣尤其是宰执大臣的距离。宰相与皇帝的坐而论道，到赵匡胤时被改为站而论道——宰相与皇帝论政时按惯例赐座的规矩被废掉了[①]，是一个十分典型的礼仪案例，它通过明示的身体政治隐喻了实际的政治。日本历史学家平田茂树曾在其《宋代政治结构研究》一书中详考这一历史事件，并指出了此后的千年发展脉络，"在汉唐宰相与皇帝之间进行的'坐而论道'被废除同时，在明清'跪拜'之礼发达起来，到了清代身体礼仪得到强化，发展为对皇帝的'三跪九叩'"[②]。宋太祖作为废除传统皇帝宰执坐议惯例的始作俑者，极大抬高皇室的地位同时，大大降低了政府的地位和宰执大臣们的政治地位，心中未必毫无愧意甚至惶恐，故在俸禄上优待宰执大臣（在米价二十文一斗的时代，三百贯不仅仅是笔巨款，就是在百文一斗的时代也是一笔数额不小的钱），直到让后世子孙登基时立誓不杀大臣，都可以推断可能存在一定的补偿心理。

（五）厢军：募兵制与难民安置

荒年容易引发民变，这在前现代是千古不易之理，如何解决这个问题，一直困扰着古代中国的统治者。这个问题在赵匡胤那里得到即使不能说是全部，至少是很大部分的解决。与其他朝代相比，两宋历 319 年，无论民变的数量还是规模，都是比较少和

---

① 关于这个惯例的废除过程，宋人有多个版本的记载，包括邵博、王巩、朱弁、王曾、司马光等。详见李焘《长编》卷五，及王育济、范学辉：《宋太祖传》，北京：人民出版社，2021 年版，第 355—357 页。

② 〔日〕平田茂树：《宋代政治结构研究》，林松涛、朱刚等译，上海：上海古籍出版社，2010 年版，第 314 页。

小的。

赵匡胤解决这个问题的方法,是通过军制改革完成的,这听起来似乎有点不可思议。这要从赵匡胤对厢军的改革说起。厢军本来是五代时各藩镇最能征善战的军队,赵匡胤登基后对其十分忌惮,为了加强中央集权,赵匡胤将各地厢军中的精锐抽调出来,编成禁军,这些禁军不但卫戍京师,而且还是帝国军队的主力。如马端临所说:"禁兵者,天子卫兵也,总于殿前、侍卫二司,其尤亲近扈从者号班直。余自'龙卫'而下,皆番戍诸路,有事即以征讨。自景德后,兵不复试。"[①]从此,禁厢两分的制度形成。研究宋代厢军的淮建利教授强调:"宋初的厢军是在'选州兵壮勇者'补充禁军的基础上逐渐形成的,是原来'诸州之镇兵'中较差的兵员。需要特别指出的是,厢军在五代时期只是藩镇之兵的代名词,而厢军制度则是在宋皇朝建立以后创立的。"[②]也就是说,宋代的厢军制度是一个新的制度,是前代所没有的,尽管用的名称是个旧名称。

赵匡胤建立厢军制度有远高于一般军事的目的。厢军最重要的地方,不在其战斗力,而在于它其实是一种重要的多功能社会控制和安置手段。马端临说:"厢兵者,诸州之镇兵也。太祖鉴唐末方镇跋扈,诏选州兵壮勇者悉部送京师,以备禁卫,余留本城。本城虽或戍更,然罕教阅,类多给役而已。"[③]实际上,这段话最重要的是最后六个字,即"类多给役而已",道出了厢军的实质——它的主要社会功能是给国家服杂役的,而并非真正的备战

---

① [元]马端临:《文献通考》卷一百五十二《兵考四》。类似记载并见[元]脱脱等《宋史》卷一百八十七《兵志一》。

② 淮建利:《宋朝厢军研究》,郑州:中州古籍出版社,2007年版,第3页。

③ [元]马端临:《文献通考》卷一百五十二《兵考四》。

意义上的军队,作为常备军反倒可能是它的次要功能,因为禁军显然比厢兵和乡兵更适合参加真正的战争。

设置厢军不但远不是一般兵制意义上的安排,更是一项事关政治经济全局长治久安的多功能安排,“不但以逸民户也,所以劳苦其身,违离其妻子,使习于南北风土之异,而不得坐食于本营。盖劳之则易使,散之则易养,此艺祖神谋也”[①]。这一说法虽然充满了帝王术的诈意,但从政治和社会效果上来说,不得不说确有道理。尤为特别的是,宋代体现在厢军上的募兵制,常常是在荒年进行,目的就在于解决荒年容易引发的民变问题。赵匡胤说:“可以利百代者,唯养兵也。方凶年饥岁,有叛民而无叛兵;不幸乐岁而变生,则有叛兵而无叛民。”[②]将底层的贫困青壮年网罗进厢兵,就可以用低廉的给养增加国家的防务和杂役,可谓一举两得,厢军制度由此成了一项难民安置手段。北宋中期的宰相韩琦,在人们批评冗兵问题时,替厢军做的辩护和反驳,还涉及一个不容易引起注意却于社会安定极为重要的问题。他说:“养兵虽非古,然积习已久,势不可废,又自有利处。昔者发百姓戍边者无虚岁,父子、兄弟、尝有生离死别之苦。议者但云不如汉、唐调兵于民,独不见杜甫《石壕吏》一诗乎?调兵于民,其弊如此,后世既取强健无赖者养以为兵,兵行,虽民间税敛良厚,而终身保骨肉相聚之乐,此岂小事?又其习练战阵,而豪勇可使,安得与农夫同日道也?”[③]这段话可谓鞭辟入里,不愧是宰相,深刻意识到了厢军社会保障功能的价值——厢军在很大程度上缓解以前了因征兵和卫戍而引发的家庭悲剧,这是人们通常不易注意的。马端临对厢

① [元]马端临:《文献通考》卷一百五十六《兵考八》。

② [宋]晁说之:《嵩山集》卷一《元符三年应诏封事》。

③ [元]马端临:《文献通考》卷一百五十二《兵考四·兵制》。

军制度的高度评价可能也是受了韩琦的启发，但他评价得更全面："自五代无政，凡国之役，皆调于民，民以劳敝。宋有天下，悉役厢军，凡役作、工徒、营缮，民无与焉。故天下民力全固，至今遵之。"[①]可以说，国家的各项大型基建，如建筑、水利、修路、城市的日常力役，厢军几乎全都参与，甚至常常是主力。

可见，厢军的政治、军事、经济、社会功能相当全面，即使在军事方面的功能稍弱，但其他方面的功能则远出人们通常的想象。所谓冗兵之讥，若以社会保障视角审视，不说完全批错对象，至少未能全面考察"冗兵"于社会的利益。

（六）勠力睦邻通商，以贸易换和平

自秦以来，宋代是第一次遇到了势均力敌强邻的朝代，五代十国结束之后，北宋面对着强大的北方辽国、西北的西夏，而南宋则面对强大的灭辽者金朝以及更为强大的蒙古王朝。从一开局，宋代就不是唯一的强大帝国，由此，以国际平等为一般性外交准则的国际关系取代唐代那种朝贡体系的外交新局面，就成为宋朝面对的新问题，尤其在最初时期的挣扎失败之后。

宋辽关系的处理在太祖时代就已经缓慢并且小心翼翼地开始，虽然北宋要征服两者之间的缓冲国北汉致使宋辽关系紧张，开宝七年（辽保宁六年，974）双方建立了正式的外交关系，并且第二年开始互贺正旦。有意思的是，双方的史书都指对方先发起建交，宋代的重要史书如《宋会要辑稿》《长编》都指辽主动，而《辽史》则指认宋主动，当代宋辽关系史权威学者陶晋生先生认为，依史料推断，宋主动的可能性更大。[②] 开宝八年（975）春，契丹遣使

---

① ［元］马端临：《文献通考》卷一百五十四《兵考六 · 兵制》。

② 陶晋生：《宋代外交史》，重庆：重庆出版社，2021 年版，第 32 页。

克妙骨慎思"奉书来聘",太祖十分重视,礼仪隆重,遣官迎召并赐宴,还请辽使参观宋人骑射。好景不长,太平兴国四年(979),继位才一年多的宋太宗赵光义灭亡北汉,作为北汉宗主国的辽国因此与宋断交,直到澶渊之盟前,整整 25 年,双方互不通使,尤其在宋太宗此后的两次征辽失败之后,两国关系降到冰点,此后除了战争和有限的边境贸易,彻底断交。

转机发生在宋真宗时代,1003 年(宋真宗咸平六年,辽圣宗统和二十一年)契丹再次进攻北宋,1004 年(宋真宗景德元年,辽圣宗统和二十二年)双方在澶渊交战,北宋获胜,萧太后趁机停战修好,双方签订著名的澶渊之盟。盟约议定,双方建立正式的外交关系,北宋向辽国每年支付绢二十万匹,银十万两(1042 年增至银二十万两,绢三十万匹),确定疆界,双方互不容纳叛亡者,互不骚扰田土及农作物,互不增加边防设施。盟约最后双方宣誓,"质于天地神祇,告于宗庙社稷。子孙共守,传之无穷。有渝此盟,不克享国。昭昭天监,当共殛之。远具披陈,专俟报复,不宣"①。澶渊之盟在中国历史上具有开创性意义,它开启了中国平等的国际条约性质的外交史(虽然澶渊之盟本身尚未让宋辽关系转为完全的平等关系,宋稍低一些,这也给后来的败盟埋下隐患),北宋每年给辽国的岁币,与其财政收入相比,可谓微不足道,但所获利益却是巨大的。此后,两国在长达 120 多年时间里都能和平相处,有学者统计:"自宋太祖开宝七年(974),宋辽间正式建立外交关系,中间虽有间断(25 年),但是直到宣和四年(1122)宋辽绝交,宋辽两国的和平时期历时 123 年,宋朝共向辽国遣使 725 人次,扣除重复出使的,共 654 人。"②澶渊之盟生效后,双方立刻开始了榷场贸

① 《长编》卷五十八"景德元年十二月辛丑"条。

② 王慧杰:《宋朝遣辽使臣群体研究》,北京:社会科学文献出版社,2016 年版,第 14 页。

易，宋辽能够持续120年的和平，与此关系密切。有学者认为，辽的经济结构中，皇室通过宋朝的岁币获得基本财政，而民间则通过榷场贸易获得日用商品，同时，宋代虽然产银量不高，只够支付岁币，但其中50%—60%通过贸易回流。[①]

除了宋辽关系，宋朝与西夏、金、高丽、蒙古王朝等的关系，随着时间的推移、各自的权力继位者变迁而变化。宋与西夏的关系，与宋辽关系相似，以军事上的势均力敌和贸易往来终结，西夏虽然最后对宋称臣，但宋朝也给西夏支付岁币。宋贪图燕云十六州而毁澶渊之盟，联金灭辽。之后，金灭北宋后，进攻南宋，双方展开了长期对峙，其间有过三次和议，一次是宋高宗1141年的绍兴和议，金对宋条件苛刻，但好歹打好了此后宋金近百年的总体和平框架。25年后，宋孝宗北伐失败，于1165年与金签订隆兴和议，这给双方带来40年和平。1207年韩侂胄北伐失败，双方再签嘉定和议（1208），南宋依然是吃亏的一方。宋金三次和议，南宋一直处于不利地位，给南宋背盟埋下伏笔，1233—1234年，南宋联蒙灭金后，将自己推入独力抗蒙的险境，在周旋了40多年后，终于在1279年被蒙古大军攻灭。

宋代除了与辽的商贸往来发达，也与西夏、金、蒙古王朝都有榷场贸易以及走私贸易，与高丽有海上航线的朝贡贸易，这些都促进了10—13世纪东亚地区的政治、经济、文化交流。由于国际关系的波诡云谲，宋代与其他政权一样，既存在着强烈的图霸目的，也在无法实现图霸目的时接受和平外交的现实。总体而言，宋代因军事力量的组织化缺陷而战力落后，这使得它更有和平的意愿，虽然也因为这种不情愿的主观意图，和平与贸易处于欠稳

① 陶晋生：《宋辽关系史研究》，北京：中华书局，2008年版，第38—39页。

定的状态,对西夏的贸易战,与高丽的关系从亲密到交恶,对辽、金的背盟,都反映了这一点。

在这些国际关系中,宋代与周边的和平,与其富庶繁荣的经济以及强大的财力关系密切。宋代和平的成就很大程度上来自金帛外交,这在骨子里依然有着贿买政治的基因。外交是一种对互利性要求更高的关系,它不像内政,皇权专制的内政中,皇权统治的居高临下性导致统治者与被统治者之间互利性并不强,而外交则是皇权无法独立主宰的,除非它在军事上具有绝对性优势,因此,贿买政治恰恰很适合用于处理国际关系,虽然在军事上弱势时用这种方式会显得屈辱。宋太祖赵匡胤开启的贿买型政治,不仅在内政上获得了极大成功,在外交上也赢得了尽可能多的国际和平,惠及三个世纪的东亚苍生。

三、宋代的权力制度:比较均衡的中央集权

宋代在中国皇朝史上有着独特地位,这已有近代以来诸多史家各个角度的著述论定。从整个中国数千年的皇权史看,宋代以维护皇权为核心,以及均衡皇权与政府权力的制度设计,是最具有理性能力,是权力分配相对合理因而也最稳定的。整个宋代319年,是中国皇朝时代享国祚时间最久的朝代,也是历朝历代中同时具备皇位继承过渡得最和平、民间造反量最少烈度最低这两个特征的。享国祚时间最久、皇位继承基本有序、民间造反量少烈度低,围绕着皇权安全而展开的这三项,均得益于宋初开始的一系列制度设置。

与前代相比，宋代比之前的朝代中央集权程度更高，中央集权制的总体结构也更为稳定。中央政府虽然更为集权了，但包括相府在内中央政府各机构的权力却比前代更为分散，同时独立的台谏制度也使得权臣至少在北宋很难出现。宰相个人权力很大的情况在北宋期间不多见(赵普和王安石都受多方掣肘，未能形成权相)，因为事权和人权都被分散，只有在宋神宗元丰改制之后，从蔡京开始才出现了权相问题，即便如此，权相也未能真正影响皇权，整个官僚体系的部门协作与掣肘都比前代制度更为有力。包括宗室、后宫，也都遭到了制度性压制，从而难以形成秦汉以来后宫与宗室对皇权的威胁，这是两宋 319 年间，总体上权力交接相对和平，很少发生政变的重要原因。通过转运使、通判等新增职位，中央大大加强了对地方的控制，地方权力执掌者无法像宋以前那么俨然地方土皇帝。而军事制度，即枢密院与殿前司、侍卫亲军马军司、侍卫亲军步军司三衙管军制度的确立，使得崇文抑武的理念在制度上得以落实，虽然将不知兵、兵不知将这一恶果导致了宋代在与周边军事冲突时显得无能，但对于国内政治稳定的价值则是不言而喻的，避免了唐代地方武力的骄纵与对中央皇权的威胁。

与后代元明清相比，宋代的中央集权制并未达到皇权集权制的严重程度，尤其是君臣共治天下的理念，使得宋代官僚机构以及官僚个人，都有着极大的从政发挥空间，而宋代皇室对大臣的礼遇，也在很大程度上保障了官员们的生命、家族、财产安全。因此，宋代政坛上名臣辈出，他们并非皇权的奴才，许多大臣即使得到皇帝重用，但若不合他们自己的政治理念则会主动请辞，皇帝也不会仗势逼迫。这与明清两代严酷的宦海环境形成鲜明的对照，而明代那种皇帝对大臣动辄抄家灭族的事几乎不闻，就连靖康时北宋被灭后被逼做了伪楚皇帝的张邦昌，宋高宗处死他的时候也没有株连族人。明清两代废除宰相制度，使得中国的皇权集权制得以成就，它只是进一步巩固了皇权，大臣们彻底变成皇权的奴才，于帝国治理毫无好处。

中国皇权史上特别重要的科举制在宋代迎来最高光的顶峰时代，宋代科举制向平民全面开放，注重公平选拔官员，因此在制度上设置了殿试官制、回避制、锁院制、封弥制与誊录制，最大限度地防止了科场舞弊，除并行的恩荫制和荐举制两个并不很大的缺口之外，已是最大限度消除隋唐以前的门阀痼疾。同时，在科举内容上，也并不存在明清时代那种让人窒息的八股取士的恶习，而有着较大的包容性与丰富性，避免了明清时代的科举腐朽的死路。

与这些具体制度同样重要的是宋代的政治文化，其总体上是宽松的，尤其是"君臣共治天下"这一理念，在宋代获得了极大的成果。宋代官员那种有着个人独立人格的现象，在皇朝中国的其他时代，都十分困难。

通过各项重要制度的纵向比较，可以较为清晰地看到，从皇权甚至整个国家的政局稳定看，宋代在皇权和政府权力制度设计上相对而言，是比较均衡的，在各个方面都得到了较好的兼顾。唐朝国祚虽然289年，而实际上，唐朝政局稳定的时间也就一百多年，这种朝局的不稳定与皇位继承不稳定的程度成正相关关系，如陈寅恪先生《唐代政治史述论稿》中篇《政治革命及党派分野》指出"唐代皇位之继承常不固定"[①]。可以说唐朝皇位继承的不稳定程度，在整个中国皇朝史上都是罕见的。宋朝吸取了唐

---

① 陈寅恪：《隋唐制度渊源略论稿·唐代政治史略论稿》，南京：译林出版社，2020年版，第236页。

朝、五代的教训，几乎从所有方面都用制度弥补了皇权继承不固定的缺陷（可惜赵匡胤本人很可能灯下黑）。公允地说，这给宋朝本身带来了福祉，也垂范后世，虽然明清走向皇权集权制后，过度的稳定也严重加深了皇权对整个国家的奴役，但这不能归罪于宋代的成就。

与之前和之后的朝代相比，宋代加强了皇权，但并没有因此加重奴役和祸乱，甚至在加强皇权的同时，宋代的大臣是历代大臣中最具有独立人格的群体。宋代人民所受的奴役和祸乱也并不比前后朝代更重，虽然赋税重于前代，但宋代的商业比其他朝代都发达，人民也比之前的朝代更富庶，赋税负担很大程度上因此被抵消，尤其是宋人通过商业手段将历代通常强制的劳役制度灵活地变相转为募役制（参见前文第二节“［五］厢军：募兵制与难民安置”）。与其他朝代相比，宋代人民所受祸乱主要来自于外族入侵，其他朝局震荡时虽也受荼毒，但与其他朝代相比，应该是相对较不严重的，尤其是受农民战争之苦的程度，可能是历代最轻的。

四、宋代的法制成就

与前代和后代相比，宋代在法制上下的功夫及其取得的成就很容易让人忽视。但专业的法史学家们却早已注意到，民国法史学家徐道隣就说过：“中国的传统法律，到了宋朝，才发达到最高峰。”①在“文革”结束恢复学术研究后，“宋代是中国封建社会法

① 徐道隣：《徐道隣法政文集》，北京：清华大学出版社，2017年版，第206页。

制成就最高的朝代”[①]。也逐渐成为法史学界的共识,即使史论比较保守正统的张晋藩总主编的《中国法制通史》也承认,“可以说两宋法制在中国法制史上是继唐之后成就最辉煌的朝代,有些规定既不见于唐,也为明清所未能企及”[②]。纵观两千年帝制时代以及两宋319年的司法实践,说宋代的法制成就最高,这个观点大致是成立的。宋代享有皇朝时代历朝中最长的国祚,当与此相关。

除了唐代确立了较好的法制基础这个原因,宋代法制成就高,更重要的原因是宋代统治者总体上注重法制。徐道隣先生总结了宋代取得皇权时代中国最高的法制成就的三个原因,除了继承唐朝法典化的遗产,另外两个原因“宋朝的皇帝”(徐先生认为宋代18位皇帝中,有八位皇帝都对宋代法制做出过重要贡献)、“宋朝的考试制度”(所谓“士初试官,皆习律令”)都与宋代皇帝对法制的重视息息相关。

以法的形式论,宋代在立法上不但进一步发展了唐代的法典,除了著名的《宋刑统》,“条法事类”将相关的敕、令、格、式及指挥、申明等,根据事情与政务汇总编排、分门别类,统一到一个法典之下。

以法的内容论,在行政、民事、商法、经济法等方面的立法,无论在数量还是质量上,都可谓远迈隋唐。

以立法技术论,大量专门法的起草与制定过程中,注意博采众议、先试后行,可谓皇权时代最具官僚制内部“民主”性的立法方式。

---

① 王云海主编:《宋代司法制度》,开封:河南大学出版社,1992年版,第1页。
② 张晋藩、郭成伟主编:《中国法制通史》第五卷《宋》,北京:法律出版社,1998年版,第12页。

以司法论,宋代司法极其注重司法官的专业性,以及司法过程的公平性,由此大量官员在仕途之初往往是任司法官员,比如"鞫谳分司"制(审理与判决分由两个机构或官员作出),这样分权的目的就在于尽可能保证司法公正。宋代司法中的复核制、回避制、移司别勘等也都在很大程度上保证了司法公正。即使保留了刑讯逼供("主要的以贼盗重案为限,至少在宋朝元朝是如此"①),却并非滥施,且有诸多前置条件限制,同时宋代司法注重司法事务的专业性,相对其他朝代,更注重作为刑狱定谳基础的证据。

以法律教育和法律学术论,宋代比唐代更注重专业法律人才的培养,律学成为专门的一门学术,法律成为一门重要的考试科目,举凡进士、选人、流外补选、文官、武官、国子监学生,都要考律学,所谓"士初试官,皆习律令"就是说的这种情形。科举中试的人,最初的职位通常是到府县衙门当幕职官,处理狱讼。宋代名臣几乎都懂刑狱,了解民间疾苦,原因即在此。正因为律学在日常政务中具有如此高的重要性,所以宋代法学成就极高也就不意外了。故宋代律学著作极其丰富,为历朝之最,《折狱龟鉴》《棠阴比事》《名公书判清明集》《洗冤集录》等名著迄今广为人知,尤其是后两部迄今依然是法史研究中无法绕开的重要文献。

后世的法史研究者通常还会注意到一个重要现象,就是宋代皇室除了宋徽宗这样极少数破坏法制的皇帝,涌现了大量体恤民瘼,带头遵守制度的宽仁皇帝,太祖太宗固不必说,就是真宗、仁宗、神宗、高宗、孝宗、理宗,无不对刑狱公正问题有着长期持续的重视,并且不断完善制度,尽可能确保司法公正,这在皇权时代确

① 徐道隣:《徐道隣法政文集》,北京:清华大学出版社,2017年版,第211页。

是不易之事。太宗处罚爱子赵元僖、宋神宗抱怨“痛快事做不得一件”都很能说明宋代皇帝们对制度的尊重。

宋代皇室历数百年,总体上都是奉行“君臣共治天下”这一治道理想的,这正是宋代制度比别的朝代具有更大的稳定性和权威性的最重要原因,刑狱上因此表现出来相对的公正、宽仁、稳定,法律得到包括统治者在内全社会的重视,法律学术也因此得以全面发展,这些都是从上述治道理想中衍生的成就。法制上的高度成就,也是宋代区别于皇权时代其他朝代的重要特征。

五、辉煌的文化成就

宋代的成就是全方位的,但政治上的成就是整个宋代其他成就的基础。宽容与宽松的政治文化,迅速蔓延到其他一切领域,催生了辉煌的宋文化。

宽松的政治环境给了新思想以极大的鼓舞,宋代理学成为中国古代思想的高峰。宋代重视文化遗产,政府组织力量对宋以前的儒道佛文化都曾进行大规模的系统性整理,宋代士人对前人著述搜求、校勘、注释、编年等的工作量都相当巨大,李白、杜甫等人的作品能流传至今,宋人功不可没。宋人在文学艺术各个领域都有巨大创发,独迈千古的宋词自不必说,宋诗、宋文在数量上也远超过唐朝。唐宋八大家里,宋代苏氏三人加上欧阳、曾、王,共占六席。史学上,除了编年、纪传体,又新创纪事本末体,史论方面也得到高度发展。宋代在书法、音乐、绘画、建筑、雕塑等几乎所有艺术门类也都获得巨大成就。宋代书法,承唐继晋,独有创发,且书家辈出，著名的苏黄米蔡四家，在中国书法史上享有极高地位。宋代音乐开始了从宫廷音乐向民间音乐转变的历程。宋代更被公认为中国绘画艺术的巅峰时代。宋代的建筑艺术也是中国建筑史上的一个高峰时期，著名的《营造法式》正是北宋晚期出现的。宋代的雕塑虽然没有唐代那样大气磅礴，宗教性显著，但宋代雕塑自有其自身的特征，即更写实而不是写意，且雕塑内容更生活化、平民化、市井化。

宋代在科技方面也获得极高成就，四大发明中，有三大发明在宋代获得大发展。火药、火器、指南针的发明与应用，雕版印刷得到更大范围推广，发明活字印刷术，而造纸术也在技术上水准更高，纸张成本降低，更有利于文化事业。宋代在数学、天文等几乎所有科学领域都获得了比前代更大的进展，涌现了一批科学家，比如沈括、苏颂等。

历代朝廷都强调重本抑末、重农抑商，但宋代鼓励商业，宋代统治者从工商业上获得的财政收入随着工商业的发展不断提高。宋神宗时代的参知政事张方平谈到庆历年间的财政收入增长问题时说："庆历五年，取诸路盐、酒、商税步课，比《景德会计录》皆增及三数倍以上。景德中收商税四百五十余万贯，庆历中一千九百七十五万余贯。景德中收酒课四百二十八万余贯，庆历中收一千七百十万余贯。景德中收盐税课二百五十五万余贯，庆历中收七百二十五万余贯。但茶亦有增而不多尔。"[①]庆历五年（1045）仅盐、酒、商税岁入就达到四千四百一十余万贯，可见宋代工商业之发达，虽然国家财政大量依靠行政垄断性的禁榷获益也是不争的事实。

---

① ［宋］张方平：《上神宗论国计》，载［宋］赵汝愚编《宋朝诸臣奏议》（下册）卷一百二，上海：上海古籍出版社，1999 年版，第 1097 页。

宋代的城市化程度之高也极其惊人,人口数往往是最直接的证据。13 世纪初,南宋首都临安的人口就已经达到惊人的 150 万人[①],两宋人口过百万的城市有十个之多,而一百年后的 1300 年,欧洲最大的城市巴黎,人口才达到 20 万。

小结:皇权官僚帝国的抛物线顶端

宋代的独特性在于其与其他朝代相比的非凡成就。宋代的成就是多方面的,而最重要的显然是政治文明上的成就。政治文明的成就,给了宋代所有方面的发展以极大的助力,是其他所有文明发展的基础。中国数千年历史,权力向来是人民最大的祸害。皇权时代,权力长期不受限制,即使在宋代,相对于人民的权力,也常常是缺乏限制,颟顸、愚蠢,甚至暴虐的,但与其他朝代相比,宋代的权力至少是最自我节制的。宋代礼遇大臣、相对善待朝廷命官的传统,很大程度上也延伸为对人民的相对宽松,而这已经给民间的自由发展出相当大的空间。这是宋代在除了军事领域的大多领域均获得巨大成就的根本原因。这也是宋代与皇朝时代的中国其他所有朝代的区别之所在。

宋代是中国历史上极少数勠力推行儒家政治的朝代,也是中华法儒官僚帝国史抛物线的顶端。即便如此,宋代的制度与文化也被巨大的危险笼罩着。由于政权与人民的关系始终是一种奴役与被奴役的关系,双方不可能存在真正的交融与和谐,此其一。

---

① 根据诸多历史学家的估算,当时临安的人口数最少不会少于 100 万,最高可能也就 150 万,虽有估算为 500 万的,但史学界普遍认为不可信。详见包伟民《宋代城市研究》,北京:中华书局,2014 年版,第 304—306 页。

其二，政权内部由于权力的原因，始终处于自我紧张状态，虽然与其他朝代相比，宋代处理得是最好的，但它依然不可能解决根本问题，权力的痼疾始终处于待发状态。其三，中国皇朝时代政治的根本特征，永远是专制，在此前提下，政治文明与否经常处于严重的不确定状态，即便宋代总体的政治状况是相对文明的，也无法否认神宗朝、哲宗朝的扰攘与徽宗朝的黑暗，更无法否认南宋高宗朝即开始了远比北宋复杂和不稳定、阴谋也更多的朝政。

宋代政治文明的成就，其独特性很大程度上是太祖太宗帝王个人开创后并且制度化延续的产物，而这对帝王个人素养的要求十分苛刻。人治的根本特性决定了，这种个人化程度极高的仁政无法成为可长期重复的制度，宋太祖要求后继的皇帝们不杀大臣，但宋高宗们照样杀大臣。而宋朝被元灭亡后，再过百年，中国就迎来了国史上最残暴的朝代之一：明代。明代抛弃了宋代“君臣共治天下”“赎买政治”等先进的政治理念，却用“政治水泥”填实改造了宋代中央集权制原本留有余地的部分，将其打造成皇权集权制，并遗祸数百年。

宋代虽开启了权力自我节制的新传统，但它是不可靠的，是缺乏足够的制度保障力量的，在新的独裁者到来之际，它就土崩瓦解了，当然这不关宋代的事，而是后人们自己的事。宋代也开启了权力高度集中的新传统，可悲的是，每一代新的独裁者都热衷于将其进一步制度化，明清两代的皇权集权制改造，充分证明了这一点。宋代同时打开了两个命运之盒，后面的朝代欣喜地接住了潘多拉之盒，而将幸运之盒弃如敝屣。

正是如此让人嗟叹唏嘘的历史，让宋代成为中华法儒官僚帝国史抛物线的顶端。

第四章
庆历新政：皇朝中期综合征与改革困境

对于中国皇朝史上普遍存在，并且具有规律性的“皇朝中期综合征”现象，本书第一章已有专论。本章要讨论的，是皇朝中期综合征在北宋的特殊表现，以及由此而引发的北宋朝廷疗救这一历史顽疾的权力行动逻辑。

一、政治柔道与“三冗”问题

本书第三章专门论述了宋代在中国皇朝史上各个方面的独特性，尤其是宋太祖赵匡胤建立的“贿买型”而非“暴力型”政治的独特成就。将赵匡胤建立的政治制度框架及其具体操控手段概括为“贿买型”，是相对于其他朝代通常建立在赤裸裸的暴力直接统治之上而言的。即使与自诩“政治柔道”的光武帝刘秀相比，赵匡胤在制度设计和具体政治运作上，其非直接暴力以及柔性的色彩也是远远超过了。历经赵匡胤、赵光义兄弟，赵恒（宋真宗），赵祯（宋仁宗）四代皇帝，到宋仁宗去世的1063年，宋代立国已过百年。

程颐所谓宋代超越历代五件大事，“如百年无内乱；四圣百年；受命之日，市不易肆；百年未尝诛杀大臣；至诚以待夷狄”。公允地说，并无夸张，而其中的主要内容其实就是前文所说的“政治柔道”，以中国古代儒家标准衡量，说它是仁政应当是能够成立的。但是，任何制度运行时间久了，都会产生制度冗余和制度垃圾问题，这种冗余与垃圾的积累，最终会使得制度本身难以为继，无法继续正常运行。这种情况同样出现在比皇朝时代其他历朝历代更具有合作性的宋代制度上。

如第三章所阐述的，宋代的政治架构是建立在一系列的“贿买性”而非“直接暴力性”制度基础上的，面对士大夫、百姓、外国人，宋代皇室以合作性统治为基调，以贿买为手段，因此，该制度具有极大的柔韧性。但正如合作协议会随着时间的推移和情势的变迁而需要调整与变通，协议双方才能继续履约，一个国家的各方面制度也同样需要更革，以适应新的时代与世变。

宋太祖赵匡胤建立的“贿买型”政治，得到了继位的宋太宗的继承，尤其是太宗为了培植自己的势力替换掉太祖的旧势力而特重科举制，到真宗朝，科举制所导致的人员冗滥问题已经开始显现。再加其他如募兵制、分散事权等新制所造成的制度垃圾，宋代由此产生了与历代相异的独特制度冗余，即时人及后人所言的“三冗”：“冗官”“冗兵”“冗费”。至道三年(997)，太宗死，真宗继位后求直言，刑部郎中、知扬州王禹偁上疏中就说：“其二曰：减冗兵，并冗吏，使山泽之饶稍流于下。……冗吏耗于上，冗兵耗于下，此所以尽取山泽之利而不能足也。”①仁宗宝元二年(1039)，宋祁《上三冗三费疏》提出：“大有三冗，小有三费，以困天下之财。……何谓三冗？天下有定官，无限员，一冗也；天下厢军不任战而耗衣食，二冗也；僧尼道士日益多而无定数，三冗也。三冗不去，不可为国。……何谓三费？一曰道场斋醮无日不有，……二曰京师寺观或多设徒卒或增置官司，衣粮所给三倍他处，……三曰使相节度不隶藩要，贪取公用，全济私家。”②宋祁提的“三冗三

---

① 《长编》卷四十二“至道三年十二月甲寅”条。

② ［宋］宋祁：《景文集》卷二十六《上三冗三费疏》，北京：中华书局，1985年版，第335—336页。

费”，“三冗”是“冗官”“冗兵”“冗教”，“三费”则是“教费”“食费”“用费”，这与王禹偁们的说法“三冗”，即“冗官”“冗兵”“冗费”基本上相同。

在元丰改制之前，宋代的官制通常被认为是“宋承唐制，抑又甚焉。三师、三公不常置，宰相不专任三省长官，尚书、门下并列于外，又别置中书禁中，是为政事堂，与枢密对掌大政。天下财赋，内庭诸司，中外管库，悉隶三司”[①]。事实上，所谓“宋承唐制”徒具外形，宋代官僚机构，尤其是中央政府的官僚机构，除了表面上继承唐朝的三省六部制，实质上整个权力结构都发生了根本性变化，地方权力的设置也是如此。最关键的在于，宋太祖增设了诸多牵制性、分权性质的官职，例如军政大权一分为二，枢密院掌兵权，与宰相平级，宰相之下尚有副宰相即参知政事牵制宰相。又如，地方官制复杂交错，有路转运司（主管财政和监察，有转运使、副使、判官等）、提点刑狱司（掌刑狱，长官为提点刑狱公事）、提举常平司（掌仓储，长官为提举常平公事）、经略安抚司（长官为安抚使，安抚使照例兼任禁军军区的马步军都总管，并兼任知州或知府），在设置知州同时，还设置了平级的通判，以监督知州。宋初官制，有个显著的特征，就是所谓寄禄官与职事官的区分，简而言之，是官名与职务分离。尚书、侍郎、中书舍人、给事中等都属于有官名而不任事，仅为叙迁之阶，称寄禄官，无皇帝特命，不管本部门事务，另以差遣如判吏部尚书、知制诰等治事，称职事官。这样一来，整个官僚机构就变得叠床架屋，随着时间推移，必然产生大量的冗官。清赵翼说：“宋开国时，设官分职，尚有定数，其后荐辟之广，恩荫之滥，杂流之猥，祠禄之多，日增月益，遂至不

① ［元］脱脱等：《宋史》卷一百六十一《职官一》。

可纪极。真宗咸平四年,有司言减天下冗吏十九万五千余人。所减者如此,未减者可知也。”[①]赵翼将宋代冗官问题的原因大致都讲清了,科举、恩荫、官制重复都是引起冗官现象的重要原因,是从宋初到真宗朝日积月累而成,到仁宗、英宗朝则已严重恶化。按照对此问题有专深研究的学者杨高凡所论,冗官与太宗朝大力发展科举制关系尤其密切,“宋太宗广开科举之路,招徕天下人才,宋朝官员人数激增”[②]。这种情况要到神宗元丰进行寄禄官职事官统一的官职改制后才有所缓解——十多年间官员数额仅增长了500多人,大大地遏制了原有的膨胀趋势。但好景不长,到了哲宗、徽宗时期,官员数额再次暴涨,南宋孝宗之后也继续暴涨。事实上,官员数额不断膨胀是各个朝代的通病,这是中央集权制下养官制度的产物,但宋代因分散权力的需要,其比别的朝代更严重。宋代本来就和所有朝代一样,到了中期官员数量就会大幅增长,成为制度的赘肉,但因前述原因,宋代冗员及由此引发的相关问题,在改革需求上比别的朝代更迫切。

冗兵问题,本书在第三章已涉及,宋朝因募兵制而发生的冗兵问题,其实是一种特殊社会保障制度的产物。数量庞大的厢兵本是货币徭役改革以及防止荒年民变的社会稳定与社会控制手段,其主要工作是从事各地的力役,军事目的反倒在其次。随着时间的推移,除了保持禁军的精锐战斗力,不断增加的禁军和厢兵数量,在达成社会稳定和徭役货币化这两个重要目的之外,军饷自然会日渐成为负担,更何况不断扩充的禁军,无论军饷还是数量都高于厢兵。杨高凡认为:“宋太祖开宝年间军队共37.8万

① [清]赵翼撰:《赵翼全集》卷一《廿二史劄记(上)》,曹光甫校点,南京:凤凰出版社,2009年版,第457页。

② 杨高凡:《宋代“三冗”问题研究》,北京:人民出版社,2018年版,第215页。

人，其中禁军19.3万人，厢军18.5万人；宋太宗至道年间兵力猛增至66.6万人，其中禁军35.8万人，厢军30.8万人，较之宋太祖朝增加近一倍，如果考虑战争中伤亡、被俘士兵，则宋太宗朝军队数目应该更多。”①即便如此，太祖、太宗朝都尚未出现冗兵问题，甚至在真宗朝也尚未发生（真宗朝的财政出现问题是淫祀导致的），因为军费开支所占财政比例，通常只在三成以下。真正的冗兵问题是在仁宗朝出现，当时已养兵百万，到英宗朝时，冗兵问题已经成为朝廷普遍焦虑的大问题，因为军费已占财政的80%以上。神宗上台后，“宋神宗即位初年，兵额116.2万人，其中禁军步、骑共66.3万人”②，哪怕别的什么都不改，军制也得改，不然这样的财政消耗无法持续。宋太祖制定的以厢兵吸收底层贫困人口的方案虽好，但不是没有代价的。

至于冗费，除冗官、冗兵引发主因以外，尚有真宗时代冗教淫祀带来的严重靡费问题，这在仁宗朝都已经基本上裁减，但对于解决财政压力问题起不到多大作用，因为与冗兵、冗官相比，尤其是与冗兵相比，其他导致冗费的原因，几乎都不严重了。③

二、关于积贫积弱

据宋史专家李裕民的考证，“积贫”“积弱”分拆式同时使用始于钱穆1939年出版的《国史大纲》，之后，1963年翦伯赞《中国

① 杨高凡：《宋代“三冗”问题研究》，北京：人民出版社，2018年版，第61页。

② 杨高凡：《宋代“三冗”问题研究》，北京：人民出版社，2018年版，第68页。

③ 详见汪圣铎《两宋财政史》（北京：中华书局，1995年版）第一章第三节关于冗费问题的详细阐述。

史纲要》第三册里第一次以四字词组“积贫积弱”出现,“积贫积弱”遂为20世纪宋史界定说。[①] 最近20多年来,在李裕民等学者提出对此说的质疑后,国内宋史学界引发了一场争论,李华瑞、王曾瑜等学者也都参与这场争论,并维护“积贫积弱”定论。与这一定说睽隔的是,国际汉学界往往极推崇宋代,即使认为整个宋代都有积弱问题,也很少人会认为宋代积贫,相反,许多史家不但认为宋代极为富庶,有些甚至认为宋代是当时全世界最富庶的国家。所谓贫,最多只是认为三冗问题导致了财政上的捉襟见肘。

李裕民等学者甚至认为“积弱”说也有问题,认为宋代与周边政权的军力相比,各有胜负。与大辽比,稍弱,但不多;与西夏比,稍强,也不多;与金相比,基本上旗鼓相当;与蒙古王朝相比,是弱,但能与其周旋四十多年,才被灭亡,就不能算很弱,而当时蒙古王朝的兵力是世界第一,其他国家能抵挡它一年以上都很难,宋代无疑不算弱。另外,宋代的所谓“弱”,主要并非兵力和装备的问题,而是强干弱枝、分散兵权,尤其是“将从中御”这种荒诞的中央集权军事政策所致。

否定“积贫积弱”说的学者们通常还强调应当以综合国力来考量贫弱问题,这个标准很有说服力,关于宋代的综合国力,本书第三章已有详述,此处不赘。历史上更高级的文明为野蛮所灭,这种情况比比皆是,不以武力论文明,至少不能以武力比较作为唯一的衡量标准,这本身就是一个很重要的文明标准。

---

① 李裕民:《宋代“积贫积弱”说商榷》,载《陕西师范大学学报(哲学社会科学版)》2004年第3期。

三、庆历新政成败考

（一）庆历新政的内容

庆历三年（1043）四月，求治心切的宋仁宗擢拔范仲淹等改革人物，范仲淹和韩琦在陕西前线被擢拔为枢密副使，召至京师。七月，范仲淹升为参知政事，富弼也因与辽谈判有功，升为枢密副使。九月，在宋仁宗的催促下，范仲淹上奏《答手诏条陈十事》（著名的“十事疏”），这标志着庆历新政正式开始。范仲淹所谓十事，集中在以澄清吏治为主的三大类“澄清吏治”“富国强兵”“厉行法治”，共十条，具体内容如下：

1.澄清吏治

（1）明黜陟：改革磨勘法。废止三年一次按资历升迁的磨勘法，代之以官员的实际才德为黜陟标准，淘汰老病无能等不称职者和在任犯罪者。

（2）抑侥幸：改革恩荫制。限制中、上级官员的任子特权，避免权贵亲属垄断职位。

（3）精贡举：改革贡举制。在州县立学，士子必须在州县学校学习期满才能应举。取士时，降低旧制中诗赋、墨义的权重，提高策论和操行的权重。

（4）择长官：严格路州级地方长官的铨选，铨选权集中于中书、枢密院。各县长官的铨选权则集中于路、州长官，择其举主多者尽先差补。

（5）均公田：重新规范官员分获职田的等级制，调配职田给缺田官员，以“责其廉节”，防止贪墨。

2.富国强兵

（1）厚农桑：加大政府在各地开渠河、筑堤堰等兴利除害的力度。

(2)修戎备(修武备):主张恢复府兵制,由京畿向诸路推广。

(3)减徭役:将户口稀少的县邑合并,避免该地人民徭役过重。

3.厉行法治

(1)重命令:为提高朝廷政令的公信力,避免朝令夕改,丧失政令权威,提出朝廷今后事先须详议、删繁去冗审定成熟后才可颁行条令,不得随意更改,否则追责。

(2)覃恩信(推恩信):广泛落实朝廷惠政和信义。主管部门拖延或违反赦文施政,要依法从重处置。此外,向各路派遣巡察使臣,督促地方依法施政,避免地方各行其是阻隔皇恩。

范仲淹的变法思想由来已久,可谓积二十余年之思考并集满朝大臣们的意见综合而成。仁宗天圣三年(1025),时任大理寺丞的范仲淹就提出过请救文弊、复武学、重三馆之选、赏直谏之臣、革赏延之弊、纳群臣之言等政治改革的主张,天圣五年(1027),晏殊任南京应天府(河南商丘)留守时曾请范仲淹掌管府学,即学校教学,但他"在江湖之远则忧其君",再次向朝廷提出政治改革的主张。上述十事改革,包括政治上整顿吏治,经济上促生产,为民减负,军事上推"府兵制",因整顿吏治的内容十占其七,显然是重点所在。除府兵制未得仁宗批准外,"皆以诏书画一,次第颁下"[①],是为"庆历新政"。

庆历新政历时很短,从庆历三年(1043)九月开始到庆历四年(1044)六月,不到一年时间。由于整顿吏治必不可免地遭到满朝非议,尤其是夹杂着朋党论的论调甚嚣尘上,所以改革措施即使

① 《长编》卷一百四十三"庆历三年九月丁卯"条。

不算十分激烈，也让范仲淹等改革派官员感觉持续推行很难。范仲淹遂请求出朝巡边，以参知政事充陕西、河东路宣抚使，富弼宣抚河北，韩琦出知扬州。新政就此结束，改革措施要么废止，要么不了了之。

庆历新政通常被认为是一场失败的改革，到底算不算失败下文另述，但其成就也是有目共睹的，主要集中于三个方面。改革派罢黜了一批庸官，精简了官僚机构；《任子诏》限制了各级官员的荫补特权，荫补子弟出官须经考试，对恩荫制的泛滥起到了很大的抑制作用；科举考试从诗赋向策论转变，为后来的宋学兴起铺平了道路。

（二）庆历新政为何未能持续？

以整顿吏治为主要目标的庆历新政，遇到巨大阻力，这是可想而知的，除此之外，还有多重因素使得这场改革未能持续。

1.改革缺乏可持续的有效程序

仅仅凭着一份几千字的改革大纲，罗列十条相关措施，就要在全国范围内进行一场全面的政治、经济、军事、文化改革，毋宁说，从一开始就注定了这是一场不可能持续进行的改革行动。范仲淹、富弼、韩琦、欧阳修等改革派官员并没有对这场改革的节奏、步骤和程序进行过深入的讨论，虽然在最初的时候，范仲淹尚能说“然有后先，且革弊于久安，非朝夕可能也”[①]。可算是清醒之见。可是一旦开始改革，改革派则胡子眉毛一把抓，毫无先后顺序考量不说，对改革的实际难度也缺乏认知，欧阳修甚至幼稚地认为“去冗官，则不过期月，民受其赐，……今若尽去冗滥之吏，

---

① 《长编》卷一百四十三“庆历三年九月丁卯”条。

而以能吏代之，不过期月，民必受赐，此臣所谓及民速、于事切者也”[①]。急躁图快，毫无章法。如此冒进的改革，即使原本矛盾不严重，在实际改革过程中也必会制造无穷无尽的矛盾，让它无法持续。

2.触犯利益集团，且改革未必公正

范仲淹在淘汰官场冗员过程中，向各路选派按察使，开启“按察使→转运使、提点刑狱→知州→知县”这一四级官员铨选阶梯。故范仲淹对各路转运使的挑选十分重视，翻阅各路转运使名册时，他会将庸碌贪浊的官员一笔勾黜。枢密副使富弼不同意他这样做，说：“一笔勾之甚易，焉知一家哭矣。”范仲淹说：“一家哭，何如一路哭耶！”[②]这件事在历史上十分著名。历代评论此事，分歧通常在于要么认为范仲淹改革意志坚定，下决心要改革官场积弊[③]；要么认为他铁石心肠，不在乎百官生计。然而，此事真正的焦点并不在此，而是在于罢黜昏聩贪墨官员的必要性是抽象的，落实到哪个官员的头上则是具体的，在具体落实过程中，以什么样的标准，标准能否对所有官员生效，以及官员们即使有相似的行为，其所指向的具体情形是否同类抑或完全不是一回事，这些都需当面详加考核，需要时间、人力和物力，是件工作量巨大的事，绝无可能由主持改革全局的副宰相去亲自处理。这种罢黜冗滥昏官的具体琐务，如果都由范仲淹这样的改革派主持人去办理，这改革还能成功吗？他亲自勾选罢黜官员，必然会有诸多疏漏导致的不公正。由此且不说将矛盾都集中于自己，对改革毫无

---

① 《长编》卷一百四十三“庆历三年九月癸巳”条。

② ［明］陈邦瞻撰：《宋史纪事本末》卷二十九《庆历党议》。

③ 例如，高美玲：《“庆历新政”与“熙宁变法”二三事》，载《广东社会科学》1990 年第 4 期；米礼宾：《从庆历新政到熙宁变法——范仲淹、王安石所面对的不同改革阻力及其影响》，载《文史博览（理论）》2011 年第 6 期。

裨益，最关键的是，这种缺乏严格统一程序的疏漏导致的不公正直接败坏改革名声。即使是在严格统一公平程序之下的罢黜官员，都会存在一些具体不公正的个案，这些个案会通过改革极大地放大其不公正的逆反效应，遑论程序混乱之下的规模化不公正。

与勾黜官员形成鲜明对照但性质类似的另一起事件，是范仲淹在滕宗谅公使钱案上的做法。庆历三年(1043)九月，范仲淹等人刚进入中枢开始推行改革，范仲淹的好友滕宗谅就遭到陕西四路马步军都部署、经略安抚招讨使郑戬的告发，内容是滕宗谅在泾州涉嫌财务腐败，监察御史梁坚弹劾滕宗谅“泾州贱买人户牛驴”“邠州声乐数日”“到任后使过钱十六万贯”等事。范仲淹因为对滕宗谅很了解，对其泾州任上所为也十分了解，知道他并无贪墨行径，在仁宗面前为他力辩。申辩的内容入情入理，但问题在于，范仲淹为他的好友这样辩护不合法定程序，而且滕宗谅因为怕连累别人，在朝廷审案官员到达之前把账册烧掉了，这一行为的违法性显而易见，单以程序而论，可谓十分恶劣的销毁证据行为。然而，此案在范仲淹力挺之下，滕宗谅所受处罚不重，在御史中丞王拱辰强力抗辩下，改判任岳州知府，也没有去职。

这件事与那些被随意罢黜的地方官员案例形成过于强烈的反差，可以想见地方上因为官员陟黜问题会引发多严重的不公正感；更为严重的是，这件事同时不可避免地引发了宋仁宗对范仲淹们是否结党害政问题的警觉，为后来宋仁宗无法信任君子党继续推进改革埋下伏笔。

改革者自身成为改革的阻力，范仲淹在这几件事上可谓毫无大局意识。如此改革焉能不败！

3.改革不善引发的正常反弹

庆历新政在展开过程中,尤其是罢黜昏庸贪墨官员缺乏持续有效的法定程序,这对于改革显然是举足轻重的巨大漏洞。整顿吏治的改革目标在这样的施政条件下,必然会难以推行,不但无法达到预期目的,还会平添本来没有的弊病和冤抑。监察御史刘湜上书朝廷的内容就很有代表性,他认为,转运使管理州县时,对官吏太琐碎、苛刻,应该宽松一点,让他们可以施展才华,顽固不改的再处罚不迟。[①] 庆历四年(1044)八月,时任谏官的包拯也向朝廷提出了与刘湜相似的意见,他说地方设置转运按察使监察地方官以后,他们对下属定的规矩约束过于繁杂琐碎,上诉到审刑院、大理院的奏案倍于往年,常常是根本没什么大罪,一些不管真假的鸡毛蒜皮小事全都送上来。这其实是有些人以改革之名图自己升迁,这会导致天下官吏战战兢兢。那些廉谨自守的循吏成了庸官,而酷吏倒成了干才。这样,人人效仿,争先恐后,苦的还是老百姓,却无处申说。朝廷设按察、提刑这些职务,本来是希望能淘汰庸官贪官,改变因循旧习,不想现在却变得苛细不堪,民不聊生。[②] 刘湜和包拯都不属于朝廷什么特殊派别,都只是按照现状提出自己的看法。这种没有党派偏见、纯粹就事论事的意见,对宋仁宗触动很大,他于是下诏说,诸路转运、按察、提点刑狱司如果对所部官员过于苛刻,搞得下面手足无措,那就应该制止他们。[③] 政见中立的刘湜、包拯们对改革都有这么大意见,那些受到不公正待遇的官员们是什么样的心态就更可想见了。这都是改革遭遇的正常反弹,无关朋党,无关派别。反倒是改革派无法直

---

① 《长编》卷一百五十一“庆历四年八月乙卯”条。

② 《长编》卷一百五十一“庆历四年八月乙卯”条。

③ 《长编》卷一百五十一“庆历四年八月乙卯”条。

面这些问题，比如欧阳修就怀疑是台官们乱说，朝廷偏听偏信，并且反对下诏制止转运使、按察使们，认为这会搞得人心尽失，改革无法推行。[①] 但无论改革派能否直面这些改革进行时中发生的问题，至此，改革的推行已经相当困难是显而易见的事实。

4.新政与党议

历来讨论庆历新政失败（且不论是否就是失败）时，历代史家均热衷于将庆历新政的结束归咎于范仲淹、富弼、韩琦、欧阳修、苏舜钦等的改革派与夏竦、王拱辰等人所谓反改革派之间的党争。然而，这种简单的归因法与历史事实往往大相径庭，且存在严重不公的问题。

庆历新政的骤然结束固然有党争原因，但党争的责任方却并不简单只是夏竦、王拱辰的问题，而是更为复杂的因果关系。范仲淹、欧阳修等人素以君子党自居，欧阳修甚至有专门的《朋党论》为君子结党辩护，其说理不能说诡辩、强辩，而范仲淹在答复宋仁宗对于君子党的疑惑时，也将道理讲得很明白。宋仁宗问，都说小人爱结党，难道君子也结党吗。范仲淹回答说，在边疆的时候发现，勇敢战斗的士兵会团结在一起，那些怯懦的人也会团结，这种情况在朝廷也是一样的，正邪立现，关键在于君王是否能明察。再说了，如果结党为善，这对国家有什么害处呢。[②] 范仲淹、欧阳修的朋党之论在道理上都是成立的，问题不在这里，问题在于范、欧等君子党人（尤其是欧阳修）在处理日常政务中热衷于君小之辩，将相异的政见者打成小人，这既不符合政治伦理，也毫无政治智慧。一部《长编》，记录了欧阳修的大量奏折谠议，涉及以君子小人立论的奏章比比皆是，其中事涉具体大臣的也不少。

---

① 《长编》卷一百五十一“庆历四年八月乙卯”条。

② 《长编》卷一百四十八“庆历四年四月戊戌”条。

这些奏章批评的所谓小人，即使涉及大臣，也未必都是不对的，但问题在于，如何区分哪些确是小人作恶，而哪些又只是一般政见相异的分歧。如果将政见不同统统以君子小人分异，那就是包括宋仁宗在内所有皇帝最反感的党同伐异。如果能够自我谦抑，尽可能就事论事，则君小之辩不易厘清的那些灰色地带、模糊地带，就能缩小甚至消弭政见相异导致的分歧。然而，至少欧阳修缺乏这种政治智慧。

范仲淹、富弼、韩琦等人虽也支持君子结党论，但在实际的政务处理中，却都有相当的雅量容忍他人，尤其是范仲淹与韩琦在边策上政见分歧却双方都全无芥蒂，范仲淹与吕夷简虽然是多年政敌，但也相互欣赏，而对于将具体人打成小人尤为谨慎，即使在遭遇夏竦那样的构陷之后，他们也没有激化这种政治攻伐，而是以自求贬官离京息政来结束纷争。

虽然一旦涉及政治改革，党争几乎不可避免，但具体发生的党争，则依然需要厘清其因果与过程。对庆历党争起关键作用与影响的人物，主要是石介、欧阳修、夏竦、王拱辰四位。范仲淹与富弼被宋仁宗委以改革重任后，石介欣喜若狂，作长诗《庆历圣德颂》，除了“众贤之进，如茅斯拔。大奸之去，如距斯脱”，几乎明示刚刚被罢黜的吕夷简和夏竦是奸臣，甚至点名称颂范仲淹、富弼、韩琦、欧阳修、蔡襄等改革派大臣。于是，夏竦与其同党就开始制造朋党谣言，将杜衍、范仲淹、欧阳修视为朋党。[①] 据说，欧阳修看到此诗后，非常赞赏，唯独范仲淹觉得这是惹祸，后来的事态发展验证了范仲淹的远见。夏竦伪造内有不臣之语的石介与富弼通信，陷害改革派大臣，宋仁宗虽然不信，但石介因此忧愤而殁，范

① 《长编》卷一百四十八“庆历四年四月戊戌”条。

仲淹与富弼则无法在朝廷自安而自求离京外放，宋仁宗也因前事、近事而无意真心挽留，庆历新政事实上结束。

庆历党争的另一个关键人物是御史中丞王拱辰。他虽然既不是夏竦一派，也不是范富韩欧派，但打击改革派甚力，这大多出于公愤包装后的私怨（他与欧阳修、苏舜钦均不睦）。

在滕宗谅公使钱案中，王拱辰不依不饶，对于宋仁宗的轻判不服，以辞职相要挟，宋仁宗斥为“请解去（职）以取直名”[①]，其实就是批评他沽名钓誉。即使如此，宋仁宗依然安慰他有话尽管讲，“宜力陈无避”[②]。王拱辰小题大做，但以其御史中丞之职，他的做法并无法律意义上的不当，这是宋仁宗并不深责他的原因。在滕宗谅公使钱案上，王拱辰虽然看似改革派的对立面，但他并无过错；错在范仲淹等人缺乏改革大局意识，未能借此案作出尊重程序的表率，反而因为越过正常程序为滕宗谅辩护而败坏了改革的名声。

此事成为王拱辰在关于苏舜钦进奏院赛神会聚会案上过度用力的先声。苏舜钦是改革派宰相杜衍的女婿，范仲淹相当赏识并推重他，他才华横溢，誉满京城，也是改革派的重要发声筒，当时官职是大理评事集贤校理、监进奏院。庆历四年（1044）的秋天，苏舜钦循部门旧例，用进奏院废纸卖得的钱以及进奏院同事凑的份子，安排赛神会聚会，席上有数十名朝廷青年才俊，并且招来歌伎混坐。座中集贤校理王益柔作诗《傲歌》，有“醉卧北极遣帝扶，周公孔子驱为奴”句。王拱辰撺掇苏舜钦下属鱼周询、刘元瑜检举揭发苏舜钦及聚会众人，随后亲自上阵弹劾，将其做成一荒唐大案，苏舜钦被定为监守自盗罪，除名勒停，王益柔、王洙、刁

① 《长编》卷一百四十六“庆历四年二月辛丑”条。

② 《长编》卷一百四十六“庆历四年二月辛丑”条。

约、江休复、周延隽、章岷、吕溱、周延、宋敏求、徐绶等一大批人均遭降职等严厉处分。此事虽然让时人不以为然,但王拱辰却喜不自胜,声称将改革派“吾一举网尽矣!”①

王拱辰对改革派的吹毛求疵乃至深文周纳式地构陷其罪,必欲陷之于地狱而后快,此思此行很可能是其长期以来与改革派人物如欧阳修、苏舜钦等人的私怨所致。欧阳修和王拱辰同是天圣八年(1030)的进士,当年欧阳修名满天下已久,几乎人人都认为他会夺魁,结果只得了第14名,而王拱辰才华、声望、资历均与欧阳修相去甚远,却在宋仁宗面试时被钦点为状元——那时刘太后尚在临朝称制,王拱辰夺魁当是太后旨意,可能还包括吕夷简。此事在欧阳修和王拱辰心里可能都落下芥蒂。后来欧阳修和王拱辰都娶了薛奎的女儿,成了连襟,欧阳修娶薛奎四女,王拱辰先娶了薛奎三女儿,王夫人去世后,王拱辰续弦薛奎五女儿②,传说因此被欧阳修讥为“旧女婿为新女婿,大姨夫作小姨夫”③,才俊时人甚至编出“先弄大蛇(姨),后弄小蛇(姨)”的段子嘲讽王拱辰。宋徽宗宣和年间阮阅编撰的《诗话总龟》里有一则诗话笔记,说王拱辰给欧阳修送了一束牡丹花,欧阳修以诗答谢,其中有“最好花最后开”句。当时与王拱辰资历相当的人都已入二府,但王拱辰还没进二府,欧阳修开他玩笑,王拱辰不高兴,把答谢诗扔在地上,欧阳修就跟人说,好花不开了。王拱辰听说后更加生气。这些野史、段子、笔记未必实有其事,但很能反映出当时人们对这

① 《长编》卷一百五十三“庆历四年十一月癸亥”条。

② [宋]欧阳修:《欧阳修全集》(第二册)卷二十六《资政殿学士尚书户部侍郎简肃薛公墓志铭并序》,李逸安点校,北京:中华书局,2001年版,第401页。

③ [宋]邵伯温《邵氏闻见录》卷八在记录此事时将王拱辰娶薛奎两女之事错按到欧阳修头上,后世笔记以讹传讹,元《群书类编故事》、明《尧山堂外纪》卷四十九、清《坚瓠乙集》卷一均袭之。邵伯温该书原本就公信力不高,不仅书中错误甚多,还有蓄意造假问题,最著名最严重者莫过于伪造苏洵《辨奸论》这一著名历史诽谤案。

些朝堂关系的看法,至少王拱辰与欧阳修关系不融洽是大致可确定的。

许多人将水洛城筑城事件视为庆历新政走向失败的转折点,认为这是改革派内讧、自相残杀。但这种观点经不起推敲。范仲淹、郑戬、刘沪等筑城派与韩琦、尹洙、狄青等反对筑城派虽然观点针锋相对,但当时的政坛风气中,君子党内部总体上是论辩不伤和气的。在边策问题上,范仲淹与韩琦向来观点对立,但双方关系很好,范仲淹被免去参知政事时,枢密副使韩琦还替他辩白,双方都有这样的胸襟与气度。余靖、欧阳修等谏官则不选边站队,而是一再强调要妥善处理此案,不要引发内乱。水洛城事件并没有带来改革派分裂的大问题,虽因筑城派胜利以及范仲淹去职引发重审声浪而致韩琦辞去枢密副使,贬为扬州知州,尹洙也被贬为崇信军节度副使。水洛城筑城事件从发生到最终解决,都没有引发严重的政治危机,从某种程度上说,很能代表当时朝堂政事上的君子异见常态。君子党的异见相争是光明磊落、毫无阴谋的,这与夏竦、高若讷等人专行诈道的小人党行事方式完全不同,也与王拱辰鸡蛋里挑骨头、深文周纳、藤蔓抄那样的酷吏之道完全不同。因此,水洛城事件并不影响整个改革派内部的关系,放大此案不善后果的观点,通常是因为对宋仁宗时代朝廷上的政治宽容现象缺乏了解。

5.宋仁宗态度的转变

历代史家在评论庆历新政雷大雨小、匆匆结束这件事时,常常认为是源于宋仁宗太软弱、不敢改革。这种看法十分普遍,且几乎是主流观点。但以庆历新政的具体过程观照,当会另有发现。

庆历新政前,宋仁宗对改革抱有很高的期待,范仲淹、富弼、韩琦、欧阳修等人也都是宋仁宗向来器重的大臣，尤其是范仲淹，可谓朝野上下都期盼已久的改革者。因此，改革前“上既擢范仲淹、韩琦、富弼等，每进见，必以太平责之，数令条奏当世务”①。可谓殷切期待。但随着改革的展开，尤其是以整顿吏治为中心的改革一旦开展，各地反馈纷至沓来，尤其是触犯官员利益，甚至因程序瑕疵而触犯利益过程中个案不公正现象反复出现，负面反馈数量不断增加，则必然动摇宋仁宗的改革决心。最严重的问题，是宋仁宗对朋党的忌讳，尤其在滕宗谅公使钱案中范仲淹的不当举措，尤其增加了宋仁宗的反感。也许，改革推行过程中出现的各种问题并不会完全动摇宋仁宗的决心，但他对范仲淹们的君子党逐渐失去信任才是最要命的，他必定希望范仲淹们作为主持改革的宰执大臣，能够尽可能地以公心处理所有事务，不能为友情牺牲公义，范仲淹在滕宗谅案上的横身挡枪让他丧失了宋仁宗对他的信任。这让宋仁宗会痛感想改革却无人可用，没有可用之人，再加上范仲淹们推行的改革，天下谤议滔滔，可见并无改革良策。这些都造成了宋仁宗无法坚持改革，《长编》分析改革终结的原因时说，改革规模大而无当，大家都觉得难以推行。按察使过分纠弹，官场人心不稳；恩荫制的限制性改革，磨勘法越改越苛刻，让利益集团受损严重。于是谤议越来越盛，指责改革派所谓结党为私的声音也越来越大，难以消弭。而范仲淹、富弼等改革派人士却又守着之前的改革方案不肯变通。② 由此，宋仁宗心灰意冷，不愿意继续改革。

宋仁宗的不愿意继续改革，既因改革现实反馈不佳，也因宋仁宗对君子党失去信任，这两种因素叠加，是宋仁宗迅速结束庆

① 《长编》卷一百四十三“庆历三年九月丁卯”条。

② 《长编》卷一百五十“庆历四年六月壬子”条。

历新政的原因。宋仁宗高居权力顶峰，但并不揽权。南宋杨时曾有一则笔记很能说明仁宗的政治智慧：

> 因言特旨及御笔行遣事，曰：仁宗时，或劝云陛下当收揽权柄，勿令人臣弄威福。仁宗曰："如何收揽权柄？"或曰："凡事须当自中出，则福威归陛下矣。"仁宗曰："此固是，然措置天下事，正不欲自朕出。若自朕出，皆是则可；如有不是，难于更改，不如付之公议，令宰相行之。行之而天下以为不便，则台谏得言其失，于是改之为易矣。"据仁宗识虑如此，天下安得不治？人君无心如天，仁宗是也。[①]

陈亮在著名的中兴五论之《论执要之道》一文中也引用仁宗此说，并且盛赞仁宗对皇权的这一认知："大哉王言！此百世人主之所法，而况于圣子神孙乎？"[②]正因为宋仁宗有这样的政治智慧（这种政治智慧很可能是耳濡目染从刘太后执政风格中习得的），他掌控下的朝廷，才有各种政见自由争驳、异见纷呈的宽容局面。而这样的朝廷，无论施以何种政策，都不易盲目地一条道走到黑而酿成大祸。当庆历改革已经出现明显弊端时，及时刹车，不失为明智之举。明末王夫之在《宋论》中批评宋仁宗因过于宽柔而少断，并且造成言论纷乱，治国因此莫之所从，当与上述仁宗尽可能"议不从己出"的治道相关。王夫之的批评不能说毫无道理，但君主多断往往祸害更大可能是王夫之未能注意到的更严重问题。

古今史家的通说是认为庆历新政失败了。这一观点似是而

---

① ［宋］杨时撰：《杨时集》（第二册）卷十二《语录三》，林海权校理，北京：中华书局，2018年版，第324页。

② ［宋］陈亮撰：《陈亮集》（上册），北京：中华书局，1974年版，第27页。

非。从实际效果看,庆历新政已有一些成果,前文已述,不赘。更为重要的是,任何改革都需计算成本和收益,如果成本过高收益过低,盲目地坚持原方案继续改革,显然并不明智。宋仁宗正是预见到庆历新政如果继续下去,不会有什么更好的效果;如果不能增效,至少可以止损。政治关涉众人,绝不能因为沉没成本已经很高,就非得坚持下去不可。以宋仁宗对权力的高水准理解能力,他完全明白,整顿吏治这种手抓头发白日飞升的企图,终究是极其困难的,在没有更好更有效方案的前提下,及时终结,恰恰是比绝大部分古今改革家更有远见、更关心全社会福祉的表现,绝非所谓软弱。而嘉祐年间悄无声息的诸多改革措施,更是证明了宋仁宗及其大臣们高超的政治智慧。

四、嘉祐新政:后庆历时代悄无声息的改革

囿于种种条件局限的庆历新政匆匆结束,草草收场。与改革之前期望殷殷形成鲜明对照的是,宋仁宗对大张旗鼓的改革已经不再抱有不切实际的过高期待。不仅是作为皇帝的宋仁宗不再有激进改革的妄念,就是主持和参与庆历新政的大臣们也都对自己的雄心壮志不再盲目自信。然而,名义上的改革结束了,并不意味着改革是不需要的,更不意味着改革是不可能的。在接下来的嘉祐年间,一场毫无名义却更具实效的改革却悄然进行。

(一)科举改革

庆历新政虽看似草草结束,但新政的重要内容之一"精贡举",各地按此精神展开的办新学行动却并没有停止。十四年后

的嘉祐二年(1057),宋仁宗任命翰林学士欧阳修为权知贡举,翰林学士王珪、龙图阁直学士梅挚、知制诰韩绛、集贤殿修撰范镇并权同知贡举,馆阁校勘梅尧臣为点检试卷官,主持当年的科举礼部试(省试)。

正是在欧阳修等人主持下,这一年的进士榜成为中国科举千年第一榜,因这一榜的中榜进士不但是宋代人才最集中的进士榜,也是中国科举史上人才最集中的一榜。欧阳修厌恶此前科举中盛行的“险怪生僻”“佶屈聱牙”的“太学体”文风,此次借主考官之权,对之痛加裁抑,“及试榜出,时所推誉,皆不在选”①。同时奖掖平实、言之有物的文风,388 人中进士,“进士与殿试者始皆不落”②。这 388 人中,有名闻后世的苏轼、苏辙兄弟及曾巩——唐宋八大家占了三席。后来官至三品以上的有 11 人,任宰执的有 9 人,《宋史》中有专传的有 23 人,其中,苏轼、苏辙、程颢、张载、王韶、章惇、吕惠卿、曾布都成为迄今人们长期关注和研究的知名历史人物。

嘉祐二年(1057)的科举,开启了一个新时代,选拔人才的标准有了崭新的变化,也是庆历新政时期兴学的第一个在现实中落地的丰硕成果,而主考官欧阳修的身份更是昭示了它某种程度上正是庆历新政的接续。

(二)精贡举,抑荫补,遏冗官,明黜陟

嘉祐元年(1056)四月,朝廷开始改革补荫法——“更定选举补荫之法”,经朝廷施政的正常程序,即两制官集议及两府裁定,

---

① 《长编》卷一百八十五“嘉祐二年春正月癸未”条。

② 《长编》卷一百八十五“嘉祐二年三月丁亥”条。另见[元]马端临《文献通考》卷三十一《选举考四》。

出台了限制补荫新政，对补荫法适用对象进行了进一步限缩①，“自是每岁减入流者无虑三百员”②。入流，就是有品级的官员。这便是苏辙所谓“仁宗末年，任子之法自宰相以下无不减损”③的由来，这也很容易让人联想到当年范仲淹的“抑侥幸”政策。

嘉祐二年(1057)十二月，仁宗下诏：“自今间岁贡举，进士、诸科悉解旧额之半。”④嘉祐三年(1058)年底，仁宗再次下诏，表示取士要精简，防止冗滥，因此要继续减少放榜唱名后立刻授官的进士数目。⑤ 这正是当年庆历新政“精贡举”的科考改革内容之一。

为了使得裁减冗员成为一个常态化的定制，宋仁宗在三司设立专门的“省减司”，裁损各部不急之务，同时在地方上裁撤冗兵，淘汰老弱病兵。这一改革措施，对帝国财政是一项减轻负担的良政，但对于前文所说厢军原本具有一定社会保障功能而言，则绝非善举。这正是合了史家钱穆经常提醒的一句话，改革都是有利有弊的。

嘉祐二年七月，朝廷命令翰林学士承旨孙抃、御史中丞张昪重新制定新的政绩考核制度——“磨勘转运使及提点刑狱课绩”⑥；嘉祐六年(1061)八月丁丑，宋仁宗再次下诏，表达了细化明黜陟规则的意图，同时，再次强调了三年前已施行的对转运副使、提点刑狱的考核，“今朕有念功乐善之志，而又继之以黜陟幽明之法，以待天下之大吏矣。……令考校转运使副、提点刑狱，课

---

① 详见《长编》卷一百八十二“嘉祐元年四月丙辰”条。

② 《长编》卷一百八十二“嘉祐元年四月丙辰”条。

③ [宋]苏辙：《栾城后集》卷十五《元祐会计录收支叙》。

④ 《长编》卷一百八十二六“嘉祐二年十二月戊申”条。

⑤ 《长编》卷一百八十二八“嘉祐三年闰十二月丙子”条，丁丑日下诏。

⑥ 《长编》卷一百八十二六“嘉祐二年秋七月辛卯”条。

绩院以所定条目施行”[1];同年闰八月,宋仁宗又一次专门针对转运使副、提点刑狱的升降考核问题下诏。[2] 宋仁宗下达这份诏书的时间,离他去世只有一年八个月了,这似乎可以说明,在仁宗最后几个月“不豫”之前,他一直都没有忘记庆历新政时想做的事,而且一直默默推进。

(三)榷茶改革:嘉祐通商法

对某种商品的市场进行政府垄断,是从管仲“官山海”的盐铁专卖开始的,并且这种政府垄断模式到汉武帝时扩展到酒业,唐代扩展到茶业。唐德宗建中元年(780)首征茶税,是为茶税在国史上之滥觞;唐文宗太和九年(835),王涯为相期间,极短暂(仅两个月)地推行过茶叶专卖的榷茶制度,因民怨沸腾,王涯年底被诛后,榷茶制度遂废,但因首开,留下了历史的印迹。宋承唐制,盐铁酒茶,都在禁榷之列。

宋代的茶政经历了几个不同时期,总体上都属于政府垄断的禁榷制度,唯有嘉祐通商法是个例外。

宋初乾德二年(964),宋太祖赵匡胤“令京师、建安(今福建建瓯市)、汉阳、蕲口(今湖北蕲春县)并置场榷茶”[3],蕲春榷茶开宋代榷茶之始。当代中国茶政史领域专家黄纯艳教授,对宋代茶法演变过程有个扼要明晰的归纳,兹录于下:

> 北宋前期茶法主要实行官购商销的间接专卖制,江南设六榷货务,淮南设十三山场垄断茶叶收购和批发。蔡京改革茶法以前,官购商销的基本模式出现过三次变动,其中两次

---

① 《长编》卷一百九十四“嘉祐六年八月丁丑”条。

② 《长编》卷一百九十五“嘉祐六年闰八月丁未”条。

③ 《长编》卷五“乾德二年八月辛酉”条。

是淳化三年和天圣元年在淮南实行的贴射法。贴射法是政府收取榷茶净利,允许商人园户直接交易的间接专卖制。另一次变动是嘉祐四年改行通商法,允许园户和商人自由交易,国家向园户收茶租,向商人征茶税。崇宁元年蔡京罢通商法,重新推行官购商销制,崇宁四年又废官购商销制,允许商人与园户直接交易。通过对茶引印卖权的垄断获取专卖利益,这种制度在政和二年进一步改革最终确立了以引榷茶的模式。这一模式在南宋继续沿袭。①

从这个宋代茶政变迁史的简要归纳中,可以看到嘉祐茶政的突出特点,即其自由通商性质使其卓然独立于整个宋代政府垄断性的总体茶政中,后文将详细讲述。

从现代自由市场经济的视角考察宋代茶政,不难看清政府垄断的茶叶市场不是一个自由生产、自由流通的市场,而是一个扭曲的市场。

宋初的榷茶制叫"交引法"。官府设定了专门生产和交易茶叶的六务十三场(东南地区的蕲春等地六个交通要冲为榷货务,以及淮南地区的十三处山场),以仓储和批发茶叶。茶农均隶属于十三场,叫"园户",每年根据官府额定产茶,其中小部分作为茶税无偿缴纳给官府,剩下的由六务十三场定价强行收购,其预付的茶款叫"本钱",园户不得私自售卖给任何人。茶商想获得茶叶,不能与园户直接贸易,私自交易者,除了被没收茶货,还要论罪。茶商必须得先在京师(京师也设榷货务,但不存储茶叶,仅仅是个茶政行政机构)或东南榷货务交纳什一引税,通常是现钱或

---

① 黄纯艳:《宋代专卖制度变革与地方政府管理职能演变》,载《郑州大学学报(哲学社会科学版)》2005 年第 3 期。

金帛，以获得“茶引”（茶叶专卖凭证，凭此引贩运茶可免除过税，同时具备购货凭证、纳税凭证、专卖凭证三重属性），再凭茶引到六务十三场提茶。这一榷茶制度就叫“交引法”。

“交引法”使得茶叶第一次流通时，官府需居间两次才能完成，其中显然涉及了高昂的交易费用。包括但不限于下述六项：1.征购茶叶、确保茶叶质量的监督费用；2.打击茶叶走私、确保茶叶货源统摄于官府的费用；3.茶叶的运输、仓储、安全保管的管理费用，积茶霉变等变质的风险费用；4.各级茶政官吏的薪水；5.监督各级茶政官员以防止贪腐的费用；6.除了上述的正常费用，政府垄断而导致的各种官僚主义额外费用。这六项费用导致了“交引法”从它产生的时候开始，就充满了各种弊端。尤其是宋辽、宋夏战争期间，其效率低下尤为朝廷所难以忍受，于是相应的变通之道也就开始出现。

雍熙三年（986），宋辽战争期间，太宗亲征，为了筹备军资，朝廷鼓励商人贩运粮草等货物入边，于是，茶叶首次用于沿边折中，即《长编》曾记载的，“自河北用兵，切于馈饷，始令商人输刍粮塞下，酌地之远近而优为其直，执文券至京师，偿以缗钱，或移文江、淮给茶盐，谓之折中”①。商人运粮草到边塞，接受粮草的机构就按照运输距离远近折算价格，给商人发凭证便于其去京师换取钱帛，或者去江淮荆湖地区换取等价茶盐。这就是入边折中，在至道二年（996）得到了大规模的应用，并相应地产生了“三说法”和“现钱法”，三说法是指商人以茶叶、香药、现钱三种物品按照比例折中的办法，现钱法则是指商人运往边塞地区的粮草直接以现钱折中换取钱财或者等价茶引。由于战争对军资的热需，朝廷不得

① 《长编》卷三十“端拱二年九月戊子”条。

不采取高抬、虚估(给予价值数倍于粮草等军资的优厚茶引,天禧和乾兴年间的宰相丁谓在任真宗朝三司使时计算过,虚估可达七倍之高①)的手段鼓励茶商,让他们可以谋取暴利,而这导致了朝廷很大程度上丧失榷茶之利。为了入边折中的顺利适用,以及解决折中法所导致的虚估和高抬弊端,早在四年前的淳化三年(992),朝廷就短暂适用了新的"贴射法",让茶商入茶园与园户直接交易,以替代"交引法",仁宗天圣元年(1023),也出于同样原因实行过此法。

朝廷改"交引法"为"贴射法",即将之前官府居中截断两边自由贸易的方式,改为单方压制茶农不得自由定价,却允许商人直接入茶园自由选择茶叶的单向垄断茶叶贸易方式。这种方式虽然解决了高抬和虚估问题,却并不能给朝廷带来茶利,所以在嘉祐通商法之前也就前述两次短暂地适用过。

"交引法"及其衍生诸法的前述弊病,导致了从太宗朝开始,就不时地有人提出废除榷茶制度的主张,到仁宗景祐三年(1036),权判户部勾院叶清臣上"请弛茶禁疏",其中他提到,"度支费用甚大,榷易所收甚薄,刳剥园户,资奉商人,使朝廷有聚敛之名,官曹滋虐滥之罚,虚张名数,刻蠹黎元"②。榷茶制度官府花费很大,收入却微薄,茶农遭刻剥,商人获利,朝廷却枉担聚敛恶名,而各级官吏滥罚无度,虚报政绩,坑害百姓。仁宗虽早有心废除榷茶,但依然将叶清臣的上疏交由大臣们朝议,结果是被否决。在嘉祐四年通商法实行之前,仁宗朝一直是使用"三说法和现钱法交替相救,但因为茶叶作为主要折中物品的沿边折中机制没有

---

① [元]脱脱等:《宋史》卷一八三《食货下·五》。
② 《长编》卷一百一十八"景祐三年三月丙午"条。

革除，茶法被紧紧地与西北战事捆绑在一起，导致虚估无法根除”①。虚估无法根除，榷茶不但对于普通园户茶农没有好处，对朝廷也是个鸡肋，唯独肥了茶商以及与之通谋的茶吏。宋夏庆历和议（1044）之后十多年来，边境安宁，边费不张，于是榷茶改革的时机随之而来。嘉祐三年（1058）“著作佐郎何鬲、三班奉职王嘉麟又皆上书请罢给茶本钱，纵园户贸易，而官收税租钱与所在征算归榷货务，以偿边籴之费，可以疏利源而宽民力”②。之后，再经淮南转运副使沈立建议续通商之利，宰相富弼、韩琦、曾公亮等也相继给仁宗提出自由通商，何王上书之后的第三天，仁宗就下诏翰林学士韩绛、龙图阁直学士知谏院陈旭以及知杂御史吕景初与三司共议榷茶改革事宜。

嘉祐四年（1059），茶叶通商法正式开始实施。通商法的内容，大抵按照何鬲、王嘉麟的建议，并在具体实施过程中有所损益，由此形成一套较为系统的茶租税征管和商销管理制度。

1.茶租税的征管。通商法实施后，各地原榷茶机构六榷货务和十三山场都相继罢废，官府按照每年官定额度直接向园户收茶租，向茶商征茶税。根据史料，虽然各地茶租税的额度并不统一，但总体来说，园户和茶商的茶租税都不低，负担较重。在征收管理上，朝廷在各州县设置专门的“监茶税”官，征收到的茶租税都直接计入中央财政，监茶税官须按规定将税款折合为轻便的财物（如金银绵绢等），在朝廷规定的期限内送往京师。

2.商销管理。嘉祐通商法虽然允许园户和茶商直接交易茶叶，但对茶商获得茶叶后的贸易活动却有严格控制，据黄纯艳教

① 黄纯艳：《论北宋嘉祐茶法》，载《中国社会经济史研究》2001 年第 3 期。

② 《长编》卷一百八十八“嘉祐三年九月辛未”条。

授的研究，有三重限制，“首先，商人必须领取贩茶引凭，其次，指定住卖地，在商人的贩茶引凭内写明贩卖的去所，再次，根据地里远近规定程限和完税时限”[①]。可见，即使是所谓“通商”，其实也还是留存了不少限制，不像其他非榷商品那样可以真正地自由交易。

以现代市场经济观念看，嘉祐通商法依然不是一个完整的自由贸易法案，但自唐朝开始茶的专卖制度以来，嘉祐通商法依然不失为一股古代茶法政府垄断性市场中的清流。嘉祐通商法也没能替代福建的禁榷茶法，神宗朝熙丰时期曾经通商法与禁榷法并行。

嘉祐通商法实施了40余年，其对茶业流通领域的贡献是显而易见的，政府所获茶利主要还是用于边事，主要弊端是园户负担并未实质性减轻，同时朝廷明面账目上也并未从中获取很大利益，但原先禁榷制期间巨大的榷茶管理费用（参见前文所列之垄断管理费用）就基本上节省下来了，这块收益无论如何应当归为通商法的政府获利。而且通商法至少在繁荣市场方面大大超过之前的禁榷制交引法，茶商所获利益也比之前更大。因为明面账目，朝廷上许多人对嘉祐通商法不满，即便如此，哪怕在熙丰时期的市易法期间，官商也并未像交引法时代那样垄断市场，哲宗朝也没有大改变，直到徽宗朝崇宁元年（1102）蔡京改革茶法时才被废除，禁榷法重新被施行。

（四）盐政改革：解盐通商

自管仲“官山海”以来，尤其是汉唐之后，盐因其对生活的极端重要性，一直是统治者垄断官营的禁榷品，是每个朝廷赖以营收的主要财政来源之一。宋承五代，盐也是禁榷品。

---

① 黄纯艳：《宋代茶法研究》，昆明：云南大学出版社，2002年版，第96页。

北宋建政后，原分属南唐、吴越、南汉、闽、后蜀、北汉的盐产区重新统一于统一政权之下，但仍有辽、西夏对峙，东北全部和西北部分产盐区沦陷，完全比不上汉唐盛时。南宋国土更小，产盐区只剩下东南半壁和西蜀，但两宋盐利收入却远迈汉唐，其在朝廷财政中的比重处第三位，仅次于酒税和商税，这是食盐专卖制度大发展的产物，入中法、钞法、引法，甚至包括实行过一度的解盐通商法，都相继诞生，中国盐法史揭开重要新篇章。

北宋食盐的生产体制有三种，即官制、官监民制和民制三种类型，前两种就属于专卖制，从最初的生产开始直到后期的销售，都受到官府不同程度的控制。盐产区主要是解州的池盐区（陕西解县、安邑两池，今山西运城）和东南盐中的两淮海盐区。因此，解盐在北宋盐利财政中的地位是最重要的。

解盐是官制食盐。官府"籍民户为畦夫"（仁宗时总共三百八十户），每户每年出两个人，是为"畦夫"，完成官府给定的制盐任务，得免其他徭役，每一位畦夫每天可得官米二升，每户得钱四万，为官府煎盐。对于解州盐池内自然产出的盐，官府另外雇人采集，又雇佣上百名士兵巡逻护盐，防盐户盗盐。官制食盐，除了解州盐，还有蜀中的少量官井盐，一般都是较大的井（其他的小盐井难得实行民制民营，数量很少）的井盐，还有两浙小部分海盐（两浙的大部分海盐实行官监民制制，就是盐户自行承担制盐成本，由官府加价收购）。

官制盐的官府剥削率极高，吴慧先生的《中国盐法史》根据《宋史·食货志》提供的史料计算过，"淮南盐之入官每斤不过四文（另外，盐户交盐时还要负担十分之一的损耗），而出售时官有九倍至十倍多之利。官盐的解盐，官府获利尤大，对每户（二夫）每年付出的钱米，共计折钱不到六万，而两夫需完成岁额十一万余斤，折钱四百万左右，相差更达几十倍”①。如此惊人的食盐利差，再加官府在收盐时还会克扣斤两、拖延盐款，导致了官制盐的生产过程中伴随着出现严重的池灶透私走漏现象。官府企图通过严刑峻法解决官盐走私问题，但收效甚微，食盐官制及其巨额利差问题不解决，就不可能解决走私问题。

北宋食盐的运销体制包括官卖制和通商制。前者是指食盐无论官制还是民制，收购、运输、销售都由官办，即官运官销，称官般（搬）官卖制，后人所谓直接专卖制就是指这种运销体制。与官卖制并列的通商制，并不全都是自由贸易，或者说主要不是自由贸易制，而是包含自由贸易制和间接专卖制，后者或是民制（或官制）、官收、商运、商销，北宋前期的通常称交引盐制；或是民制、官收、官运、商销，零售商人在指定区域内小额分销。通商中的另一种是民制、商收、商运、商销，具体情形有三种，扑买制②，盐榷征税制（按亩、户配征榷盐钱下的通商制），这两种都属于间接专卖制，第三种是一般征税制，就是自由贸易（允许的盐量很少，只在四川的部分小盐井实行）了。

官卖制实行于东南民制海盐区和西部的部分解盐区。北宋初期的解盐分东路、西路、南路三个销盐区，东盐区包括解州本州

① 吴慧：《中国盐法史》，北京：社会科学文献出版社，2013 年版，第 78 页。

② 吴慧先生对扑买制的解释是，“从宋代起，官不收盐，收购、运销全部包给商人，由有财产抵押的商人包缴一定数额的盐课、多赚少赔的扑买制（承包制），开始在某些地区发展起来。”参见吴慧《中国盐法史》第 4 页。另，他再次解释，“扑买就是包税制，商人以金银财产作抵当，向官府承买一定区域内商品的专卖权，或商税的征收权，每年到时按一定的数额缴钱，有盈余归商人，不足由商人赔”。（同上，第 81 页）买扑制度的专业研究者杨永兵先生并不同意包税制的说法，他认为：“宋代买扑是指特定的人群自愿通过经济手段，向宋代政府缴纳一定数额的钱物后，从政府手中买断一定时限、一定地域范围之内的某些经济领域的独占权（包括生产权、经营权和管理权）或某些经济领域的产权（包括所有权、使用权、收益权和处置权），再与政府分担役法困难或优化财政收支的同时并分利双赢的经济现象。”参见杨永兵《宋代政府对买扑课额的征收、蠲免和使用》，载《思想战线》2009 年第 5 期。

和三京(东京汴梁和洛阳、商丘),以及京东三十一地,实行官产官运官卖的直接官卖制;西盐区的陕西京兆等二十五地和南盐区的京西十二地,实行间接官卖制,具体形式包括前述的交引法、扑买法、榷禁通商法。换句话说,解盐区的盐从生产到运销,基本上处于官府或全面或部分的控制之下。为了高效控制与攫取盐利,宋代官府甚至实行严格的行盐分界制度,各产盐区、销盐区,都只能在自己的地界里产销食盐,不得越界行事,《宋史·食货志》说,"凡禁榷之地,官立标识候望以晓民。……若禁盐地……各有经界,以防侵越"①。

北宋前期食盐专卖制,以官卖为主。通商,与榷茶类似,因入中法也在部分地区实施。官卖抑或通商,从北宋早期开始就有争议。官卖制度有着明显的严重缺陷。一是民命疾苦,这是朝廷为独占巨额盐利而垄断食盐生产、运销,大肆搜刮民力之所必然。二是官盐质量差,盐里夹杂泥沙是普遍现象,连皇宫里也在吃这种泥沙盐,这是所有官府垄断下商品的共同特点。三是垄断盐利和打击私盐的严刑峻法导致因盐犯罪者盈野,而官府盐法法令常常还荒诞透顶,比如规定"买官盐食之不尽,留经宿者,同私盐法"②。四是行盐分界制导致了盐市场被强行武断地分割为互不相通的区块,盐多者无所销售,盐少者无所购买。五是入中法、折中法介入盐业后,与榷茶制度一样引发了入边货物价格高抬、虚估问题,一方面造成朝廷盐利的大量流失,另一方面是盐业官卖制度引发的腐败进一步加重。六是盐业官卖制度必然导致盐业管理上交易费用的无度增长,以及缉私费用的巨大支出(可参见前节榷茶交引制度的交易费用)。

---

① [元]脱脱等:《宋史》卷一百八十一《食货下三》。
② [宋]司马光:《涑水记闻》卷十五。

盐业专卖制因此在北宋朝廷引发多轮争议，但在北宋初期均因其巨大的财政收益而得以保留，随着时间的推移，朝廷垄断的食盐产销体制依然随政治经济局势的变化而变，特别是处于盐政中心的解盐政策，就发生过多次改变。郭正忠先生对此变迁的方向有过精当的概括："从全部劳役制，逐渐转向劳役制与国家雇佣制并行，从官府包办流通，逐渐转向官府与商人兼理运销——主要是局部或全部允许商人代运代销。"[①]郭先生并将两宋解盐的盐政变动划分为三个阶段[②]，第一阶段，可称为摇摆期，是宋初至庆历中（960—1047）。这个阶段，解盐政策在全面"榷禁"与局部"通商"间交错，多次反复。天圣、明道间（1030—1033），实施了解盐史上第一次普遍实施的全面"通商"政策，但不久被取缔，"榷禁"制全面恢复。第二阶段是通商期，庆历末、皇祐初至治平间（1048—1067）是仁宗后期及英宗时期，近二十年时间。这个阶段的解盐政策，是"通商"政策稳居统治地位的黄金时代，具体通商策也由之前的"交引法"发展为更合理的范祥—薛向钞盐法。解盐生产领域，雇役制得以长足发展，取代部分畦夫劳役制。第三阶段，北宋中后期即神宗至钦宗时期（1068—1127），可称为混乱与衰败期。这个时期朝廷厚敛盐利，但解盐政策再次陷入"通商"与"榷禁"的交替摆荡状态，钞盐法逐渐败坏，蔡京主政后，钞盐法尤其变异频仍，解盐政策日益衰败。

嘉祐通商法就是上述第二阶段的解盐政策。嘉祐解盐通商法之前，最大规模的一次通商，是刘太后垂帘听政的天圣八年（1030）发生的。刘太后崛起于微末，对民间疾苦有深刻体认，兼及官盐质量低劣，就连皇宫也得吃掺了泥沙的盐，因此力主盐业

① 郭正忠：《宋代盐业经济史》，北京：人民出版社，1990 年版，第 903 页。

② 以下内容基本转述自郭正忠先生上引专著。

通商，其态度坚决到了不顾财政收入的地步。[①] 翰林学士盛度、御史中丞王随、给事中权三司使胡则三人奉命提出解盐通商法议案，三人提出通商五利，即解除相对的禁榷五弊：一劳兵劳民碍农；二官盐质量低劣；三引发钱荒；四官府指标破坏市场妨碍民生；五靡费国家财政（指榷禁生发的财政管理费用，比如禁榷官员们的薪水等）。天圣八年十月，刘太后以仁宗名义下诏：

> 池盐之利，民食所资，申命近臣，详立宽制，特弛烦禁，以惠黎元。其罢三京、二十八州军榷法，听商贾入钱若金银京师榷货务，受盐两池。[②]

这是宋代东路解盐销区——"三京、二十八州军"等地首次开放通商。朝廷要求商人使用金银铜铁钱货币到京师榷货务购盐引，再凭引到解州提盐，自行运输销售，加上南路和西路解盐真宗时即已开始的通商，就构成了宋代解盐史上第一次全面开放通商。然而，好景不长，通商法实施后虽在第一年为朝廷增加了 15 万缗收入，但在第二年，财政上盐利却少收了 9 万缗，因此早在景祐元年（1034）时，当时刘太后已去世，朝廷就曾下诏"停解州种盐三年"[③]；到通商法实施的第九年宝元二年（1039），经宋庠等人核计，九年间盐利财政较通商法实施前损失 236 万缗，平均年损失 26 万缗，而此时，正是宋夏战争期间，朝廷急需用钱。于是，康定元年（1040）一开年，朝廷便宣布废除京师、南京、京东路州军及淮

---

① ［宋］司马光：《涑水记闻》卷十五。

② 《长编》卷一百零九"天圣八年（1030 年）十月丙申"条。另见郭正忠先生考证得更为完整的诏令内容："池盐之利，民贫（食）所资。近代以来，官有榷法。虽助经费之用，未臻均济之方。爰命近臣，详立宽制，特弛烦禁，以惠黎元！其罢三京、二十八州军榷法，听商贾入钱若金银京师榷货务，受盐两池。"《宋代盐业经济史》，北京：人民出版社，第 915 页。

③ 《长编》卷一百十五"景祐元年秋七月乙丑"条。

南二州的通商法,池盐榷法恢复,解盐产运销重归产运销官卖垄断的体系。但这一复禁制度立刻遭到朝野上下反对,在范仲淹、欧阳修等享有巨大声望的重臣的呼声中,通商法又迅速在京东、京师、河中等九州军多地逐渐恢复,庆历元年(1041),解盐通商法短暂地全面恢复,也是宋代解盐的第二次全面通商。接着,庆历二年(1042)到庆历八年(1048),范宗杰主持盐政,将解盐通商法悉数废除,榷禁式官卖体系恢复。

旧法一恢复,所有旧法之弊也必然恢复,“以盐役死者岁以万计”①,“兵士逃亡死损,公人破荡家业,比比皆是,……嗟怨之声,盈于道路”②。而“所得盐利不足以佐县官之急”③,朝野上下反对呼声很高。庆历三年(1043),范祥提出新的钞盐法,建议朝廷对盐政进行重大调整。但直到五年后的庆历八年(1048),范祥才正式获职权制置解盐,执掌盐政,可惜至和元年(1054)因事被贬知唐州,直到嘉祐三年(1058),在三司使张方平和包拯的大力举荐下起复,再掌盐政。范祥通过对交引法的改造,创立了钞盐制,解盐区食盐因此得以全面通商。

具体内容包括:

1.取消盐禁,一律通商;

2.入中一律改现钱购盐,废除以前的实物购盐法,以防虚估作弊;

3.商人缴钱到边地储粮处之后即归边地支用,是为专款专用,另以盐价优惠鼓励商人到遥远的边地州军缴钱购盐;

---

① [宋]沈括:《梦溪笔谈》卷十一“钞盐法”条。

② [宋]包拯:《孝肃包公奏议》卷八《言陕西盐法》。

③ [元]脱脱等:《宋史》卷一百八十一《食货下三·盐上》。《长编》卷一百五十六“庆历四年二月乙未”条。

4.按需控制解盐产量,以免滞销;

5.三司统一印制盐钞,交给沿边州军,商人给边郡交钱,换请盐货之钞。(盐钞正常价格大致是:在最远的沿边州军,每钞售价四贯八百,可至解池请盐二百二十斤[一大席,其中二十斤为加耗];近处为每钞六贯,支盐一大席。)①

6.禁止粮食以外的铁、炭、瓦、木等入中实物,以期彻底杜绝虚估舞弊陋习;

7.以前以虚估得盐引的,需要补交差价才能重新获得盐钞;

8.暂时保留三京、河中等东路盐区的官卖体制,待钞盐通商全面稳定后再开放通商;

9.在西夏边境实行官产收运销的全面官卖体制,以杜绝青白盐入塞;为解决官运扰民与靡费问题,采取入中制,通过地区差价,鼓励商人以盐易盐。

嘉祐三年(1058),范祥在原钞盐法上增加一项措施,就是平准法,"请置官京师,畜钱二十万缗,以待商人至者。券若盐估贱,则官为售之;券纸六千,盐席十千,毋辄增损,所以平其市估,使不得为轻重"②。在京师设置平准官员,掌钱二十万缗,在盐价不稳定时通过调节盐钞数量低买高抛,以稳定市场。范祥钞盐法两次实施,给朝廷带来相当的盐利收入,而同时民间的基本盐业利益也很大程度得以维护。至少在没有明显民怨的同时,朝廷收益增长是立竿见影的。正如吴慧先生所言,"在改法以前的庆历六年(1046年),卖盐岁入仅一百四十七万贯,这年榷贸务所出的缗钱

① 吴慧:《中国盐法史》,北京:社会科学文献出版社,2013年版,第95页。

② 《长编》卷一百八十七"嘉祐三年(1058年)七月壬辰"条。并见沈括记载:"又于京师置都盐院,陕西转运司自遣官主之。京师食盐斤不足三十五钱,则敛而不发,以长盐价;过四十,则大发库盐以压商利,使盐价有常,而钞法有定数。"([宋]沈括:《梦溪笔谈》卷十一"钞盐法"条。)

却达四百八十万贯，从数字的对比可以看出范祥钞盐制的成效了”[①]。因此，朝野都相当认可，虽然中间也夹杂一些异议。范祥在嘉祐五年(1060)去世后，由薛向掌管盐政，他在范祥钞盐法基础上又对其做了一些修订工作，但范祥钞盐法的基本精神和框架都维持得很好。但是，范祥通商法，在事实上依然是官府垄断绝大部分盐利，商人在其中的作用更多是分利于官府的代理人角色，并不是真正的自由商人，与充分自由竞争下市场中的商人不是一回事。正如吴慧及姜锡东等商业史学者早已指出过的，“商人资本活动的天地仍然比较狭窄”[②]。“宋代的钞引盐商，……宋朝官府仍然不同程度地介入其批发、运输、销售诸环节，他们实质上是宋朝政府榷盐制度下的一种代理商”[③]。因此，商人并不能像在自由市场中那样自由竞争，而官府的掌控盐业与盐利的垄断地位一天都没有消失，当他们的财政目标未能实现时，就会对钞盐法进行局部调整，而这种调整往往无法让制度在平衡状态下获益。比如，钞盐法实施后，尤其在范祥去世后，它所暴露出来的弊病主要表现为：1.彻底的现钱入中不现实，因此实物入中几无可避免，于是高抬和虚估现象也无法杜绝；2.范祥为确保朝廷盐利收入抬高盐价，结果导致解盐滞销；3.薛向发行小钞，动摇了范祥固定钞数这个钞盐法主心骨，导致盐钞膨胀，扰乱了市场。在岁月的推移中，这些弊端最终积累到了直接影响财政收入的地步，十年后的神宗熙宁元年(1068)钞盐法被废除，直到徽宗崇宁之后，蔡京为相，借钞盐法复兴通商之名，大肆敛财，如后人评价，因实行所谓“循环法”之类盘剥之术，“到蔡京那个时候，通商法、钞盐制

---

① 吴慧：《中国盐法史》，北京：社会科学文献出版社，2013年版，第97页。

② 吴慧：《中国商业通史》(第二卷)，北京：中国财政经济出版社，2006年版，第674页。

③ 姜锡东：《宋代商人和商业资本》，北京：中华书局，2002年版，第156页。

已完全变质，变成单纯的敛钱工具，病商害民，莫此为甚”①。

唯有将盐业的嘉祐通商新政置于整个宋代的盐政史中，才能看清其价值。虽然从现代自由贸易的角度考察，嘉祐新政也还离自由贸易很远，但从繁荣经济与财政、民生多面平衡的角度看，嘉祐新政在整个宋代都属于善政，也符合郭正忠先生所谓宋代盐政的黄金时代之判断。尤其是范祥的钞盐法，缓解了当时的各种政治社会经济矛盾，虽存在不同程度的弊端，但仍不失为一种多重掣肘下有限通商的重要制度创新，并且对后世产生了深远的影响。

（五）嘉祐之治?!

宋史研究一直是中国20世纪历史学界的显学，迄今不衰。近几年，当有人提出“嘉祐之治”这个概念后②，又在史学界引发了一场虽无声势却影响不小的争论。事实上，正如中山大学的宋史专家曹家齐教授所言，嘉祐之治其实并非当代新论，而是宋代王安石变法之后两宋的常论。虽然王安石变法之后，两宋旧党官员们制造的这个概念很大程度上是为了否定熙丰变法，但对嘉祐时期执政的推崇并非虚言，同时参诸两宋十八朝，嘉祐政治在其中也确可算是出乎其类拔乎其萃。至于有学者认为，嘉祐之治是个“叫不响的命题”③，也并非毫无道理——很大程度上是宋史研究尤其是王安石变法受到本世纪政治意识形态影响过重的产物，尤其是若将“嘉祐之治”这个命题仅仅视为北宋后期、南宋党争的产物，则是一个与史实颇有出入的偏见。

本节前面四个小节简单分述了嘉祐之政可圈可点的荦荦大

---

① 吴慧主编：《中国盐法史》，北京：社会科学文献出版社，2013年版，第99页。

② 曹家齐：《“嘉祐之治”问题探论》，载《学术月刊》2004年第9期。

③ 张邦炜：《“嘉祐之治”：一个叫不响的命题》，载《四川师范大学学报（社会科学版）》2021年第1期。

者，科举改革、官场考核与陟黜改革、茶盐通商改革，都是两宋时代事关举国政治经济之大事，其善政之成就不可谓不大。能够获得如此成就，却没有高亢洪亮的声浪，若非专事抉隐，极容易被隐匿于尘封的历史角落里，这与一个容易被忽视的朝廷人事安排密切相关。

在古代中国，尤其是在明朝洪武十三年(1380)废除宰相制度以前，尤其两宋，宰相府通常是执政良莠的重要枢纽。嘉祐年间，苏轼、苏辙、王安石、司马光等后来的宋代群星已开始小荷露尖角，更重要的是庆历新政叫停后被贬谪的一批名臣也先后回到朝廷重要职位。至和二年(1055)六月，富弼这位庆历新政的主政者之一拜相。差不多同时，庆历新政的最重要吹鼓手之一欧阳修外放数年后，回朝复拜翰林学士；耿直敢言、不畏权势的张昪拜御史中丞。嘉祐元年(1056)，庆历另一位主政者韩琦回朝，先任三司使，不久拜相枢密使，理财大师张方平接任三司使。与石介、孙复并称“宋初三先生”的大学者胡瑗，被任命为天章阁侍讲、管勾太学，成为经筵讲官(即帝师)。因治下辖区治安良好而有“曾开门”(取夜不闭户之意)之誉的曾公亮从权知开封府被拔擢为参知政事，而他的继任者，就是名垂后世的包拯。朝廷人事常遇调整，嘉祐年间，当富弼为宰相、欧阳修为翰林学士、包拯为御史中丞、胡瑗为天章阁侍讲时，人们赞誉他们为嘉祐四真，即“真宰相”“真翰林学士”“真中丞”“真先生”[①]。可以想象，如果范仲淹尚在世(1052年去世)，必重获重用，这可能是嘉祐新政最大的遗憾。

与十多年前的庆历时代相比，那时意气风发的富弼、韩琦、欧阳修们，此次执政风格已完全不同。在地方上历练十多年后，再

---

① [宋]洪迈：《容斋随笔》之《容斋五笔》卷三《嘉祐四真》。

居高位的他们，比庆历时代更稳重，更有政治智慧，尤其重要的是，他们更具政治所必需的包容之心、从善如流之品质。因此，方田均税法难以推行，他们会及时止损，而不是强行推行。募役法改革（募役法替代差役法是王安石变法的重要内容之一，但两者推行的方法迥异）、马政改革、河政改革、赈济灾民、立法法典化等，出于财力与能力的原因，而难以大规模推广，那就在特定的小范围里能做多少是多少，这种务实的执政作风，实现了许多方面和风细雨的改变。时人对富弼、韩琦的为相风格极为赞赏，认为他们宽厚、谦恭、奉公不私，对百官一视同仁地优礼。嘉祐年间实际规模并不很小的改革却几无党争，正是执政团队的政治品格垂范之效。

小结：通往熙丰之路

本章在分析北宋中期的帝国综合征基础上，对于北宋朝廷为此作出的改革努力进行了详细拆解。这么做，一方面是为了后面讨论熙丰变法时，读者能够对历史前情有相应的了解，同时研究历史，还有必要警惕后人对历史理解时的过度代入感，既要能够理解并且与古人共情，也要能够抽身事外冷静公允地对待历史。本书花了整整一章的内容，以通史性的方式论述皇朝中期综合征问题，就是为了更有效地阐释在帝制时代，北宋中期帝国遭遇的问题是个历史常态化问题，而非宋代完全独有的问题，以此作为理解熙丰变法最重要的大前提。再者，本章花那么大篇幅专事讲述嘉祐之政，很大程度上就是为了提醒读者，在那么多述评熙丰变法的论文与专著中，对于变法之前帝国朝廷的努力，往往止于对庆历新政的关注，而对更加重要的，甚至可以说是集中体现了宋代最高政治智慧的那段历史反倒缺乏理应的关注。

嘉祐三年（1058），刚调任提点江南东路刑狱不久的王安石，那年他已满36周岁，在回京述职时，向朝廷提交了一份万言书，即历史上著名的《上仁宗皇帝言事书》，提出包括法先王之政，以改革用人制度为核心借以全面改革各项弊政的意见。但这份万言书石沉大海，王安石一直都没有得到朝廷答复。可以想见，接到万言书的宰相文彦博、富弼、韩琦，早就不敢亲近过于理想化的改革方案，所以这份万言书是否到得了宋仁宗的赞同都是个问题，即使宋仁宗看了这份万言书，也因有庆历新政失败在前，以及现下的隐形改革在后而可能不置一词。然而，朝廷不答复王安石的万言书并不妨碍他们对王安石的欣赏，这就解释了嘉祐四年（1059）王安石被中书省任命为集贤校理，王安石四拒任命，直到朝廷第五次下诏才勉强受命。集贤校理虽是清贵小官，但对于仕途来说，却是许多高官升迁台阶，时人多求之而不得，然王安石弃之如敝屣，以至于成为一时佳话。嘉祐五年（1060）四月，王安石再被升职为同修撰起居注，王安石奋力拒官十多次，但中书省根本不由分说，强硬坚持，王安石最终无奈受命。嘉祐六年（1061）六月，中书省再升王安石为知制诰，并令其纠察在京刑狱。至此，王安石已经开始进入朝廷要害职位。知制诰的位置刚坐上去，他就给仁宗又上了一道《上时政疏》，再次疾言改革。显然，嘉祐相府已经为一个光芒四射的明星铺上了红地毯。即使他的光芒可能过于耀眼，不知自己到底是成人之美还是成人之败的相府，现在对不安分的王安石也只能礼貌性警惕了。

倘若对嘉祐之政缺乏了解，王安石的多次拒官及最终受命之举会仅仅被视为一件历史轶事而被随意遗弃，如此，便失去了从这历史切片里洞烛嘉祐智慧的机会。朝廷对待王安石的态度，显然是聚贤和蓄才之意。宰相府对这位十多年来在地方上改革搞得有声有色却可能过于特立独行的官员，既欣赏，又警惕。欣赏的是王安石的人品、能力；警惕的是他的宏大叙事如果真的推行下去，对帝国的未来到底是福是祸，至少目前还无人能知。即便如此，相府群贤都经历过庆历新政，也正在经历时下真金白银的改革，他们希望帝国贤才辈出并在未来能够继承他们的遗业。他们有着足够开放、包容之心，他们也有着足够的耐心，他们甚至心中跟王安石一样雄心万丈，表面上的警惕也不妨碍自己对年少时代的回忆，也恨不得找到什么仙丹妙药，能让帝国一吃下去就绿芽新枝生机勃勃。

如此，只有深刻理解嘉祐诸公的抱负、胸襟和杰出的政治品格，才能解释为什么特立独行、从不巴结高官的王安石能如此青云直上。嘉祐相府用高速电梯把王安石送到宋仁宗跟前，虽然对古人来讲已然垂垂老矣的皇帝现在暂时用不起这位大才了，但铁打的皇朝流水的皇帝，下一任皇帝呢？下下一任皇帝呢？

智慧如相府诸公，他们不知道帝国痼疾的麻烦吗？他们就那么幼稚地认为有人真能根治帝国病吗？不，这无关乎政治远见，而只是一种政治品格：相府诸公未必欣赏王安石的政治思想与作为——至少他们现在还不愿意让他进入中枢实际执政，哪怕宋仁宗肯——但他们或许要给世人一个期待：我们将送给你们一个改革家，你们得用好！

大宋的时间即将开始，等待大宋朝的会是一个绿叶红花满枝头的春天，还是一个疾风劲雪大如席的冬天？

无人知道。

第五章

大变法(上):历史巨幕

一、改革倒计时

熙宁元年(1068)不是平静的一年,大臣们预感到或有一场大变革即将来临,改革前夕特有的紧张感、兴奋感、恐惧感,百感交集于庙堂。兴奋的不只是宋神宗和王安石,还有所有渴望变革的官员,他们也是紧张的;而守成稳重的宰执高官群体则是忧虑甚至惊恐的,对他们来说,治大国如烹小鲜,轻易兴革,成固然好,却也往往被视为理所当然,败则祸国殃民,一生功业付之东流,必为千夫所指,墨染史迹。

除了熙宁元年四月初四(1068 年 5 月 7 日)那场著名的王安石越次入对,以及随后的《本朝百年无事札子》,还有几件不大不小但于未来颇具前瞻参考价值的事件发生。

(一)经筵讲席坐立之争

第一件事,是经筵讲席坐立之争,就发生在越次入对之后不到半个月的四月十九(1068 年 5 月 22 日)。吕公著、王安石等人对神宗说,以前侍讲的臣子都是赐座的,真宗乾兴以来,才开始讲臣站讲、侍臣坐听。我们私下里觉得侍臣不妨站听,讲臣应当赐座。礼官韩维、刁约、胡宗愈则认为,应当恢复真宗天禧年间旧制,以示陛下法古重道之意。《资治通鉴》副主编刘攽说,侍臣在君前讲论,不应当安然而坐。离席发言是古今常礼。人君赐座是显示人君尊德乐道之礼,侍臣自己坐讲就不合礼仪了。龚鼎臣、苏颂、周孟阳、王汾、韩忠彦都同意刘攽的意见,乾兴以来,侍臣站讲之礼经仁、英两朝,已行五十年,怎么可以随意变更。神宗征求宰相曾公亮的意见,曾公亮说,臣当年给仁宗皇帝侍讲也是站着的。后来,王安石侍讲时被神宗赐留,神宗当面告诉他,爱卿侍讲时可以坐。王安石不敢坐。这事就这样过去了。[①] 这件事反映了朝廷中官员们对待君权的两种态度,一种是有制约君权意识的,另一种则尊君意识更浓些。王安石显然属于前者。

(二)阿云案之争

第二件事,是这年的秋天七月初三癸酉(1068 年 8 月 3 日)阿云案结案。登州有一位名叫阿云的女子,服母丧期间被家人许配给韦阿大,阿云嫌韦阿大长相丑陋,趁他夜间睡在田舍时,手持利刃将睡梦中的韦阿大乱砍十余刀,所幸韦阿大没被杀死,只被砍断了一根手指。凶案现场并无目击证人,阿云还是以嫌疑人名义被捕,审讯时,阿云主动交代了犯罪事实,知县依律以谋杀亲夫罪判阿云死刑。案件上报州府,知州许遵建议,阿云是在母丧期间被婚配,故婚约无效,谋杀亲夫罪不能成立,应按普通刑案处理,且有自首情节,罪减二等,免于死刑。案件继续上报朝廷后,审刑院、大理寺维持死刑判决,但因是违法婚约,予以宽大处理。刑部也同意作此处理。朝廷审核该案期间,正好遇到许遵调任大理寺判官,御史台以阿云案弹劾许遵,理由是他不称职。许遵坚持自己的观点,认为刑部、审刑院、大理寺的判决,堵塞嫌犯自首途径,且违背“罪疑惟轻”的仁恕之道。神宗诏令两制(翰林学士与中书舍人)集议此案,依然意见分歧。司马光支持刑部,王安石、吕公

---

① 此事详见[宋]杨仲良《皇宋通鉴长编纪事本末》卷五十九,维基文库版。

著、韩维、钱公辅等支持许遵。神宗支持王安石等人的意见,于七月下诏曰:

谋杀已伤,案问欲举自首者,从谋杀减二等。①

但风波并未因此平息,御史中丞滕甫请求再次选官集议,御史钱觊要求罢免许遵,法官齐恢、王师元、蔡冠卿等认为许遵所争违法。因廷议纷纭,此事暂且搁置不论。这时,知谏院吴申上奏《(谨奉)祖宗成宪不违朝廷众论》,神宗读罢,笑道:众论为什么就不可违?区区一件普通刑案就不敢不从众论,那事关国家大政方针,又该怎么办?王安石支持神宗说,先王广闻博纳、咨询繁众,但并非都要言听计从。又说,吴申所谓"谨奉成宪",要怎样谨奉?事事因循守弊,不敢越雷池半步,都要这样"谨奉成宪",问题就大了。②

这起案件之所以会成为朝廷屡次集议而无结果的大案,显然完全不是因为案件复杂,而是朝廷高级官员因为预感神宗可能要起改革之意而借此案为抓手发生的政治纷争。神宗与王安石观点如出一辙并非巧合,司马光等一干大臣以礼教为据,号称要"谨奉成宪",显然也是醉翁之意不在酒,在乎改不改革。双方的争论体现的是双方思维方式和对待朝政观念上的分歧。当然,无论王安石、吕公著、韩维、许遵以及宋神宗,还是司马光、吴申、钱觊,也并没有为了政治罔顾律法,依然是各方据理力争,始终没有离开案件本身。

---

① [元]脱脱等:《宋史》卷十四《神宗本纪一》。

② 阿云案争议过程详见[元]脱脱等:《宋史》卷二百一《刑法志三》、卷三百三十《许遵传》;[宋]彭百川:《太平治迹统类》卷十三《神宗任用安石》;[元]马端临:《文献通考》卷一百七十《刑考九》。

(三)延和殿廷辩

第三件大事,是发生在该年八月十三日(1068 年 9 月 12 日)的延和殿廷辩。1149 年前的西汉昭帝始元六年(前 81),贤良文学(儒生)与御史大夫桑弘羊(法家)之间曾就盐铁专卖问题发生过一场类似的财经政策论战。这两场朝廷论战都在历史上留下深刻印迹,直到今天,依然是经济史家们经常提及的重要历史事件。

1068 年延和殿廷辩发端于当时的一场赈灾讨论。

熙宁元年八月癸丑(1068 年 9 月 12 日),宰相曾公亮等人建议说,“按以前惯例,今年冬至的南郊礼结束后,陪祀的官员们会得到皇帝赏赐。当今河朔正在发生灾害,调用繁冗,朝廷应当节省。何况中书和枢密院二府禄廪丰厚,还经常受赐,如果现在还按老习惯,我们会很不安。恳切希望这次郊祭大礼结束后,两府臣僚罢赐银绢”。神宗下诏将此建议送学士院,让大家讨论之后再颁旨决定。

司马光说:“救灾节用,当从贵近之臣开始,两府辞赏不妨听任之。”

王安石说:“唐朝宰相常衮辞谢政事堂公膳,结果被嘲笑,人们认为常衮既有无法胜任的自知之明,就该辞职,而不是辞禄。国家富有四海,大臣郊赉所费无几。吝啬不给,于国用杯水车薪,徒伤朝廷体面。宰臣是国之重器,身系社稷安危,事关四海治乱,朝廷待之礼遇尊隆,是因为寄望高重。现在两府辞郊赉,就像常衮辞餐,不但于事无补,还贻笑天下。再说了国用不足,也不是当前急务。”

司马光说:“常衮辞禄,总比尸位素餐强。我朝自真宗末年以来,国用就开始不足,近年尤为严重,怎么能说不是当下急务?王安石说的不对。”

王安石说：“国用不足，是因为没有任用善于理财的人。”

司马光说：“所谓善于理财，不过是敲骨吸髓地搜刮民财，百姓穷而为盗，不是国家之福。”

王安石说：“这不是善于理财者，善于理财的人，不用加征赋税就能使国用充足。”

司马光说：“天地所生财货百物，总共就这么多，不在民间就在官府，比如降雨，夏涝则秋旱。不加赋税而国用丰饶，不过是暗夺民利，其害更甚于加赋。这是桑弘羊骗汉武帝的话术，司马迁把它记下来，就是讽喻汉武帝不明理。桑弘羊理财，确实大幅增加了财政收入，但若非取之于民，又能从何而来？假如真能做到‵民不加赋而国用丰饶′，武帝末年为何盗贼蜂起，而不得不派人四方追捕？还不是因为民生困苦、铤而走险？桑弘羊的话术怎可信以为真？”

两人争论不止。

神宗听完他们的辩论，说：“在节用上，朕意与司马光相同，但现在暂且不必允答他们辞赏吧。”①

这里遇到了王安石最重要的经济思想之一：“善理财者，民不加赋而国用饶。”他和司马光的经济观点正好相对立，司马光认为要节流，而王安石则认为增加财政收入得开源。以现代经济学思想论，司马光持静态财政论，王安石则持动态财政论。各种史料里都没有记载王安石是如何继续辩论的，也就是如何解释“民不

---

① 此次廷辩，详见［宋］杨仲良《皇宋通鉴长编纪事本末》卷五十七《宰相辞郊赏》，以及［清］黄以周等辑《续资治通鉴长编拾补》（本书以下简称《长编拾补》）卷三下“熙宁元年（1068）八月癸丑”条。另见［宋］司马光《温国文正司马公文集》卷三十九《乞听宰臣等辞免郊赐札子》；［宋］王安石：《王安石文集》（全五册）卷四十七《赐宰相曾公亮已下辞南郊赐赉不允诏》，北京：中华书局，2021 年版。

加赋而国用饶”这句话的。即便是王安石自己的著作,在目前能够找到的作品中,也没有专门论述这个问题的专论。只有在熙宁五年(1072)的《上五事札子》最后提及“货贿通流而国用饶”:

> 臣故曰:“三法者,得其人,缓而谋之,则为大利;非其人,急而成之,则为大害。故免役之法成,则农时不夺,而民力均矣;保甲之法成,则寇乱息,而威势强矣;市易之法成,则货贿通流而国用饶矣。”①

虽然王安石未能系统阐述何以“货贿通流则国用饶”,但这段话至少表明王安石明白市场的妙用,商业流通可以增加财富,这也许对古代的商人不是什么秘密,但他们未必能说出道理,而对于大多只懂诗文的儒家官员而言,则是太难的道理。各种史书没有记录王安石后续的辩论,固然有各种可能,原因之一,很可能是记录者难以理解“货贿通流而国用饶”的经济学原理。美国经济学家 N. 格里高利 · 曼昆(N. Gregory Mankiw)的经济学教材一开篇就宣示经济学的十大原理,其中“原理五:贸易可以使每个人的状况变得更好”,他解释说:“贸易能使每个人状况更好,贸易使每个人可以专门从事自己最擅长的活动。通过与他人交易,人们可以按较低的价格买到各种各样的物品与劳务。”②虽然这项原理早在百年前就已经是许多人的常识,但迄今依然有无数人仇视市场,而在长期重农抑商观念的洗脑下,古代中国人能清晰地明白这个道理的人就更是屈指可数。当然,王安石的这句话同时也可理解为,政府可以通过“货贿通流”征收商业税而使财政增收。通

---

① [宋]王安石:《王安石文集》(全五册)卷四十一,北京:中华书局,2021 年版。

② 〔美〕曼昆:《经济学原理(第 8 版):微观经济学分册》,梁小民、梁砾译,北京:北京大学出版社,2020 年版,第 9 页。

过市场致富应该是王安石所谓“民不加赋而国用饶”的经济学与财政含义。王安石的经济思想与他同时代的士大夫们相当不同，他既认同一定限度内的自由贸易，比如早年的《议茶法》[①]《茶商十二说》[②]《收盐》[③]，都表达了反对官府垄断盐茶业的经济政策，也认为应当抑兼并，而且抑兼并是他一生最重要的经济思想之一。

进入中枢成为参知政事主持变法之后，王安石在《乞制置三司条例》中明确了为抑兼并他要进行经济管制，所谓“稍收轻重敛散之权，归之公上”[④]，成立制置三司条例司时，他并且跟宋神宗说：“‘欲钱重，当修天下开阖敛散之法。’因言：‘泉府一官，先王所以榷制兼并，均计贫弱，变通天下之财，而使利出于一孔者，以此也。’”[⑤]这种“利出一孔”的思想看似与其《收盐》结句“一民之生重天下，君子忍与争秋毫？”背后的经济思想自相矛盾，也是最易引起人们误会的地方。

事实上，王安石的经济思想用四个字即能明了：官民分利。抑兼并，打击豪右，既是为了官，也是为了民。所以，王安石的经济政策，带有监管性，但不是统制性的。他后来推行的所有经济商业政策都证明了这一点，后面的章节将详述。

通过熙宁元年的这几件事，到熙宁二年二月王安石被任命为参知政事之前，宋神宗、王安石君臣相处了十个月，双方从相互了解到相知，至少已经达成诸多改革共识。宋神宗尊重股肱大臣，

---

① ［宋］王安石：《王安石文集》（全五册）卷七十，北京：中华书局，2021年版。

② ［宋］王安石：《王安石文集》（全五册）卷七十，北京：中华书局，2021年版。

③ ［宋］王安石：《王安石文集》（全五册）卷七十一，北京：中华书局，2021年版。庆历八年，28岁知鄞县时作。

④ ［宋］王安石：《王安石文集》（全五册）卷七十，北京：中华书局，2021年版。

⑤ 《长编拾补》卷四下《神宗》“熙宁二年正月甲子”条。

轮流咨询了身边重臣，问他们对王安石的看法，尤其是王安石是否可堪大任。

神宗继位不久，就召三朝元老、宰相韩琦于迩英阁，问他王安石可否胜任辅弼大臣，韩琦回答说，王安石当个翰林学士绰绰有余，当宰辅大臣恐难胜任。

神宗初见王安石不久，就征求过参知政事唐介的意见，唐介说王安石不行，宋神宗追问说：是文学不行还是经术不行，还是管理不行？唐介回答说，王安石这个人好学而泥古，多迂阔之论，他要是当政，会从此多事。

神宗又征求侍读孙固的意见，孙固说，王安石文才很高，做个侍从不错，但做宰相要有容人度量，王安石太特立独行，缺乏雅量。吕公著、司马光、韩维他们都是贤相人选。神宗连问四次，孙固都是这样答复。

后来熙宁二年（1069）十月，宋神宗也问过相位上求退的富弼，说你不想当宰相了，那王安石可以继任吗。据《长编拾补》卷五的说法，富弼当时沉默不语。

唯有宰相曾公亮力荐王安石，史书上多认为曾公亮力荐王安石的目的是牵制韩琦。但这只是猜测。《宋史》除了诽谤诋毁王安石，曾公亮也因支持王安石变法而被牵连，《宋史》对他评价很低，以谩骂和诛心之论的诽谤为基调。①

---

① ［元］脱脱等：《宋史》卷三百二十《曾公亮传》。

二、王安石及其经世之学

要了解和理解熙丰变法，尤其是熙宁变法，了解王安石这个人是个必经环节，因为很大程度上可以说，王安石至少是熙宁变法的总设计师。诸多研究这场变法的著述，由于缺乏对王安石思想的全面了解和理解，以至于对其个人和变法本身产生诸多本该避免的误解。

孟子说："颂其诗，读其书，不知其人，可乎？是以论其世也。是尚友也。"(《孟子·万章》)所谓知人论世。了解人的思想，必得了解其生活过程，其生活所处的时势。对于王安石这样在千年维度上耸动风潮的人物，了解其生活历程及其对时势的反应，对于了解那场帝制中国史上别开生面的改革运动无疑是必须的。

(一)改革前的王安石履历

王安石①(1021年12月18日—1086年5月21日)，字介甫，号半山，江西清江县(今江西省樟树市临江镇)人。北宋政治家、文学家、思想家，实官至司空、尚书左仆射、观文殿大学士、镇南军节度使，封舒王、荆国公。元脱脱主持的《宋史》卷三百二十七《王安石传》虽对王安石生平极尽歪曲毁谤之能事，却也不得不承认他的文学天才，"安石少好读书，一过目终身不忘。其属文动笔如飞，初若不经意，既成，见者皆服其精妙"。

王安石出生于仕宦之家，入宋后，叔祖王贯之于1000年中了

---

① 本书涉及王安石履历的内容，均引自刘成国《王安石年谱长编》(1—6册)，北京：中华书局，2018年版。下文不再一一注明。

王门第一个进士,之后,父亲王益(1015 年进士)、王安石(1042 年进士)、六弟王安上(1046 年进士)、长兄王安仁(1049 年进士)、四弟王安礼(1061 年进士)、长子王雱(1067 年进士)、五弟王安国(1068 进士),从王安石叔祖王贯之到王安石之子王雱,王家一门八进士,家世显赫。父亲王益(994—1039)在王安石出生时任临川军判官。1026 年,王益转任新繁县知县,王安石(6 岁)随父迁居。1030 年,王益以殿中丞知韶州,王安石 10 岁。1032 年,王安石 12 岁,开始识字,其有《与祖择之书》云“某生十二年而学”。1033 年,13 岁,祖父王用之去世,随父亲回临川丁忧。1036 年,王益丁忧期届满除服,王安石 16 岁,随父入京。1037 年 4 月,王安石 17 岁,随父王益赴任江宁府通判。1039 年,父亲王益去世(46 岁),王安石 19 岁,居丧江宁。

到 20 岁前,王安石的生活虽然随父流荡,但毕竟是官宦人家,至少衣食无忧。清蔡上翔曾有悲忿不平之论:“公一生得免于诟厉者,唯此二十年耳。”[①]

1041 年,王安石 21 岁,入京应礼部试。1042 年,王安石 22 岁,进士及第,中第四名。宋人王铚《默记》说,王安石初选为状元,但因仁宗阅卷,厌其一句“孺子其朋”[②],降为第四名,但王安石终生未提及此事一句,可见其对当时贡举制度中应试内容的轻

① [清]蔡上翔:《王荆公年谱考略》,载[宋]詹大和等撰《王安石年谱三种》,裴汝诚点校,北京:中华书局,1994 年版,第 228 页。

② “孺子其朋”出自《尚书·周书·洛诰》,原文是“孺子其朋,孺子其朋,其往”。是周公对周成王说的话,意为:“你这个小孩子啊,自今以后要与群臣融洽相处,到洛邑来吧。”宋仁宗看到这句话不高兴实为多心了,因为以年纪论,当时王安石才 22 周岁,而宋仁宗比王安石大了 11 岁,这不可能是王安石虚拟自己与皇帝的对话。

蔑。[①] 是年,签书淮南判官[②],至扬州。至此,王安石正式开始了他的仕途。[③]

1043年(庆历三年癸未年),王安石23岁,自扬州归临川省亲,与小他五岁的表妹吴氏结婚,新婚半年后,九月,"庆历新政"开始。1044年,王安石24岁,继续任官淮南,长子王雱出生(死于1076年,只活了32岁)。在此期间,写下了著名的《淮南杂说》,名动天下,因其推尊孟子,观念、文气亦与孟子相似,而被士人阶层争相传阅,甚至有人视王安石为当代孟子。庆历新政草草结束,改革派主将范仲淹、富弼离开朝廷。1046年,26岁,被任命为点检试卷官(北宋科举官员,负责考校、查核试卷)。1047年,27岁,知鄞县,尝试青苗法,翌年兴修水利,有政绩。是年长女出生,翌年夭折。1049年,29岁,兄王安仁(1015—1051年)登进士第。1050年,30岁,任满离开鄞县,回京师候调。1051年,31岁,长兄安仁(37岁)病逝。1052年,32岁,任舒州通判,次兄安道(34岁)病逝。1054年,王安石34岁,因之前屡次拒绝馆阁试(相当于拒绝升迁),但求外放到地方任职,朝廷欣赏他这种不事奔竞的高品,遂破格任其为群牧判官(给主管全国马政的群牧司长官群牧使当助理),初不就,欧阳修劝说后才上任。1056年,36岁,王安石任提点开封府界诸县镇公事(掌察畿内县镇刑狱、盗贼、场务、

---

① [宋]王铚:《默记》(下卷),朱杰人点校,北京:中华书局,1981年版,第38—39页。

② "宋三司、群牧及各路宣抚、转运等使皆有判官,职位略低于副使,各州府亦有判官,其以京朝官签署节度观察判官者称签书判官厅公事,简称签判,地位高于普通判官。"详见沈起炜、徐光烈编著《简明中国历代职官辞典》(增订版),上海:上海辞书出版社,2014年版,第188页。

③ 《宋史·王安石传》第一段就说"(王安石)友生曾巩携以示欧阳修,修为之延誉。擢进士上第,签书淮南判官"。确如蔡上翔所说,王安石的一生,过了20岁以后,就开始被抹黑诽谤了,至少在当参知政事之前,王安石明明是自己凭实力获得朝野上下赞誉的,因他推行新政遭谤后,连他中进士榜、初入仕途当个小官都要被诽谤成靠关系得来的。

河渠之事)。1057年,37岁,五月,离京赴任知常州,七月到任,任内开运河,因阴雨连绵作罢。王安石为此感到遗憾并愧疚。1058年,38岁,二月,王安石从知常州调任提点江南东路刑狱,掌管江南东路的司法、刑狱和监察与农桑;十月,朝廷拔擢他为三司度支判官(度支司主掌全国财赋支调,度支判官辅佐度支使、副使分理该司事务),王安石再次力辞不就。1059年,39岁,四月底到京,短暂任职三司度支判官后,五月十九日,累辞无效只好任职集贤院。向中书提交《言事书》,无回音,此即后世闻名的《上仁宗皇帝言事书》,该言事书即被后世认为是其熙宁年间执政时的改革总纲。该年王安石与刘敞之间发生了关于性、情之旨的辩论。[①]

自宋真宗景德元年(1004),宋辽签约澶渊之后,两国关系和平且密切已达半个世纪,双方每年都会互派正旦使、生辰使、国信使等各类使节,音问不绝。嘉祐五年(1060)正月,王安石受命当送伴使,陪伴辽国使者离开汴京回辽国,依例需送伴至宋辽的北方边境,此次行程来回一个多月,与辽使同行十八天,因语言不通,未及多交流。但王安石途经长垣、澶州、大名、贝州、深州、瀛州、莫州、雄州,再次见到帝国的窘境,这促成了他写成《拟上殿札子》[②],作为完成送伴使命的奏疏。这份札子的内容是疾言皇帝和朝廷应该重视培养人才,“然则方今之急,在乎人才而已”“夫成人之才甚不难”[③],再不养才就晚了,哪怕有良法美意也难以推行了,其实是对两年前那份石沉大海的《上仁宗皇帝言事书》一个简要概括。但这份札子依然没有得到回应。

---

① 刘成国:《〈弟子记〉与北宋中期儒学——以刘敞、王安石为核心的考察》,载《社会科学辑刊》2021年第1期。另见氏著《王安石年谱长编》(第2册)“嘉祐四年己亥”条。

② [宋]王安石:《王安石文集》(全五册)卷四十一,北京:中华书局,2021年版。

③ [宋]王安石:《王安石文集》(全五册)卷四十一,北京:中华书局,2021年版。

嘉祐八年(1063)八月,王安石的母亲去世,按惯例,王安石须丁忧三年,于是,他辞职扶柩去江宁。江宁这一待,就待了近五年。本来,按大宋礼制,服斩衰丧期三年(实际期间为25—27个月),英宗治平二年(1065)十月,王安石就已期满解服,半个月后,朝廷起复诏书就到了,官复原职:知制诰与工部郎中。与绝大多数官员丁忧之后长时间赋闲难以官复原职相比,这是朝廷对王安石极高的礼遇。当时的宰相是韩琦和曾公亮,也是欧阳修任参知政事的第四年,文彦博是枢密使。早在皇祐三年(1051)文彦博还在当宰相(同平章事)的时候就已经在大殿上盛赞过王安石的不事奔竞之德并且建议朝廷拔擢①。两府的其他副职,是正直且性情宽厚的赵概和胡宿(参知政事),以及德望之人陈升之和有公正严明之名的吕公弼(枢密副使,后者为吕夷简长子)。可见,王安石在朝中的名声极佳,很受看重。且如本书上一章展论过的,嘉祐重臣们对王安石暗中欣赏几无可疑,否则完全无法解释这个从不攀附权贵的耿直"怪人"何以一再得朝廷厚待,火箭式升官不说,其还屡拒无果,被强行授官为皇帝近侍。

然而,王安石对于无法施展抱负的皇帝近侍这种官场上人人趋之若鹜的肥缺毫无兴致,而一年前朝廷无聊却战火纷飞的濮议也无疑会让他这种注重实务的人厌烦,再加丁忧期间因执礼过谨、哀毁过甚,健康受损,还得了尿血症(溲血)。于是,跟以前一样,王安石以两道《辞赴阙状》拒绝回京复职。第二年,治平三年(1066),朝廷再下复职诏,王安石第三次上《辞赴阙状》,以身体抱恙为由,继续拒绝复职。直到治平四年(1067)正月初八,原本就健康不佳的英宗赵允让以36岁英年早逝,年方虚岁20的儿子

① 《长编》卷一百七十"皇祐三年五月庚午"条。

赵顼即位，是为神宗。英姿勃发的新皇帝志存高远，立意宏伟，改革之心急切，对王安石这样的明星官员更是仰慕已久，在以改革之意征询富弼、司马光等老臣无果之后，他逐渐开始转向起用王安石为改革的辅弼之臣。

王安石通过儿子王雱以及神宗的老师韩维，了解神宗对自己的重视，他显然看到了一展襟抱的可能性大门正在开启。神宗按捺不住，先是下诏让王安石任知江宁府，王安石辞让无效被强行任命，半年后神宗则再下诏，让王安石到京城任翰林学士——一个比知制诰更高职务的皇帝近臣职务，工作内容中的经筵讲学部分尤其可以让皇帝和翰林学士近距离无障碍地交流政见，翰林学士在宋代因此常常成为宰执大臣的蓄水池。[①] 王安石后来被任命为参知政事并主持改革大业，翰林学士正是其跳板职位，换句话说，宋神宗任命王安石为翰林学士本来就是个过渡，目的就是让他成为主持改革的宰执大臣。

王安石此次接到诏命后，一反常态，未再推辞，而是上表谢恩，并于第二年熙宁元年(1068)春动身前往京城，四月初到达后，四月初四即被迫不及待的神宗开绿色通道召见——“越次入对”。关于这次“越次入对”，各种史料记载无大出入，各种宋史著作也写过无数遍，大致就是宋神宗问王安石怎么办，王安石说，首先要择术，行先王之道。宋神宗又问，你觉得唐太宗怎么样？王安石说，唐太宗也未得行先王之政，皇上应该努力成为尧舜之君。这一君臣对被后来的王夫之痛斥为是王安石“首以大言震神宗”[②]，

---

① “宋代重视文治，翰林学士被认为是一种‘清切贵重’之官，其地位仅次于宰执，并几乎成为升任宰执的必经之路。”(何忠礼：《宋代政治史》，杭州：浙江大学出版社，2007 年版，第 236 页。)在唐春生撰著的《翰林学士与宋代士人文化》(北京：中国社会科学出版社，2011 年版)第七章中，更有关于两宋 319 年翰林学士升任宰执大臣的详细统计数据。

② [清]王夫之：《宋论》，北京：中华书局，1998 年版，第 114 页。

但余英时则为王安石辩护，说那时候的儒家动辄向往三代之治很普遍。事实确如余先生所言，王夫之的时代，儒学已经因理学数百年的窄化，不复有宋代的活泼、开放与宏大，言及三代便战战兢兢，思想氛围的宽松度和自由度与宋代早中期更是完全不可同日而语。王安石回家后，立刻写成了后来著称于史的《本朝百年无事札子》，阐释他对宋代百年国史的见解，但是这份札子除了一如既往地指出国朝之弊，更在最后再次竭力呼吁改革，他说："伏惟陛下躬上圣之质，承无穷之绪，知天助之不可常恃，知人事之不可怠终，则大有为之时，正在今日。"①

（二）王安石的经世思想概述

政治思想史学巨擘萧公权先生有段话对于今人了解王安石的思想有极大助益，他说："宋代政治思想之重心，不在理学，而在与理学相反抗之功利思想。此派之特点在斥心性之空谈，究富强之实务。其代表多出江西浙江。北宋有欧阳修、李觏、王安石，南宋有薛季宣、吕祖谦、陈傅良、陈亮、叶适等。而安石主持新法开'维新'之创局，尤为其中之巨擘。"②这是一句提纲挈领的话，读者可借此入王安石思想之门径。王安石自谓"无书不读"，以至于被当朝与后世一帮俗儒视为儒家异端，甚至愤而打入法家之列。而事实上，王安石对孟子的格外推崇表明了其内核依然是内圣外王的儒家，只不过他的思想主旨是一种对儒释道及诸子百家采取为我所用拿来主义的大儒家思想。其治学、思想的目的都在于治国，而不在于如道学家们所着力的心性道德，在王安石的心中，士大夫们哪怕把儒家经典读得再熟，不会治国，就依然只是"流俗"

---

① ［宋］王安石：《王安石文集》（全五册）卷四十一《本朝百年无事札子》，北京：中华书局，2021 年版。

② 萧公权：《中国政治思想史》，北京：商务印书馆，2017 年版，第 437 页。

之徒。王安石的儒家思想,至少在其自己而言,是要落地的,也正因如此,他的改革思想就不可能是那些被他自己鄙视为流俗的陈词滥调,而是须有许多创新思想与实践,因此必然存在着诸多当时士大夫们未必能够理解的内容。

这些思想在落实到具体的改革措施中时,有些立竿见影(比如重禄法以及某些工商政策),而有些产生良莠混杂的后果(比如免役法),而有些则显得问题很大(比如市易法,不得不废除),有些则需要很多年才能显示出效果(比如科举改革)。

王安石与历代改革家最主要的不同之处,在于其改革思想的全面性和系统性,甚至有着极强的超前性。如果不能理解这一点,就无法理解王安石的治国与改革思想及措施,更不可能作出公允的评价。王安石所向往者,虽表面上看是所谓三代之治,具体落实到措施上,则是在思想、文化、政治、经济、财政、教育、军事等国家生活的所有领域进行全面的提升。他的这种努力,导致了后人在研究过程中的一些误解,比如其推行错误的市易法导致了他被视为国家主义者,而事实上,以政府管制取代市场的市易法固然是错误的,但他也反对禁榷制和推行解除铜禁的自由政策,那是否就可以将其视为经济自由主义者呢?显然也不是,因为王安石的经济思想是功利主义的,是认为朝廷和人民应当分利的国与民分利主义者,市易法的初衷是打击豪商,但弄巧成拙未能实现目标,其政策错误只是经济行政上的失误,而他本人非国家主义者,也非自由主义者。包括后世争议巨大的青苗法,也是有着抑兼并和分利于民的强烈冲动,因此给人民带来极大负担。而方田均税法和农田水利法都给人民带来利益,因此,他的政策是成败兼有的,不是随便一顶国家主义之类的帽子就能概括的。

不独于此,王安石对治国的思考十分超前,具有让人惊异的现代性。在其改革思想与实践中,通常研究者没有那么重视,往往一带而过,甚至完全忽视的一些政策,却孕育着惊人的现代性。比如“一道德,同风俗”(官方虽有推崇的意识形态却并不以消灭民间思想为代价),这种整合国家—社会伦理共识的努力,正是现代民族国家的标准动作。试图确立常态带薪制的前现代职业公务员制度(重禄法,吏士合一制),尤其是在太学三舍法下创设武学、律学、医学、画学、算学等专业学科这一开世界先河之举,可谓充满现代精神的治国理念。晚清学人陈焕章非常敏锐地注意到王安石治国思想的特征,他说:“如果王安石的全部计划得以贯彻施行,那么,中国早在一千年前就应该是一个现代国家了。”[①]说的就是指王安石其实已经在试图运用现代国家的治理方法,他在打造一个准民族国家。

王安石意图打造一个民族国家的治国思想,是理解熙丰变法,尤其是熙宁变法最重要的钥匙,是了解和理解以及公允评价这一变法的重要起点。

三、熙宁变法

北宋熙宁二年二月初三庚子日(1069 年 2 月 26 日),宋神宗力排众议,任命王安石为右谏议大夫、参知政事[②],为筹备改革走出了最重要的一步棋。王安石甫入中枢,不及一个月,二月二十七日(1069 年 3 月 22 日),就在他建议下成立了制置三司条例司,

---

① 陈焕章:《孔门理财学》,韩华译,北京:商务印书馆,2017 年版,第 467 页。

② [宋]杨仲良:《皇宋通鉴长编纪事本末》卷五十九《王安石事迹上》。

以该司掌管规划国家大计,筹议变法以通天下之财,相当于宋代的发改委,由陈升之和王安石主持其事。王安石向宋神宗推荐了吕惠卿,后者被任命为三司条例司检详文字,其实就是王安石的助手,参与讨论立法、起草新法等文字事务工作,是三司条例司的核心成员之一。

三月十六日(1069 年 4 月 10 日),苏辙被任命为三司条例司检详文字,至八月去职。

四月二十一日(1069 年 5 月 14 日),条例司派遣八名巡视员,分赴各路,巡查当地农田、水利、赋役情况,八人为刘彝、谢卿材、侯叔献、程颖、卢秉、王汝翼、曾伉、王广廉。

四月二十二日(1069 年 5 月 15 日),神宗召集两制、两府、御史台、三司、三馆臣僚共议贡举法。

五月十八日(1069 年 6 月 9 日),御史中丞吕诲向神宗上奏《论王安石奸诈十事状》,弹劾王安石,其中内容可以"捕风捉影、诛心弹劾;欲加之罪,何患无辞"概括之,这可以说是熙宁变法中王安石遭遇的第一份大字报。[①] 五月二十一日(1069 年 6 月 12 日),王安石提交辞呈,被神宗封还,令视事如故。五月二十二日(1069 年 6 月 13 日),因吕诲再上《论王安石奸诈十事状第二状》,王安石称病不出,在神宗竭力抚慰下,直到五月二十九日(1069 年 6 月 20 日)才复出面见神宗。六月二十二日(1069 年 7 月 13 日),吕诲被免职,知邓州,吕公著继任御史中丞。

五月二十九日(1069 年 6 月 20 日),定县令考绩法,分上、中、下三等[②]。

改革在紧锣密鼓地筹备中,谁都能预见,一场大变革即将来

---

① 梁启超:《王安石传》,北京:商务印书馆,2015 年版,第 228—231 页。

② [宋]李埴:《皇宋十朝纲要》卷九《神宗》。

临。反对派也从一开始就下重锤，欲去王安石执政之位，但宋神宗不是宋仁宗，他的改革决心很大，在他的安抚下，王安石继续工作。这段时间里，宋神宗、王安石君臣还讨论了中书制度改革以及宗室礼遇裁制等重要改革事项。

不久，一场规模宏大、旷日持久的变法活动次第展开。从熙宁二年到熙宁七年的五年间，十六项重大变法在全国部分地区或全国范围内推行。其中均输法、青苗法和农田水利法均由制置三司条例司推出，措置宗室法则由两府联合推出。熙宁三年五月十五甲辰（1070 年 6 月 25 日），制置三司条例司被罢归中书后，条例司原有的职能由司农寺执掌，故重要的改革法令也均由司农寺推出，熙宁三年十二月十一丁卯（1071 年 1 月 14 日），王安石被任命为宰相，直到第一次罢相前，改革诸法密集出台，王安石基本上完全推出了他想要推行的改革方案。

这十六项变法措施按颁布的时间先后顺序分别是：

1.均输法（熙宁二年七月十七辛巳，1069 年 8 月 6 日）

2.青苗法（熙宁二年九月初四丁卯，1069 年 9 月 21 日）

3.措置宗室法（熙宁二年十一月十一甲戌，1069 年 11 月 27 日）

4.农田水利法（熙宁二年十一月十三丙子，1069 年 11 月 29 日）

5.重禄法（试行于熙宁三年八月初六癸亥，1070 年 9 月 12 日；全国推行于熙宁五年五月初四癸未，1072 年 5 月 24 日）

6.保甲法（熙宁三年十二月初九乙丑，1071 年 1 月 12 日）

7.贡举法（熙宁四年二月初一丁巳，1071 年 3 月 5 日）

8.免役法（熙宁四年十月初一壬子，1071 年 10 月 26 日）

9.太学三舍法（熙宁四年十月十七戊辰，1071 年 11 月 11 日）

10.市易法（熙宁五年三月廿六丙午，1072 年 4 月 17 日）

11.保马法（熙宁五年五月初七丙戌，1072 年 5 月 27 日）

12.方田均税法(熙宁五年八月二十八甲辰,1072年10月12日)

13.设经义局(熙宁六年三月初七庚戌,1073年4月16日)

14.军器监法(熙宁六年六月廿七己亥,1073年8月3日)

15.免行役法(熙宁六年八月廿五丙申,1073年9月29日)

16.置将法(熙宁七年九月十八癸丑,1074年10月11日,另,王安石已于四月十九丙戌[1074年5月17日]第一次辞相)

(一)1069年8月6日:均输法

熙宁二年七月十七日(1069年8月6日),条例司推出了第一项新政:均输法。该法的目的是供应京城皇室、百官的消费,同时避免受商人操纵。为此,条例司在淮南路、两浙路、江南东路、江南西路、荆湖北路与荆湖南路东南六路置发运使,由薛向总领各路发运使,发运使按“徙贵就贱,用近易远”“从便变易蓄买,以待上令”原则,督运各地进京物资,条例司声称均输法是为了“省劳费、去重敛、宽农民,庶几国用可足、民财不匮矣”①。

虽然马端临《文献通考》卷二十《市籴一》声称“然均输后讫不能成”“然均输卒不能行”,但这些说法是经不起检验的。苏辙《栾城集》卷三十七中有一篇《论发运司以粜籴米代诸路上供状》,是针对一直在实行中的均输法中存在的问题而发的议论,其中有如何改进均输法的建议,该奏议提交的日期为元祐元年三月八日(1086年4月23日)。可见,熙丰时期,均输法不但得以实施,而且实施情况并不差(主要得益于宋神宗、王安石重用商业奇才薛向任六路均输使、三司使),发运司权力大增而出现的那些问题,按苏辙的说法是最近出现的,而不是之前的。而且在均输法

---

① [宋]王安石:《王安石文集》(全五册)卷七十《乞制置三司条例》,北京:中华书局,2021年版。

具体实施方面，尚有《长编》《长编纪事本末》《宋史》中等相当数量的相关记载作为旁证，而并非有些论者所谓史料罕见。① 据此可以判断，均输法虽在其最初遭到误解和反对，但因其在京师保供方面的巨大贡献，反变法派不久之后就沉寂了。

元祐更化并没有波及均输法，很可能一是因为市易法实施之后，均输法很大程度上被吸纳和扭曲，并产生了前述苏辙批评的弊病；二是薛向离任后留下的部分政策遗产，在确保京师保供方面几乎不容裁撤（例如著名的转般法）②。有史料证据充分表明，均输法一直实行到北宋末年。虽然因蔡京对转般法的破坏导致均输法在具体效果上大打折扣，并且成为北宋灭亡的重要原因之一，但均输法一直存在当可无疑。

（二）1069 年 9 月 21 日：青苗法

熙宁二年九月初四丁卯（1069 年 9 月 21 日），条例司推出常平给敛法，即青苗法。宋初，各地设有常平仓和广惠仓，以作为年成不好时济贫之用，但收效甚微。王安石在当鄞县知县时曾效仿当时陕西转运使李参的做法，即“先贷以钱，俟麦粟熟输之官”的“青苗钱”，效果极好，故条例司推出青苗法。青苗法规定，各地方州县各等民户，每年夏秋两收前，可到当地官府借贷现钱或粮谷，以助耕作；借户贫富搭配，十人为一保，互相检查监督；贷款额依

---

① 比如《长编》卷二百一十二“熙宁三年六月辛巳”条、卷二百一十四“熙宁三年八月甲申”条、卷二百一十七“熙宁三年十一月辛卯”条、卷三百三十五“元丰六年六月戊申”条、卷三百三十七“元丰六年月壬子”条等；［宋］杨仲良：《皇宋通鉴长编纪事本末》卷六十八、七十六；［元］脱脱等：《宋史》卷一百七十五《食货三上》等，以及［清］徐松辑《宋会要辑稿》多处。

② 关于均输法的详情，可参考李晓《论均输法》，《山东大学学报（哲学社会科学版）》2001 年第 1 期；于士倬：《薛向与“均输法”研究》，华东师范大学 2010 年硕士学位论文；马小凤：《宋代“均输法”研究》，山东大学 2016 年硕士学位论文；李金水：《王安石经济变法研究》第一章《均输法补论》，福州：福建人民出版社，2007 年版。

民户资产分五等,一等户为十五贯以下,二等户为十贯,三等户六贯,四等户三贯,末等户一贯五百文;借款本金须随春秋两税当年归还,因每期取息二分,故年息实为四分。

青苗法在实施过程中出现过许多问题,归纳起来主要是三个弊端,即抑配(强行摊派)、贱物贵散(加重部分地区短暂钱荒,增加人民负担)、专贷与物力高强户(因下户易于结请,难于输纳,故少俵下户,多与上等,以利催取)。所以,虽然青苗法在南方货币经济发达地区以及官员善于变通的地区实行得不错,但在其他地区就不但没好处,还容易害民。虽然熙丰年间朝廷三令五申不许摊派,但熙宁年间各路提举常平官为了政绩对地方官施加不当压力,元丰年间朝廷制定了"计息推赏的考课制度",鼓励地方官员们给散青苗钱,而最大的问题,是对违法的官员缺乏强有力的监察和追责,这些因素导致了青苗法基本上不可能健康地推行。因此,青苗法一直遭到反对。司马光上台后不久,元丰八年(1085)八月,高后下诏不许摊派、不设定额。元祐元年(1086)二月,下诏恢复旧的常平法,等于废止青苗法。四月,范纯仁因国用不足,建议恢复青苗法,但利息改为一分。因包括司马光在内的旧党反对,到元祐元年八月,再度恢复旧常平法,青苗法被彻底废除。哲宗亲政后,绍圣二年(1095)在将利率调整为一分并且禁止抑配、听民自便后,恢复青苗法,取得了很好的社会经济效益,至此,青苗法终成善法。到北宋末的宣和年间,蔡京、童贯、朱勔等人挪用常平钱用于讨好宋徽宗的花石纲,以至于完全丧失青苗法本意,可谓与青苗法已完全无关。

(三)1069年11月27日:措置宗室法

太祖建政之后,就确立了"经济上优待宗室,政治上不许他们染指"的祖宗家法,而且优待范围尤广,超出五服之外。随着时间推移，宗室人口越来越庞大，宗室俸禄成为一项严重的财政负担。神宗继位不久，就将去三冗、整财政视为首要大事，熙宁元年（1068）设裁减局，由翰林学士司马光等主持，但司马光束手无策，他说："国用不足在用度大奢，赏赐不节，宗室繁多，官职冗滥，军旅不精……非愚臣一朝一夕所能裁减。"[①]神宗遂罢裁减局。在冗费中，宗室占了极大比重。

熙宁二年十一月十一甲戌（1069 年 11 月 27 日），两府推出全面的宗室改革方案，概而言之就是，对宣祖（太祖之父）、太祖、太宗之子，皆择其后一人为公，世世不绝。其余支脉本人以下第五代开始，将军以下，随自己的意愿出来当官，五服之外的远亲子孙不再赐名授官，但可以应举入仕。

陆游《老学庵笔记》卷二记载了一件事，说是措置宗室法颁行之后，一群宗室子弟在街上拦住王安石哀告诉苦说，我们都是宗室子弟，请相公看在祖宗面子上对我们网开一面吧！王安石说，哪怕是宗室至亲，也得依法排定远近，何况你们！众人无话，只能散去。陆游的记录是否真实可能难以考证，但可以想见，一则当时宗室子弟因利益遭到损害而愤怒，同时，这一项改革也是相当得民心、官心，除了利益受损的宗室本身，举朝官员几无反对。哪怕是富弼担心宗室子弟反对，司马光说什么得慢慢来这种便宜话[②]，也都不是出于反对改革。但是，改革并没有想象中那么顺利，据有学者研究，措置宗室法的完全落实，要到"熙宁八年（1075）大兴诏狱制造赵世居谋逆大案，并用凌迟、腰斩等酷刑惊悚人心，大概才迫使内外缄默俯首"[③]。

---

① ［元］脱脱等：《宋史》卷一百七十九《食货下一》。

② ［清］徐松辑：《宋会要辑稿·帝系四之三十二》。

③ 何兆泉：《两宋宗室研究：以制度考察为中心》，上海：上海古籍出版社，2016 年版，第 123 页。

元丰八年宋神宗驾崩后,摄政的高后大封特封自己和向后两家曾祖以下皇亲,但也仅及于此,并没有废除措置宗室法。学界通常认为,措置宗室法的实施虽然并没有能够彻底改革宗室特权问题,但总体上是成功的,一个重要原因是宋神宗并不偏私。[①]

(四)1069 年 11 月 29 日:农田水利法

熙宁二年十一月十三丙子(1069 年 11 月 29 日),条例司颁布农田水利法。法令规定,为了发展农业生产,各地应当开垦荒田、筑防堤坝、疏浚河流、兴修水利工程,在各地官员主持下,对本地居民按户等高下分派用工材料,仅靠民力难以兴修水利的,不足部分可向政府贷款,取息一分,单独州县无法胜任,则可联合若干州县共同完成。

元祐更化期间,农田水利法并没有被明令禁止,无论谁当政,通常不会反对地方官重视农田水利,即使朝廷对该法的态度是消极的,官员们各行其是,依然有官员重视农田水利的开发,比如苏轼元祐六年知杭州时。元祐四年(1089)二月十三日诏:"自今应濒河州县积水占田处,在任官能为民经画沟畎疏导,退出良田一百顷已上者,并委所属保明以闻,到部日与升半年名次。每增一百顷,各递升半年名次;及一千顷已上者,比类取旨酬赏;功利大者,仍取特旨。"[②]这是鼓励地方官重视农田水利,奖励排水增田。

(五)1070 年 9 月 12 日:重禄法(仓法)

重禄法,也称"仓法",熙宁三年八月初六癸亥(1070 年 9 月

① 李国强:《论北宋熙宁年间的宗室改革》,载《江西社会科学》2010 年第 10 期;朱琳:《北宋熙丰时期宗室改革再探——以制度落实情况为视角的考察》,载《郑州航空工业管理学院学报(社会科学版)》2022 年第 1 期。

② [清]徐松辑:《宋会要辑稿·食货·农田杂录》"元祐四年二月十三日"条,六十三之一百八十九。

12日)开始在三司试行,熙宁五年五月初四癸未(1072年5月24日)后推行全国,到熙宁六年(1073年)十二月之后,胥吏得俸已遍及全国。如沈括《梦溪笔谈》所记载,唐宋时开始,官员和胥吏的分野已经很大,胥吏没有薪水(或者虽然有但极少,往往是官员私人发放的),依靠索贿受贿谋生(沈括说许多胥吏借此发财致富),政风由此极度败坏。王安石为了改变这一现状而推行重禄法。

重禄法的主要内容包括:

1.朝廷制定吏禄规范,给中央到地方的胥吏增俸或发俸。

根据《长编》的记载,熙宁三年八月第一次支出吏禄时,"岁增至一万八千九百缗"(卷二百一十四);九月时,再增吏禄,"见留录事以下第增禄廪,重其乞取之法"(卷二百一十五)。熙宁五年五月,继续增俸,"又诏增中书审官东、西、三班院,吏部流内铨、南曹,开封府吏禄,其受赇者以仓法论"(卷二百三十三)。熙宁六年(1073)十二月,"增开封府等处吏禄,以行重法"(卷二百四十八)。在此过程中,胥吏的待遇在循序渐进地得到提高。

2.立法严惩贪贿官吏,奖励举报,减罪自首。

重禄法是从掌管军粮的胥吏开始的,主管军粮的胥吏盗取军粮库,军粮常常因此损失十分之三四,由此成为重禄法最初试行的对象,故名"仓法"。王安石认为,胥吏无薪或者薪俸很低,就不能要求他们廉洁。但如果增禄之后依然受贿索贿,那就应当严惩。据《长编》卷二百一十四记载,重禄法规定:贿案主犯,"不满一百徒一年,每一百钱加一等;一千流二千里,每一千加一等,罪止流三千里""徒罪皆配五百里外牢城,流罪皆配千里外,满十千即受赃为首者配沙门岛";贿案从犯,"减首罪二等"。如果仓吏虽然提出索取钱财,但最终未收取的,主犯与从犯均"各减本罪一等，为首者依上条内合配沙门岛者，配广南牢城”。被告应当判刑的，告发者可得“一百至三百”千赏钱。告发者若是官员，除前述赏金之外还能提升一阶官资。同时，无论是受贿案首犯还是从犯，只要主动自首，都可能免罪或甚至得到奖赏。

重禄法对于后世影响巨大，是中国历史上胥吏获得正式薪水的开端。北宋期间，仓法在元祐元年被旧党出于党派仇恨以及国用不足而短暂废除[①]，且因胥吏无禄而胥吏横暴、腐败盛行，就连反王安石十分卖力的旧党吕陶也承认重禄法实行期间的行政比废除后要清明。[②] 因此，朝廷不得不于元祐五年开始在局部地区恢复重禄法[③]，到哲宗亲政后的绍圣年间，则全面恢复，终北宋之世，重禄法都在正常运行。但到南宋之后，重禄法一直没有得到恢复，这直接导致了胥吏对政治和行政的全面败坏。[④]

（六）1071年1月12日：保甲法

熙宁三年十二月初九乙丑（1071年1月12日），司农寺推出“畿县保甲条制”，是为保甲法。保甲法是同管勾开封府界常平等事赵子几首先提出的。他上奏说开封府以前就有过保甲，“当时官司指挥，专于觉察奸伪，止绝寇盗”[⑤]，因此要求恢复重编，以维护地方治安。此事因此被交到司农寺议定，即成为“畿县保甲条制”，在开封府属县内推行。保甲法规定每十家为一保，不及五家的附入别保，由主户一人任保长；五十家为一大保，由主户中最富

---

① 《长编》卷三百六十九“元祐元年闰二月丙午”条。

② 《长编》卷三百九十二“元祐元年十一月癸未”条。

③ 《长编》卷四百五十“元祐五年十一月乙丑”条。

④ 〔日〕宫崎市定：《王安石的吏士合一政策》，载《日本学者研究中国史论著选译》第五卷《五代宋元》，北京：中华书局，1993年版，第479页。

⑤ 《长编》卷二百一十八“熙宁三年十二月乙丑条”；并见［清］徐松辑《宋会要辑稿·兵二之六》。

有之人任大保长；十大保为一都保，由主户中最能干和富裕的二人任都、副保正。所有主户、客户（佃户）两丁以上，出一人为保丁；单丁户、女户、疾病户及无丁户就近附保；一户有两丁以上而武艺高强者，最富裕户有两丁以上的，均可充任保丁。除违禁兵器外，其他兵器允许自置。每夜须有五位保丁轮差巡逻，遇盗贼即击鼓通知同保人接应捕盗。保甲法先在开封府下辖两县开封、祥符试行，然后推及其他属县，之后向京东、京西、河北、陕西、河东各路推广，最后推向南方各路。保甲法的目的是同时收节省军费、武装民兵、维持治安三大效果。

宋神宗去世后，保甲法基本上被保留，但具体政策上有一些调整，内容上有收缩，比如元丰八年四月，宋神宗刚驾崩一个月，司马光就上疏请求废除包括保甲法在内的诸新法，但未得允准。① 不久下诏，规定开封府界及河北、河东、陕西三路保甲中只有两丁的家庭，若参加教阅的人小、弱或久病，或除参加教阅者外，家里只有病丁，以及第五等以下、田产不及二十亩的民户，免除保甲役。② 七月，下诏废除开封府界及三路五日一次的保甲教阅，从第二年起免除团教，只在农闲时到县里教阅一个月。③ 当时蔡确尚在相位，司马光虽然不能忍受保甲法依然存在，但得不到蔡确的支持，所以废除不了。虽然当时刘挚、王岩叟一直在猛攻蔡确，倒蔡奏议接二连三，几乎每个月都有，但都没能成功。到十月，开封府界和三路提举保甲官被废除，诸路提点刑狱兼领保甲，以后每年只有冬天三个月实施冬教。④ 十二月，下诏府界、三路保

① 《长编》卷三百五十五“元丰八年四月己丑”条。

② 具体时间不详，梁庚尧先生认为是元丰八年（1085）四月，但我没有查到出处，只见到《长编》卷三百六十二“元丰八年十二月丙寅”条王岩叟的奏议中说到哲宗登基不久就下此诏。

③ 《长编》卷三百五十八“元丰八年七月戊戌”条。

④ 《长编》卷三百六十“元丰八年十月己丑”条。

甲第五等两丁之家免除冬教。[1] 元祐元年,继续扩大免除冬教的范围,保甲充任差役的可免冬教,五等以下的保甲户可免冬教,田产在二十亩以下而家有三丁以上者,均可免除冬教。

经过元祐更化的调整后,保甲法日常训练的特性被废除,专门官员进行管理的制度也被废除,其全民参与性也被废除。因此,熙丰时期以民兵替代募兵以及保障社会治安的保甲法初衷显然不可能实现了,但它也让人民得到了更多的闲暇和自由。

至此,保甲法虽貌似保留,但其民兵性实已瘫痪。一个可悲的历史图景是:北宋末年,当金兵兵临城下时,朝廷曾经临时抱佛脚地重新开启更频密的保甲式全民练兵——当然,晚了。

(七)1071 年 3 月 5 日:贡举法

熙宁四年二月初一丁巳(1071 年 3 月 5 日),颁布新贡举法,"罢诗赋及明经诸科,以经义、论、策试进士。……又立新科明法,试律令、《刑统》、大义、断案,所以待诸科之不能业进士者"[2]。具体做法是停止明经及各科,进士不再考诗赋,与试者专心研究《易经》《诗经》《尚书》《周札》《礼记》中的一经,兼学《论语》《孟子》。每次考试共四场,第一场为本经,第二场兼及经书要义,总共十道。第三场是论文一篇,最后是策问三道,礼部考试增加策问二道。中书省发布经书大义的撰写格式。考经义的须通晓经义,并且必须有文采,才算合格,不再像以前明经科笔试那样对答经义只需粗解章节句子。各科录取率为 30%,增加了进士名额。皇帝主持的殿试专门考策问,篇幅必须在千字以上。录取分五等,第一、第二等赐进士及第,第三等赐进士出身,第四等赐同进士出

---

① 《长编》卷三百六十二"元丰八年十二月丙寅"条。

② [元]脱脱等:《宋史》卷一百五十五《选举一》。

身，第五等赐同学究出身。设京东、京西、陕西、河东、河北各路学官，由他们指导士人。

元祐更化时期，新贡举法基本上得以保存，除了恢复诗赋进士和少量荐举项目，以及增加诸儒注疏与《三经新义》并行，没有大的改动。

徽宗时，蔡京执政，欲将科举取士改为学校取士，崇宁三年(1104)，宋徽宗下诏罢科举，取士悉归学校。大观元年(1107)，朝廷再立“八行科”取士的新制，所谓“八行”，就是儒家伦理中的八种美德，《周礼》有“六行：孝、友、睦、姻、任、恤”。宋徽宗增加了“忠、和”，是为“八行”，即州县学以此八行取士，依三舍法升贡。政和二年(1112)，亲试举人，罢赐诗，改赐箴，且下诏士人不得习学史学。宣和三年(1121)，下诏废除地方的三舍法，开封府界与各路恢复科举取士制度，只在太学保留三舍法。(本小节史料均来自《文献通考》卷三十一《选举四》)

(八)1071年10月26日：免役法(募役法)

《宋史·食货上五·役法》开篇就说，役从百姓出，州郡都有固定数额。宋承前制，用衙前主管官府物品，里正、户长、乡书手催督赋税，耆长、弓手、壮丁追捕盗贼，承符、人力、手力、散従官供日常役用；县曹司至押、录，州曹司至孔目官，下到杂职、虞候、拣子、掏子等人，各以乡户等第高低确定服役。京城各部门招募吏人，必须以不妨碍服役为原则。(并参见《文献通考》卷十二《职役考一》)随着时间推移，朝廷开始尝到形势大户在役法上偷奸作弊的苦果——官户、形势户占地无限，却能逃避徭役，衙前可以将吏免为里正、户长。按规定应当服役的户，就频繁为徭役所困，只能依靠造假契约卖田给形势之家，借佃户之名逃避徭役。那些没有能力作弊的老实人由此就承担了差役带来的所有苦难，其中因承担衙前役而破产的人不计其数。到王安石变法前,差役法已是北宋朝野上下恨之入骨的政治经济之癌。人民不敢勤劳以富裕,有田不敢种,差役法已经对北宋的经济造成了严重威胁。仁宗、英宗以及神宗继位之初,朝廷大臣们已经对此问题有痛切的指陈,后来反对王安石免役法的韩琦、司马光、欧阳修、苏轼、苏辙等都曾在那时上奏,以图解决此事。司马光在仁宗嘉祐七年(1062)七月的《论财利疏》中甚至直接提出农民除应该缴纳租税之外,不应该再有其他负担,衙前役应该雇人来做。[①] 神宗登基不久的治平四年夏天(1067),时任三司使的韩绛更是痛切指出,“害农之弊,无甚差役之法重者,衙前多致破产,次则州役亦须重费”[②]。熙宁二年(1069)三月,宋神宗读一份内藏库奏章,里面提到一个外州遣来京师的衙前,千里迢迢只是为了送金七钱,但在库吏敲诈勒索之下,竟然在京被困逾年不能返乡。神宗看后,不禁潸然泪下,受到很大刺激。改革役法由此成为当务之急,就是马端临说的“此王荆公雇募之法所以不容不行之熙丰欤!”[③]

由于事关重大,宋神宗、王安石君臣对于役法改革可谓小心翼翼。经过两年的调研和试点,以及周密的规则推演之后,熙宁三年十二月初八甲子(1071 年 1 月 11 日),赵子几(当时任提点开封府界诸县镇公事,掌察畿内县镇刑狱、盗贼、场务、河渠之事)起草了府界役法试行细则,经过判司农寺邓绾、同判司农寺曾布审核修订后,下发到开封府所属各乡镇。公告发出一个月,“民无异辞”,免役法率先在开封府试行。熙宁四年(1071)正月底,开封县

① [元]马端临:《文献通考》卷十二《职役考一》。《宋史》回避司马光的这个早年思想,怀疑是刻意为之。

② [元]马端临:《文献通考》卷十二《职役考一》。

③ [元]马端临:《文献通考》卷十二《职役考一》。

也公布实施免役法，四月，推至开封府下属畿县。

制置三司条例司刚成立时，条例司派遣八大臣分赴各地调研，役法就是其中最重要的内容之一。熙宁二年（1069）底，经过长达两年的意见征集和多人多时调研之后，条例司综合众论，秉着“计产赋钱，募民代役”的原则，制定了免役法（又称募役法、雇役法）细则草案。之后，司农寺派遣官员到地方上与转运司及州县地方官员协调推进改革。但草案未能得到积极回应，因为草案规定，所有民户一律须缴纳免役钱，包括之前差役法下无须服役的官户、形势户、寺观、下户、女户、单丁户免役人户，官员们无论出于私利还是公义都认为“新法之行，尤所不便”①。熙宁三年夏，司农寺请示朝廷，决定先在局部地区试点，“欲先自一两州为始，候其成就，即令诸州军仿视施行。若实便百姓者，当特奖之”②。熙宁四年十月初一壬子（1071 年 10 月 26 日），朝廷终于下决心在全国范围推行免役法（募役法），“罢差役法，使民出钱募役”③。

免役法的具体内容如下：

1.所有人户，包括从前无服役义务者，都要以货币形式缴纳免役钱，以免其差役。

2.免役钱按户等征收，分级管理；乡村及坊郭人户按资产多少分等，以夏秋两季随等纳钱；乡户根据每五年的财富核查被分为十五等，从前免役的坊郭户（城市人户）根据每三年的财富核查被分为十等。

3.乡村官户、寺观户、单丁户、未成丁户、女户，参照相应户等

---

① ［元］马端临：《文献通考》卷十二《职役考一》。

② ［元］脱脱等：《宋史》卷一百七十七《食货五上》。

③ ［元］脱脱等：《宋史》卷十五《本纪二神宗》。

按其财富减半缴纳免役钱；原当役人户，按户等出钱，名免役钱。

4.各州县按照本州县所需差役的种类和数量来确定免役钱总额，再按户等征收。为了“以备水旱欠缺”，应付紧急情况，额外增加一成附加税，即“宽剩钱”。

5.用以上税款募三等以上税户代役，随役轻重确定役禄。

6.属于特许经营的买扑酒、坊、场、渡等，以前用来给衙前差役者发工资的，以后官府收回，自己经营，这笔钱也用来雇役。

7.官府雇佣的三种役员须经特定程序，应招衙前的，必须交纳保证金；应招弓手的，必须通过射箭考试；应招典吏的，必须通过书写和算术考试。任期两到三年。

免役法在整个熙丰时期是除了青苗法受反对派攻击最猛烈的第二项新法，但是到了高后摄政的元祐更化时期，不但章惇等新党支持，就是旧党中也并非人人如司马光那般强烈反对，如范纯仁、范百禄、苏轼、苏辙、右正言王觌、监察御史孙升等人。他们或认为免役法并非毫无问题，但差役法问题更大，所以要改的话，须缓步，且要慎重，苏轼甚至认为免役法是不可能废除的；或认为，免役法已经实行了十多年了，现在突然来个一百八十度转弯，又会出一大堆问题。由此，司马光在坚决废除免役法过程中并不顺利，他在元祐元年二月初三（实为正月二十二日上奏，二月初三其他大臣才得见，二月初六下诏如其所请废除免役法）到二月十七日两次提出的那些主张，也遭到了章惇的强烈阻击，他自身那种出于意气而非政治理性的问题都被章惇批评得体无完肤，如章惇所言，“缘今来司马光变法之意虽善，而变法之术全疏，苟在速行，无所措置”①。司马光的政策，具体说，是将衙前役改为差募两

① 《长编》卷三百六十七“元祐元年二月丁亥”条。

便,而其他差役一如熙宁之前旧法,同时免除了免役钱。衙前募役的费用,按他的说法,是由服役人自己承担,如果财力不足以独自承担的,可以“即乞依旧于官户、僧道、寺观、单丁、女户有屋业每月掠钱及十五贯,庄田中年所收斛斗及百石以上者,并令随贫富、分等第出助役钱。不及此数者,与放免。……所有助役钱,令逐州桩管,据所有多少数目,约本州衙前重难分数,每分合给几钱,遇衙前合当重难差遣,即行支给”①。显然,这一政策执行起来并不容易,存在诸多上下其手的腐败空间。全面恢复差役法的政策对于朝廷和地方大批官员来讲,成为一件增加烦扰的事。

司马光的这一政策并没有能够坚持多久,元祐元年九月初一(1086 年 10 月 11 日),司马光去世,他念兹在兹的差役法也到头了,才过了半个月即九月十八日(1086 年 10 月 28 日),朝廷就对司马光恢复的差役法作出了新的调整,下诏说:“诸路坊郭第五等已上及单丁、女户、寺观第三等以上,旧纳免役钱并与减放五分,余并全放,仍自元祐二年为始。其收到钱,如逐处坊场、河渡钱支酬衙前重难及纲运公人接送食钱不足,方许以上项钱贴支,余并封桩,以备缓急支用。”②于是,熙丰年间的免役法变成了差募相叠,人民要缴纳的钱与服的役未减反增——至少熙丰之前,服差役者并不需要交钱。当时有一位叫张行的遂宁人为此上章说:“神宗议纳役钱,盖尝谓之助役矣,以为若止于助,则未能尽免,将使后世役亦差,钱亦纳,于是更为免役,其虑深矣。今乃废免役而复差,上违先帝燕翼之谋,下拂元元安业之愿,岂曰述事乎?”③

虽然苏轼、苏辙兄弟以及其他官员多次提出废除免役法的弊

---

① 《长编》卷三百六十五“元祐元年二月乙丑”条。

② 《长编》卷三百八十八“元祐元年九月癸酉”条。

③ 《长编》卷四百零八“元祐三年二月丙戌”条。

害，尤其是亦募亦差逐渐走向既收钱又不能免役的差役法，但朝廷并没有作出实质性调整，即使到高后去世前一年朝廷对差募法进行募役法方向的调整之后，也没实施多久。绍圣元年(1094)，哲宗亲政后，立刻恢复元丰八年的免役法，并且将宽剩钱减为不得超过一分。此后到哲宗驾崩前没有大的变动。徽宗建中靖国元年四月(1101)，户部竟然上奏要求"京西北路乡书手、杂职、斗子、所由、库秤、拣、掏之类，土人愿就募，不须给之雇直，他路亦须详度施行"[①]。严重地破坏了免役法的基本信誉，幸好这一毫无信义的政策在第二年就被尚书省纠正而废除了。

总体而言，随着时间的流逝，免役法在与差役法的拉锯战中，赢得了历史性的胜利，虽然北宋末年的免役法还因诸多糟糕的混乱政策而摇摆，但到了南宋，免役法就开始牢牢站稳脚跟了。尤具讽刺意味的是，南宋政权享受着王安石变法的成果，却对他个人恨之入骨。熙丰免役法开启了宋后以募代差的千年新役法传统，直到清朝崩溃，历史翻篇。

(九)1071年11月11日:太学三舍法

熙宁四年十月十七戊辰(1071年11月11日)，中书颁布太学三舍法令。太学三舍法是王安石"同风俗，一道德"思想的重要体现，其实现途径就是从教育制度上入手，以学校教育配合科举教育，以求变风俗之效。所谓"三舍"，就是把太学分为外舍、内舍、上舍三等，外舍不限名额，内舍200人，上舍100人。官员子弟可以免考试入学，平民子弟需经考试合格入学。太学春秋两季考试，考试合格的，外舍升内舍，内舍升上舍，上舍出官——"上等以官，中等免礼部试，下等免解"，后来地方官学也推行此法。王安

---

① [元]马端临:《文献通考》卷十三《职役考二》。

石考虑到对专业人才的需求,因此创设武学、律学、医学等专业学科,这在中国历史上是开天辟地之事,与八百年后的清末改革遥相呼应。

太学三舍法是熙丰变法中没有怎么受党派偏见影响的领域,除了后来在相当具体的政策层面有少量调整(比如废除和禁止《三经新义》等),在整个新旧党争中没有遭到根本性触动。崇宁元年(1102)蔡京执政时,朝廷甚至一度试图在全国范围内废科举兴学校,学校选拔官员,但因为可操作性太差,没能长期推行,所以不久也就无疾而终。太学三舍法这一新的官学制度,在此后的千年历史中也基本上得到了历朝的继承,可惜的是,王安石所创立的专业分科法却没有获得理解和继承,直到 800 年后才从外国的经验中获得启发而重启。

(十)1072 年 4 月 17 日:市易法

熙宁五年三月二十六丙午(1072 年 4 月 17 日),神宗准中书之奏请,在汴京设市易务,行市易法。具体内容包括:

1.在汴京设市易务。监官和勾当公事官各一名(负责用官钱平价收购滞销货物),提举官两名(以监督市易法的具体实施),以及各商铺招收经纪人(牙人)、参加同业商行的商人(行人,负责具体的货物买卖事务)若干名。

2.牙人、行人须提交财产抵押,同时还须提供五人以上的担保,以确保官钱、官物能及时偿还,避免损失。

3.工作流程:牙人、行人等预支官钱,平价买入货物后,市易务按各商铺的财产抵押额度给他们按时价出售配给货物,根据协议须在半年或一年内向市易务缴还货款;原价之外,半年之内须加息百分之十,一年之内加息百分之二十。逾期不交,滞纳金为每月百分之二。

4.外来客商若无法脱手货物,可以卖给市易务,由行人、牙人、客商集议价格,行人将所需货物的数量告知市易务,由市易务收购。客商如果愿意,也可折合为官物。行人不需要的商品,若有保存变卖的价值,市易务也可以收购,时价出售,不得收取高额利息。

市易法后来也在杭州、成都、广州、扬州等地推行过。[①]

市易法因导致官商垄断,对商业产生诸多不利后果,虽有抑兼并之效,但也因此得罪朝中大臣与后宫等权力资本、裙带资本,对于大量普通人而言,它也比私商垄断更让人无法忍受,因此一直成为朝野反对的重要新法对象。神宗去世不久,市易法就被废除(从一些大臣的奏议中可以知道最晚在元祐元年上半年就已经废除了,但到底是元丰八年(1085)废除,还是元祐元年(1086)初废除,我没有查到确切史料,只能存疑)。绍圣四年(1097)初朝廷重设市易务,十二月正式恢复市易法。[②]

(十一)1072年5月27日:保甲养马法(保马法)

熙宁五年五月初七丙戌(1072年5月27日),神宗下诏,实施保马法,"诏开封府界诸县保甲愿养马者听,仍令提点司于陕西所买马除良马外,选骁骑以上马给之,岁毋过三千匹"[③]。开封府各属县的保甲可以领养原牧监的马,或者是陕西从边地购买的外马。保马法经历了诸多变迁,先是熙宁六年(1073)八月,保马法推行的地区得到进一步确定,除了开封府,还有河北东、西两路,以及河东路、永兴军路和秦凤路等三路。义勇(民兵)和保甲户都

---

① 熙宁三年,王韶置秦凤市易司于古渭城。六年,置两浙市易司于杭州,又置夔路市易司于黔州。十二月,置成都市易司。八年,置广州市易司,又置郓州市易司。([元]马端临:《文献通考》卷二十)

② 《长编》卷四百九十三"绍圣四年十二月甲辰"条。

③ 《长编》卷二百三十三"熙宁五年五月丙戌"条。

可以领养马匹,但有财产限制,一户一匹,富户可养二匹,有各种特许优惠,并且不得摊派强制。开封府和五路的养马数量有限额,分别是三千匹和五千匹。保马法实施后,原专职养马的牧马监及其牧马机构都相应罢设,只保留了陕西的沙苑监,另有五千牧监兵(厢军)改组为广固军(厢军),负责首都城池的维修。

保马法后来在王安石罢相后,于元丰三年二月二十八日(1080年3月22日)被改为户马法(物力户养马法),规定拥有一定财富(城市居民财富三千缗以上,农户财富五千缗以上,后来一律改为三千缗)以上的富户须强制养马。元丰七年二月初八丁丑(1084年3月16日),保马法第二次变动,被改为都保养马法,即规定每一都(500户为一都)强制养马50匹,之后,政策越走越偏,逐渐演变为原先根本不养马的地区和户等也被勒令养马。

元祐更化期间①,元丰保马法被废除②,恢复熙宁五年之前的监牧制度。绍圣三年(1096),开始实行给地牧马法,即给愿意养马的人田地,他们不必交赋税,但须为官府养马,这是受吕惠卿的给田募役法启发之产物。

(十二)1072年10月12日:方田均税法

北宋立国时,不立田制,不抑兼并,土地市场相当自由。随着时间推移,田赋随之越来越不均,地主购买土地时,仗势让田产的原主人承担田赋,而失地民户被逼流亡以逃田赋,由此发生了耕地不断拓展,而田赋却不断减少的怪象。早在仁宗景祐年间,朝廷即委派提出千步方田法以重新丈量田亩的大理寺丞郭谘为河北洺州(今河北邯郸东北)肥乡县(今河北肥乡)代理县令,景祐

---

① 据《长编》卷三百七十四,可能是元祐元年(1086)四月王岩叟上奏之后,但无确切记录。

② 关于熙宁保马法、元丰户马法、元丰都保养马法三种马政改革,详见陈振:《略论保马法的演变——兼评马端临对保马法的误解及影响》,载《学术研究辑刊》1980第1期。

三年至五年(1036—1038)郭谘以其千步方田法实施清丈工作,免除四百户无地而承担田赋者,征收一百户有地而不承担田赋者,收回田赋八十万石,流亡农户因此纷纷回乡。庆历新政初期(1043年)时,该法亦曾短暂实施,主要是郭谘在蔡州清丈,但随新政失败而罢废。

熙宁五年八月二十八甲辰(1072年10月12日),神宗下诏由司农寺颁布《方田均税条约》,开始实行方田均税法。熙宁方田均税法比之前的做法更为完善,以东西南北千步见方的地段为一"方",一方相当于四十一顷六十六亩一百六十步。方的四角立土为埄,植树为方间经界。政府根据方内地形起伏和土质肥瘠优劣将田地分为五等,以此形成定税依据。每年九月农忙之后开始方田,到第二年三月结束,由县令和县佐主持清丈,将庄田的亩数、四至、地形以及土色等清丈结果造册登记在根据税户单位建立的地籍册"庄账"上。之后,须揭榜示民,一季后没有诉讼,民户会收到庄账与户帖,为缴纳田赋的凭证。市场上的田地交易,须到官府办理相关手续时,也都以庄账为据。

方田均税法在熙丰年间有相当的实效(详见本书后续章节),但神宗驾崩、高后摄政后,1085年11月15日,"(元丰)八年十月二十五日,罢方田"①,直到二十年后的徽宗崇宁三年(1104)才恢复,然而,方田均税法到了蔡京手中,则完全成了对品官形势之户助其兼并,对普通百姓则敲骨吸髓漫增田赋的暴政,与熙丰时期的方田法在性质上已相反。

(十三)1073年4月16日:设经义局

宋神宗、王安石君臣在"同风俗,一道德"上有着强烈的共识,

---

① 《长编》卷三百四十五"元丰七年四月丁丑"条括号内附注。

熙宁变法过程中,陆续颁布新贡举法、太学三舍法都是这一思想的体现。熙宁六年三月初七庚戌(1073 年 4 月 16 日),神宗下诏,设经义局,王安石为负责人,以重新训释诗、书、周礼的义理。之后,王安石撰写了《周官新义》,王雱、吕惠卿则分别负责《毛诗义》和《尚书义》的撰著工作,汇为所谓《三经新义》,这不但成为熙宁变法的重要理论依据,如王安石在《周官新义序》中所谓训释《周礼》意在“立政造事”;同时,熙宁八年(1075)颁于学官,而成为朝廷钦定教材,并通过取士统一经义,实现“同风俗,一道德”的目标。

元祐更化和绍圣绍述期间,经义局的变迁状况,史无记载。

(十四)1073 年 8 月 3 日:军器监法

因兵器生产与管理的混乱,神宗时的兵器质量已相当成问题,宋神宗惊呼“河北兵械皆不可用”①。于是,在王安石之子王雱的建议下,熙宁六年六月廿七己亥(1073 年 8 月 3 日),神宗下诏,仿唐制,成立军器监,由吕惠卿、曾孝宽具体负责,“总内外军器之政”,同时废止之前总领兵器事务的机构三司胄案。这一改革剥夺了之前三司统领兵器制造的权力,而枢密院则复掌对兵器的制造管理权。

军器监设判官一人,同判一人。判官、同判之下“其属有丞、有主簿、有勾当公事”②,提高了军器监的行政地位,改变了以前领于六司的低下地位。军器监主管兵器的生产、供应和监管,军器监不仅鼓励民间能工巧匠向朝廷献计献策,同时主动去民间搜罗有特长的工匠能人,以提高兵器质量。军器监同时以其管理确保

---

① 《长编》卷二百四十五“熙宁六年六月己亥”条。

② 《长编》卷二百四十五“熙宁六年六月己亥”条。

兵器法式、规格、质量等的统一,以及确保兵器供应过程中清晰的流向轨迹及其使用的安全性,防止危及朝廷的统治。军器监的成立,对于提高军力有显著效果。

军器监在元丰改制时期稍有职官变动,元祐三年曾将元丰时加置的军器监丞裁撤,但绍圣期间恢复,军器监的机构职能虽看似没有很大变动,但事实上地方上的军器监没有能够继续发挥作用,中央的军器监也"数年之间,督责少弛"[①]。绍圣期间有所恢复,军器监的机构到南宋以后有较大改作。

(十五)1073 年 9 月 29 日:免行役法

熙宁六年八月廿五丙申(1073 年 9 月 29 日),详定行户利害所上奏说,建议让京城各行按照他们的获利程度缴纳免行役钱,以支付胥吏的俸禄,并且免除行户们的实物供应。此后宫中的采购,全部放到杂买场和杂买务办理,市易司继续对商品价格高低进行评估,官府机构需要花钱买的货物,以后都由市易司办理。[②] 宋神宗都允准了,由此开始推行免行役法。宋神宗并说,这套方法虽然对人民有利,但一定要加强监管,免得又被破坏。别搞得像盐和酒那样,百姓们交了盐税酒税,后来盐和酒实行官卖之后,税却没有免除。[③]

免行役法的具体做法,大致是根据诸行业利润厚薄,把行户分为上中下三等,按月或季征收免行钱,行户交钱免服行役。市易务负责从行户中招标承包政府的采购,取缔科配惯例。所谓"以钱募人供市,而官司禁不得市于民,民得不扰"[④]。

---

① [元]脱脱等:《宋史》卷一百九十七《兵十一·器甲之制》。

② 《长编》卷二百四十六"熙宁六年八月丙申"条。

③ 《长编》卷二百四十六"熙宁六年八月丙申"条。

④ 《长编》卷三百五十四"元丰八年四月辛未"条注。

以前京城做买卖的百姓不能直接开店卖东西,而是必须先“入行”,每个行业都有一个行会,这些行会往往由那些大商贾们把控,他们在市场中可以呼风唤雨,商品的价格由他们定,各种市场利益都由他们先得。同时,各行对官府负有行役,包括完成官府向各行科配各种实物的保供,含宫中用度、政府机构办公物品、官员私人用度等,以及评估物价(“时估”)、帮助官府鉴定其买卖物资的质量价值。科配虽然并非免费,但由于是政府采购,官府和商人双方处于不平等地位,手握权力的官员和胥吏们可以使用随意定价等强迫性手段迫使行户们签订各种契约,强买强卖,同时有行会这一中转机构,可想而知腐败盛行,胥吏与大行户们勾结的结果,就是中小行户们苦不堪言。科配是北宋政府一直试图解决的问题,行役法之于商人,就如差役法之于民间。免行役法的目的在于确保官府物资供应的同时,打击商界豪右与官场腐败,试图利于中下行户,是市易法的配套新法。免行役法当年四月先从肉行开始试行,之后扩展到整个京师。

神宗去世后不及半年,元丰八年九月四日(1085 年 9 月 25 日)免行法被废除[①];哲宗亲政后,绍圣元年八月(1094)恢复免行法[②],中间又曾罢废,到宣和七年(1125)五月十九日才完全恢复。[③] 免行法被废除期间,通常实行行户祗应法,也就是熙宁新法之前的旧法。

(十六)1074 年 10 月 11 日:从裁军到置将法

提高军队的战斗力是王安石一直以来极为关切的问题,并且

---

① 《长编》卷三百五十九“元丰八年九月乙未”条。

② 未查到确切的原始史料,转引自汪圣铎《两宋财政史》(上册),北京:中华书局,1995 年版,第 80 页。

③ [清]徐松辑:《宋会要辑稿·职官二十七之二十六》“徽宗宣和七年五月十九日”条。

王安石认为北宋军队的问题主要在制度上,他因此对太祖、太宗尤其太宗确立的“将从中御”政策相当反感,因为这是造成北宋军队缺乏战斗力的主因。军队改革一直是宋神宗心头一块石头,所以早在以颁布均输法为标志的熙宁变法开局之前,对军队的改革就已经开始了。熙宁元年十月及年底,宋神宗就采纳了王安石的建议,打算从宗室和军队入手节流,在军队开始推行省兵措施的并营法。[①] 先是改禁军,神宗熙宁二年七月诏:士兵“五十以上愿为民者,听之。……至是,免为民者甚众,冗兵由是大省。”[②]50 岁以上的老弱裁减后,按照步兵 500 人一营、马军 200 人一营的编制合并军营,这就是并营省兵法;并营之后的禁军分作三等,上等月俸 1000 文,中等 500 文以上,下等 500 文以下。在精简了禁军之后,熙宁四年底,王安石继续以并营法裁撤厢兵。到熙宁八年(1075)全国军队禁军加厢兵总人数已不足 80 万,而神宗登基时,军队总人数为 1 162 000,裁掉了近 1/3! 当然,这是后话。

为了解决太宗以来“将从中御”导致的“将不知兵,兵不知将”顽疾,王安石全面整顿军队的管理制度,在他第一次辞相后不到半年推行的全国性的置将法(也叫将兵法,熙宁七年九月十八癸丑,即 1074 年 10 月 11 日,另,王安石已于四月十九丙戌[1074 年 5 月 17 日]第一次辞相)之前,早已局部实施,这是之前裁撤冗兵的省兵法和并营法以及保甲法、军器监法施行之后水到渠成之改革,也是王安石吸收了范仲淹将兵法内核、系统改革军队的最后一项重要措施。具体做法是,在各路分别设将,每将各统一支军队,兵额各地有别,三五七千一万的都有。全国共置将 92 人,根据《文献通考》《宋史》等相关兵史内容的统计,92 将的安排

---

① [宋]杨仲良:《皇宋通鉴长编纪事本末》卷六十六《议减兵数杂数》。

② [元]马端临:《文献通考》卷一百五十三《兵考五》。

如下：

> 河北四路自第一将至第十七将，开封府界自第十八将至第二十四将，京东路自第二十五将至第三十三将，京西路自第三十四将至第三十七将。同年十二月后，又措置了环庆等路将兵。环庆路配备了八将，鄜延路九将，泾原路十一将，秦凤路五将，熙河路九将，总计四十二将。元丰四年(1081)正月，在东南各地部署了十三将：淮南东路第一将，西路第二将，浙西路第三将，东路第四将，江南东路第五将，西路第六将，荆湖北路第七将，南路潭州第八将，全州、邵州、永州准备应援广西的为第九将，福建路第十将，广南东路第十一将，西路桂州第十二将、邕州第十三将。①

每将置副将一人，兵额三千人以下的东南诸路仅设单将，无副将。熙宁八年，又在骑兵中“又诏增置马军十三指挥，分京东、西两路。又募教阅忠果十指挥，在京西，额各五百人，其六在唐、邓，其四在蔡、汝”②。置将法中最重要的，是将领们对自己掌握的军队拥有相对完整的指挥权，不再像过去那样地方军政大权悉归地方官员，武将毫无发言权，这就大大提高了军事将官们的积极性。

元祐更化时期，置将法没有受很大影响，基本上沿袭下来，因此绍圣绍述时也没有进行大的调整。

上述熙宁年间的十六项改革，有些改革措施开始得较早而全国性措施出台得较晚，比如军队改革开始于熙宁元年，全面展开则要到熙宁七年甚至更晚至元丰年间，但主要集中于熙宁三年到熙宁七年间。改革内容涉及帝国的政治、经济、文化、军事几乎所

---

① 漆侠：《漆侠全集》第二卷，保定：河北大学出版社，2009 年版，第 103 页。

② [元]马端临：《文献通考》卷一百五十三《兵考五》。

有领域,并且在多方阻挠之下,许多内容取得了帝国全境范围内的贯彻,这在中国古代无论是改革内容的涉及面上,还是所及地域的广阔度上,以及对人们生活纵深度的影响上,都是独一无二的;并且在政治正当性的考量中,也是远超管仲、商鞅变法的成就(关于这个问题,后文将详述)。本节内容仅仅是展示了王安石主政期间的改革措施,其实效如何,以及反响如何,为何人走政息,都还有待于后续的分析。

四、元丰改制

在重重阻力中,熙宁变法以王安石第一次辞相去位(1074年4月)为代价勇迈前行。如果说,王安石第一次辞相只是君臣二人面对重重阻力的缓兵之计,那么王安石二度坚辞相位,则是他在朝廷反对派阻力、变法派内讧、君臣异见、王雱英年早逝这四重大力重压下的决然选择(1076年10月)。他自知已经无法左右改革的前途,在不在相位于改革本身已经不重要。宋神宗独自继续推进改革,这就是在坚持之前改革的基础上全面改革官制和重组朝廷权力结构的元丰改制。然而,具体的改革内容是否就是之前王安石所设想的已难以稽考,从具体改革方案上看,君臣分歧或许不小。

唐朝确立了以三省六部为首的精密官制体系,但中晚唐之后,大量设置包括观察使、节度使和转运使等在内的使职临时官,使得临时官员掌握实权,律令内正式官员反而闲置。随着唐朝灭亡,这一混乱官制不但没有调回正常,五代十国期间反而变本加厉。宋立国后，为了减少剧烈变动，在重新调整官僚权力结构同时沿用了阶官、寄禄官、职事官、差遣官、帖职等混乱的旧制。何忠礼《宋代政治史》一书中对此问题有详细解说，兹录于下：

> 当时之官，主要分四种：一种是散官，只表示官员等级而无实际执掌的一种官称，又称散阶。文散官共有二十九阶。散官实沿袭唐而来，在当时是寄禄官，入宋，已无实际意义。一种是本官，也称职事官，如尚书、侍郎、监丞、郎中、员外郎以及各种幕职州县官等。在唐代，他们都领有实际职务，入宋，大部分已无具体执掌，只是按所授品官的大小，领取俸禄而已，所以又称寄禄官。一种是差遣，如枢密使、参知政事、判吏部、户部判官、转运使、知某州事等，这些都是领有实际职务的官职，谓之差遣，因为差遣并不完全与官品大小相一致，且直接关系到权力的大小，所以士大夫对它最是看重。一种是职，又称馆职或职名，它又可分为两类：少数是在三馆、秘阁中领有实际职掌的职，如秘阁校理、馆阁校勘、史馆修撰等，它们是真正的馆职；多数则是皇帝直接授予的职名，标志文学高选，"高以备顾问，其次与论议"，皆无具体职掌，故又称贴职，如集贤殿修撰、秘阁修撰、直秘阁等。也有既可以作一般馆职，又可以作贴职的馆职，如直秘阁、直集贤院、集贤院校理等，宋代官吏都以带职为荣，一旦有职，便成为"文学名流"。①

例如《长编》卷二百一十八记载，熙宁三年十二月十一日丁卯(1071 年 1 月 14 日)王安石被任命为宰相一事，是这样记录的："右谏议大夫、参知政事王安石为礼部侍郎、平章事、监修国史"，

---

① 何忠礼：《宋代政治史》，杭州：浙江大学出版社，2007 年版，第 201 页。

这里的“右谏议大夫”“礼部侍郎”都是有名无实的寄禄官,“参知政事”和“平章事”都既是职事官,也是差遣官,而加“监修国史”则是宰辅的帖职惯例。官职与职事由此分裂,再加宋代皇权出于分散事权、限制相权的需要,机构与人事安排重复,叠床架屋,混乱的官制成为北宋冗官问题的重要原因。

神宗即位后,启用王安石,实施全方位的变法,但官制改革在熙宁年间并没有被全面触及,除了以“仓法”重禄法推行吏士合一这一重大政策,对整个官制本身只进行了小规模的改革,并且往往只是权宜之计,例如熙宁二年设置的中书条例司和三司条例司,王应麟《玉海》卷一百一十九对此有详细列举:“首开制置中书条例司,设五房检正官,以清中书之务。又置制置三司条例司,以理天下之财;置诸路提举常平、广惠、农田、水利、差役官,隶于司农,以修农政;简枢密武选而置审官西院,创民兵保甲法以归兵部,作军器监以除戎器,新大理寺以省滞狱,增国子监太学官以大兴庠序,复将作监以董百工。”这些新设的机构和人员,因与原有官制并行,在改革过程中一直广受反改革派诟病。

元丰三年六月十五丙午(1080 年 7 月 4 日),宋神宗在中书设立“详定官制局”,由翰林学士张璪、枢密副都丞旨张诚一负责。两个月后的八月十五乙巳(1080 年 9 月 1 日),神宗正式下诏中书改革官制,诏书曰:“今将推本制作董正之原,若稽祖述宪章之意,参酌损益,趋时之宜,使台、省、寺、监之官,实典职事;领空名者,一切罢去,而易之以阶,因以制禄。”①

一个月后的元丰三年九月十六乙亥(1080 年 10 月 1 日),宋神宗批准了中书所呈以阶易官的新寄禄官阶制“寄禄新格”。元

---

① 《长编》卷三百零七“元丰三年八月乙巳”条。另见司羲祖整理:《宋大诏令集》卷一六二《政事·改官制诏》,北京:中华书局,1962 年版,第 616 页。

丰五年二月初一癸丑(1082 年 3 月 3 日),神宗下诏中书颁布新官制法令“三省六曹条例”,该条例中包括上述新的官阶制度,此外,新条例“乃取三省逮寺监凡所上所行之事,张官置吏,讲明搜举,仿周天地四时之官,辨其掌治与所统属,为《官制格目》,颁之有司。其书起三省、枢密院,次以六部,而九寺、五监随所属部附焉。分列科指,条析庶事,以类相从。下至一时之务,咸有秩叙;大纲大纪,无不备具”[①]。元丰五年五月初一(1082 年 5 月 30 日)起,《三省六曹条例》生效,新官制起航,是为“元丰改制”。

“元丰改制”在官制上,主要有四项重要内容,分述如下:

(一)循名责实,重正官名

按照《唐六典》的体例恢复三省六部制,以及九寺五监职事,使文官的职事官与差遣官名实相副,取消文散官。

(二)消除繁复,重定官品

元丰改制前,官品采唐制,每品除正从外,自四品起,正从另加上下之分,总共二十九阶,改制后,一至九品只分正从,废除上下,由此精简为十八阶。

(三)以阶易官,重定官阶

新规对官阶做了两类区分,第一类就是俗称的朝官:官阶从高到低共二十阶,开府仪同三司—特进—金紫光禄大夫—银青光禄大夫—光禄大夫—正议大夫—通议大夫—太中大夫—中大夫—中散大夫—朝议大夫—朝请大夫—朝散大夫—朝奉大夫—朝请郎—朝散郎—朝奉郎—承议郎—奉议郎—通直郎。

第二类是低于朝官的京官,官阶从高到低共五阶,为宣教

① [清]徐松辑:《宋会要辑稿·职官五六·官制别录之三一》。

(德)郎—宣义郎—承事郎—承奉郎—承务郎。朝廷以此二十五阶官阶代替旧寄禄官,确定和发放朝官与京官的俸禄。

(四)改革相权,重组中枢

唐朝实行委员制的宰相制度,即中书省长官中书令、门下省长官侍中、尚书省长官尚书令(因唐太宗曾为尚书令,故后来不再任命,以其副职左、右仆射为长官)均为宰相。中书因负责决策、门下负责审议,并称为中书门下。另外,从太宗朝开始,非中书令、侍中和左右仆射出任宰相时,被称为“同平章事”“同三品”。到高宗时,这些都成了正式的宰相称呼,连正宗的宰相中书令、侍中也得加衔“同中书门下三品”“同平章事”。到中唐以后,宰相已是必加“同中书门下平章事”头衔了,尚书左仆射兼门下侍郎、同中书门下平章事为左相,尚书右仆射兼中书侍郎、同中书门下平章事则是右相。宰相们的办公场所叫中书门下,简称中书,也叫政事堂。

宋承唐制,宰相办公所也称政事堂,设在内廷。为方便政务,在皇宫外面设尚书省和门下省,处理普通政务,即所谓挂牌机构。北宋前期,宰相不超过三人,宰辅有其帖职惯例,首相例带昭文馆大学士监修国史,次相带集贤院馆(殿)大学士。三相并置时,则首相带昭文馆大学士,次相监修国史,末相带集贤院(殿)大学士。前面讲到王安石被任命为宰相时,就是次相,所以帖职是监修国史,首相是曾公亮,次相王安石,三相韩绛,当年九月陈升之在宰相位上丁忧去位,王安石是熙宁八年二月复相时才成为首相,因此,他的帖职就是昭文馆大学士。

元丰改制后,恢复三省制,门下、中书、尚书各以其长官侍中、中书令、尚书令为宰相。但又以不授高官的惯例,以尚书令的副职左、右仆射为宰相,其中尚书左仆射兼门下侍郎行侍中之职,尚书右仆射兼中书侍郎行中书令之职，是为左、右相，皆不带职名。这次相权改革还废除了参知政事，另设门下侍郎、中书侍郎、尚书左丞、尚书右丞，均为副宰相。

改革相权最重要的方面，在于相权的扩张，改制前独立的三司，总领全国经济财政事务[①]，故三司使有计相之称。元丰改制之后，三司被废除，元丰五年四月二十三甲戌（1082 年 5 月 23 日），“降授中大夫、龙图阁直学士、权发遣三司使安焘试户部尚书”[②]，标志着三司退出历史舞台。三司的庞大权力散入各部，财政权主要并入户部，其他方面诸多权力也分入其他各部。即《宋史》卷一百七十九所谓“元丰官制既行，三司所掌职务散于六曹、诸寺监”。比如三司下辖的修造案，神宗改制后称为将作监，与根据三司另外两案河渠案和胄案所分设的都水监、军器监合称三监，掌工部下辖的水部司和工部司的职权，其事权本应属于工部，元丰改制后，三监之权悉还工部，行政统属上归宰相领导。其他原本归于三司但传统上该分属礼、兵、刑各部的权力，也都经过了类似的改制，最后统属于宰相。宋代宰相由此开始了执掌国家经济和财政大权的时代，三司原先掌握的所有各种权力，回到由宰相主持的中书领导之下，这是相权扩张最重要的方面，它对北宋和南宋的

---

① 据黄纯艳《宋代财政史》：“北宋前期逐步形成了三司与内库对掌国家财政事权的财政管理体制，就管理职权而言，三司是国家财政的主要执行机构。三司管理全国两税、禁榷、商税等农业和工商业财政的征收和转输，并‘禄百辟，赡六军’，承担国家主要的财政支出和调拨，还负责修造、河渠、漕运、军工、坑冶、铸钱，乃至畜牧等经济部门的管理，其职权范围远远超过唐前期的户部，囊括了户部、工部、兵部、刑部、太府寺、鸿胪寺等机构的经济职能。……从三司的职权范围来看，可以说三司是总领全国经济的最主要机构，既担负着保障国家财政收支的任务，也管理着诸多经济部门的运行。其事关国家财政的最重要职责可以概括为几个方面：保障军需、官俸等日常财政支出；保障上供转输；催督赋税征收；参决经济政策。”（黄纯艳：《宋代财政史》，昆明：云南大学出版社，2013 年版，第 12、15、16 页）

② 《长编》卷三百二十五“元丰五年四月甲戌”条。

政治经济都产生了巨大而深刻的影响。即使在明洪武十三年(1380)朱元璋废除宰相制度之后,这种中央集权式的财政管理体制也被后世所继承。

对相权改革的另一项重要措施,是废除宰辅的帖职制度。宰辅帖职主要是昭文馆大学士、监修国史以及集贤院大学士三项,帖职虽有荣誉之意,但主要依然是实际的纂修国史召集人角色,因此往往工作是相当繁重的,并非徒有虚名的荣衔。[①] 废除帖职有双重含义,既是剥夺改制前宰辅的修史权,也是将他们从繁重的修史工作中解脱出来,以集中精力执政。

① 田志光:《宋代宰辅贴职考辨》,载《社会科学战线》2020 年第 4 期。

第六章
大变法(下):激战熙丰元绍

在具体讲述熙丰变法引发朝廷硝烟这件事之前,有必要稍稍花点篇幅梳理宋代的台谏制度,不了解北宋尤其是仁宗朝以后的台谏制度及其运行状况,会对诸多问题失去理解力,也会对许多问题产生误解。

一、北宋台谏制度的病变与党争

(一)宋代的台谏制度

宋承唐制,设御史台和谏院,承监察之职,但台谏的存在始终是为了维护皇权而存在,是皇权统治的工具,所谓"天子耳目"①。太祖和太宗朝,台谏制度尚处草创,所谓"谏官废职""御史不能弹奏"②,直到宋真宗整顿御史台和谏院之后,北宋才开始真正重视台谏制度,但其最终成熟则要到仁宗朝。宋御史台掌"纠察官邪,肃正纲纪"之职,下辖三院:台院、殿院、察院,侍御史、殿中侍御史、监察御史分别隶

---

① 谏官为天子耳目之说可为宋代朝廷所公认,《长编》中对于这一说法的记录可谓随处可见,比如:卷一百二十一"仁宗宝元元年正月乙卯"条宋祁奏疏;卷一百四十二"仁宗庆历三年七月乙酉"条欧阳修奏疏;卷一百四十五"仁宗庆历三年十二月庚申"条谏官孙甫奏疏、"仁宗庆历八年三月丙寅"条叶清臣奏疏;卷一百六十九"仁宗皇祐二年八月辛亥"条谏官吴奎语;卷一百七十六"仁宗至和元年八月己巳"条翰林学士胡宿语等,还有很多,不一一列举。

② 《长编》卷二十二"太平兴国六年九月壬寅"条。

属前述各机构,御史中丞为台长。谏院则设于真宗天禧元年(1017),虽制有院印,但没有独立的办公场所,附于门下省,直到仁宗明道元年(1032),谏院从中书门下独立出来,才有了独立的办公场所,即原门下省的办公房。谏院掌职“规谏讽谕。凡朝政阙失,大臣至百官任非其人,三省至百司事有违失,皆得谏正”①,谏院下辖登闻检院和登闻鼓院,元丰改制前,谏院负责人是两省官一员,以左右司谏、正言等正员入院供职,如果是以其他官员兼领谏职,就叫知谏院,定员六人。宋以前,台官掌纠察弹劾百官之职,而谏官则负责向皇帝进言。谏诤针对事务,弹劾针对人;弹劾具司法效力,谏诤只是建议或劝告皇帝。宋以后,因官僚机构庞大,台谏工作压力加大后,职能逐渐互混、人员逐渐互兼,台谏逐渐合流,两者都可以言事察人,并且主要针对目标都是百官,也兼及谏诤皇帝。

为了保证台谏监察工作的有效性,朝廷对于台谏官员的选任有着相当复杂的选拔机制,比如以地方任职(前期通判资序为主,知县资序为辅,后期逐渐放宽,到南宋主要是知县资序)的资历制度来解决台谏官的经验与历练问题,以侍从举荐制和相应的担保制确保被推荐者的才德,以宰执避亲制、宰执不预与宰执进拟制来保证台谏官不依附宰执的独立性(但宰执进拟制与此矛盾,在后来也成为一个严重问题),以皇帝亲擢制度来保证其职位的严肃性和崇高性。可以说,北宋台谏官的选拔有着相当严密的程序,足见朝廷对台谏监察体系的高度重视。

宋代奉行“皇帝与士大夫共治天下”以及“不杀大臣与言官”的祖制,使得台谏力量空前强大。如果不考虑台谏官员的言事制

---

① [元]脱脱等:《宋史》卷一百六十一《职官志一》“左散骑常侍　左谏议大夫　左司谏　左正言”条。

度，这种监察力量的强大对于皇帝和朝廷的理性化执政可谓善莫大焉。然而，宋代台谏制度在取得一定权力制衡成效的同时，也制造了这个制度无法消化的许多恶果——仁宗朝以来历朝党争的主要策源地。

这与台谏言事制度密切相关。

为了使得台谏官的监察工作有效，北宋官僚制度给予了台谏官相当的特权：(1)独立言事权，独立于相权及百官、独立于皇帝、独立于包括顶头上司在内的其他台谏官，应该说这是一项确保台谏官不受他人干涉的好制度；(2)独立获取信息权，获取信息的方式，包括出巡采访、风闻言事、公文关报、取索公事、台参辞谢等；(3)独立弹奏与廷辩，大事廷辩，小事弹奏，真宗朝开始，台谏章奏由通进银台司直呈君主，不经宰执。

在给予台谏官特权的同时，朝廷也设置了诸多针对监督监察者的奖惩制度，包括：(1)月课与辱台罚，月课（台谏官中必须每月至少有一位官员提出奏议，否则即未达指标，元丰改制后改为旬课）①，"宋制，'御史入台，满十旬无章疏者，有辱台之罚'"②。换言之，工作完成得好，能够升迁，甚至破格升迁，工作完成得不好，则受黜罚。(2)御宝印纸（台谏官使用特定纸张奏事，以便皇帝精确地了解台谏数量）。(3)台谏奏章簿（禁中、中书各置一簿，时备观览，既便于考察台谏质量，又便于君主、宰执与台谏之间的沟通，始于仁宗，终于宋末）。(4)台谏官相互监察，包括长官与属员之间的纵向监督、台官与谏臣之间的横向互监、台府和谏院内部互监。(5)中书等官僚体制按规定可以督察台谏官的言行与日常工作，包括考绩与纠弹。

---

① 《长编》卷八十九"天禧元年二月丁丑"条。

② ［清］陈梦雷：《钦定古今图书集成·明伦汇编·官常典》卷三百三十八。

（二）宋代台谏制度的病变

上述台谏言事与权力制衡机制看似非常严密，甚至完美，但一个看似不大的漏洞及其与其他条件的组合却能激发巨大的恶潜力，就是台谏特权中的风闻言事权与法定言事额度的组合，以及台谏本身的皇权工具性质。何谓风闻言事？王安石解释得最清楚，他说："许风闻言事者，不问其言所从来，又不责言之必实。若他人言不实，即得诬告及上书诈不实之罪。谏官、御史则虽失实亦不加罪，此是许风闻言事。"①王安石的这一解释把风闻言事的要旨都讲得明明白白了，结合法定言事额度，一句话就可以概括宋代的言官制度，就是允许言官无中生有、捕风捉影、没事找事，而是否如此，就只有台谏官们自己心知肚明了，即使台谏官本人并未捕风生事，但如果有人需要他们这么做，随便造个能让台谏官如获至宝的谣就能达到目的。对台谏官的奖惩制度在"风闻言事"这一金钟罩铁布衫面前全都等于废纸，最后能够真正奖惩台谏官的不是制度，而只能是皇帝，熙宁变法期间台谏官的被罢黜都是宋神宗做的主，足以说明这个问题了。皇帝们其实并非不知道风闻言事的弊病，他们也看得清哪些事是无事生非，但出于"异论相搅"的祖宗家法，主要是时不时敲打一下宰执大臣们的皇权本能，皇帝们并不需要台谏官们都那么严谨，自己心里清楚就可以了。而朝廷历来存在多种势力，强弱不等，台谏官们选边站队是很正常的事，除了真正的事理派，其他人无论是阿附强派，还是力挺弱派，最终都不是为了事理，而只是为了或讨好皇帝大臣，或成就个人清望与虚荣，都会造成台谏制度远离制度初衷。

除了风闻言事和法定言事额度的糟糕激励机制，台谏官议事

① 《长编》卷二百一十"熙宁三年四月壬午"条。

方式也极其糟糕，就是好君小之辩，好人身攻击（诛心之论、动机贬斥），好道德攻讦。这一方面是由风闻言事这种谣诼议事方式本身决定的，另一方面也是儒家意识形态的产物。虽然公共议事中，诉诸动机论与道德攻讦，是古今中外概莫能外的事，但不得不说中国历史上特别盛行，宋代亦是如此。公共政策固然经常是关乎道德的，但事实上，常常也未必关乎道德。讨论政策优劣时，如果总是纠缠于未可知的道德，那通常是什么都讨论不清，最后只能是各方都陷于意气之争。然而，台谏官们时常未必了解或理解一项公共政策的政治、经济、社会意图和含义，只要是自己看不懂的，或者理解不了的，陌生的，那就先来一通对施政者的道德谴责，把事情搅黄，让他干不成任何事。如罗家祥先生批评王安石的反对者所言："反对者从王安石的言论中探知其志于变更就竭力阻挠，但他们不少人对新法制定的初衷及其实施后可能带来的效果却不甚注重，甚者连新法的具体内容也未明了。"[①]这些台谏官们热衷的是他们攻讦对象的所谓"道德"，而被攻讦者的道德优劣全凭台谏官们自己的感觉或情绪，他们对公共政策并非没有兴趣，但常常没有能力，力不从心，所以讨论问题如果不行，讨论你这个人总是行的，于是，在朝廷讨论公共政策这种最应该就事论事的地方，却变成了随事毁人。这样的风气弥漫在整个朝廷上，几乎每一场重大政策的调整都会遭遇这样的台谏官，以及其他官员和大臣，成为宋代台谏制度的标配。可见，宋代旨在制衡相权、监察百官的台谏制度，在权力上远远大于现代议会，而承担权力的义务则要轻得多。

① 罗家祥：《朋党之争与北宋政治》，武汉：华中师范大学出版社，2002 年版，第 18 页。

（三）台谏：华丽的党争包装纸

仁宗朝，以王拱辰为主谋的台谏官们搅黄了“庆历新政”，炮制“进奏院案”，将革新派青年才俊一网打尽。英宗朝，司马光等台谏官们掀起的“濮议”惊涛骇浪，一直延续到神宗朝。神宗朝，变法早期，吕诲、杨绘等台谏官成为反新法集散地，神宗因此撤换台谏官后，新任的新党台谏官则又成为打击旧党的策源地，包括罗织“乌台诗案”这样的文字狱。神宗驾崩后的元丰末，以及高后垂帘、司马光秉政的元祐初，旧党以台谏官开道，打击新党罢废新法。哲宗亲政后，则召回新党，同样以台谏官为先锋报复旧党，绍述新政。直到靖康之祸，以台谏为重要阵地和参战者的北宋党争，从未停歇。

上述北宋党争史，以及台谏制度和台谏官们在朝廷的地位与作用，是了解和理解熙丰变法全过程的重要前提条件之一。于是，现在台谏机构成了王安石变法第一个不易逾越的路障。

王安石在被任命为参知政事主持变法之前，他在朝廷的名声就因其强烈的变法姿态而开始发生微妙的变化，从之前的朝野赞誉到朝野疑虑再到排斥，这不但是因为他将实行的政策——这甚至可能是次要的。而制置三司条例司的增设，必然侵夺三司大权，更是严重得罪朝廷相关的权力部门和官员，八爪鱼般的三司权力触角所涉官员之数量可想而知，而王安石所遭遇的抵触情绪于此即可见一斑。

这种抵触情绪也并不仅仅来自权力的重新分配，还有更重要的人的心理因素。比如，官僚体制内的地域冲突，科举制兴起后，南方官员日渐增多，原本在朝廷中占绝对优势的北方官员因此心理失衡，像王安石这样的南官新贵及其所提拔的年轻官员们尤其会遭遇嫉妒、不屑等蔑视性抵触情绪。明代章衮在《王临川文集序》里说：

> 公令闻广誉倾一世，既已为人所忌，加以南人骤贵，父子兄弟蝉联禁近，神宗又动以圣人目之，而寄以心膂，及横议蜂起，公又悍然以身任天下之怨，力与之抗而不顾，公之所以不俚于口者，此又其一也。①

王安石刚被任命为参知政事不久，富弼就在神宗面前暗示王安石是小人，他说：

> 今中外之务渐有更张，大抵小人惟喜生事，愿深烛其然，无使有悔。②

如果《宋史》的这一记载是真的，那么这时的富弼与嘉祐年间勠力于雍容与包容之政的富弼已是判若两人，富弼确实老了，再无年轻时的宰相气度。再有，官僚体制内的等级冲突，被王安石斥为“流俗”的大小老官僚与王安石所拔擢新进的年轻改革派官员们会因后者打破资序升迁之窠臼而发生冲突。原为王安石朋友的韩维之所以后来成为旧党人士，可能就跟这个问题关系很大，他在熙宁七年(1074)的一份上疏中将此心境说得明明白白：

> 陛下待臣乃在吕嘉问之下，臣虽不才，先帝所命，以辅陛下于初潜。行年六十，未尝有一言稍涉阿倚以希己利，未尝有一言不尽理道以补圣听。今于此小事处置关防，乃不得与新进小生为比，臣复何面目出入禁闱，恳求去位。③

---

① ［明］章衮撰：《王临川文集序》，载［宋］詹大和等撰《王安石年谱三种》，裴汝诚点校，北京：中华书局，1994年版，第203页。

② ［元］脱脱等：《宋史》卷三百一十三《富弼传》。

③ 《长编》卷二百五十二“熙宁七年四月己卯”条。

大意就是，我是先帝遗命让我辅佐陛下您的，反思自己一直兢兢业业没什么过错，现在反而要听命于吕嘉问这种年轻人，陛下您让我这老脸往哪儿搁啊，我要辞职！韩维应当是说出了朝中许多老官僚的心声，包括富弼、韩琦、司马光等人。除了上述外在因素，王安石本人急切的变法心愿，以及他时常对于老官僚们顽固守旧的不满，目之为“流俗”，也进一步加剧了后者对他和他所代表的变法派的愤恨。比如，熙宁四年六月，王安石与杨绘就关于何为朝廷根基的一场廷辩就很能说明问题：

> 杨绘言：“今旧臣告归或屏于外者，悉未老，范镇年六十三，吕诲五十八，欧阳修六十五而致仕，富弼六十八被劾引疾，司马光、王陶皆五十而求闲散，陛下可不思其故耶？”又言：“两制多阙员，堂陛相承，不可少。”众皆以绘言为然。王安石曰：“诚如此。然要须基能承础，础能承梁，梁能承栋，乃成室。以粪壤为基，烂石为础，朽木为柱与梁，则室坏矣。”上笑。①

熙宁四年正是新旧党争白热化时期，将王安石的这一反击置于如此背景下解读，既可谓切中肯綮，也可谓火上浇油。诚如罗家祥先生所言：“这些言辞固然在一定程度上切中了部分元老派大臣的要害，但却也更严重地刺伤了这批人及其门生故吏，加剧了两派的对抗。”②

所有这些微妙的心理因素，连同其他政治因素都在后来的变法战中被包装成了政治，包装成了为国计民生、国家大事而战，而台谏官们手上的风闻言事特权以及无休止的道德攻讦，都是党争

---

① 《长编》卷二百二十四“熙宁四年六月甲子”条。

② 罗家祥：《朋党之争与北宋政治》，武汉：华中师范大学出版社，2002 年版，第 21 页。

中首屈一指的魔法,谁也不会将此豪华装备弃之不顾。

本书之前介绍过,早在王安石被任命为参知政事不到三个月时,就遭到了御史中丞吕诲的弹劾——没错,就是前几年濮议时弹劾韩琦、欲杀欧阳修的那个吕诲。前述所说那些心理因素或可部分解释变法尚在绸缪之际,逼王安石下台的行动却已经开始。

二、熙宁第一战:青苗法

(一)司马光等旧党反对制置三司条例司

熙宁二年(1069)年初,王安石任参知政事后设置了制置三司条例司(二月二十七日),不到半年,司马光再次率先反对设置该司(八月初五)。在《体要疏》这篇著名的奏章中,司马光除了尖锐地批评宋神宗因不知治国的体要,而登基三年没有成绩;更具体的批评是指向制置三司条例司的,认为这个机构破坏现有的中央政府机构格局,导致行政混乱和扰民,认为条例司用的人才也不行,认为条例司会造成国家严重的危机。司马光还指责阿云案中宋神宗和王安石的意见是败坏了国家的礼制与刑制所体现的纲常原则,但像许多儒生官员的奏疏一样,司马光也将阿云案中丈夫仅仅一个手指头被砍掉的伤情夸大为"重伤垂死"①。除了四个月前熙宁二年四月份吕诲那篇大字报开攻击王安石先河,司马光这篇《体要疏》应该说是一篇相当有分量,而且总体上台风比较正的针对变法的谏言。司马光非常敏锐地觉察到,制置三司条

---

① 《司马光集》卷三十九《章奏二十五·体要疏》(第二册),李文泽、霞绍晖校点,成都:四川大学出版社,2010年版,第905页。

例司的设置确实是个危险的信号,即改革将不在原有的规则范围内进行,一些新政出台后的弊病也印证了司马光的危言预警。当然,司马光也没有考虑一个同样重要的问题,就是如果变法是不可避免的,制置三司条例司是未经中书讨论即由宋神宗、王安石君臣商量定下来的,其权力行使方式和行政程序存在严重瑕疵,但如果不以这样的方式突破固有的权力窠臼,该如何规范其权力流程是更应详加考虑的。司马光未能理解神宗的改革焦虑,也就不能体察和理解宋神宗—王安石君臣明知故犯、强行设置三司条例司的苦衷。这是由司马光反对改革(哪怕最初可能只是对改革有疑惑)所必然产生的隔膜感,这种隔膜感不仅会让王安石感到不舒服,同样也会让宋神宗感到不舒服。从这个意义上说,包括司马光《体要疏》在内的系列反变法奏疏都存在着类似的问题,对国家大事缺乏真正深切的关怀能力——这不是心意的问题,而是行政才干与能力的问题,无法设身处地,议论就不免迂阔,游谈无根。况且连司马光都如此,遑论其他人(不妨想想吕诲四月份时弹奏王安石的《论王安石奸诈十事状》《论王安石奸诈十事状第二状》等多份大字报)。这份奏疏未能得到宋神宗和王安石的认真回应可想而知。

(二)台谏官反对均输法

均输法是变法派抛出的第一个新政,也成了他们扔给反对派的第一个靶子,但是绝大多数从科举诗赋选拔上来的儒生官员们动辄以义利之辨的伦理高调鄙视财政问题,对国民经济、理财等经世实学更是一窍不通,由此,他们在第一轮的进攻中,以鸡鸭对话的勇气把新法猛批一通。比如,率先发难的谏官刘琦说,均输法显然有其道理,但被任命为发运使主掌均输事宜的薛向是个小人(罪状之一,是薛向会在暗地里派人探访州县虚实。但这有什么问题吗？不如此，何以得知州县实况，就让地方官蒙蔽吗？），不该得到重用。侍御史里行钱顗则附和其说。知谏院范纯仁则在其《奏乞罢均输》中直接否定了均输法，认为朝廷不应该言利，尤其不该跟老百姓争利，并且如其在其他的多次奏疏中那样，骂薛向是敲骨吸髓的酷吏，所谓"贪饕之行，屡为欺罔之奸，必将以羡余悦朝廷，以贿赂结权幸"[1]。问题是范纯仁除了这些羞辱性的刻薄定性，没有举出任何像样的证据能够证明自己的指控。之后，又有条例司检详文字苏辙上奏，观点与范纯仁大同小异，认为均输法是与民争利，薛向是小人。知谏院陈襄《论三司条例乞行均输法札子》也认为均输法是恶法，实施均输法是"敛怨于天下，贻讥于后世"[2]之举。权开封府推官苏轼上奏反对的理由与前述官员们不尽相同，他更多是从均输法会不会打击市场信心角度看待，认为均输法的官府敛散之权容易导致商贾们因缺乏对市场的信心而离开市场，导致市场的萧条。同时，政府设置专门的机构行均输法，增加了生产者和消费者的成本，总之，对市场无半分利好。反对派的精神领袖司马光，更是将均输法视为肮脏的聚敛奢靡之术而反对。

台谏官员以及其他官员虽然几乎异口同声地将均输法视为桑弘羊政府专营强买强卖的敛财术，但他们并没有费心区分熙宁变法中均输法与桑弘羊均输的差异，即前者主要是为了京师军队、宫廷及百官消费之保供而实行的新法，其要旨在于买而不在卖，简而言之目的是节流；而后者的目的主要是朝廷赚钱，是为聚敛性的开源。《长编》等史书中断断续续地重现关于均输法的历史记载，说明了均输法在薛向、沈括等干才能吏的主持下，实现了

---

① 《长编拾补》卷五《神宗》。

② 《陈襄文化文集》，福建省纪念陈襄暨陈氏首届源流研讨会筹委会刊行，2000年版，第54页。

京师保供高度市场化的目标。为此,《文献通考》《宋史·食货志》所谓“均输法”未能实施是个错误的论断(梁任公名著《王荆公》[1]里沿袭了这一错误说法),恰恰是因为它运行良好,后来的争议都自动消除了。宋神宗、王安石、薛向等人对于这些理解不了新法目的的反对声音自是岿然不动(其具体实施效果容下一章讨论)。这一轮反对声浪随着台谏官们出贬逐渐平息,刘琦被贬为监处州酒税,钱𫖮被贬为监衢州盐税,殿中侍御史孙昌龄为尚书屯田员外郎,通判蕲州,苏辙离开条例司,贬为河南府留守推官,范纯仁则出知河中府,移成都府路转运使。

(三)司马光、韩琦及台谏官们反对青苗法

反新法的第一轮高潮出现在青苗法颁布之后。其实,最早对青苗法提出批评的是苏辙,他在王安石意欲实行青苗法时就已经极具先见地提醒王安石,他说,贷款给老百姓,取两分利,这确实不算朝廷牟利。但这欠款出入之际,官吏会从中作奸犯科,你有法令也禁止不了。钱一旦到了老百姓手里,即使是良民也不免会非理性花销。到了还钱的时候,即使富人也不免赖着不肯还。这样一来,地方上会搞得非常混乱。[2] 苏辙这段话应该是对青苗法的所有批评中最具先见,也最公允,最简明扼要,也是最到位的。他既肯定了王安石谋国的善心,也指出了未来几乎一定会发生的后果,事后也验证了苏辙的预见。王安石最初其实是同意苏辙的判断的,他并不迂腐,明白北宋官吏集团的问题所在,所以苏辙提醒他之后,史载他一个多月没有再提此事。但在河北转运司勾当

---

① 又名《王安石传》。

② [清]徐松辑:《宋会要辑稿·食货四之十七》。

公事王广廉在河北路开始青苗敛散政策之后①,王广廉来中央汇报时可能隐瞒了"抑配"即强行摊派的事实,王安石受到了极大鼓舞,之前的顾虑因此全消,于是下定决心推行青苗法。这就是青苗法出台的经过。

对青苗法有分量的发难首先来自反对派的精神领袖司马光。因现存《长编》此处记载缺失,只能根据《长编拾补》《续资治通鉴》《皇宋通鉴长编纪事本末》的相关记载,综合其可能的情况(这三种史书对所有涉及王安石变法的史实记载都不及《长编》更尊重事实本身,故摘引这些史料,均需打折扣,只能作为参考,无法直接视其为真实历史)。熙宁二年十一月十九壬午(1069 年 12 月 5 日),那时候,青苗法正式颁布和施行才两个半月,在御前经筵讲学时,神宗特地让司马光和吕惠卿当他的面辩论,其中涉及青苗法。

司马光说:"青苗法对人民不利。"

吕惠卿说:"司马光先生不明白其中的道理,富人搞高利贷对人民是不利,但官府借给老百姓是对人民有利的。"

司马光说:"民间自发的借贷,富人都会侵剥贫民,何况另加县官督察责罚之威呢!"

吕惠卿说:"青苗法规定,是否借贷完全按照人们自愿。"

司马光说:"愚民只晓得借债的好处,不晓得还债的害处,县官固然不强迫他们,富人也不强迫穷人借钱啊。诚信地制定法律,况且会有许多弊害;那要是以贪欲制定法律,弊害那就更不必说了。从前太宗平定河东后,确立了用现钱买进粮食的和籴法,

① 王广渊、王广廉兄弟两人的事迹,相关重要宋史著作中都相当混乱,需参见梁太济《〈续通鉴〉王广渊、王广廉相混说辨析》,载《文献》1992 第 3 期。

以供给戍卒，当时一斗米十钱，百姓乐意跟公家做买卖，后来粮食涨价，转运使守着旧价不肯涨，和籴法也没废除，于是就成了河东世患。我担心青苗法将来也会这样。”

神宗说：“陕西施行青苗法已经有一阵子了，百姓没觉得有害。”

司马光说：“我是陕西人，只见其害，未见其利。”①

因王广廉在河北实施青苗法时，强行摊派，收息30%，熙宁三年正月二十一癸丑（1070年3月6日）神宗下诏，禁止强行摊派。此前，知通进银台司范镇则上疏将青苗法移花接木为唐德宗时期的青苗钱（官府在青苗时即按谷物成熟的收成征税），斥其为“盗跖之法”。右正言李常、孙觉则仅就摊派一事提出批评。

王广廉强推青苗法一事引发了一场更大的舆论风暴，熙宁三年二月初一壬戌（1070年3月15日），时任判大名府的韩琦上神宗《乞罢青苗及诸路提举官》，煌煌数千言，条分缕析，不可谓完全无理，其中说道，臣猜想青苗诏书力求优抚百姓，不让兼并者趁百姓之急难而获倍息之利，而国家并无利求。如今每借一千钱，要缴纳一千三百钱，那就是官府自己放贷取息，与当初抑兼并济困的意图南辕北辙了，不可能让百姓信服。再者，乡村每保须有资财的人为甲头，虽说不可强迫，但上户必定不愿求贷，下户虽有求贷之意，但往往缺乏还贷能力，官府和保人都不易向他们追讨，将来就会遭遇行刑督责、保人陪罚之患。陛下励精图治，若只是亲身厉行节俭而倡天下，国财自然不乏，何必让兴利之臣四面出动，以致远近生疑呢！请撤掉各路提举官，施行常平仓旧法。② 尤其

---

① 《长编拾补》卷六《神宗》“熙宁二年十一月壬午”条；［清］毕沅撰：《续资治通鉴》卷六十七“熙宁二年十一月壬午”条。

② 《长编拾补》卷七《神宗》“熙宁三年二月壬戌”条。

是韩琦在奏疏中提出，按照目前青苗法的规定，在具体执行过程中，几乎不可能不强行摊派，不然各地官员无法完成业绩。收到上疏的第二天，宋神宗让宰执大臣们都来看看这份上疏，盛赞韩琦公忠体国，敢于直言，并且叹息说，本来颁布青苗法是为了便民惠民的，怎么就搞成了害民政策呢。王安石认为只要禁止强行摊派就没问题了。神宗叹息说，青苗法有息贷款这事，大概奸雄们是可以用来煽动百姓的。王安石说，盐和酒的专卖政策都是配以严刑峻法，禁止百姓买䌷绢，盐业则是管制和配额的，奸雄不用这些说辞煽动百姓。青苗法是为了振贫乏、抑兼并、广储蓄，以备百姓凶荒，不知道对老百姓有什么不好。老百姓落单了就会变蠢，联合在一起则可称圣，应当不至于被这件事动摇了。大概老百姓会在害处加身的时候醒悟，而且不带情绪，他们说的一定会符合事实；而那些士大夫或带着情绪的，他们的说法一定不会符合事实的。①

大概从制置三司条例司这个变法机构设置后，司马光就越来越坚定地站在了反对变法的立场上。均输法出台后，司马光骂均输法是聚敛之术；青苗法出台后，司马光没有立刻公开反对，而是等到包括韩琦等重量级的反对声出来之后众声汹涌的熙宁三年二月二十二日才上了《乞罢条例司常平使疏》。在这份奏疏里，司马光的主要观点，一是认为青苗法如果成为一种常态政策，就会摧毁之前的常平仓制度；二是认为青苗法推行过程中因为执行的问题，产生许多弊病；三是认为普通人缺乏财富理智，借钱花钱随意，还钱就难了，时间久了，尤其长期下去，到时候会遍地都是没有家业的破产流民，危害治安与社会稳定。从这份奏疏里可以看

---

① 《长编拾补》卷七《神宗》“熙宁三年二月癸亥”条。并见［宋］杨仲良《皇宋通鉴长编纪事本末》卷六十八《青苗上》。

出，对旧制度存在非理性的亲切感是司马光固有的一种思维倾向，常平仓制度早已名存实亡几乎是个公认的事实，但他依然按照理想化的成效去想象它。至于青苗法存在的问题，与其他许多反对者的意见大同小异，都是现实存在的，确实是变法派需要认真对待的。关于老百姓是否会因为青苗法破产，从而流民遍布、啸聚为盗，一方面，这个问题的可能性并非不存在；另一方面，与后来的事实印证，则在数量和规模上都出入较大，并没有那么多的流民，更没有那么多盗贼。查《两宋农民战争史料汇编》可知，从熙宁元年到熙宁十年的匪盗记录只有 7 条（第 102—108 条），而元丰期间八年则是 17 条（第 109—125 条），神宗在位的 18 年间总共发生过 24 次有记录的"盗匪"事件[①]，其中熙宁十年福建廖恩造反与元丰五年张世矩兵变被认为是规模比较大的两次，与两宋其他时期相比，无论从数量还是从规模上，神宗时代的民变都是比较轻的，属于社会较为稳定的时代。关履权先生曾对两宋民变事件制表，从中可以清晰地看到熙宁民变在两宋 319 年里民变总量中的相对程度。[②] 司马光无视原常平仓制度的衰朽崩坏，一味抱残守缺，无法接受青苗法新政。他完全可以提出修正和完善青苗法的意见，而不是一上来就要停罢新法。但这几乎成了旧党的标配异议方式，任何新法的出台，他们通常的反应就是批判与要求彻底罢废，而不是想着如何改善新法。司马光更是其中最坚决者。

当时，正逢王安石称病不出期间。由于翰林学士司马光在代

---

① 何竹淇编：《两宋农民战争史料汇编》（上编第一分册，卷六），北京：中华书局，1976 年版，第 291—364 页。

② 关履权：《论两宋农民战争》，载《历史研究》1962 年第 2 期。

神宗草拟的批答诏书里有“士夫沸腾，黎民骚动”[①]八个字，王安石立刻抗章自辩，神宗发现后立刻跟王安石道歉，王安石才复出工作。之后，王安石更加坚决地推行青苗法，力排众议。三朝元老重臣富弼在不满青苗法而出判亳州之后，在亳州秘密禁止青苗法；欧阳修则以京东路青州知州身份公开停止俵散青苗钱，成都转运使范纯仁也私自停止青苗法。

（四）旧党制造李定“匿丧案”

在此期间，反变法派针对变法派官员李定指控其匿丧一案也值得一提。李定本是王安石的学生，熙宁二年，身为秀洲（今浙江嘉兴）判官的李定经谏官孙觉荐引来汴京等待任用，他去拜访反对青苗法的右正言李常（王安石友人），说民间很欢迎青苗法。李常说，现在朝廷为这事吵得不可开交，你见了人可别乱说。李定很惊讶，说他只是实话实说，没想到京城不让人说这事。李定见了王安石之后，把这事告诉他，王安石立刻将他引荐给宋神宗，李定就将民间欢迎青苗法一事告诉皇帝。宋神宗很高兴，从此对那些批评青苗法的声音不再理睬。神宗打算任命李定为知谏院，但因曾公亮等人反对而改任太子中允、监察御史里行，之后，中书舍人宋敏求、苏颂、李大临等封还任李定为监察御史里行任命书的词头，御史陈荐趁机控告李定匿生母丧案，权监察御史里行林旦、薛昌朝、范育等相继交章弹劾，由此引发轩然大波。李定“匿丧案”的所谓“匿丧”十分牵强，这有详细的调查结果[②]，神宗也很明确地对此事表示怀疑，说李定真的像他们说的那样不孝？[③] 但在众论汹汹之下，李定迫于舆论压力不敢就职，最后只当了除集贤

① 《长编拾补》卷七《神宗》“熙宁三年二月癸亥”条。

② 此事详见《长编》卷二百一十“熙宁三年四月己卯”条。

③ 《长编》卷二百一十五“熙宁三年九月己丑”条。

校理、检正中书吏房公事。[①]

神宗重新坚定了推行青苗法的意志后,继续信任王安石,对青苗法提出异议的朝廷一众官员全都因此遭到了贬黜性处理。韩琦、司马光自请贬官,都得到诏允,富弼、欧阳修、吕公著、范镇、范纯仁、孙觉、张戬、李常、程颢、宋敏求、苏颂、李大临、林旦、薛朝昌、范育等都受到贬官处理。

三、熙宁第二战:免役法

(一)旧党反对免役法

反变法派反对新法的第二轮高潮发生在免役法试行之后,此前,司马光就已经开始对免役法发难。熙宁四年(1071)四月京畿试行免役法之后,发生了著名的东明县千人赴京上访并侵入王安石相府私宅事件[②]。而朝中反变法的火力则集中于熙宁四年的五到七月间,司马光是反对者中最激烈的,而且这种反对一直持续

① 《长编》卷二百二十二"熙宁四年四月丙子"条。

② 发生于熙宁四年五月十四日(1071年6月14日)的东明县县民上访事件是熙宁变法过程中的重要事件。东明县在开封府附近,当时正是免役法试行期间,上千名东明县县民越过县令、开封府尹,直抵王安石相府,投诉免役法试行过程中,不当地提高他们这些"穷人"的户等,以至于必须交纳重税。王安石亲自接待访民,表示对此事不知情,让访民们去御史台举报违法官员,访民们去了御史台之后,被告知,这里只处理官员和官员之间的事,他们的事不受理,访民们竟然安安静静就散了。此事后续发酵过程中,将新旧两派重要人物全部卷进来。虽然在御史中丞杨绘等人的庇护之下,本来对此事可能负有重责(涉嫌故意提高下等户的户等,即户等推排造假,蓄意破坏免役法改革)的旧党人士东明县县令贾蕃一直没有受到处罚,但诸多迹象表明,这起东明县访民事件的背后有着极深的党派政治阴影。贾蕃是范仲淹的女婿,与文彦博、范纯仁、韩维等旧党重要人物的关系非同一般,所以不少研究者都认为,此事件乃是枢密院(文彦博)、御史台(杨绘、刘挚)为后台蓄意破坏免役法改革的事件。

到了他15年后亲自当政废除免役法时。

司马光在这轮反免役法中是最早的，在熙宁三年十一月二日(1070年12月7日)，向神宗上奏《乞免永兴军路青苗助役钱札子》，那时免役法还没有在全国推行，只是当年夏天以来在部分地区试行。司马光在这份札子里提出反对免役法的理由是，原先免役的下等人户以及女户、单丁户现在也要交钱，这是不体恤鳏寡孤独者，而以前上等户不用年年服差役，现在交钱就等于年年服役。又说，钱收得少了，雇不到人服差，钱多了，势必要重敛于民，况且，雇来的人都是些游手好闲之人，不会好好工作。尤其是他一反自己以前对差役法的痛心疾首，说"自古以来，繇役皆出于民，今一旦变之，臣未见其利也"[①]。这话与其8年前《论财利疏》中认为农民应该交了赋税就不该再服役，差役应该雇人来做的观点已经完全对立。这份奏疏中反对免役法的理由，没有一条能够成立，尤其是跟差役法做对照的话。而就在3年前治平四年(1067)九月的《衙前札子》里，他谴责永无休息的征役是指向衙前役的，他说："今乃将一县诸乡混同为一，选物力最高者差充衙前，如此则有物力人户常充重役，自非家计沦落，永无休息之期矣。"[②]元丰八年(1085)他上疏《乞罢免役状》，再次呼吁废除免役法，认为免役法下，上等户生活状况还行，下等户就很艰难困苦。元祐元年(1086)二月，司马光上《乞罢免役钱依旧差役札子》，系统阐述了反对免役法的五项理由。司马光的五项反免役法理由

---

① [宋]司马光：《司马光奏议》，王根林点校，太原：山西人民出版社，1986年版，第300页。并见《司马光集》(第二册)卷四十二，李文泽、霞绍晖校点，成都：四川大学出版社，2010年版，第931页。

② [宋]司马光：《司马光奏议》，王根林点校，太原：山西人民出版社，1986年版，第251页。并见《司马光集》(第二册)卷三十八，李文泽、霞绍晖校点，成都：四川大学出版社，2010年版，第859页。

很具代表性，以下结合其他反对派意见做一简单综述。

一、上户年年交钱，不得休息（苏轼、苏辙、文彦博[①]、刘挚也有类似观点，几乎是所有反变法派的观点，认为给所有人强加了额外的税负，所有的反对派官员都认为官户不该交免役钱）；

二、下户本来就是免役，不该收他们钱（韩琦、苏辙认为宽剩免役钱尤其不合理，它是以备荒备欠名义收取的，但被用作别的用途，其实就是敛财；所有的反对派都认为下户不该交免役钱）；

三、应募之人不可靠（苏辙、张方平、刘挚、杨绘也这么认为）；

四、贫困农民"拆屋伐桑，杀牛卖肉"以交钱，是虐政（杨绘、刘挚、张方平也有类似观点，认为免役法造成了人为的钱荒，以及额外的农民破产）；

五、吏缘为奸，横征暴敛（刘挚认为确定纳税额等级的调查不

---

① 苏轼、苏辙兄弟在免役法刚开始进入讨论和试行时就已经开始反对了。他们认为："役人之不可不用乡户，犹官吏之不可不用士人也。"（苏辙《制置三司条例司论事状》，熙宁二年八月）"自古役人，必用乡户，犹食之必用五谷，衣之必用丝麻，济川之必用舟楫，行地之必用牛马，虽其间或有以他物充代，然终非天下所可常行。"（苏轼《上神宗皇帝言事书》，熙宁四年二月）简而言之，他们兄弟俩的观点很明确，服职役之差是老百姓的事，不是当官的士大夫们的事，凭什么让我们当官的出钱。"神宗尝与近臣论免役之利，文彦博言：'祖宗法制具在，不须更张以失人心。'上曰：'更张法制，于士大夫诚多不悦，然于百姓何所不便？'彦博曰：'为与士大夫治天下，非与百姓治天下也。'"（《长编》卷二百二十一"熙宁四年三月初三戊子"条）马端临《文献通考》的记载更详细："四年，上召二府对资政殿，冯京言：'修差役，作保甲，人极劳敝。'上曰：'询访邻近百姓，亦皆以免役为喜。盖虽令出钱，而复其身役，无追呼刑责之虞，人自情愿故也。'文彦博言：'祖宗法制具在，不须更张，以失人心。'上曰：'更张法制，于士大夫诚多不说，然于百姓何所不便？'彦博曰：'为与士大夫治天下，非与百姓治天下也。'"这话可以说确实是说得够直白，差不多可以算是赤裸裸了：免役法动了我们士大夫的奶酪。马端临因此忍不住议论说："按：潞公此论失之。盖介甫之行新法，其意勇于任怨而不为毁誉所动，然役法之行，坊郭、品官之家尽令输钱，坊场、酒税之人尽归助役，故士夫豪右不能无怨，而实则农民之利，此神宗所以有'于百姓何所不便'之说。而潞公此语与东坡所谓'凋敝太甚，厨传萧然'云者，皆介甫所指以为流俗干誉，不足恤者，是岂足以绳其偏而救其弊乎？"（《文献通考》卷十二）苏轼的观点在16年后元祐二年正月十七日上奏的《辩试馆职策问札子之二》中发生了极大变化，他认为，差役法和免役法各有利弊，并且认为，免役法利于农民专心耕作，"农出谷帛以养兵，兵出性命以卫农，天下便之，虽圣人复起，不能易也。今免役之法，实大类此"。也许多年的颠沛流离让他醒悟，没有永远的士大夫，也没有永远的"乡户"。

可靠，刘挚、张方平、韩琦认为官员们为了讨好中央，会不当提高户等，以便让他们多交免役钱）。

这五项理由，是十余年间反变法派反对新役法时经常部分提到或全部提及的理由。集中出现于熙宁四年五到七月间反对免役法的台谏官员御史中丞杨绘和监察御史刘挚连篇累牍奏议中①，还有一些常见的反对免役法理由，比如，认为税等过于僵化，缺乏弹性，遇到荒年，缺乏相应的应对措施（刘挚、张方平、韩琦）。

（二）曾布的反驳

针对这些反对意见，王安石让免役法的主要起草人曾布做了全面的反驳，但他并没有在原则上替免役法辩护，因为他认为，皇帝既然已经下诏推行免役法了，就不必再讨论要不要实行免役法了，需要讨论的是具体执行方面的问题。曾布认为：

一、户等调查与确定和土地调查一样可靠，甚至可能还更可靠；

二、没有信息表明官吏为邀宠而征收超额免役钱，如果发生这种情况，那也不是法的问题，而是执行的问题，下诏处理犯错的官员即可；

三、以前的差役法比免役法更没有灵活性，免役法应对荒年的能力显然更强；

---

① 这段时间，计有刘挚《论役奏》《论助役十害疏》《论助役法分析疏》《论助役法分析第二疏》先后四篇，杨绘《论助役奏》《再论助役奏》《言助役之法奏》《又言助役之法奏》《自辩论助役法四奏疏》先后五篇。除了集中反对时期，熙宁六年以后，到元丰年间，陆续又有张方平《论免役钱札子》（熙宁六年）、蒲宗孟《荆湖路役钱太重奏》（熙宁九年八月）、张方平《论率钱募役事奏》（熙宁九年秋）、张方平《论募役奏》（熙宁九年秋）、沈括《论助役法违失原意奏》（熙宁九年十一月）、吕陶《奏乞放免宽剩役钱状》（熙宁十年三月）、陈襄《论役法状》（熙宁）、陈襄《乞均排等第出役钱状》（熙宁）、吕陶《奏为役钱乞桩二分准备支用状》（熙宁）、冯山《论免役疏》（熙宁）、刘谊《论广西路役钱奏》（元丰二年十二月）、朱初平《海外四州役事奏》（元丰三年十二月）。

四、全体上等户的总税额虽然不小，但分摊下来就不大了，以前差役法落到哪家哪家就破产这种情况再也不会发生了；

五、所有人都要交税这是公平的，因为职役就是为地方政府提供的，服务于当地，以前被豁免的特权不应该继续；

六、人民缴纳免役钱并不是只能交钱，法令明令交钱交物都可以，由人民自由选择交纳的方式。

虽然反对派声浪甚嚣尘上，但免役法如期推行。元祐复辟时，即使有司马光、刘挚、王岩叟这样试图立即无条件废除免役法的极端怀旧派也无法顶住财政压力，只能同意苏轼、苏辙兄弟，范纯仁，吕公著等温和反变法派以及温和变法派章惇的意见，从而既没有全部废除免役法，也没有完全恢复差役法。于是免役法变成了募差合役法，允许地方政府先募后差，即通常是募役，但如果需要更多职役时就从上等人户中征役，同时允许轮流服役的人户自己雇人替他们服役，他们需负连带之责。这一调整不伦不类，许多人不满意也在意料之中，更大的麻烦在于，免役法的半废除导致了国家财政的困难。到绍圣年间，新法派再度掌权后恢复免役法，则比之熙宁年间要温和许多，也合理许多，例如明令免役宽剩钱不得超过一分利。但到蔡京执政的徽宗时代，新法则徒具躯壳，包括免役法在内都被严重败坏，唯留聚敛之意。讽刺的是，虽然南宋自赵构以后历朝攻击熙丰新政不遗余力，官府的服役制度却一直都是免役法，成为一项无法废除的国策。

四、熙宁第三战：市易法

（一）根究市易法案与新党内讧

反变法派的第三波反新法高潮出现在市易法颁行之后，它直接导致了王安石坚决暂辞相位。

熙宁六年正月初七辛亥（1073 年 2 月 16 日），枢密使文彦博就市易法问题上奏，认为市易司垄断市场，连水果都不放过，与小民争锱铢之利，这种做法"徒损大国之体，只敛小民之怨，……将为外人所轻"。苏辙上奏疏，说"自置市易，无物不买，无利不笼。……杜绝利源，不与民共"①，严重妨碍市场。冯京也说市易法与民争利锱铢必较，他甚至提醒神宗说，以前成都就是因为搞禁榷专卖引起了王小波之乱，现在搞市易法，别又重蹈覆辙。司马光向来反对与民争利，市易法更是他反对新法的重要靶子。早在熙宁七年（1074）王安石第一次辞相前，他的长篇奏议就已批评市易法，十一年后神宗驾崩后的元丰八年（1085）十二月，司马光提请罢废市易法的奏章中也明确认为，"市易司强市榷取，坐列贩卖，增商税色件及菜果，而商贾始贫困矣。……又增茶盐之额，贱买卖贵，强以配民，食用不尽，迫以威刑，破产输钱"②。所以他认为罢废市易法刻不容缓。

按《长编》的说法，主掌市易务的官员提举市易司吕嘉问与三司使薛向因权力冲突而关系紧张，后来曾布当了三司使之后，也对吕嘉问不满，而反对市易法和吕嘉问的意见不断被送到宋神宗

① ［宋］苏辙：《栾城后集》卷三十五《自齐州回论时事书》。

② ［宋］司马光：《司马光奏议》，王根林点校，太原：山西人民出版社，1986 年版，第 371 页。并见《司马光集》（第二册）卷四十九，李文泽、霞绍晖校点，成都：四川大学出版社，2010 年版，第 1038 页。并见《长编》卷三百六十三"元丰八年十二月己丑"条。文字略有出入，不影响文意。

面前。这些意见集中于指控吕嘉问跋扈骄横，对商人收重息，勒令商人必须经过市易司才能买卖，以强买强卖获巨利，对于普通小商贩，不服从市易司的就轻则鞭笞，重则编管①，恶行昭彰。于是，熙宁七年三月二十丁巳（1074 年 4 月 18 日），宋神宗当夜下手诏命令曾布调查市易法案，皇帝说，听说市易务最近收购货物有违朝廷元初立法本意，对小百姓的经营造成很大妨碍，大家叽叽喳喳颇有烦言，有的人甚至出言不逊，你去把这些事情调查清楚，给朕详细汇报。② 曾布敏锐地意识到神宗有罢新法的意图，故打算借此机会向皇帝效命，脱离变法派，由此千方百计调查市易法"不便"的情形。于是，曾布调查后，向神宗作了汇报，说状告吕嘉问的情况都属实，并说就连最初建议搞市易法的商人魏继宗都认为，现在是官府在搞兼并。还说行户们痛哭流涕，感激皇帝派人调查市易实况，希望尽快废除弊法。神宗听了曾布的汇报后问王安石什么意见，王安石说，这还得进一步调查，并且跟神宗解释说，市易法的抑兼并功能，将皇亲国戚以及朝中官员们本来通过政府采购发财的路子彻底堵死了，其中就有向皇后的父亲向经、曹太皇太后的弟弟曹佾以及三朝元老文彦博，而吕嘉问又铁面无私地执行市易法，这就是他何以会遭那么多人嫉恨。所以，事实到底怎么样还得详加调查，于是，建议请吕惠卿参与一并调查此案。三月二十五日（1074 年 4 月 23 日），神宗下诏让吕惠卿参与一起调查。

由于曾布与吕惠卿不和，两人根究市易法案的调查路径也不

---

① 宋代在传统五刑（笞、杖、徒、流、死）之外所创制的一种剥夺自由刑，称为编管刑。该刑是将受谪、流放的罪犯迁籍组织、安置、编入受谪地或流放地户籍管理，由该地方官吏进行约束监管的一种刑罚。犯人在另外的州城军生活，在该区域内，犯人可以基本上与其他人一样行动自由，但不得离开该区域。

② 《长编》卷二百五十一"熙宁七年三月丁巳"条。

同，曾布因对神宗察言观色后认为皇帝欲罢市易法而吕惠卿则依然立身于变法派，千方百计维护市易法不被废除，双方展开了拉锯战。① 熙宁七年四月十七甲申（1074 年 5 月 15 日），宋神宗突然改变想法，逐渐相信吕惠卿的调查，而怀疑曾布的调查不公正，对于曾布引荐的证人市易法发起人、市易司管理官员之一的魏继宗竭力反对市易法的说辞也不再信任，甚至对魏作出刑罚管控"知在"（相当于监视居住）②的处理。

（二）《流民图》事件与王安石第一次辞相

就在曾布倒市易法之际，雪上加霜的是发生了另一件直接导致王安石几乎非走不可的事件，就是历史上著名的郑侠《流民图》事件。监安上门、光州司法参军郑侠原是王安石相当器重的学生，但由于郑侠对新法的反感，师生二人的政治理念相距甚远，比如王安石希望他学习律法以从事与司法相关的职务，但郑侠以儒生的姿态对律法嗤之以鼻，婉言谢绝，宁肯当个看门的，也不肯在王安石变法事业中做官。熙宁六年下半年开始，先是蝗灾，然后是旱灾，席卷河北路、京西路、淮南东路、京东路等广大地区的旱灾导致灾民遍地，赈灾工作一时应接不暇，到熙宁七年春，汴京城里每天都有大批衣衫褴褛的饥民来往，郑侠认为这一切都是变法带来的祸害。于是郑侠绘制了一幅《流民图》，附带一份奏议，奏议认为新法害民，辅臣无道，应当罢去新法及执政大臣们。投递阁门司被拒后，熙宁七年三月二十六日（1074 年 4 月 24 日），郑侠将

---

① 《长编》卷二百五十五"熙宁七年八月壬午"条。根据《长编》的记述，曾布之所以要脱离变法派是因为遭到了吕惠卿的排挤，但有学者指出，作为北宋史研究的权威史著《长编》在关于市易法案根究一事上的记述，很可能史料所依据内容均来自曾布，故有必要尽可能中性化叙述该事件经过。详见裴汝诚《曾布三题》，载《中日宋史研讨会中方论文选编》，保定：河北大学出版社，1991 年版，第 284、285 页。

② 《长编》卷二百五十二"熙宁七年四月甲申"条。

《流民图》与奏议伪装成军国重事密报直接快马递送至通进银台司,宋神宗因此得见。三月三十日(1074 年 4 月 28 日),神宗发布了二十八日由韩维起草的罪己求言诏。四月初六(1074 年 5 月 4 日),汴京大雨。王安石数年来一直针对宋神宗不必理会天人感应的规劝至此彻底失败。宋神宗的罪己求言诏颁布之后,四月十八日(1074 年 5 月 16 日),远在洛阳的司马光上《应诏言朝政阙失事》,洋洋数千言,痛斥新法六大罪,曰:"一曰广散青苗钱,使民负债日重,而县官无所得;二曰免上户之役,敛下户之钱,以养浮浪之人;三曰置市易司,与细民争利,而实耗散官物;四曰中国未治而侵扰四夷,得少失多;五曰团结保甲,教习凶器以疲扰农民;六曰信狂狡之人,妄兴水利,劳民费财。"[①]下暴雨的第二天(1074 年 5 月 5 日),神宗以《流民图》示于宰执大臣们,王安石请求辞职,神宗不许。但王安石退朝后,一刻也没有停留,立刻收拾行李,搬出宰相府,移居定力寺,并且连上三道辞职表,要求辞去相位。王安石第一次罢相至此已成定局。宋神宗虽然继续挽留,但礼节性已经超过其实质意义,从不恋权位的王安石岂能不知,因此继续力辞,他同时建议韩绛任首相,吕惠卿任参知政事。神宗欲留王安石于京城,以备顾问,但王安石去意坚决,无可挽留,最后,王安石答应神宗,如果以后还需要他回来,他一定不食言,会回来辅佐他。曾布成功脱离了变法派,但也随之失势,在与吕惠卿的争权夺利之战中败北。[②] 但此次变法派内讧最大的损失绝不是哪个人个人的权力得失,而是整个变法事业至此开始走向衰败。

---

① 《长编》卷二百五十二"熙宁七年四月甲申"条。

② [清]徐松辑:《宋会要辑稿・食货三十七之二十二》载:"(熙宁七年)八月十七日,诏:'翰林学士权三司使曾布落职,知饶州。都提举市易司吕嘉问知常州。魏继宗仍追官勒停。'初,市易之建,布实同之,至是揣知上意,疑市易有弊,遂急治嘉问,而惠卿与布有隙,乘此挤布,然议者亦不以布为直。"

五、王安石两次辞相及熙丰晚期政局

在反变法派的大举攻击下，变法派左支右绌，再加内讧，最终以王安石辞相、罢相结束此轮政争。四月十九丙戌（1074 年 5 月 17 日），“礼部侍郎、平章事、监修国史王安石罢为吏部尚书、观文殿大学士、知江宁府”①。王安石罢相，回江宁。韩绛任首相，吕惠卿任参知政事。

（一）王安石复相与吕惠卿龃龉

吕惠卿任参知政事后，因其强势作风，以及敛权、重裙带斥异己等政治品质上的问题，尤其是在原本即有瑕疵的新法上变本加厉掊克百姓（如“手实法”），造成了朝野的反感。因郑侠的奏议中涉及大臣们才知晓的重要信息，吕惠卿提醒神宗后，让神宗感到郑侠《流民图》之奏并非其一人所为，吕惠卿经调查，认为是参知政事冯京、大理寺丞王安国（王安石亲弟，反对变法）勾结郑侠，怂恿他上流民奏，而事实上冯京与郑侠并不相识，但王安国则确实与郑侠交好，因此被削职归田。据《长编》考证，韩绛为了钳制吕惠卿独揽朝政，向神宗提议请回王安石，以制衡吕惠卿，神宗同意，但此说并不可靠。②

熙宁八年二月十一癸酉（1075 年 2 月 28 日），神宗下诏，王安石复相。王安石复相后，与吕惠卿关系逐渐恶化，虽然王安石用

---

① 《长编》卷二百五十二“熙宁七年四月丙戌”条。

② 王安石复相后，神宗当王安石面称赞幸好有吕惠卿兄弟，不然政局都被小人们搅乱了，王安石也极力称赞吕惠卿兄弟之贤能。（《长编》卷二百六十一“熙宁八年三月己未”条）可见王安石复相未必是韩绛为了自己的权位权力倾轧的结果，而仅仅是神宗自己的想法。后来，神宗曾经当面质问吕惠卿，说有人说吕升卿仗着自诩的有复相之功而向王安石要求提拔，吕惠卿极力否认吕升卿会做这种事（《长编》卷二百六十八“熙宁八年九月乙酉”条）。这似乎间接证明所谓吕惠卿排挤王安石之说未必可靠。

人的态度一直是用人才之长，而忽视其短，但对待政事则是认真负责的，遇到意见分歧时，虽即便争论时火药味甚重，但是对事不对人，心中从不存芥蒂，这也是神宗一直信任王安石的重要原因。吕惠卿以前对王安石一直执弟子礼，但随着他个人地位的上升，已经逐渐难以容忍王安石一贯的工作作风。尤其是双方在一些政事方面的分歧越来越大，在手实法、给田募役法、交子等制度之存废，是否应该用市易俵放河北大米等问题上，双方都无法达成共识，尤其是吕升卿擅改王氏父子《诗》经义一事让双方关系变得十分紧张。熙宁八年五月，御史蔡承禧弹劾吕升卿，并牵扯到吕惠卿，尤其糟糕的是，由于吕惠卿多次在神宗面前议论他人是非（吕惠卿认为，这是崇文院校书、兼中书户房习学公事[①]练亨甫勾结蔡承禧阴谋构陷他们兄弟，而练亨甫的背后是王雱。让吕惠卿最不满的，是他认为王安石在这件事上坐视不管。其实他说练亨甫是小人在一年后被证明并非毫无道理，反倒是神宗和王安石可能看错人了），甚至诋毁王安石，而哪怕是神宗转述了吕惠卿对他的攻击，王安石依然对吕惠卿善加维护，毫无私怨，这导致了神宗对吕惠卿的严重恶感，并且从此开始疏远他。[②] 为此，吕惠卿在神宗面前多次隐晦表达不愿与王安石共事而求去的态度。神宗虽屡屡挽留，但吕惠卿去意坚决。熙宁八年十月二日，神宗下手诏，吕惠卿罢参知政事知陈州，手诏说："朕不次拔擢，俾预政机，而乃不能以公灭私，为国司直，阿蔽所与，屈挠典刑，言者交攻，深骇朕听。可守本官知陈州。"[③]尤其从末句"言者交攻，深骇朕听"可

① 习学公事：宋中央政府的高级吏员，由京官选任时就称为习学公事，中书户房习学公事就是中书机构的秘书。

② 《长编》卷二百六十四"熙宁八年五月丁亥"条；卷二百六十五"熙宁八年六月丁未"条。

③ 《长编》卷二百六十九"熙宁八年十月庚寅"条。

见,神宗对于吕惠卿的恶感已经很严重。

吕惠卿虽遭贬黜,但并没有实际罪名,之前台谏弹劾吕升卿而牵连吕惠卿的所谓二十一条重罪,也都查清,没有一条能坐实,吕惠卿没有什么问题。但王雱意犹未尽,瞒着王安石,勾结台谏御史中丞邓绾、权检正中书五房公事①吕嘉问,将伪造的重启弹劾吕惠卿案调查的敕令混入中书敕令中,对吕惠卿进行无休止的调查(那时吕惠卿已被罢去参知政事出知陈州),欲置吕惠卿于死地。② 吕惠卿最初不明情由仅仅抗章自辩,而后其在中书的亲信抄写员告知其真相后,就直接上书神宗,认为王安石与邓绾勾结阴谋陷害他,因而痛斥王安石。神宗将吕惠卿的奏疏给王安石看,王安石对此一无所知。待查明情况后,王安石除了向神宗谢罪辞职,还同时处分与此事有牵连的吕嘉问、练亨甫等中书工作人员,并且对王雱大发雷霆。此事直接促成了王雱病情加重,过了不到半个月,王雱病逝。③ 此事发生于熙宁九年六月。

(二)王安石二次辞相退出政坛

此前,复相不到一年的熙宁九年二月,王安石就曾向神宗请求辞职,但被拒绝,神宗甚至曾经一度下令“不得令王安石家属行李出府,以安石固辞机务也”④。现在,王安石遭此重击,且环顾萧然:吕惠卿已经离开朝廷,而且跟他决裂了,韩绛也早因难以共事而求去,神宗建议召回曾布,但他无法接受,他已经没有可用之人

---

① 据张希清等考证,神宗熙宁三年(1070),新设检正中书五房公事(简称“都检正官”,是宰相的属官,因此实际权力很大)一员,每房各设检正公事(简称“逐房检正官”)二员,皆以朝官充任。检正中书五房公事的官位在都提点五房公事之上,各房检正公事的官位在各房提点(堂后官)之上。详见张希清等《宋朝典章制度》,长春:吉林文史出版社,2001年版,第23页。

② 《长编》卷二百六十八“熙宁八年九月辛巳”条。

③ 《长编》卷二百七十六“熙宁九年六月丁酉”条,以及“己酉”条。

④ 《长编》卷二百七十三熙宁九年二月癸巳条。

才，王安石于是再次萌生强烈的去意。王安石为官一世，向来是为做事，非为做官，做事既然已经基本上不可能，那只能走了。然而，王雱勾结邓绾、吕嘉问倾陷吕惠卿事发后，他的辞职当然不会被接受，现在王雱去世了，他无心问政，屡屡求去不得，神宗依然信任他作为一个宰相的政治品质，这是毋庸置疑的——复相一年间，到熙宁九年春天，他就已辞职四五回。《宋史》之类的谤书都声称这段时间神宗和王安石之间已有嫌隙云云，《长编》在这方面的记录尤为可笑，一方面热衷于搜集这些谣言，另一方面却又详细记载神宗不许王安石辞职的具体过程。[①] 而事实是，神宗并不恩允他辞去相位，王雱去世后，王安石去心尤烈，神宗因为他总是上辞表而索性暂时断其章表，王安石无奈，只好致书参知政事王珪，请他向神宗代为陈情请求辞职，神宗不得已勉强同意他辞职。[②]

熙宁九年十月廿三丙午（1076 年 11 月 22 日），王安石罢相，为镇南军节度使、同平章事、判江宁府。王安石从此彻底退出政坛，在金陵一直住到十年后去世。

王安石二次辞相后，新旧党争并未因此落幕，反倒变得更为严酷，而新党内部的倾轧也同样酷烈。王安石退出政坛后，政坛风气更加糟糕，仅仅四年间，便有宰相王珪与谏官蔡确排挤宰相吴充的相州狱、蔡确排挤吕公著的陈世儒狱、蔡确排挤参知政事元绛的太学狱，以及御史中丞李定和监察御史里行舒亶策划构陷

---

① 《长编》卷二百七十六“熙宁九年六月辛卯”条；卷二百七十八“熙宁九年十月壬辰”条、“熙宁九年十月丙午”条。《长编》诸如此类的问题甚多，如刘成国先生所批评的：“李焘宁信台谏之风闻，而疑陆佃之札未上，可见其偏。”（详见刘成国《王安石年谱长编》［第5册］，北京：中华书局，2018 年版，第 1933 页）

② 关于此问题，［清］蔡上翔《王荆公年谱考略》卷十九有详细考辨（载［宋］詹大和等撰《王安石年谱三种》，北京：中华书局，1994 年版，第 504—505 页），所谓神宗与王安石心生罅隙之类的说法确为无稽之谈。

苏轼的乌台诗案。这四起案件中，只有乌台诗案涉及新旧党争，因其远远超出王安石主政时期排挤旧党惯例而震撼朝野，元丰之政的肃杀显然是神宗自己乾纲独断的结果。

王安石主政期间，虽然会将那些反对新法的朝官或贬出京城，或让他们当名义上的一些宫观主持（宫观使），其实就是待遇优厚的闲差，对他们的人身自由、名誉、生命和财产安全向来是绝不会触动的。为了推行改革，这么做应该也算是仁至义尽了。[①] 但王氏对待反对派的这一优容惯例，在王安石二次辞相后，就逐渐消失了，而代之以远为严厉甚至残酷的方式。

---

① 旧党中许多人肆意造谣，以各种方式诬陷王安石，包括诬陷王安石钳制言论。王安石第一次罢相前，因宋神宗求直言，熙宁七年四月十八日（1074年5月16日），司马光上《应诏言朝政阙失事》，疏中将未经考证的谣言引为事实，大肆挞伐王安石派皇城司兵马在汴京巡逻以抓捕非议新法的百姓（熙宁五年正月），此事详情见于《温公日记》，李焘将它编入《续资治通鉴长编》卷二百二十九，熙宁五年正月末，附言说"更详考之"，也就是无法确定。且不论熙宁七年司马光还远在洛阳，两年前的正月，他依然是在洛阳，他知道汴京什么事呢？司马光将此事写入日记："是月，命皇城司卒七千余人巡察京城，谤议时政者收罪之。"（《长编》卷二百二十九"熙宁五年正月己酉"条；《温公日记》第103条。）两年后写入奏疏的则是"又潜遣逻卒，听市道之人谤议者，执而刑之。又出榜立赏，募人告捕诽谤朝政者，臣不知自古圣帝明王之政，固如是耶？"（《长编》卷二百五十二"熙宁七年四月甲申"条。）事实是，此事如李焘所言，尚需考证。司马光以此抨击王安石，有生拉硬扯甚至无中生有罗织罪名之嫌：一则皇城司不归中书管，王安石没有调用权；二则时任枢密副使文彦博反对新法不遗余力，不可能配合王安石干这种事；三则王安石长期以来反对以特务政治对待异议、反对以暴力钳制言论，这有他多次在神宗面前力争为证，而且都是李焘自己记下的（《长编》卷二百四十"熙宁五年十一月戊辰"条；卷二百四十六"熙宁六年八月己亥"条）；四则，如果确有其事，那应该是神宗自己的做法，与王安石关系不大——前引王安石数次表达过不赞同这种做法的记载，参诸他主政时日常做法，也从无不许人说话的历史。宋史专家程民生先生曾有论文《北宋探事机构——皇城司》（《河南大学学报［哲学社会科学版］》1984第4期），极言皇城司特务政治的功能，文中基本上确认调用皇城司的是皇权自身，不涉中书："皇城司的所作所为，由皇帝授意，对皇帝负责，其马嚼牛轭，皆在皇帝手中操纵。"

六、元祐更化：旧党迫害新党

元丰八年三月初五(1085年4月1日)年仅38岁的宋神宗驾崩。神宗六子年仅9岁的赵煦登基，是为哲宗，改年号为元祐。元祐年间(1086—1094)朝政大权掌握在反对新法的神宗之母高太皇太后手中。高后和神宗的皇后向太后都是反对新法的，高后摄政后，先是大封特封自己和向后两家曾祖以下皇亲，变法派宰相王珪和蔡确被边缘化，元丰八年五月，王珪病逝，蔡确为左相，韩缜为右相，章惇为知枢密院事。知陈州司马光被召回京师后，高后立即任命他为副宰相(门下侍郎)，司马光虽已病重，但多年的憋屈使他对废除新法念兹在兹，一面奏请下诏"百官言朝政阙失"，制造更张舆论，一面奏请废除新法，免行、保甲、方田均税等新法首当其冲。

元祐元年闰二月，高后罢蔡确相知陈州，知枢密院事章惇罢知汝州，司马光升任左相，即首相。李清臣、吕大防分别为左右副相，李清臣则因反对废除新法，罢知河阳。四月，韩缜罢相知颍州；五月，吕公著升右相，年高病重的文彦博则为太师、平章军国重事。司马光并召回旧党官员范纯仁、苏辙、刘挚、王岩叟、吕陶、陈次升等入台谏，与熙丰年间一样，以垄断言路，旧党官员成为朝廷压倒性多数。司马光病重，故尤其急于废除新法，青苗、免役、将兵等法旋即被废，科举中的诗赋考试也立刻恢复，只有农田水利法、太学三舍法保留，但在当时形势下，也难有继续的态势。被废除的这些新法，有些其实也没有全部废除，因为已经很难全部废除，比如免役法，衙前役是改为差募并用的。旧党执政，并且设置专门的诉理所，对熙丰年间包括党争在内所有案件进行重审，虽然主要是针对元丰年间的案件，但党派报复的气氛弥漫其间已是不争的事实。

除了批量地迅速废除新法，旧党主政之后最重要的大事，就是清洗朝廷新党。梁庚尧先生在其研究中发现，仅仅是到元祐元年正月，就有吴居厚、吕孝廉、宋用臣、贾青、王子京、张诚一、吕嘉问、蹇周辅因牵涉财利之事受黜，谢景温则因诬受黜。二月开始，以蔡确、韩缜为首的高官以及熙宁风云人物吕惠卿也先后遭黜，除了他们，还有御史中丞黄履、知枢密院事章惇、知枢密院事安焘、中书侍郎张璪、户部侍郎杨汲、刑部侍郎崔台符、大理卿王孝先等①，都遭贬黜。旧党对新党的报复意犹未尽，有些被贬官员一贬再贬。元祐旧党报复的高潮，是发生于元祐四年(1089)旨在陷害蔡确的车盖亭诗案，其做法颇类似乌台诗案，但蔡确比苏轼的结局更悲惨，而且被株连的人也更多。在左相吕大防、左御史中丞梁焘和右正言刘安世不断升级的政治报复之下，除了蔡确遭重贬流放岭南新州(并于元祐八年死于新州)，所有认为不该重责蔡确以及应当调和新旧两派的官员都遭到了贬黜。“新除太常少卿盛陶知汝州，殿中侍御史翟思通判宣州，监察御史赵挺之通判徐州，王彭年通判庐州。”②随后，李常、曾肇、彭汝励也遭贬黜，元祐四年(1089)六月五日，范纯仁罢相知颍昌府，尚书右丞(副宰相)王存罢守蔡州。在蔡确之前，北宋宰相只有卢多逊、寇准、丁谓三位曾遭重贬至岭南，时隔近70年，蔡确被流放岭南，这是不祥的征兆。

后世的许多论者往往容易将“乌台诗案”与“车盖亭诗案”相提并论，认为是乌台诗案是个党争恶化的转折点，开启了恶性党

① 梁庚尧编著：《北宋的改革与变法：熙宁变法的源起、流变及其对南宋历史的影响》，台北：台大出版中心，2022年版，第201—202页。

② 《长编》卷四百二十七“元祐四年五月辛巳”条。

争的先声。但两案其实不可相提并论。乌台诗案是神宗直接主政的后果,李定、何正臣、舒亶、李宜之等台谏官员通过苏轼的诗文罗织其罪名,虽有李定个人恩怨夹杂其中,但最重要的其实还是宋神宗本人对苏轼长期反对新法及其巨大号召力的恶感。蔡确车盖亭诗案在表面上虽然有着与乌台诗案类似的文字狱形式,但两者有着极大不同。一是立案的合法性就有很大差异,乌台诗案是神宗亲抓的文字狱,即便严酷,也是来自皇帝本尊,而车盖亭诗案则来自垂帘之高后,合法性要低一位阶。二是案件处理结果,即正当性差异,宋神宗本无重责苏轼之意,更多是一种政治恐吓,希图他闭嘴,因此,案件处理结果是重举轻放,而蔡确则被重贬岭南,最后死于贬所,案件处理结果远比乌台诗案更严酷。因此,乌台诗案即使在形式上有诱发车盖亭诗案的可能,但在党争效果上却完全不同。乌台诗案毕竟是皇帝亲抓大案,臣子们的恶意更多被皇帝本人吸收,车盖亭诗案的主导者并非宋哲宗本人,而是所谓“母改子法”的高后,而高后本人对蔡确的恶感有着比宋神宗本人严重得多的党争性质,后者的党争属性远远高于前者,后果也更为恶劣。

旧党除了不遗余力排挤打击新党,其自身也发生了分裂,元祐元年九月司马光去世后,旧党失去了他们的精神领袖,由此分裂为洛党(程颐及赵君锡、朱光庭、贾易等为代表,政治主张较为务虚,追求儒家王道理想主义政治)、朔党(刘挚、梁焘、王岩叟、王觌、刘安世等司马光的继承者,人数众多,势力最大,政治主张虽较为务实,但政治手段比较极端)、蜀党(苏氏兄弟及蜀人吕陶、上官均等,政治主张比较中庸,反对极端,且有博采众长、注重生活趣味的特点)。三党倾轧之说源于邵伯温①,故当谨慎对待,且有不少学者认为三党说不成立,不过,是否形成真正的朋党或可另说,所谓蜀党之说尤可讨论。但洛蜀朔三派因政治观点的分歧而生纷争倒是事实,洛党、蜀党相继落败后,朔党掌控朝政,但随即又与吕大防产生矛盾。

到元祐八年九月高后驾崩十月哲宗亲政前,这八年的后熙丰时代,北宋朝政基本上是在废除新法和乌烟瘴气的党争中度过的,就连痛恨王安石的王夫之都对元祐之政嗤之以鼻,说"自是而外,皆与王安石已死之灰争是非,寥寥焉无一实政之见于设施"②。其实元祐之政比王夫之所论更糟,比如司马光在废除新法过程中,曾打算将熙宁时期王韶在西北苦心经营开疆拓土所获的河湟地区尽数归于西夏,幸好在众大臣的反对下,才没有干出荒唐事,但在其执拗的坚持之下,还是送了四寨给西夏。这种混乱的治国方式着实令人震惊,与其大历史学家的身份极不吻合。

七、绍圣绍述:新党的报复

17岁的哲宗早已厌倦了没完没了的党争,痛恨元祐诸臣对他

① [宋]邵伯温:《邵氏闻见录》卷十三:"哲宗即位,宣仁后垂帘同听政,群贤毕集于朝,专以忠厚不扰为治。和戎偃武,爱民重谷,庶几嘉祐之风矣。虽然,贤者不免以类相从,故当时有洛党、川党、朔党之语。洛党者,以程正叔侍讲为领袖,朱光庭、贾易等为羽翼;川党者,以苏子瞻为领袖,吕陶等为羽翼;朔党者,以刘挚、梁焘、王岩叟、刘安世为领袖,羽翼尤众。诸党相攻击而已。正叔多用古礼,子瞻谓其不近人情如王介甫,深疾之,或加抗侮。故朱光庭、贾易不平,皆以谤讪诬子瞻,执政两平之。是时既退元丰大臣于散地,皆衔怨刺骨,阴伺间隙,而诸贤者不悟,自分党相毁。至绍圣初,章惇为相,同以为元祐党,尽窜岭海之外,可哀也。吕微仲秦人,戆直无党,范醇夫蜀人,师温公不立党,亦不免窜逐以死,尤可哀也。"

② [明]王夫之:《宋论》卷七《哲宗》,北京:中华书局,1998年版。

的轻慢无礼(唯有苏颂除外),并对废除新法十分不满,亲政后,他立刻终止了高后的“元祐更化”政策。哲宗亲政第二年,改年号为“绍圣”,少年皇帝打算恢复神宗新法。

绍圣元年(1094)三月,吕大防罢左相为山陵使,范纯仁罢右相知颍昌府,苏辙罢门下侍郎知汝州。中央高官被替换为:左相章惇,中书侍郎李清臣,门下侍郎安焘,翰林学士承旨曾布,不久升为同知枢密院事,户部尚书蔡京,并追复已故蔡确为观文殿大学士,其他变法派官员也陆续被召回朝廷。绍圣元年到元符三年间(1094 年 4 月—1100 年 9 月)章惇近六年半任独相,他荐蔡卞为尚书右丞、林希为中书舍人、张商英为谏官,开始报复性清洗旧党。绍圣元年七月,朝廷追夺司马光、吕公著赠谥,吕大防、刘挚、苏辙、梁焘等遭贬黜,司马光等数十人被打成元祐党人。李清臣、杨畏等人并通过科举殿试,制造贬低元祐政治、支持熙丰政治的社会舆论,此后被废新法陆续得到恢复,便是“绍圣绍述”。

北宋朝廷不只是忙于内斗,而且各派执政都热衷于打击异己,手段越来越毒辣,越来越无耻,越来越残酷,在与周边诸政权关系中,他们也同样急于做蠢事。政和五年(1115),宋徽宗及其宰相蔡京、宠侍童贯与北方的金国建立灭辽同盟,他们可能知道也可能不知道那是一头如司马光般送地求和也无法餍足的狼,当然他们肯定不知道经过他们自己的努力,再过十二年,北宋将渡河变成南宋。

第七章
熙丰变法的实效考察(上)

熙丰变法是两千多年中国帝制史上倒数第二次全规模的自我改革,最后一次要到20世纪初的晚清新政,两者相距近九百年。关于此次改革的成败及其成效,不仅在中国史上争讼纷纭,就是在20—21世纪史学领域也同样争论激烈。一方面,这是因为人们争论所针对的改革内容以及争论时设定的标准不一,比如古人热衷于君子小人之辩,而现代人对此的兴趣至少没有古人高,现代人更注重改革的成效;另一方面,也是因为后世人们对所能依据的史料真伪难辨以及解读存在分歧。

2001年,福建省地方志编纂委员会、福建社科院历史所等多家学术机构联合举办了吕惠卿学术研讨会,当代宋史大家邓小南教授在会上发言时曾说:“由于宋代神宗、哲宗朝政治斗争的影响,从史实记载到论断评价都反反复复,是非毁誉失信于人,以至于无‘信史’可言。”①邓小南提出的这个问题确实是每个研究熙丰变法的人都会遭遇的最大问题,因此,如何辨析和使用史料是研究熙丰变法的首要问题。即使以严谨著称的《长编》,也因李焘个人政见,在有些地方也缺乏公正的记录,比如著名的延和殿廷辩,王安石是如何解释实现“民不加赋而国用饶”的,其他各种史料固然

---

① 邓小南:《关于拓展吕惠卿研究的层面问题——在吕惠卿学术研讨会上的讨论发言》,载汪征鲁主编《吕惠卿研究》,福州:福建人民出版社,2002年版,第3页。

缺乏记载,就是《长编》也没有记录。虽然历史事实也可能是王安石并没有展开解释,但以王安石好辩的性格,这种可能性微乎其微。再如,元祐更化期间,李焘不厌其烦甚至是连篇累牍地记录了反变法派抨击新法的奏章(刘挚、梁焘、王岩叟、刘安世等),但对于变法派如何维护新法的辩驳之辞,相比之下记录就要少很多,像免役法方面章惇驳司马光的详细记载这种就是极少的。李焘甚至受党派偏见,大量引用未经考辨的邵伯温笔记,虽然有时候他自己也不信,故附记一笔待考,但对后来的研究者来讲就会是个陷阱——当代宋史研究中许多人都已了解,邵伯温的《邵氏闻见录》于变法派几乎就是一部专事造谣诬蔑的谤书,这本书中的记录若无其他具备一定可信度史料的强有力佐证,是不能作为孤证引用的。以严谨著称的《长编》尚且如此,被梁任公斥为谤书的《宋史》就更不必论,至少在涉及变法派人物本传时,其史料价值是极低的。另外,《宋史纪事本末》《皇宋通鉴长编纪事本末》《长编拾补》《续资治通鉴》等也都因党派偏见而无法公正记录那段历史。现有常用的基础史料中,除了《长编》,《宋会要辑稿》《文献通考》这两种通常被认为是较为公允的,但前者因是辑稿,所以史料缺失严重,只能是补充性的,而后者也因许多记录较为简略,而存在完整性缺失的缺点,同时还存在着一些事实本身的错误。南宋王称的纪传体私史《东都事略》,虽通常认为其持论较为公允,但其实同样存在严重的党派偏见(体现在对吕惠卿、章惇等变法派的评价);另外,一则记述较为简略,二则受时潮干扰与私见蒙蔽,史料依据时有出入,只能作为补充性史料。

本章对熙丰变法实效的考察与评述正是在上述前提下展开,这使得本章的写作变得有相当的危险性,一旦史据错误,评议就失去了价值和意义。为此,本章将根据两个原则进行变法实效考察与评议,一是在前人工作的基础上,选择有可信度的考证结果,在脚注中注明来源;二是如果是我本人考辨基础史料,在必要时候,本文将在脚注中交代考辨过程,这种情况应该比较少。

由于熙丰变法是一场全局性和系统性的改革,故之前章节中按照推行开始时间罗列的十六项变法措施以及神宗亲自主持的元丰改制,并非各自为政,而是相互关联的,尤其有一些改革措施虽然内容不同,但目标是一致的,比如都是为了改善经济、增加财政收入的;或者都是为了减少冗兵冗员,增强军力同时减少财政支出等。在本章中将会按照特定改革目的,做适当的合并考察与评议。

一、如何考察熙丰变法的实效

关于熙丰变法尤其是熙宁变法的成败,不同评价者的结论常常大相径庭,既因对实效的判断依据不同,也因历史学家们各自的经济学、政治学、伦理学等多学科观点的差异。本章无法避免笔者本人的经济学、政治学、伦理学等学科的观点,也将会在具体的变法实效考察与评议中表现出来。简而言之,本章尽可能以严谨的态度对待史料,力求尽可能公允和最大限度合乎真相地陈述史事,在此基础上,对史事本身的评述则受制于本人的学科观点——史学上不存在标准答案,故笔者不会将自己同意的前人结论或者本人独立得出的结论视为唯一正确的标准答案,也不会将自己不同意的观点就视为必定错误或必须抛弃的,史学的价值就在于异见纷呈,而不是千人一见。

人们很容易对一件史事予以简要的肯定性或否定性评价,这种方法对许多事是有效的,但笔者不得不认为对熙丰变法进行这样的简易评价是危险的。作为一个全局性、系统性改革,有着极大的外部性与长期历时性,这样一个大型政治、经济、文化、军事、外交事件,可能有些方面是成功的,有些方面又是失败的;有些方面是近期看上去成功的,而长期却是不可能支持的;或者反过来,有些改革措施近期看似出现了一些弊端,但长期看,却几乎没有退回到改革前的可能性,而且弊端是暂时的,可弥补的。熙丰变法就是这样一场宏大与复杂的变革,简易地评价其成效与成败是徒劳的。再者,许多史家独以权力上的成败论成败,也是对改革成败评价的扭曲。一项行之有效的好制度被撤销,只能说它在政治上失败了,并不是改革本身没有成果,相反,一项糟糕的改革措施即使在权力支持下长期推行,也并不能表明它是成功的改革。

熙丰变法依其改革目标与具体措施,大致可分为下述几个方面:

财政改革,包括但不限于措置宗室法、青苗法、免役法、方田均税法;

经济改革,包括但不限于均输法、市易法、免行役法、农田水利法;

军事改革,包括但不限于置将法、保甲法、保马法、军器监法;

政治改革,包括但不限于重禄法、元丰改制、法典编纂;

文化与意识形态改革,包括但不限于新贡举法、太学三舍法、设经义局。

二、财政改革的实效考察

历代史家评价熙丰变法时,尤其是否定性评价时,往往受不完整的延和殿廷辩记录的误导，侧重王安石主持下熙宁变法中的开源财政，而忽视其在节流方面的举措。而事实上，熙丰变法在财政方面固然有广受争议的开源政策，如青苗法、免役法等，但节流政策也并不少，比如军改中的裁军政策并营法，这是一项带来巨额节流的政策，却被许多人因偏见而抹杀。此外，还有一些不那么受后人重视的政策，如均输法、措置宗室法等，也是很好的节流财政政策，包括元丰改制，对官制的整顿至少削减了一部分官俸支出。因此，考察熙丰变法的财政实效，应当开源和节流并重。

（一）并营法：裁减军费开支的实效

熙宁变法在军事方面的改革，直接触及两个最核心的问题，一是军队的战斗力问题，二是裁减军费开支问题。这两个问题相互关联。本书第五章曾提及王安石对太宗以来“将从中御”政策十分反感，因此，他在进行军事改革过程中，一个重要目标就是废除这种完全违反军事规律的做法（元丰四年的灵州之败，就是宋神宗废弃了王安石的军事战略，而恢复了“将从中御”蠢招的恶果）。同时，王安石不重视军队的数量，而是重视将领与军人的质量，为此，其裁军不手软，为将领们争取将兵权也毫不惜力。并营法的实施成效卓著，漆侠先生有相当详细的概括：

1075 年间，并营告一段落。禁军并为 568 688 人，厢军并为 840 指挥，计 227 627 人，全国军队总额为 796 315 人。与宋英宗治平年间兵额相较，减少了 36 万多人，而比宋仁宗庆历年间则减少了 45 万多人。元丰年间，兵额虽有增加，亦仅 80 多万。如果将裁减的兵额，按蔡襄所估计的每名厢军年支 3 万缗计算，那么熙宁年间的军费支出，至少比治平年间减省 810 万缗，而比庆历年间至少减省1350万缗。这是王安石整理财政的重要措施之一。[①] 据蔡襄的统计，治平四年的军队人数，“禁军六十九万三千三百三十九人，厢军四十八万八千一百九十三人，共计一百一十八万一千五百三十二人”[②]。蔡襄说厢兵的年支是3万缗，禁军的年支是5万缗[③]，按此计算，蔡襄说神宗刚继位时的军费大约是4800万缗，熙宁军事改革后的军费开支为3526.3万缗，比神宗刚继位时节省的军费高达约1274万缗，节省了大约26.5%。汪圣铎先生的《两宋财政史》是中国财政史领域的杰作，但汪先生说熙宁变法中的军事改革：“经过‘并军搜卒’，实际上削减了兵额，淘汰了一部分老弱官兵，减少了军员的流动，军费也因之暂时地稍有减少。”[④]这一说法不符合事实。汪先生可以说熙宁期间熙河之役、宋越战争而导致军费开支的增加（事实上，王韶经营熙河开边计划的开支并非完全直接来自中央财政，而是很大部分利用其熙宁三年在秦凤路开设市易司和营田司后所获收益），部分抵消了熙宁军改所取得的军费节支成果。同时，也可以说军改的裁军过程不可能一步到位，因此在熙宁八年（1075）之前，裁军之利达不到年省千万缗的规模；还可以说，元丰四年（1081）宋神宗遥控的灵州、永乐城等战役败绩，军费开支庞大，抵消了军改节支成果，但所谓“军费也因之暂时地稍有减少”之说是无论如何无法成立的。

除了军费开支这样的巨额节流，熙丰变法在政府采购和官员

---

① 漆侠：《漆侠全集》第二卷《王安石变法》，保定：河北大学出版社，2009年版，第100—101页。

② ［宋］蔡襄：《端明集》卷二十二《论兵十事》。

③ 蔡襄原话：“养兵之费，禁军一兵之费以衣粮、特支、郊赉通计，一岁约费钱五十千，厢军一兵之费岁约三十千，通一百一十八万余人，一岁约费四千八百万缗。……一岁所用，养兵之费常居六七，国用无几矣。”（蔡襄：《端明集》卷二十二《论兵十事》。）

④ 汪圣铎：《两宋财政史》（上册），北京：中华书局，1995年版，第48页。

以及宗室支出方面的节流也是可圈可点的。熙宁二年(1069)王安石主持的制置三司条例司成立之后,立刻查阅三司账簿,群臣商议良久,谨慎决定哪些是必需的开支后精心编写包括郊祀在内的政府年度预算,于是政府经费大大节省,光是宫中食用以及祭祀或其他用羊这一项,就比之前买羊的费用减少了十分之四。①

(二)均输法:政府采购体系的改革实效

熙丰新法在政府采购方面有诸多散见于各新法的改革。在市易法实施之前(熙宁五年,1072 年 4 月 17 日),政府采购体系的一大变迁是均输法的实施(熙宁二年,1069 年 8 月 6 日)。均输法的主要功能是京师保供,在商业奇才薛向任发运使期间,均输法有力地保证了京师的供给。他在继承杨允恭转般法(按季节和水期分段漕运)基础上,加强和改良发运司的信息收发功能以准确把握市场行情,监督各路转运司,实行官船私船并用政策以增加竞争,减少渎职损失,杜绝腐败。经过薛向的整顿,熙宁时期的漕运效率大大提高,费用大大减少。虽然没有非常具体的经济数据可引用,但在薛向手下实施的均输法,应该确实是获得巨大成功的,其长期实施竟然被反变法派基本遗忘就很能说明问题。同时,均输法实施的成败比其他许多制度更倚重实施者个人能力,薛向恰恰就是这样的商业奇才,比如他实行以保供为目标的“以仓储代发运”制(各路货物匮乏时由就近仓储代发)、为降低运输成本实行的“金银绢帛”代替“军需粮草”制,不仅降低采购成本,再加发运司日常动辄数百万贯的巨大籴本,对缓解六路地区的钱荒发挥了很大作用等。由此,均输法获得了极大成功。其不仅仅

① [元]脱脱等:《宋史》卷一百七十九《食货下一·会计》。梁启超《王荆公》一书中将十分之四这个数字错用到整个政府的财政节省的开支上了。

以较低成本满足京师保供(薛向使得汴河的漕运能力超过以前的六百万石),同时,薛向还使得整个东南六路的物价处于较为平稳的状态,尤其粮价的稳定对于全社会的稳定都是至关重要的。[①] 可见,均输法所带来的良好效果,不仅是政府采购等财政性的,而且是利于全社会的国民经济性的。不必讳言的是,均输法的成败不仅很大程度上取决于具体实施者,同时还很大程度上取决于朝廷的稳定支持。薛向任发运使的时候,他得到了宋神宗、王安石的大力支持,在人事权、财权上都有极大的独立性,并且权力大于转运使,突破了发转互不隶属的制衡惯例,而后来的罗拯、张靖、沈希颜、卢秉、蒋之奇等继任者,就遭到了冷落,发转关系回到了薛向之前各不隶属的状态,发运使由此无法有效地统筹六路均输,再有能耐也只能望洋兴叹。均输法也就无法实现薛向在任时的功能。

均输法在元丰年间就已经出现很多问题,但哪怕是到元祐元年苏辙上奏提出一些改革建议时,它都尚未到难以继续的地步。均输法大坏是在蔡京执政的徽宗时代,那时政绩败坏,发运使、转运使利用职权纷纷向朝廷献纳所谓"羡余"(以税赋盈余名义向朝廷进贡的财物),到后来甚至将籴本都作为"羡余"上供,以至于发运司彻底丧失了均输功能,均输既废,漕运也必然萧条,以前的转般法随着蔡京新钞盐法的实施而提高了成本(以前实行转般法时,运粮船卸货之后装盐回程,钞盐法导致了无盐可装船回程),崇宁三年(1104),蔡京遂将实行了数百年被南宋吕祖谦视为本朝

① 均输法详情,可参考李晓《论均输法》,载《山东大学学报(哲学社会科学版)》2001 年第 1 期;于士倬:《薛向与"均输法"研究》,华东师范大学 2010 年硕士学位论文;马小凤:《宋代"均输法"研究》,山东大学 2016 年硕士学位论文;李金水:《王安石经济变法研究》第一章《均输法补论》,福州:福建人民出版社,2007 年版。

良法的转般法漕运体系废除，改行直达法，不顾沿途所经河道深浅，由东南六路用船把米直接运往汴京，汴河每年六百万石的京师保供由此不再可能。大观三年（1109），朝廷试图恢复转般法，但已回天乏力。十七年后，北宋灭亡。全汉昇先生认为，蔡京毁漕政策导致了京师无法保供，因此被金兵灭亡。[①] 此固然是后话，但可见均输保供和健康的漕运管理体制与帝国命运之间的密切关系。

（三）措置宗室法：裁减宗室靡费的实效

措置宗室法是一项重要的节流政策，但后人往往忽视。神宗对帝国财政给予宗室的惊人开支曾哀叹说："今财赋非不多，但用不节，何由给足？宫中一私身之奉有及八十千者，嫁一公主至费七十万缗，沈贵妃料钱月八百缗。"[②]有史料记载，当时宗室的支出已超过两倍的官俸开支，仅次于军费开支："时京师百官月俸四万余缗，诸军十一万缗，而宗室七万余缗，其生日、嫁娶、丧葬及岁时补浣杂赐与四季衣不在焉。"[③]其中宗室的其他诸多日常开销如生日恩赏之类都还不包括在七万缗之中。马端临甚至在总结了苏轼、苏辙兄弟的议论后将宗俸列为其所谓四冗之第二项，"曰养兵也，宗俸也，冗官也，郊赉也"[④]。因此，熙宁二年十一月十一甲戌（1069 年 11 月 27 日）两府推出"措置宗室法"，对宗室范围重新划定，以及给予五服之外远亲宗室子弟科考权，重要目的之一就在于裁减宗室费用。经过改革之后，宗俸当是得到了较大削减

---

① 全汉昇：《唐宋帝国与运河》第八章《北宋帝国的崩溃与运河》，重庆：重庆出版社，2020 年版。

② ［元］脱脱等：《宋史》卷一百七十九《食货下一·会计》。

③ ［宋］杨仲良：《皇宋通鉴长编纪事本末》卷六十七"裁定宗室授官"条。

④ ［元］马端临：《文献通考》卷二十四《国用二》。马端临的四冗之论其实是比冗兵、冗员、冗费的三冗论更准确的分类，因为冗费只是结果，不宜与前二冗并列，而冗兵冗员却又不全面。

（比如公使钱减半等），虽然关于这场改革到底削减了多少宗俸支出，历史上缺乏具体的统计记录，但应该不会是个小数目，因为这是除宗室反对之外朝野上下都赞成的改革，推行得虽然没有想象中顺利，但也并不那么困难。这项改革，虽然许多学者评价其并不彻底，但基本上都承认它是成功的，其中当然包括财政上节流的成果。①

（四）市易法与免行役法：权商破坏市场

市易法（熙宁五年，1072 年 4 月 17 日）与免行役法（熙宁六年，1073 年 9 月 29 日）的实施，以王安石的政策目标论，是"通有无、权贵贱，以平物价，所以抑兼并也"。从这一目标出发，市易法本当可视为开源和节流并举之法，但其实际的实施效果，却远远偏离本意，虽于抑兼并有效，但其代价却十分惨痛。

根据现有的史料，吕嘉问担任提举市易务期间，主要的工作重心并非"通有无、权贵贱，以平物价"，而是集中精力打击豪宦、豪商，甚至一般商人。其所带来的后果，是一方面确实起到了抑兼并的效果，但另一方面，也破坏了正常的市场。在其替朝廷刻剥豪宦豪商（抑兼并）的同时，也造就了一个巨无霸的权商群体。包括京师在内各地市易司官员，为了所谓政绩，利用权力强逼商户们不按市价将货物交由市易司代售，《置市易务诏》所谓"以抵挡物力多少，许令均分赊请"②原则自然收效甚微，商人因此大量流失。权力管制使得原先较为自由状态下的市场无法正常发挥作用，一个显著的后果是，大量商人因无法获益而绕道他途不入京师以免除商税，从而导致朝廷商税的流失。王安石在第一次辞

---

① 李国强：《论北宋熙宁年间的宗室改革》，载《江西社会科学》2010 第 10 期。

② 《长编》卷二百二十三一"熙宁五年三月丙午"条。

去相位之前,正是市易法招致了朝野共同的反对。市易法的“抑兼并”之效得罪了所有从政府采购中获益的宗室(比如向经、曹佾)、官员及其亲友(比如文彦博)、宫中宦官、豪商等,也使得普通的小商小贩遭受市易务官员和胥吏的盘剥与压迫。王安石为市易法辩护而答复神宗时列举的几个案例,如市易法导致梳朴贵、麻脂贵、打破商人的茶叶垄断、老百姓因为市易务而买不到冰等[①],市易务不卖冰、茶叶打破豪商垄断,这两件事,王安石的辩护有理,其他说辞,则难圆自说,无法否认当时市场的紊乱,而这正是市易务被赋予巨大市场管制权之后权力滥用的产物。市场的紊乱,甚至一度到了市易司垄断所有商品买卖的地步,这相当于取缔了市场。元丰二年(1079)三月,神宗曾下诏“西驿交市,旧法除买于官库外,余悉听与牙侩市人交易”[②],以防止市易司垄断西驿交市、取消自由贸易。此条诏令从反方向说明了市易法违反经济规律所带来的恶果。经济史家李金水先生在讨论市易法时说得相当准确:“官府控制兼并之权,将原归兼并之家所有的商业利润转移到官府手中,民户的负担并没有减轻,有时反而加重了。”[③]这就是当时的实情。

关于免行役法的问题,在市易司官员和胥吏规范行政的前提下,这项政策确实对普通商贾有利,可以使他们免于豪商的压榨和盘剥,因当时同时在实行重禄法,胥吏在获得薪水的同时,贪墨的刑罚很重。因此,市易司的巨大权力固然在推动着经济官员和胥吏们为非作歹,但至少部分情况下普通商贾也能从这项政策中获利。

---

① 《长编》卷二百三十六“熙宁五年闰七月丙辰”条。

② 《长编》卷二百九十七“元丰二年三月辛卯”条。

③ 李金水:《王安石经济变法研究》,福州:福建人民出版社,2007 年版,第 433 页。

市易法因其贱买贵卖甚至强买强卖、放贷取息,因此于财政上自是有利的,但这种有利是以严重损害经济为代价,是杀鸡取卵、得不偿失的。根据苏辙和王安石、李金水的统计,市易法从熙宁五年(1072)三月实施,到元丰八年(1085)十月废止,共推行了约十三年半。若以每年百万缗收入计,那么,市易法为朝廷挣了大约1350万缗。[①] 然而,它所造成的危害可能远不止于1350万缗。应当说,市易法是一项失败的新法,甚至可以说,是新法中最糟糕的法。王安石对抑兼并的强烈愿望,使他为了达到这个目的,完全不顾其余。他这是顽固坚持自己的错误,因为他明知抑兼并并不会使国家和人民富裕,前一年他和神宗谈及抑兼并的时候就明确说过:“此于治道极为毫末,岂能遽均天下之财,使百姓无贫?”[②]

(五)熙丰三种保马法:马政三迁及其成败考察

熙丰新法中,保马法(熙宁五年,1072年5月27日)于财政而言,当属节流性政策。上一章曾简要介绍过保马法的政策变化,经历了以自愿为前提的熙宁保马法(熙宁五年1072年5月27日—元丰三年1080年3月22日)、摊派性的元丰户马法(元丰三年1080年3月22日—元丰七年1084年3月16日)、摊派性的都保养马法(元丰七年1084年3月16日—元祐元年1086年5月)三个阶段。一般而言,自愿的熙宁保马法应该比后来的户马法和都保养马法效果好,这几乎是可以肯定的。

在实施保马法之前,北宋实行的是“牧之在官”的监牧制度,正如任何生产性行为一样,一旦由权力去实施,其效果都不可能

---

① 汪圣铎:《两宋财政史》(上册),北京:中华书局,1995年版,第50—51页;李金水:《王安石经济变法研究》,福州:福建人民出版社,2007年版,第442页。

② 《长编》卷二百二十三“熙宁四年五月丙午”条。

好，为此，保马法之前的监牧制，管理低效、耗费巨大，再加人口增长之后农田侵占官牧地问题，官牧效果很差。实行保马法之后，蓄马在民政策除极大地缓解了国家财政之外，马匹无论从数量上还是从质量上都大大优于监牧制。熙宁保马法要求河东等五路各养马5000匹，京畿开封地区后来也定为5000匹，共3万匹。可悲的是，熙宁保马法到了元丰三年被改为户马法（物力户养马法），最大变化是强制富户养马。元丰七年，户马法被改为都保养马法，即规定每一都（十户为一保，五保为一大保，十大保为一都，即500户）强制养马50匹，而且都是强制性的，不过只行于京东、京西两路。史料中不少反变法派痛斥保马法的内容，比如反对派领袖司马光、反变法派重要骨干左司谏王岩叟元祐元年初所谓"人人以有马为祸"[①]而纷纷逃亡，并说"昔废监之初，识者皆知十年之后天下当乏马。已而不待十年，其弊已见，此甚非国之利也"[②]云云，他们针对的其实都不是熙宁保马法，而是元丰保马法。熙宁保马法刚实行不久，熙宁六年（1073），中书算过一笔账：官府养马一匹，均价27缗。招募百姓放养，可以省掉各种费用8万缗。总计前二年官府马匹死亡，比保甲马多一倍。而且保甲有马，可以用来演习作战御盗，可谓公私两利。[③] 可惜算这笔账的意义不大，因为才过三年，到熙宁九年十月二十七日（1076年11月26日），王安石二次罢相后才四天，朝廷就根据蔡确的建议，停止对京城地区保甲养马给钱布，仅仅免除缴纳草料而增加马匹数量[④]，如此养马，如神宗下诏前礼房对蔡确就罢钱布一事上奏后的回奏

① ［元］脱脱等：《宋史》卷一百九十二《兵志六》。

② ［元］脱脱等：《宋史》卷一百九十八《兵志十二》。

③ ［元］脱脱等：《宋史》卷一百九十八《兵志十二》。

④ 《长编》卷二百七十八"熙宁九年十月辛亥"条。并见［清］徐松辑《宋会要辑稿·兵二十四之二》；简要内容见［元］脱脱等《宋史》卷一百九十八《兵志十二》。

所称:“如确所奏,则岁计官自蓄牧之费省十六万三千缗,支钱布之费省四万二千缗。”[1]于此可见熙宁马政在王安石辞相后是如何一步步滑向虐政的。有鉴于上述各种情形,要对熙丰时期的保马法作出一个财政意义上的评价似乎不难,熙宁马政总体上是受百姓欢迎的,因为它是自愿、公私两便的,但包括户马法和都保养马法在内的元丰马政则是“一日不罢则有一日之害”、盘剥人民的恶政。元丰马政受抨击并不冤枉。从财政上来说,虽如汪圣铎先生所言,很难用确切的统计数据来说明,但具有增收节支之功效则是显而易见的。[2] 但有学者曾做过大致估算,在每年节省大约240万贯的基础上,给朝廷提供良马[3],这意味着在实施保马法之前,朝廷多花240万贯,却还缺马。

(六)青苗法:良莠相掺的复杂政策

熙丰变法中最具开源性的财政扩张政策,当属青苗法和免役法,它们也是整个熙丰变法中的火力交叉点。青苗法曾掀起第一个反新法浪潮,反变法派对青苗法的反感,被马端临归纳为“青苗钱所以为民害者三:曰征钱也,取息也,抑配也”[4]。免役法则引发第二波的反变法高潮,两者都被反变法派视为压榨人民的恶政,史料中留下大量反变法派的抨击,但较少有变法派的辩护。即使如《长编》这样以严谨著称的史著,也是如此,李焘会连篇累牍地呈现反变法派的奏章与廷议,但轮到变法派自我辩护时,往往语焉不详,《宋史》以下则更不堪。为此,要澄清青苗法和免役法的经济效果和社会效果殊为不易,但其财政效果则十分显著,而这

---

① 《长编》卷二百七十八“熙宁九年十月辛亥”条。

② 汪圣铎:《两宋财政史》(上册),北京:中华书局,1995年版,第53页。

③ 杨德华、王荣甫:《略论王安石变法中“将兵法”和“保马法”的积极意义》,载《云南师范大学学报(哲学社会科学版)》1992年第6期。

④ [元]马端临:《文献通考》卷二十一《市籴考二》。

显著的财政效果正是它们遭受长期反对的理由。反变法派认为这是残剥人民之恶政,青苗法就是官办高利贷,免役法就是人头税,这么使劲盘剥,才有如此巨额的财政收入。本节暂且只管青苗法和免役法的财政效果,其对全社会和人民的经济与生活到底是良性还是恶性影响且待后述。

宋廷在青苗法上到底获得了多少财政收入,缺乏详细的完整史料,但通过一些零星的数据,可见一斑。元祐元年(1086),户部尚书李常说:"今常平、坊场、免役积剩钱共五千余万贯,散在天下州县,贯朽不用,利不及物。……今除见钱外,见在谷帛复有二千八百余万石匹等。"①如李常所论,可知当年从青苗法和免役法中朝廷确实获得了巨额财富,这是不争的事实。

《文献通考》卷二十一《市籴考二》曾提及王安石熙宁七年(1074)时说过俵散常平钱"今岁收息至三百万"。《长编》卷三百二十二记载元丰六年(1083)一份户部的统计数据:"准朝旨,诸路提举官散敛常平物,可自行法至今,酌三年之中数,取一年立为额,岁终比较增亏。今以钱银谷帛贯石匹两定年额:散一千一百三万七千七百七十二,敛一千三百九十六万五千四百五十九。元丰三年,散一千三百一十八万六千一百十四,敛一千五百万四百二十二,比较散增二百一十四万八千三百四十二,敛增一百三万四千九百六十三。元丰四年,散一千三百八十三万七千七百三十六,敛一千一百九十七万八千九百九十四,比较散增二百七十九万九千九百六十四,敛亏一百九十八万六千五百一十五。"②这份统计数据说到青苗法每年的平均赢利有 93 万多贯,这与王安石

① 《长编》卷三百八十四"元祐元年八月丁亥"条。

② 《长编》卷三百三十二"元丰六年正月壬寅"条。并见[元]马端临《文献通考》卷二十一《市籴考二》;[元]脱脱等:《宋史》卷一百七十六《食货下四》。

所说的熙宁七年的利息收入相距甚远。另外，元丰四年亏 198 万 6465 贯这个数字似乎不知来历，因为按前述两项数字，散敛相减该是 1858 796 即大约 186 万贯。[①] 这些零碎的史料中，最重要的是户部提到的年平均收息 93 万贯石，但因并不确切知道户部是根据哪几年的利息收益平均，故无法推知在青苗法推行的时间里朝廷青苗法收入的总额。汪圣铎先生根据《中书备对》《宋会要辑稿》《宋史》等史料，推算熙宁二年到熙宁九年这八年间，朝廷从青苗法中获利息收益约为 1760 万贯石，平均每年 200 万贯石，而熙宁十年后(1077)到元丰七年(1084)这七年则要低一些。[②] 本文认为，从这些史料中虽然无法推知宋廷从青苗法中确切的利息数，但汪先生的推算可备一格，作为参考；黄纯艳先生的杰作《宋代财政史》相当谨慎，未对青苗法的朝廷收益做任何推算。[③]

(七)免役法：优劣并见，为千年立法

免役法是除青苗法之外又一项具有强烈开源色彩的扩张性财政政策。汪圣铎《两宋财政史》说："此法给财政带来的增收是各项新法中最大的。其主要表现为免役宽剩钱。"[④]包伟民先生在《宋代地方财政史研究》中，根据《中书备对》中提供的数据，对熙宁九年(1076)23 路/军的免役钱收支进行核算后，列出表格，得出结论，各地免役宽剩钱的宽剩比例绝大部分都超过了法定的 20%。[⑤] 从包先生所列表格，除了可以看到包先生所论述的其他诸多事项，还能看到其他一些有价值的数据。比如，只有湖北路和两浙路的宽剩比低于 20%，前者为 18.55%，后者为 14.45%，也

---

① 《长编》记载的"198 万 6465"这个数字，在《文献通考》和《宋史》中均为 198 万 6515。

② 汪圣铎：《两宋财政史》(上册)，北京：中华书局，1995 年版，第 49 页。

③ 黄纯艳：《宋代财政史》，昆明：云南大学出版社，2013 年版，第 435—436 页。

④ 汪圣铎：《两宋财政史》(上册)，北京：中华书局，1995 年版，第 49 页。

⑤ 包伟民：《宋代地方财政史研究》，北京：中国人民大学出版社，2011 年版，第 152 页。

就是说依法征收免役宽剩钱的地方官府数量占比约0.9%。宽剩比高于20%低于30%的只有两路，分别为京西南路的28.38%和夔州路的22.28%，占地方官府总数比也是约0.9%；宽剩比高于30%低于40%的有10路，占地方总官府比约为43.5%；宽剩比高于40%低于50%的有6路，占比约26%；剩下的3路宽剩比都高于50%，占比为1.3%，最高的是利州路，宽剩比为58.81%，其次为湖南路56.16%，再次为河北西路50.74%。毕仲衍《中书备对》提供的熙宁九年(1076)各路军免役钱收支数据以及包伟民的研究虽然未及免役法实施以及宽剩比的全部数据，但这个切片足以对免役法实施过程中各地官府违法推行有相当了解。这也可以解释史料中各地对青苗法、免役法的不同甚至完全对立的态度。

多种史料都记载了免役法推行之后，在整个熙丰时期获得的惊人的巨额收入。除了前述户部尚书李常所言元祐元年(1086)熙丰年间央地政府从青苗法、免役法中获得的五千多万贯石巨款积余。那么朝廷和地方官府到底从免役法中聚敛了多少财富，各种史料并无完整统计，也只有一些零星的统计数据。例如"(元丰)七年，天下免役缗钱岁计一千八百七十二万九千三百，场务钱五百五万九千，谷帛石匹九十七万六千六百五十七，役钱较熙宁所入多三之一"①。若按此推算，朝廷每年的免役钱收入大概在1200万贯石以上。但《宋史》的这一数据并无其他旁证，且无引据来源，只能作为一个弱参考存之。黄纯艳教授推断："宋神宗朝，免役钱征收每年达1000余万。"②另据从《永乐大典》卷七五〇七中辑出的《中书备对》散佚稿可知，熙宁九年(1076)的免役钱总收入为10 414 553贯硕(石)匹两，免役支出为6 487 688贯硕匹

---

① [元]脱脱等：《宋史》卷一百七十七《食货上五》。

② 黄纯艳：《宋代财政史》，昆明：云南大学出版社，2013年版，第430页。

两,免役宽剩钱为 3 926 865 贯硕匹两[①],宽剩钱比例为 37.71%。汪圣铎先生据此推断:“免役宽剩每年约为三百至四百万贯。”[②]

黄纯艳说:“巨额的役钱积剩主要是通过违规苛征获得。州县额外获得积剩役钱的办法主要有两个:一是直接多征宽剩钱,二是摊派差役以减少雇役钱支出。”[③]正如反变法派对青苗法的激烈反对,他们对免役法的激烈反对显然并不完全出于官僚集团本身的利益是可以确定无疑的。

虽然熙丰变法的财政效果并不仅仅局限于上述诸法,比如理论上,农田水利法、方田均税法(但也有历史学家认为农田水利法、方田均税法并没有能够如预期增加财政收入,至少“影响不显著”[④])以及其他诸多榷法微调等也会有间接的效果,但总体上,前述所讨论的将兵法、并营法、均输法、措置宗室法、市易法、免行役法、青苗法、免役法、保马法当已囊括宋廷财政的绝大部分收入。这些新法在开源和节流两个方面都对熙丰时代的财政收支产生了决定性影响。青苗法、免役法固然因推行过程中的种种原因而造成诸多害民祸害,但不可否认,与此同时也带来诸多惠民效益,尤其是免役法的实施,取代了之前使人民无法专心进行农商生产的差役法,开启了后代基于货币经济的新役法先河,可谓为万世立法之举,其利其弊同样都是惊人的,这种状况要到绍圣年间章惇独相时才有较好的改观,那时,青苗免役才真正成为人民的福音善法。

---

① 并见[清]徐松辑:《宋会要辑稿·食货六十五之十八》。

② 汪圣铎:《两宋财政史》(上册),北京:中华书局,1995 年版,第 49 页。

③ 黄纯艳:《宋代财政史》,昆明:云南大学出版社,2013 年版,第 432 页。

④ 汪圣铎:《两宋财政史》(上册),北京:中华书局,1995 年版,第 53 页。

三、经济改革的实效考察

熙宁元年八月癸丑(1068 年 9 月 12 日)那场延和殿廷辩的一个根本争点是财政开源能不能建基于发展经济的"民不加赋而国用饶""因天下之力以生天下之财,取天下之财以供天下之费",虽然各种史料都没有记载王安石到底是如何解释这种可能性的,但在翌年开始并且持续数年的熙宁变法中,除了前述开源和节流的新法,王安石还对发展整个经济大盘进行了诸多努力。

(一)成多于败的农业政策

1.农田水利法的经济成就

农田水利法(熙宁二年,1069 年 11 月 29 日)和方田均税法(熙宁五年,1072 年 10 月 12 日)的主要目的首先是发展经济,财政增益是其实施的自然结果。

关于兴修水利的效果,史料中的统计数据零散而混乱,但尚有一些,例如,从熙宁三年(1070)到熙宁九年底(1076),"《中书备对》:'司农寺。自熙宁三年至九年终,府界诸路水利田一万七百九十三处,共三十六万一千七百七十八顷八十八亩,官地一千九百一十五顷三十亩'"①。按百亩为顷之古制②,上述两项数字折合成宋亩当分别为 36 177 888 亩和 191 530 亩,即约 3618 万亩和 19 万亩。正如漆侠先生所给予的高度评价:"这一成就,不仅

---

① [清]徐松辑:《宋会要辑稿 · 食货六十一之六十八》;并见[元]马端临《文献通考》卷六《田赋考六》;[元]脱脱等:《宋史》卷一百七十三《食货上一》。后两种史料没有记录受益的官田亩数。

② 《旧唐书》卷四十八《食货志》云:"凡天下之田,五尺为步,二百有四十步为亩,百亩为顷。"

在两宋三百年间是极为突出的，就是在整个封建时代也是罕见的。”[①]可以想见，对兴修水利的重视大大地促进了农业经济生产。

农田水利法对农业生产的促进效应是相当全面的。李金水先生的研究表明，“熙丰时期，农田水利法取得的成就，主要表现为垦田面积的扩大、土质的改善、治水工具的改进、水利著作的出现、河流的治理等方面”[②]。其中土质的改善，就来自一项不可不提的成就——熙宁大放淤。所谓放淤，就是淤田及引洪漫地，是将夹带泥沙的洪流引入低洼荒地和瘠薄盐碱地，泥沙沉积、淤填后会改善土地，兼具造田、肥田和改良土壤的综合作用。大放淤的思路，最初来源于熙宁二年(1069)侯叔献欲以灌溉和放淤开发汴河两岸万余顷荒地的建议，神宗和王安石都接受了该建议，设淤田司主管淤田事务。于是大放淤得以展开，最初主要是在汴河两岸进行，后来逐渐扩展到包括黄河中下游的京畿、京东、京西、河北、河东、陕西永兴军等北方五路。民众发现淤田之后“土细如面”“极为润腻”，肥力大增，淤田意愿强烈，甚至愿意花钱淤田，由此，大放淤得到了民间的大力支持。但是，淤田并不全是有利无弊，而显然有分歧，《长编》就记载了韩宗师弹劾程昉“导滹沱河水淤田，而堤坏水溢，广害民稼”[③]一事。虽然此事对农民的损害到底有多大(所谓“广害”有多广？有多少民户不愿意淤田都没有具

① 漆侠：《漆侠全集》第三卷《宋代经济史》(上册)，保定：河北大学出版社，2009 年版，第 75 页。

② 李金水：《熙丰时期农田水利法取得的主要成果及其原因》，载《中国社会经济史研究》2006 年第 3 期。

③ 《长编》卷二百四十九“熙宁七年正月甲子”条。

体内容)似乎难下定论[①],但出于常识考量,程昉为得到大片良田,而不顾个体意愿和利益强行淤田的可能性极大。而王安石为此事的辩护,未能从赔偿农户损失的角度进行,并且以所谓大局压制和牺牲个体利益,确实如赵冬梅教授所批评的,是"用收得的钱、辟得的田来'冲抵'政府的不义"[②],令人遗憾。

熙丰变法时期的农田水利法,在历史上一直得到好评,反变法派虽千方百计抹杀新法的成就,但事实本身也让他们无法否定。《黄河水利史研究》认为,"北宋神宗时王安石变法,大兴农田水利。其中,放淤肥田是我国水利史上惟一的高潮。事在熙宁三年至元丰三年(公元1070—1080年)约10年间。属于本区的有熙宁五年引漳、河淤地2400顷;次年又计划淤漳河两岸地,淤至4000多顷,七年又引黄河、滹沱河水淤田;八年又计划全开滹沱、胡卢、黄河等淤田27 000顷等等"[③]。这些数据主要集中于黄河下游流域,只有局部价值,没有全局价值。《中国农田水利史》统计:

---

① 赵冬梅教授在《大宋之变,1063—1086》中曾花了整整一节探究此问题(见该书,桂林:广西师范大学出版社,2020年版,第313—317页),结论是王安石强词夺理,韩宗师弹劾程昉"导滹沱河水淤田,而堤坏水溢,广害民稼"是事实。但此论似可商榷,因为相关史料对于此事的后果缺乏可量化的实据考察。另外,赵教授在引述《长编》相关内容时,出现了一个不应该的省略,使得王安石的辩护在事实性的数据引用上无法显出其公信力。具体情况是,赵教授的书中说,王安石还是认认真真地答道:"经实地调查检定,程昉在河北清查出好田一万顷,又淤水新造好田四千多顷。如果陛下还要说不知道淤田的效果如何,那我就糊涂了,实在不明白陛下说的是什么!"(《大宋之变,1063—1086》,第316页)再来看《长编》的记载:上曰:"若果淤田有实利,即小小差失,岂可加罪?但不知淤田如何尔。"安石曰:"程昉淤田,既为韩宗师所奏,故令程昉差一官,又令京东转运司差一官,同检量定验。韩宗师乃不依常法,差一独员监当官往定验,决无庇盖程昉之理。今检定到出却好田一万顷,又淤却四千余顷好田,陛下犹以为不知淤田如何,臣实不审陛下所谓。"(《长编》卷二百四十九"熙宁七年正月甲子"条。)这里王安石讲得很清楚,原有好田一万顷,程昉又通过淤田得到四千顷良田,而这是弹劾程昉的韩宗师违反惯例,排斥了程昉下属独立调查的结果。赵教授简略的所谓"经实地调查检定",这很容易让人误解王安石是自我认证,所以此处不能省略。

② 赵冬梅:《大宋之变,1063—1086》,桂林:广西师范大学出版社,2020年版,第317页。

③ 姚汉源:《黄河水利史研究》,郑州:黄河水利出版社,2003年版,第102页。

"主要淤田区分布在豫东、豫北、晋南、晋东、冀东南和陕东等地，尤其集中于开封周围与京东京西一带。放淤的水源以黄河为主，同时也广泛引用了汴河、漳河、洺河、沈水、滹沱河、涑水、葫芦河及天河水等河川的水沙资源。"[①]据该书推算，熙宁大放淤的淤田数达数千万亩。淤田使得盐碱地、沙地、低洼地等大量原先被视为贫瘠地甚至荒地的土地不但得到了利用，并且变成膏腴之地。《宋史·河渠志五》有条记载就很说明问题，熙宁九年(1076)，山西绛州正平县(今山西新绛县)南董村引马壁谷水淤瘠地500余顷，皆为沃壤。"亩旧直三两千，收谷五七斗。自灌淤后，其直三倍，所收至三两石"[②]，单产翻了两番多。熙宁八年(1075)六月，王安石在与神宗讨论一项支出的合理性时顺口提及仅仅"府界淤田岁须增出数百万石"[③]，他担心丰收会引发伤农问题，于是建议将粮食运往边关以减轻本地的粮价压力。此事可见淤田惊人效益之一斑。当时放淤过的田地，质量远高于一般的民田，因此，那些经过放淤的官荒地，地价都远高于一般民田，百姓依然争购。当然这里还需要提及的是，不少学者注意到宋代的亩产量已经大大高于前代，这当然与占城稻的普及相关，也与宋代自身生产力发展相关，这生产力的发展自然也与大放淤关联。当代最重要的商业史专家之一吴慧先生也注意到了放淤与亩产量提高之间的关联，他认为，"神宗时此法推广，引淤泥入田，土质肥沃，亩产谷三石是已经打足了"[④]。这是因为北方农业没怎么发展，平均数上就大大拉低了南方的农业发展。吴慧还说："一般而论，说宋代亩

① 汪家伦、张芳编著：《中国农田水利史》，北京：农业出版社，1990年版，第323页。

② [元]脱脱等：《宋史》卷九十五《河渠志五》。

③ 《长编》卷二百六十五"熙宁八年六月戊申"条。

④ 吴慧：《中国历代粮食亩产研究》，北京：中国农业出版社，2016年版，第178页。

产谷四石或米二石是可以成立的(宋时材料:稻谷四石出米二石,在机器加工前,出米率是不可能提高很快的)。亩产米二石或亩产稻谷四石,合汉量为每亩(百步小亩)产谷 4.288 石(汉小石,4÷3.125×3.35=4.288)。折合今量,合每市亩产稻 381 市斤;比汉代稻的亩产 2.777 石(250.1 市斤/市亩),增长了 54.4%;比唐代的 3.81 石(合汉量)也有一定的增长,即增长了 12.5%。"[①]与葛金芳教授考证的"宋代全境平均亩产为 1.875 石,折合今制每亩 197.5 斤"[②]差距不大。并且,葛教授综合历史数据后得出结论,认为太湖流域"从 11 世纪 40 年代的每亩产米 2—3 石,到 12 世纪初叶,上升到 3—3.5 石米。这些记载,有的出自当时人,有的出自当地人,应该比较可信"[③]。至此,扩大农业生产能力已是如此显而易见,即使是在那个生产力不那么发达的时代,司马光所谓"天地间所生之财只有此数"之说也已不攻自破。

2.治理黄河失败

治理黄河是北宋后期的大事,也是王安石特别重视的大事。由于长期的生态破坏,黄河沿岸水土严重流失,到北宋时,黄河下游的河床已经高出地表,成为悬河。黄河的泥沙甚至波及其与淮河之间以其为水源的各沟通河,熙宁年间,汴河河床中的积沙甚至与京城内相国寺屋檐一样高。[④] 到了汛期,黄河改道,冲毁田舍、酿成洪灾,已是家常便饭。

北宋庆历八年(1048)黄河在商胡埽(今濮阳东昌湖集)决口

① 吴慧:《中国历代粮食亩产研究》,北京:中国农业出版社,2016 年版,第 177—178 页。

② 葛金芳、顾蓉:《宋代江南地区的粮食亩产及其估算方法辨析》,载《湖北大学学报(哲学社会科学版)》2000 年第 3 期。

③ 葛金芳、顾蓉:《宋代江南地区的粮食亩产及其估算方法辨析》,载《湖北大学学报(哲学社会科学版)》2000 年第 3 期。

④ 《长编》卷二百四十八"熙宁六年十一月壬寅"条。

北流，下游河道第三次大改道，并且形成了北流、东流两条河道。北流自商胡埽经今清丰、内黄、大名、馆陶、清河、南宫、枣强、冀州、衡水、武邑等县市，到天津入海。嘉祐五年（1060），黄河在大名府魏县第六埽（今南乐西）决口东北流，流经一段西汉黄河故道，沿着汉代笃马河（今马颊河）入海，这条东北河道与北流对应，被视作东流，即二股河。

王安石早在知鄞县时就对疏浚下辖河道之类的河流治理问题十分重视，据水利科技史界的研究，最早的坡坨型石塘——一种防海浪的石塘，就是王安石知鄞县时发明的。[①] 到中央主政之后，王安石对治理黄河尤为关切，他试图解决悬河问题。

将黄河引向北道还是东道，在北宋仁宗神宗哲宗三朝成为举朝参与的“河议”，或称“回河之争”，因与党争纠缠在一起，“回河之争”往往不止于就事论事，经常出于意气或治水之外的原因而不顾水文科学胡来，并且后人论史时也常常被打上党争的印记。

支持北流说的认为，北流地势比东流地势较低，是就水性之治水，同时认为东流说提出的黄河御辽说缺乏根据。而东流说的倡议者，认为黄河反正是驯服不了的，北流或东流都会泛滥成灾，大宋的经济繁荣区都在黄河南岸，将黄河引向东流的二股河，拓宽挖深河道，至少损失会小一些，同时黄河北流会有利于大辽，不利大宋。据日本学者吉冈义信《宋代黄河史研究》的梳理，“持东流说者：朝廷、执政府、都水监、新法党、贾昌朝、富弼、文彦博、吕大防、王安石、司马光（后两流并存说）、顾临、王觌、安焘、王岩叟、郭知章、许将、赵偁、沈立等（以上都水监官僚除外）。持北流说者：翰林院、台谏、转运司等。欧阳修、韩琦、司马光（最初持东流

① 张芳：《中国古代灌溉工程技术史》，太原：山西教育出版社，2009 年版，第 233 页。

说）、吕公著、孙抃、吕陶、韩绛、苏辙、范纯仁、王存、胡宗愈、曾肇、范百禄、刘挚、李常、范祖禹、孙升等旧法党官僚居多。但是执政府里的旧法党富弼、文彦博、吕大防等人持东流说”[①]。

以王安石为首的新法派，其治黄战略是欲将黄河引向东道，即二股河。熙宁二年（1069）秋天，王安石疏浚开封附近的二股河，堵北流之水，导河水入东流。但不久，黄河就在北道的南四十里许家港东决，“泛滥大名、恩、德、沧、永静五州军境”[②]。此后，熙宁四年、五年、十年，黄河继续多次决口，回河失败。为了成功回河，新法派远比旧法派更为重视科技和机械的力量。王安石设置了专门的“疏浚黄河司”（熙宁六年，1073），起用治水能臣太监程昉以及黄怀信、李公义等人负责具体事务。李公义发明了铁龙爪扬泥车治河新技术，王安石命人在此基础上将其改造成浚川耙，以此拓宽挖深河道，提高了疏浚河道挖泥沙的效率。在神宗的支持下，治黄新技术因此得以推广，但由于黄河上游不在北宋境内，治黄难以从源头入手，再加反变法派观念上甚至成为治黄具体事务上的梗阻，效果也因此大打折扣，尤其是回河派过于执着于逆水性的东流方案，当时的技术水准也不可能允许高效地疏浚河道，回河几乎必败。

公允地说，回河派与北流派各自的理由都有一定道理。北宋三次回河都失败，水患因此十分严重，但后世将失败之因全归于新法派则是不公允的。在地势问题上虽然北流派占理，但并非北流黄河就安静了，其水患并不就比回河更轻。欧阳修所谓加强两岸堤防和疏浚河道就可顺利导河北流，完全是一种想象，因为当时的技术根本不可能达到解决悬河的水准，正如回河派也未能解

---

① 〔日〕吉冈义信：《宋代黄河史研究》，薛华译，郑州：黄河水利出版社，2013年版，第192页。

② ［元］脱脱等：《宋史》卷九十一《河渠一》。

决这个问题，而且从重视科技力量的角度说，至少王安石熙宁时代的回河新法派远比旧法派更有远见。

唐宋史大家岑仲勉先生在其巨著《黄河变迁史》一书中论及后人对回河之争的党派偏见时说："还有涉于人的问题，回复东流是司马光相度过六塔、二股利害后所赞成的，他与王安石的不同只是缓进、急进的分别，而近人却专委其过于安石；疏其壅滞，是胡渭、谢肇经所主张的，而对于安石之用浚川耙，却加以讥笑，好像天下之恶皆归，这都不是公平的批判。"[①]这话就说得很公道。司马光、文彦博等名臣对铁龙爪、浚川耙的反对和讽刺本来大可不必，新事物即使作用有限也宜鼓励，而不是奚落。岑仲勉先生对于东流说的观点和实践都有许多中肯的批评，但以研究北宋治黄著称的郭志安教授则更注重从北宋政治、经济、文化、军事等更全面、更宏观的综合视角看待北宋治水的失败问题，他在其当年的博士论文开篇就提醒过：

> 防御辽朝始终是北宋朝野士人在治河活动中考虑的重要因素之一。尤其是在澶渊之盟后，治河活动的开展更是多与北宋国策军策的制定紧密联系在一起，从一个侧面折射出北宋以兵立国、以防边为重的基本策略。主东流者之所以不惜"逆河之性"，其深层原因即在于此。……在当时特殊的社会环境下，北宋政权一方面要加强对黄河的治理，另一方面又要重视发挥黄河在防御辽朝中的重要作用，也就导致北宋政府长期疲于应付治河与御辽两条战线。从北宋政权的角度上来讲，这也是在当时的客观环境之下因形势所迫而做出

① 岑仲勉：《黄河变迁史》，重庆：重庆出版社，2022 年版，第 378 页。

的一种无奈选择。[①]

后世不少人将东流派无奈逆水性治河视为荒诞派治水正是缺乏全面视角导致的苛评。

3.清丈田亩均平税负的成就

方田均税法(熙宁五年,1072 年 10 月 12 日)的实施目的是检查隐田,重新清丈田亩,以均赋税。北宋到仁宗时期,田亩数已大大增加,但田赋却并未增加,原因就在于品官形势之家隐瞒田亩以逃赋税,田赋因此逐渐转移到一般农户家庭。方田均税法因此在重新清丈土地(方田)后,将投靠豪强、“诡名挟佃”的子户纠正为主户,让他们正常承担法定田赋(均税)。由于反变法派的阻挠以及清丈土地在技术上的一定难度,方田均税法并没有在全国推广,而只是在京东、河北、河东、陕西和开封府界等五路实行。从熙宁五年(1072)到元丰五年(1082 年)十年间,这五路“天下之田已方而见于籍者,至是二百四十八万四千三百四十有九顷云”[②]。即 2. 48439 亿宋亩,“元丰间天下垦田之数,比治平时所增者二十余万顷”[③](两千多万宋亩)。当时全国登记在册的总田亩数是 4. 616556 亿宋亩[④],五路方田的数量已达原田亩登记总数的 54%,这自然是个惊人的成果。

本书前一章讲过景祐三年至五年(1036—1038)大理寺丞郭谘当河北洺州(今河北邯郸东北)肥乡县(今河北肥乡)代理县令时因实施方田均税法,而“免除四百户无地而承担田赋者,征收一

---

① 郭志安:《北宋黄河中下游治理若干问题研究》,河北大学 2007 年博士学位论文,第 3 页。

② [元]脱脱等:《宋史》卷一百七十四《食货上二》。并见[元]马端临《文献通考》卷四《田赋考四》,不过《文献通考》说这个数字是元丰八年的。

③ [元]马端临:《文献通考》卷四《田赋考四》。

④ [元]马端临:《文献通考》卷四《田赋考四》。

百户有地而不承担田赋者,收回田赋八十万石,流亡农户因此纷纷回乡”。熙宁五年至元丰五年这十年间实施方田均税法的效果应该是类似的。虽然没有更多的具体数据以及史料记载可以征引,但至少方田均税法在其正常实施时,其促进生产,使得农民安居乐农而不是逃亡当是无疑的。故熙丰时期的方田均税法,一方面有助于公平赋税,另一方面有利于稳定社会,其经济效益既有间接也有直接的。后来徽宗时代的蔡京方田法则违背方田与均税的初衷,与熙丰方田法不可同日而语,沦为恶法。

(二)总体上成功的商业政策

1.市易法的失败

王安石对商业的态度,一方面是认为“货贿通流而国用饶”①,另一方面,“古通有无,权贵贱以平物价,所以抑兼并也”②。王安石对豪商巨贾的兼并之家早有欲除之之意,他在《茶商十二说》里就说过:“其为害广也如此,不可不去也。”③这样的话。苏辙认为王安石仇视豪右,他说:“王介甫,小丈夫也。不忍贫民而深疾富民,志欲破富民以惠贫民,不知其不可也。”④苏辙这个说法虽然是出自官僚阶层鄙视蔑视贫民的高位俯视的视角(其反对免役法的理由可确证此视角),而不是出于现代经济学原理的视角,但结果意义上是正确的。

王安石推行市易法,如邓广铭先生所言:“其目的,是要把都城开封和其他较大的商业城市中市场物资的‘开阖敛散之权’,主要是对物资价格的规定以及对物价起落的操纵之权,从豪商富贾

---

① [宋]王安石:《王安石文集》(全五册)卷四十一《上五事札子》,北京:中华书局,2021年版。

② 《长编》卷二百三十一“熙宁五年三月丙午”条。

③ [宋]王安石:《王安石文集》(全五册)卷七十,北京:中华书局,2021年版。

④ [宋]苏辙:《栾城三集》卷八《诗病五事》。

的手中夺取到政府手中，一则可使物价能基本稳定，二则可使一般小商贩得免于豪商富贾的欺凌压榨，三则北宋政府可以分享一向归豪商富贾所独享的部分利权。”[①]以此而论，应该说市易法在政府利用权力夺取市场定价权方面基本上实现了其目的。然而，问题不在于此。市易法实施不久，市易组织就开始扩张，市易务在京师合并了榷货务（主管茶盐等专卖商品的买卖）、都商税院（征收商税）、杂卖场、杂买务（政府采购）这些商税机构。合并如此之多商业部门的市易务，其权力之大，可谓囊括京师最重要的市场管制权，其居中协调的本意早已不复存在。除了京师，各地方政府也开始陆续设置市易务，京师市易务由此升格为总领各地市易务的都提举市易司。免行役法的实施，原本是为了利于普通商贾摆脱豪商大贾盘剥而给政府交纳的“保护费”，此法对外地商人收市利钱，对京师商贾收免行钱，这些钱送存市易务下辖的抵当免行所，贷款收息，以供吏禄。

可见，市易法在打击豪强商贾的同时，并没有达到稳定物价的目的。由于市易司兼具营利之目的，故市易司的定价权在毫无监督和制衡的前提下，并不具有公正性。同时，其利用权力所获取的市场定价权只是让价格失真，市场丧失其自身发现价格信号的功能。权力在剥夺豪商富贾超额利润的同时，也剥夺了普通商贾的正常商业利益，其最后的效果，只能是商业萧条。显然，市易法取缔了市场上的兼并豪商，却创造了比市场豪商更恐怖的兼并者，即权商巨无霸。虽然它还没有搞得货架阙如无货可卖的地步，但离统购统销也已经并不遥远。如梁庚尧先生所言：“市场经营在不断扩大的过程中，已经与当初立法的内容有很大的差距，

---

① 邓广铭：《北宋政治改革家王安石》，北京：生活·读书·新知三联书店，2017年版，第175页。

经营目标也与当初的立法精神不完全一致。”[①]市易法对商业经济并无增效，而只有减效。虽然这不是王安石的本意，但他曾说：“盖制商贾者恶其盛，盛则人去本者众；又恶其衰，衰则货不通。”[②]饶是王安石深谙权力无制之弊，他也无法控制市易司掌握商业管制之权后无度的权力扩张，虽然品官形势的兼并商贾是被摧毁了，残贼普通商贾的科买政策也被取缔了，所有从政府采购中赚取超额利润与腐败利润的内外蠹虫们也都暂时蛰伏了，但商业领域的民生凋敝也是显而易见的。

2.扶商政策

好在抑兼并的强烈念头还没有导致王安石完全不顾及商业的重要性，他依然认为商业流通是重要的。为此，熙宁新法在除了市易法这一糟糕的商业管制政策，尚有诸多可圈点的商业政策。比如，宋神宗—王安石任用的发运使薛向因使用商船参与漕运，就打破了官船的漕运垄断，引入竞争机制使得漕运成本降低，漕运效率和收益都增加，这是非常典型的妙用民间商业。又如，熙宁七年（1074）废除汴京国门商税数十种，税钱不满三十文的免征。还有，免除百姓为纳税而运送货物到边境贸易的商税；河北流民回乡重操旧业的免征过税等；入京的石炭（煤）免税；元丰年间也有诸多减税政策，比如元丰元年，滨州等三洲免除税额不足百文的竹木税、鱼果税、炭箔税；元丰二年，熙河路官员制置边防财用因自作主张在熙河路搞专买专卖而被转运使蒋之奇弹劾；元丰六年，免除商税中的加倍税……[③]这些扶商政策虽然都是零星

---

① 梁庚尧编著：《北宋的改革与变法：熙宁变法的源起、流变及其对南宋历史的影响》，台北：台大出版中心，2022 年版，第 92 页。

② ［宋］王安石：《王安石文集》（全五册）卷七十二《答韩求仁书》，北京：中华书局，2021 年版。

③ 这里的减商税史料均来自［元］脱脱等《宋史》卷一百八十六《食货下八》、［元］马端临：《文献通考》卷十四《征榷考一》。

的小政策，与市易法那样的大规模大面积摧残商业的政策相比，力量小很多，但无论如何，对于市场毕竟是正向的鼓励之举，从中可见出熙丰新法并非如一些评论者认为的那样只是一味抑商，而是力图如王安石所说的那样寻求一种健康的商业，但市易法的破坏力确实太强。

3.引入民间竞争改善榷法

王安石对榷法的态度，不但从其嘉祐五年(1060)的《论茶法》以及《茶商十二说》中可知："国家罢榷茶之法，而使民得自贩，于方今实为便，于古义实为宜，而有非之者，盖聚敛之臣，将尽财利于毫末之间，而不知与之为取之过也。"[①]他的这一见解和态度终生未变，熙宁年间在应对神宗欲行榷茶时，王安石更是直截了当地反对："榷法不宜太多。"[②]因此，在熙宁三年，王安石当宰相期间，他将一向专卖的建茶腊茶改行通商法。熙宁七年(1074)，神宗为开边需要不顾反对在部分地区施行茶叶专卖新政之前(这一新政显然不会是王安石的主张，而是宋神宗自己的想法。熙宁七年川茶入陕设榷，熙宁八年被以王安石为首的中书劝罢[③]，但熙宁九年四月廿二日，神宗直接下令在四川本地设榷，这项政策应当是让王安石很不赞成的，他对于川茶入陕设榷都力抗，怎会同意在四川本地还禁榷？川茶要到元祐年间才罢榷)，市场不但基本上延续了仁宗嘉祐四年(1059)以来的"通商法"，通商法的范围如上引史料东南地区尚有扩大，通商法的废除是在蔡京执政后的崇宁元年(1102)。

王安石执政期间的熙宁五年二月，朝廷对酒榷领域进行了看

---

① [宋]王安石：《王安石文集》(全五册)卷七十，北京：中华书局，2021年版。

② [宋]王安石：《熙宁奏对日录》，转引自陈瓘《四明尊尧集》卷五。

③ 《长编》卷二百七十四"熙宁九年四月丁未、戊申"条。

似动静不大的改革,但影响巨大。李华瑞先生将此改革准确概括为“一方面是官榷制得到了加强,另一方面买扑制在全国得到广泛推行,‘遍天下扑买’”[①]。在全国推广买扑制的做法说起来相当简单,就是在全国推广真宗祥符元年(1008)在东南地区创立和实行的由商贾投标、谁投的标高就由谁经营的“实封投状法”,以此打破以前由那些豪商关系户(可以想象,八成是官员裙带、官员白手套或者是与官员有特殊关系的豪商大贾)对酒业的垄断。熙宁新法以引入买扑坊场制与官营坊场制形成竞争后,由于榷酒制度因此得以改善,从而酒税收入大增。李华瑞先生根据史料中记载的相关统计数据,推断熙宁晚期买扑坊场制下的民营酒税收入大约是榷酒税收入的五分之一,但民营酒税随着酒业新政的实施而不断提高,到熙宁十年时已增加到榷酒税收入的二分之一,但熙丰之后,也就是元祐以后,民营酒税无论收入总量还是占比都呈下降趋势。[②]《宋会要辑稿》里同时收录了两条可资对照的史料,一条是《食货二十之十》的记载:“(元丰六年)九月四日,京东路转运副使吴居厚言:本路酒务税课利增百七十九万五千余缗。诏:三司可议赏典。详见商税门。”另一条是《食货二十之十一》的记载:“绍圣元年六月十四日,权发遣淮南路转运副使吕温卿言:‘监司所以纠绳郡县,而元祐初所用多昏老疲懦,是致吏事隳废,财用窘乏。齐州自元祐元年至八年终,茶盐酒税比祖额共亏四十万九千余贯,以一州推之,则天下可知。欲乞立法考察惩劝。’”前一条是讲神宗熙丰新法时,在买扑坊场制下,元丰六年光是京东路的酒税就比前一年增加了 1 795 000 余缗(按李华瑞先生的算法,民营坊场酒税大约是监酒酒税的五分之一,其中的民营坊场

① 李华瑞:《宋代酒的生产和征榷》,保定:河北大学出版社,2001 年版,第 201 页。

② 李华瑞:《宋代酒的生产和征榷》,保定:河北大学出版社,2001 年版,第 209—210 页。

酒税也不少);而后一条表明元祐更化废除了买扑坊场制回到以前的官营坊场制之后,从元祐元年到元祐八年终,茶盐酒税比额定指标少了409 000多贯。这一进一出在财政上当然是极大损失。元祐更化废除熙丰新酒法时,苏辙有个奇怪的论调,说什么很多竞标的人往往竞标的时候只是为了争气好胜,以远超出预期价投中,开始经营之后利润微薄,欠官府的钱还不上,以至于倾家荡产。[①] 持有这种论调的甚至不止苏辙一人。可以想象,苏辙说的这种情况作为个别定然是存在的,但不可能是成规模的,因为这不符合通常的人性。就像苏轼为了反对青苗法,就在奏议里说每逢散俵青苗钱的时候,官府"必令酒务设鼓乐倡优,或阙扑卖酒牌,农民至有徒手而归者,但每散青苗,即酒课暴涨"[②],事实上这种说法根本经不起推敲。漆侠先生曾就此有过评论说:"'农民至有徒手而归者',从文字上看也只是个别现象,官府'酒课'当然不可能因此暴增,也不可能因放青苗而'暴增'。只有在生产增长、生活条件有所改善的条件下,像酒这一类的消费品才能多消费一些,酒税才能多增一些。"[③]李华瑞先生在此基础上深入考证此事,苏东坡之说与事实自然是大相径庭。[④] 苏轼与苏辙都以文学名世,善于修辞,有时为了文字效果会刻意伪造典故甚至不惜造谣,苏轼的科考卷子就是伪造典故以备其说骗过主考官欧阳修,苏轼

① 《长编》卷三百六十六"元祐元年二月甲戌"条。

② 《长编》卷三百八十四"元祐元年八月己丑"条。

③ 漆侠:《漆侠全集》第四卷《宋代经济史》(下册),保定:河北大学出版社,2009年版,第868页。

④ 李先生说:"'农民至有徒手而归者',从文字上看也只是个别现象,官府'酒课'当然不可能因此暴涨,也不可能因放青苗钱而暴增,最显而易见的是,北宋酒课在庆历时曾高达一千七百万贯,嘉祐旧额约至一千三百四十余万贯,而熙宁十年祖额则只有一千三百一十万贯。若按苏轼所说'酒课暴增',熙宁年间酒课应有大幅度上升,可事实上不仅没有增,反而有所下降,可见苏轼的记载是有悖于事实的。"(李华瑞:《宋代酒的生产和征榷》,保定:河北大学出版社,2001年版,第293页。)

反对免役法时曾说："免役之害，掊敛民财，十室九空，钱聚于上，而下有钱荒之患。"[①]就这23个字里，就有多处错误，且不论"十室九空"这种骇人听闻的修辞毫无根据，将北宋钱荒归因于免役法一个政策更是和张方平、司马光等人一样，是典型的偏见蒙眼之论。唐以来的钱荒成因相当复杂，免役法最多只是其中一项次要原因，后文将详细讨论这个问题，"作为当时一种客观存在现象的'钱荒'，仅只是被用来反对新法的一种凭借罢了"[②]。而苏辙诬枉王安石主张弃地辽国，无根据地将"毋使上知"这种谣言当实据厚诬王吕关系更是有今古多人严谨考证批驳。因此，严谨向来不是苏氏兄弟的美德，遇到他们的奏议，需谨慎以待。《长编》和《长编拾补》等多种史料说王安石视三苏为纵横家，倘若荆公真有此论，也许并不完全冤枉他们。

事实上，正如李华瑞等学者所研究的结果，熙丰酒业新法对于财政收支影响并没有那么大(从仁宗治平年间到神宗熙宁年间的酒税增长速度确实一般[③])，重要的是，全国范围推广招标模式的民营酒业，不但对于整个酒业的兴盛厥功至伟，并且在创造良性营商环境方面也功不可没，例如实封投状法随着酒业扑买制的展开也扩展到盐业扑买制领域，是宋代繁荣的商业中重要组成部分。

熙宁时期，榷盐制度与扑买制度并行，王安石虽然总体上并不那么赞成禁榷制，但对于盐业是否应该推广扑买制，在熙宁初年时是比较谨慎的。熙宁二年(1069)，因衢州实行盐业扑买制的

① 《苏东坡奏议集》卷三《辩试馆职策问札子》。

② 萧清：《中国古代货币史》，北京：人民出版社，1984年版，第228—229页。但此书对钱荒的成因有许多自相矛盾的观点。

③ 参见李晓《宋代茶业经济研究》"表18：宋代盐、酒、茶专卖收入占货币性财政收入的比重"，北京：中国政法大学出版社，2008年版，第230—231页，。

财政收入已相当于整个两浙路的盐业收入,有名为万奇者建议在两浙路推广盐业扑买制度。年迈的前参知政事衢州人赵抃对此兴趣很高,神宗问王安石怎么看,王安石反对在两浙路实行盐业扑买制,他认为衢州和湖州实行的盐业扑买制度,妨碍了两浙路东西的官卖盐业。[①] 郭正忠先生认为:“王安石的这一见解,显然反映了当时的实际情况。稍后时期卢秉推行酒户买扑销盐而限其‘毋得越所沽地’,便吸取了衢、湖州扑买的教训。”[②]随着改革的深入,王安石越来越回到“榷法不宜过多”的固有思路上,熙宁五年(1072)是扑买制全面开花的一年,不但酒业在全国推行扑买制,卢秉提举两浙盐时,将盐业扑买政策附于酒业扑买制,并且进行了更具合理性的相应改造,终于在两浙路落地。

可见,王安石对盐业的禁榷制或解禁制采取的是一种尽可能减少禁榷前提下的实用主义态度,比如他在熙宁六年(1073)的一次廷议辩论中就认为,要么索性将盐业全面开禁,如果不打算开禁,实行禁榷制,就得严厉打击私盐,否则既不罢榷、又宽私贩,简直就是纵容百姓走私而陷其于犯罪的境地。[③] 至此,除了川陕井盐区、江南西路海盐区,还有两浙路海盐区都实行了榷盐与改造后更合理的扑买制并行的盐政。如有研究者指出,熙宁时期,不但是盐业的买扑制巅峰时代,也是宋代整个扑买制度的巅峰时期。[④] 熙宁新法在经济领域奉行的官民分利政策在扑买制的大规模推行中得到了清晰的展示,其对于经济生产的促进效应也是显而易见的。

---

① [元]脱脱等:《宋史》卷一百八十二《食货下三·盐中》。

② 郭正忠:《宋代盐业经济史》,北京:人民出版社,1990 年版,第 555 页。

③ 《长编》卷二百四十七“熙宁六年十月庚寅”条。

④ 杨永兵:《宋代的买扑盐业》,载《盐业史研究》2010 年第 2 期。

4.开铜禁:汉以后唯一的矿冶自由时代

熙宁新法在经济领域的“官民分利”思路,不仅体现在前述各项事务中,也体现于其他诸多领域,坑冶矿业就是其中一例。坑冶矿业在宋代尤其神宗朝得到惊人的长足发展,“宋神宗熙宁后期(1074—1077)铜岁课为2 170.4749万斤,铅919.7335万斤,锡615.9211万斤,分别是宋太宗至道末的5.3倍、11.6倍和22.9倍,是唐代宣宗时期(847—859)铜的33倍,铅的80倍”①。这一事实在宋史研究中很突出。20世纪的矿冶史学界主流观点(例如夏湘蓉《中国古代矿业开发史》、王菱菱《宋代矿冶业研究》)迄今认为,这些成就的取得与熙丰新法关系密切,其中尤其是二八抽分制和募役制的推行。宋史学界以漆侠先生为代表,在其名著《宋代经济史》中也持此论:“召募制取代了劳役制或应役制,二八抽分制取代了课额制,这是采掘冶炼手工业内部生产关系的一次重大变革,而这次重大变革是实行这一变革的熙丰时期采掘冶炼业发展到两宋顶峰的根本原因。”②其中提到的二八抽分制,是指官府取二,剩下八由冶户自留的分成制。熙宁新法在矿冶业方面的政策被当代著名商业史家吴慧先生认为:“对于金属采冶等生产性的活动,王安石主张给生产者较大的经营自由权。他的扩大通商的思想在这上面就表现得最为充分。”③华山先生在论文《宋代的矿冶工业》中进一步认为:“北宋矿冶工业大概在王安石变法一段时间中,达到最繁荣的时代,此后便有逐渐衰落的趋势。”④这

---

① 魏天安:《宋代官营经济史》,北京:人民出版社,2011年版,第425页。

② 漆侠:《漆侠全集》第四卷《宋代经济史》(下册),保定:河北大学出版社,2009年版,第567页。

③ 吴慧:《中国古代经济改革家:镜鉴兴衰三千年》,北京:社会科学文献出版社,2016年版,第338页。

④ 华山:《宋代的矿冶工业》,载氏著《宋史论集》,济南:齐鲁书社,1982年版,第114页。

些观点依然是学界的主流观点。关于二八抽分制，最近十年来，宋史学者魏天安先生在其多篇论文和专著中力驳此论。经过对一些较为可信的史料缜密考证后，魏先生认为，熙宁时代，二八抽分制没有替代课额制，也只有金银两种矿冶业推行二八抽分制，其他金属铜、铁、铅、锡等都没有实行二八抽分制。同时，募役制由来已久，并没有取代应役制，且金银收入数并没有因二八抽分制而提高，其他金属收入数量的激增不是源于二八抽分制，二八抽分制没有改变生产关系。[①] 魏先生的这一考证对于澄清和进一步了解熙丰时代的矿政有极高的史学价值，但他并没有同时证明到底是什么原因导致铜、铅、锡的朝廷课入数在熙丰年间达到宋代巅峰这一结果。

其实，要解答这个问题并不难。熙宁新法有利于矿冶业的最有力证据，应该是王安石开铜禁。所谓铜禁，“是指官方为了保证铸造铜钱原料供应而颁布的一些禁令，主要包括禁止私自开采和冶炼原铜、禁止私自贩运原铜、禁止私自制造铜器等”[②]。铅和锡也是铸造铜钱所必需的原料，因此也在附带被禁之列。根据汪圣铎先生的概括，宋代铜禁的内容主要包括：禁止私人采炼、私人占有原铜、禁止私造铜器、禁止铜出境、禁造鍮石、禁采炉甘石。由于涉及铸币这一经济命脉问题，整个宋代，朝廷只有在熙宁新法王安石执政时废除了铜禁。废除铜禁的政策，据张方平所录《编敕条例》，为“诸不产铜、铅、锡地分，铜、铅、锡官自出卖，许通商贩，及听以铜、铅、锡或鍮石铸造器用卖买，仍并免税”[③]。即包括

---

① 魏天安：《宋代官营经济史》，北京：人民出版社，2011年版，447—464页。

② 汪圣铎：《两宋货币史》（上册），北京：社会科学文献出版社，2016年版，第115页。

③ ［宋］张方平：《乐全集》卷二六《论钱禁铜法事》，郑州：中州古籍出版社，2000年版，第413页。

但不限于：取消铜钱出境之禁，允许民间向官府私购铜铅锡并通贩各地，允许民间私铸铜器出售，私贩铜、铅、锡器并享免税政策等。开铜禁之举不仅在当时曾引发朝野物议，迄今也没有获得史学界统一的认识——誉之者赞其推动了自由经济的发展，毁之则斥其加剧钱荒（钱荒问题容后文详论）。

王安石开铜禁的原因，史无明文记载，但从苏辙《龙川略志》那篇《与王介甫论青苗盐法铸钱利害》[①]推测，可能是王安石认为，既然民间私铸铜器获利远高于私铸铜钱，那就说明市场上的铜钱已经太多，已经造成通货膨胀，放开铜禁（包括私铸与出境），就是让市场自己去调节，铜器数量与货币数量最终会获得某种市场均衡。应该说，王安石已经有了清晰的货币数量论和自由贸易的思路，这在当时北宋士大夫阶层中确实过于超前。张方平、苏辙、司马光等人都还只能将目光停留在全面的政府管制思路上的时候，他已经越过这一陈旧的老视线。当人们还在为钱荒痛心疾首的时候，他已经看到钱荒地区之外的通货膨胀问题。后人在论证王安石开铜禁导致钱荒时经常会引用张方平的奏议和苏辙与王安石的这段对话，殊不知，钱荒和利用铜钱私铸铜器谋高利是不可能同时同地大规模持续存在的。钱荒之地铜钱昂贵，怎么会出现钱荒与使用铜钱私铸铜器获高利并存的现象？即使短时间

---

① ［宋］苏辙：《龙川略志》卷三《与王介甫论青苗盐法铸钱利害》，内容如下：一日复问铸钱，对曰："唐'开通'钱最善，今难及矣！天禧、天圣以前钱犹好，非今日之比，故盗铸难行。然是时，官铸大率无利，盖钱法本以均通有无，而不为利也。旧一日铸八九百耳，近岁务多以求利，今一日千三四百矣。熙宁初止此，间后又增二千矣。钱日滥恶，故盗铸日多，今但稍复旧，法渐正矣。"介甫曰："何必铸钱？古人以铜为器皿，精而能久，善于瓷漆。今河东铜器，其价极高，若官勿铸钱而铸器，其利比钱甚厚。"对曰："自古所以禁铸铜为器皿者，为害钱法也。今若不禁铜器，则人争坏钱为器矣。"介甫曰："铸钱不如铸器之利，又安以钱为？"对曰："人私铸铜器，则官铜器亦将不售。"介甫曰："是不难，勒工名可也。"不对而退。其后铜器行而钱法坏。

并存,市场供需关系和价格信号本身会使得这一畸形市场形态被适时改变。且不论私铸铜器与钱荒之间同时同地的相互关联性,前文已经引述史料表明,熙宁后期元丰初年,朝廷的铜铅锡课税额都是两宋最高数额,而这三种金属正是铸造铜钱所必需的金属。《文献通考》记载,仁宗皇祐中期(1049—1054),铜铅锡这三种铸币必需金属的朝廷课税额为"铜五百一十万八百三十四斤,铁七百二十四万一千一斤,铅九万八千一百五十一斤,锡三十三万六百九十五斤""铜一千四百六十万五千九百六十九斤,铁五百五十万一千九十七,铅九百十九万七千三百三十五斤,锡二百三十二万一千八百九十八斤"[①]。也就是说皇祐中期至熙宁后期,仅仅过了十几二十年朝廷课税额里,铜增长了近两倍,铅增长了近百倍,锡增长了近七倍(其中铅增长的数目特别庞大,可能是铜钱合金比例中铅的成分大大提高了)相关的,铜钱的铸钱数也随之大增。沈括曾提及熙宁六年后的铸钱数:"国朝初平江南,岁铸七万贯。自后稍增广,至天圣中,岁铸一百余万贯。庆历间,至三百万贯。熙宁六年以后,岁铸铜铁钱六百余万贯。"[②]沈括熙宁年间当过三司使,此数不虚,且有其他史料如王应麟《玉海·卷一百八十·食货·钱币·元丰二十七监》记录了与沈括数据可资相互印证的精确统计数据(根据前述四种金属的产量前后变化可推知铜钱铸钱数大增,而铁钱铸钱数不但没有增长,还可能减少了)。如此巨额的连年货币投放量,对当时的经济发展有着不可忽视的贡献,虽然它的货币增量未必会像青苗免役的货币减量那样让人直观地看到。

王安石主持的开铜禁政策没能实行多久,熙宁七年(1074)开

① [元]马端临:《文献通考》卷十八《征榷考五·坑冶》。

② [宋]沈括:《梦溪笔谈》卷十二《官政二》。

禁,元丰年间就逐渐萎缩,神宗去世后的元丰八年(1085)被废除,恢复之前的铜禁政策,才实行了不到11年。因此,无论在矿冶领域,还是金融领域,它都缺乏足够的时间去完成使命,而只能获得短暂的矿冶之利,金融之利需更多相关的协调性和辅助性政策支持,容后文详考。

王安石开铜禁至少可以证明,熙宁时代的矿政不但是两宋,也是汉武帝之后的中国史上矿政最少管制、最多自由的时代。王安石从观念到政策,都是如此。熙宁八年(1075)四月,斩马刀局工匠因不堪强制性的苦役和虐待,忍无可忍下杀了作头和监官,宋神宗为防后效,下令禁军百人“分地守宿”,以便应急镇压。王安石则不以为然,他认为处理这种事应当宽仁,并建议说,既然要让人做事,就得是人家情愿的,才能长久。神宗说,要都按市价,哪来那么多钱给他们!王安石说,《礼记·中庸》上说,按劳给酬,百工才会来。既然是按劳给酬,就没有强迫人应役的道理。再说,以天下之财,给天下之用。明白了这个道理再去理财,怎么会担心钱不够花呢。完全不必搞得这么抠抠搜搜。如果嫌京师匠人的工钱太贵,听说信州铁好匠工器精,工钱还非常便宜,交给他们定做不就行了。[①] 这段对话很能代表君臣二人不同的风格,王安石并不喜欢用强硬的方式敛财、盘剥,而是试图通过市场以合理的方式增加财富,绝非什么聚敛之臣,而宋神宗倒确像一个为了敛财不顾人民死活的皇帝。王安石倾向利用市场发展经济,以及“官民分利”的思想是相当清晰的。

(三)稳定市场的货币政策:解决钱荒、折二钱

要全面考察熙丰新法的经济效果,有一个领域是无法回避

---

① 《长编》卷二百六十二“熙宁八年四月己丑”条。

的，就是熙丰新法中的金融政策。青苗法和免役法这些高度货币化新政的推行，对朝廷投入市场的货币量存在一定考验，但对于货币量的影响到底多大尚需实证考察。遏制唐以来的钱荒问题，减轻新法带来的货币量负担，是朝廷必须面对的棘手问题。“王安石变法时期，货币政策有三个较大的变化；一是将陕西的折二钱扩大到广大铜钱区；二是解除铜禁和钱禁；三是大力增加铸钱”①。

北宋钱荒问题，是经济史学界长期关注的热点问题。钱荒在中国货币史上并不罕见，北宋的钱荒首先也是沿唐朝而来，除了唐后期战乱频仍，也与杨炎推行两税法关系极大。不过，北宋的钱荒有其自身特点，首先，它不是全国性的，而是局部的。苏辙就说过，“东南诸郡犹苦乏钱。钱重物轻，有钱荒之患”②。苏轼也说过，“浙中自来号称钱荒，今者尤甚”③。司马光也说：“今江淮之南民乏钱谓之钱荒。”④钱荒主要集中于东南地区，即淮南路（熙宁五年分为淮南东路和淮南西路）、两浙路、江南东路、江南西路、荆湖北路、荆湖南路等地，相当于现在的安徽中南部、江苏中南部、上海、浙江、江西、湖南、湖北等北宋经济最发达的铜钱区。其次，北宋东南钱荒的成因复杂，是权力性、政策性与自然性相互交织在一起的。最后，东南地区的钱荒持续时间相当长，朝廷长期缺乏应对能力，与其未能深切了解钱荒原因有很大关系。

由于新旧党争，因此旧党在论及钱荒时，最关注的往往是青

① 高聪明：《宋代货币与货币流通研究》，保定：河北大学出版社，1999 年版，第 86 页。

② 《长编》卷三百七十七“元祐元年五月乙丑”条；苏辙：《栾城集》卷三十八《乞借常平钱买上供及诸州军粮状》。

③ 《长编》卷四百三十五“元祐四年十一月甲午”条。

④ ［宋］司马光：《司马光日记校注》，李裕民校注，北京：中国社会科学出版社，1994 年版，第 107 页。

苗法和免役法的实施。研究北宋钱荒的学人都会注意到张方平的著名奏议《论钱禁铜法事》,他说:“公私上下,并苦乏钱,百货不通,万商束手。又缘青苗、助役之法,农民皆变转谷帛,输纳见钱,钱既难得,谷帛益贱,人情窘迫,谓之钱荒。”[①]这是将青苗法和免役法视为钱荒的直接根由了。汪圣铎先生在《两宋货币史》中辟了专门的章节讨论钱荒问题,他认为北宋钱荒是由财政货币化过速导致的周期性季节性假象,钱重物也重的现象,以及铜钱被偷运出境、窖藏、熔铸铜器牟取暴利现象,说明铜钱低于其本身价格,由此可证,钱根本不“荒”。[②] 汪先生这一看法不同于通常的主流见解,但对于北宋钱荒问题的成因解释依然略嫌简化。无须讳言青苗法和免役法加剧钱荒,但显然仅此不足以解释何以全国都实施青苗法和免役法,唯独“东南诸郡”出现钱荒,而西北甚至还在闹通货膨胀。都是大宋天下何以不能同此凉热,显然有比青苗免役更严重的原因才会导致东南长期钱荒。

从货币史角度看东南钱荒问题或许会清晰一些。

(1)经济发达带来的货币需求未得到满足。自中晚唐以来,中国经济的重心逐渐南移,到北宋时,东南各路已是全大宋最重要的赋税重地,所谓“江淮熟天下足”讲的便是这件事。再加宋真宗以来,能够一年两熟的占城稻在两浙江淮地区的全面推广,使得经济进一步快速发展。[③] 富足必然与商业发达相关,而商业发达,作为支付手段的货币就必须相应跟上,但北宋的货币政策却

---

① 《长编》卷二百六十九“熙宁八年十月壬辰”条。

② 汪圣铎:《两宋货币史》(上册),北京:社会科学文献出版社,2016年版,第223—226页。

③ 丁涛:《北宋东南钱荒缘由考辨》,载《中华文化论坛》2018年第12期。所见近30年来研究北宋钱荒问题的数十篇论文中,我认为这篇论文的持论是最合理的。尤其是该论文关注到占城稻的推广与经济发展和货币需求量增长之间的关系,以及北宋各地区的货币政策差异,是突破了之前讨论的新见解,值得重视。

严重滞后,各个方面都拖了经济的后腿。

(2)货币政策滞后,地区货币壁垒阻碍了自由货币流通。北宋自太祖建政以来,货币政策大量延续五代割据时各地自为的状态,“平广南、江南,亦听权用旧钱,如川蜀法”①。所谓旧法,便是东南地区与中原地区的货币不得自由流通。虽然后来政策有所调整,但一直到熙宁年间都没有形成全国统一的货币市场,几经调整,一枚小平钱在中原地区面值十文,而在两浙依然还是以前的三文,其他东南诸路则是五文。于是,“就金属货币而言,北宋期间,铜、铁钱并行,其中成都、梓州、利州、夔州四路专行铁钱,陕西及河东两路铜、铁钱并用,其余地区通行铜钱。各地区铸造发行的铜、铁钱,其重量、大小、成色、形状也不尽相同,各种不同类型的钱币只能在区域内强制流通”②。由此,在一个人为的货币壁垒政策下,互不通流的货币,尤其是当时金银等贵金属货币还没有成为市场的主流支付手段,贱金属货币铜钱还是单一的主流货币,川蜀地区甚至使用铁钱,直到嘉祐四年之后,“陕西、河东成为铜钱、铁钱兼行地区,川蜀四路为铁钱区,其他各地为铜钱区”③,货币无论在质量、数量还是在流通上,都已经成为经济发展中的一个大问题。

(3)财政政策上货币收发的地区差异。在货币投放上,北多南少,中央财政的支出主要在北方,开支庞大的军费、百官俸禄、朝廷礼仪等相对于生活市场具有压倒性市场力量的财政市场,主要集中于京畿附近和其他北方地区。而在货币回笼上,南多北少,因东南地区离地处中原的京城更远,赋税货币化程度显然需

---

① [元]脱脱等:《宋史》卷一百八十《食货下二·钱币》。

② 吴旭霞:《宋代钱币封建割据性原因初探》,载《江西社会科学》1989年第3期。

③ 陈振:《宋史》,上海:上海人民出版社,2016年版,第316页。

求更大,征收的货币量相比于别的地区因此也就更大。东南钱荒西北通货膨胀这种东边日出西边雨的现象,就是货币壁垒和政策性货币收发不均衡共同造成的。沈括在论及钱荒成因的八个原因时曾提到货币流通速度问题,“钱利于流”①的思想极具创见,而货币壁垒便是沈括此说一个有力的反向证据。

(4)北宋铜钱国际货币化的阵痛。由于北宋的铸币技术比周边国家都高,北宋铜钱因此很受周边国家欢迎,“宋代所铸的铜钱,在当时的海外诸国作为通行货币使用,需求量很大。如在高丽、日本和交趾,宋钱均作为主货币行用,即使在实行金银本位制的东南亚(交趾除外)以及印度南部沿海和阿拉伯地区,宋钱也担当着辅币功能”②。铜钱因此大量外流。日本产银不产铜,北宋铜钱在日本的币值比其本国铜钱价廉物美很多,由此成为中日商人共同套取巨利的重要元货币;北宋与东南亚国家之间还存在贸易入超问题。所有这些因素叠加后,使得东南地区成为北宋铜钱走私出口以及贸易入超导致铜钱减少的主要通道。

(5)社会用铜数量激增,熔钱铸器现象严重。五代以来佛教禅宗崛起,佛教在全社会都在大规模兴起,因造像等需求,再加其他领域比如家用礼器、生活用具(比如铜镜)等,社会性用铜数量激增,张方平所谓“销镕十钱,得精铜一两,造作器物,获利五倍”③。正是用铜数量激增的反应,而这也使得铜钱数量减少。

(6)社会富裕后,货币窖藏现象增加,减少了货币。人类生活总是要应对未料到的危机,存钱自古及今都是中国人应对危机的重要手段之一,北宋人也不例外,因此,窖藏铜钱就成为整个北宋

① 《长编》卷二百八十三“熙宁十年十月壬寅”条。

② 黄纯艳:《略论宋朝铜钱在海外诸国的行用》,载《中州学刊》1997年第6期。

③ 《长编》卷二百六十九“熙宁八年十月壬辰”条。

上上下下全社会都会做的事,这在一定程度上使得不少铜钱退出流通领域。

(7)熙丰新法财政货币化过速,货币政策未能及时因应。青苗免役等赋税制度都是朝货币化方向改革,虽然中央政策规定人们除货币之外可以缴纳其他实物应税,但地方官员执行过程中,为降低执法成本,常常强行推行货币化应税,进一步减少铜钱,但这种集中减少货币量的现象是季节性和临时性的,不是持久性和常态化的钱荒。

(8)开铜禁因导致铜钱自由流通,在短期内加剧铜钱外流与减少,但长期开禁不但不会加剧钱荒,还会缓解钱荒。王安石熙宁年间开铜禁,由此带来宋代铜产量的巅峰时代,因铅锡也是铸造铜钱的必需金属,铅锡也因此产量激增。前引沈括所记录,熙宁六年(1073)以后,岁铸铜铁钱六百余万贯。但具体如何投放这每年激增的数百万贯货币又是一门学问,如果财政政策上的货币收发惯性未能改变,则东南钱荒问题未必能解决。

综上分析可知,前述引发货币短缺的八项货币量减少的原因中,第1、2、3、4项当为钱荒主因,熙丰新法对钱荒有短期和局部加剧的效应,但长期看因开铜禁将缓解东南钱荒。而那些将窖藏铜钱也列入钱荒原因之一的,就如将生火做饭也列入空气重度污染原因之一,听起来似乎有理,但在分析钱荒成因时其实是捡芝麻丢西瓜之论。旧党将钱荒主因归于熙丰新法,虽然不科学,但很容易让人不明就里而相信。对王安石开铜禁,也是只将其短期可能加剧钱荒一事,叠加青苗免役二事,夸张成钱荒的主因。马端临在谈论钱荒时,也沿袭了旧党的这些妄论,"自王安石为政,始罢铜禁,奸民日销钱为器,边关海舶不复讥钱之出,国用日耗。又青苗、助法皆征钱,民间钱荒,故方平极言之"①。而对于开铜禁

① [元]马端临:《文献通考》卷九《钱币考二》。

所带来的惊人的铸币连年激增问题却或未注意或视而不见或不懂，这都是不公正的。开铜禁以改变铸币政策和大规模增加法币数量，对经济发展的支持之功是无法抹杀的。日本经济史学家加藤繁先生在其《宋代商税考》一文中比较了熙宁三年和熙宁十年的商税数额，解释了熙宁十年商税额为何会比熙宁三年的商税收入高一倍，他说：

> 熙宁十年商税总计的增加，不是各路一律都有增加，主要是由于东南地方的增加，但东南地方的税务数没有特别增加，所以这种商税的增大不是由于制度的变化（指税制——本书作者注），而是东南地方商业兴隆的结果（如在第1节［第159—160页］中所说，熙宁三年，设本州规定祖额的制度，虽然准许各州增加税额，但未必认为这和东南路商税的增大有关系，而这些地方的商业旺盛，才的确可以增加各州的税额）。在各路中，无论税额或平均税额，都出类拔萃地增加的，是两浙路，比起旧统计来，两者都几乎增加两倍。这不能不说是由于这些地方的农蚕工艺和交通商业有显著发展的缘故。两浙路之下，江南东路的税额和平均税额的增加，也很显著，它的理由大体上和两浙相同。京东东路税额的跃进，大约也是由于北方海上通商的发达。淮南东路的税额，在旧统计以及熙宁十年的统计中时常占着重要地位，那大约是由于挟运河而势当南北交通之冲的缘故。①

通过两组数据的比较，加藤繁先生这段话不但很大程度上证明了熙宁年间工商业所受到的扶持，以及当时两浙地区商业之发达。北宋政府的岁入中，实物税收的主要来源是两税，货币收入

① 〔日〕加藤繁：《中国经济史考证》，吴杰译，北京：中华书局，2012年版，第601页。

的主要来源则是盐酒茶等专卖品以及商税，即全汉昇先生说过的，“北宋岁入……除实物部分以来自两税为主外，钱币部分主要来自盐利、酒课、茶利及商税”①，如果市场上货币量不足，货币税收就会大受影响。可以说，商税的多寡除了能够直接反映交易活跃程度，同时当然也能反映货币的投放量。加藤先生可能没有意识到，他无意之间也间接地证明了东南地区的钱荒问题可能在开放铜禁时期得以解决。加藤先生依据《宋会要辑稿·食货》之十五、十六相关数据绘制的表格里，熙宁十年两浙路的商税收入高达 862 480 万贯，登全国商税榜榜首不说，居第二名的淮南东路是 422 345 万贯，还不到两浙路的一半！② 可以想见其他各路的商税还要低很多。两浙路的这个数据比熙宁三年时几乎增加了一倍，这或许间接证明了朝廷至少在年铸币量巨大的开铜禁期间，给东南地区投放了大量货币，从而缓解了钱荒，否则完全无法解释两浙路的商税暴增现象。在税制不变和货币流通速度并无非常波动的前提下，经济学家们绝无可能解释金融通缩时商税暴增现象，唯一能够解释的，就是钱荒即货币通缩问题已经解决。至少，张方平在熙宁九年、苏轼在元祐年间言钱荒，很大可能性确实如汪圣铎先生所言只是由征收免役钱等引发的季节性和临时性钱荒，而非常态和持久的钱荒，否则，无法解释东南地区商税暴增现象。即使元祐年间，已重新实行铜禁政策，但之前投放的巨量货币应该尚不至于立刻丧失货币乘数效应。另外，这两组数据还间接地证明了薛向整顿漕运所获得的巨大利益。

除了开铜禁增加官民共铸铜钱，熙宁年间宋神宗在皮公弼的

① 全汉昇：《唐宋政府岁入与货币经济的关系》，载氏著《中国经济史研究·1》，北京：中华书局，2011 年版，第 198 页。

② 〔日〕加藤繁：《中国经济史考证》，吴杰译，北京：中华书局，2012 年版，第 597—600 页。

建议下,将原先施行于西北的折二钱推广到整个铜钱区,与之前其他的当十钱(一枚铜钱相当于十文小平钱)、当三钱等相比,当二的折二钱在币值上“(陕西见行当二文铜钱)……至今铜费相当,民无冒利,盗铸衰息”[①]。一枚折二钱比两枚小平钱的铸造成本约低一成半,故在不影响币值的前提下还略有收益,是不错的货币。但由于旧党尤其是后宫反对,折二钱直到元丰元年在京师停止流通都没有进入禁中。这造成了神宗在推行过程中犹犹豫豫,一会儿推行,一会儿终止,为此与王安石发生严重分歧。王安石说,我本来并不赞成发行折二钱,但既然已经推行了,就要推行下去,朝廷政令不能朝令夕改,否则将引起混乱,那些奸诈之徒会趁机愚弄朝野,如此怎能让国家正常运行呢。折二钱未入禁中成为中书一大麻烦事,王安石力争无果,以至称病不出,神宗很烦躁,派人发话说,我对你没有不信任,天日可鉴,你何必这样！[②](但此说未必可信[③])这时,离王安石二次辞相已经只剩下四个月。两年后的元丰元年,神宗下令在京城停止流通折二钱。“神宗时不论铜钱、铁钱,币值都较稳定,物价也较稳定。哲宗元祐(1086—1094)中期以后,陕西铁钱贬值,物价上涨”[④],折二钱有一点极微弱的通货膨胀,以货币数量论看,正好能促进经济增长,因此,于稳定市场有相当效果,对遏制当时部分地区严重的通货膨胀也起了不错的效果。

熙宁变法时期的货币政策除了上述,还尝试在金属货币基础

① 《长编》卷二百二十一“熙宁四年三月己亥”条。

② 《长编》卷二百七十六“熙宁九年六月壬辰”条。

③ 《长编》记载:“安石移疾,据司马光记闻。”见司马光《涑水记闻》卷十六。司马光注明此轶事源于苏宄(苏颂的弟弟),其他后出史料均袭司马光或李焘,并无其他相关独立史料记载。南宋吴曾在其《能改斋漫录》中说《记闻》中讲到徐禧的几件都是错的,因此,“《纪闻》所传不足信”([宋]吴曾:《能改斋漫录》卷四)。

④ 陈振:《宋史》,上海:上海人民出版社,2016年版,第317页。

上扩大信用范围。熙宁二年(1069),神宗下诏在潞州设交子务,将原先仅限于四川的交子流通区扩大到河东路,但次年停罢。熙宁四年在陕西路开,次年罢。七年在永兴、秦风路开,九年罢。失败的原因是财政支出上现钱不足,但这一信用扩张的尝试依然可圈点。朝廷巨大的财政开支,单靠硬通货常常不足以支撑其流通所需,交子失败的同时,朝廷大量发行钞引、度牒(僧道身份证,僧道免地租徭役杂税,故度牒可卖钱)、官告(官员委任状,卖官者可免职役与科配,故可卖钱)和公据(官方所发支领钱财的文据)等有价证券,也都成为特殊的纸币。这些信用扩张的尝试,都是当时货币经济发展的产物,在旧有的货币政策未及根本性变革以适应新的经济形势时,这些尝试都是有益的,是对旧币制的有益补充。这也预示着落后的贱金属铜铁主流货币制度将被新的贵金属金银主流货币制度所替代,与之相关,白银在熙丰年间的货币化也处于加速状态。

熙丰变法在经济领域只有市易法等少数方面是加强了经济管制,虽然其出发点是为了抑兼并,但事实上抑兼并之功有限,而损害平民利益显见,这是其不可取之处。但参诸史料可以发现的是,在经济生活的绝大部分领域,熙丰新法事实上是走向开放而不是封闭的,其所尝试的官民分利经济政策,虽然不能说都做到了,但从未停止过努力,尤其是王安石执政期间。新法在兴办农田水利、清丈田亩、整顿漕运、推广扑买制、开放铜禁、稳定金融等方面都有卓异于中国其他朝代之成就,很大程度上实现了“民不加赋而国用饶”,虽然青苗法和免役法因缺乏配套的官吏执行组织而造成取得一定成就同时流弊亦大的结果。免役法很大程度是为千秋立法,它基本上终结了千年以来的劳役制,为当时和后世的经济发展清除了一个巨障。

第八章
熙丰变法的实效考察(下)

一、军事改革的实效考察

千年来,南宋政权出于寻找朝廷败迁责任人的需求而持续贬低、诋毁熙丰变法,造成后世历朝持久的人云亦云,其中军事改革部分也是受诋毁最严重的领域之一,认为熙丰变法中军改是失败的,这一认知甚至延祸学界至今。最近40年来,因史学界对之前意识形态治学的反感,对熙丰变法的态度从一端之偏走向另一端之偏,从以前全面肯定熙丰变法逐渐变得全面否定,未能真正做到就事论事。即使有漆侠先生全面论证基础上的“尤其在军事方面的改革,……有效地加强了西北和北部的边防”[①]这一公允之论在前,亦无法替熙丰变法的军改成就有效辩护,反倒可能因学人们无法接受漆侠先生的王安石变法研究中的阶级斗争论而殃及此公允之论不易被接受。当代熙丰变法研究领域的重要学者如王曾瑜、仲伟民先生等均持军改失败论[②],而宋代财政史领域的杰出专家汪圣铎先生甚至连熙丰变法在裁撤冗兵方面的成就也都基本否定了。[③] 这些观点流韵甚

---

① 漆侠:《漆侠全集》第二卷《王安石变法》,保定:河北大学出版社,2009年版,第147页。

② 王曾瑜:《宋朝兵制初探》,北京:中华书局,1983年版,第90页;仲伟民:《宋帝列传·宋神宗》,长春:吉林文史出版社,2004年版,第160页。

③ 汪圣铎:《两宋财政史》(上册),北京:中华书局,1995年版,第48页。并见上一章财政实效考察部分的论述。

广。为此，严肃、公允而全面考察熙丰变法的军改实效问题就变得相当必要，好在一直也都有肯定熙丰变法军改成就的论文零星出现[1]，尤其是 1997 年赵涤贤先生的《试论北宋变法派军事改革的成功》，对熙丰变法的军改成就在军事实践领域的成就进行了深入开掘，持论公允。本节将在邓广铭、漆侠、赵涤贤等先贤研究基础上，对熙丰变法的军改成就进行简要讨论。

（一）考察军事实效须系统

考察熙丰新法的军改实效，因其政策上是一套组合性的全面政策相互套嵌而生效果，其现实中的生效方式除了财政性和社会性生成方式，还因宋夏战争在熙丰时代处于拉锯状态，先胜后败，直到绍符时代才形成宋优夏劣之势，所以须以长时段和军事外全面考察，才能较为明晰。考察军改实效，既需要关注与军改具有强相关性的政策实施效果，也须留意与军改弱相关政策的实效，冗兵冗费的缓解、军力改进、宋夏战争历次战役中胜负的具体原因，以及其生产性、财政性、社会性总体效应该如何评价等，均在考察之列。为此，军改所涉，举凡财政支持能力、军需调配能力、军队制度的良性变迁、军队本身的精锐程度、军队预备役的军力、兵器的精良程度、作战时指挥官和军人的战斗力等，也都应当列入考察。

熙丰尤其熙宁变法期间所涉的军改新政，正如漆侠先生所提示的，“王安石是把军事改革和政治改革以及发展生产几个方面联系起来进行考察，而且把发展生产作为军事改革的前提条件提出的。这个灼见使王安石在宋代士大夫中显得‘颖脱不群’

① 比如毛元佑：《王安石变法中的军事改革》，载《历史教学》1994 第 8 期。

了"[①]。漆先生所谓"颖脱不群"具体就表现在从熙宁时期,变法就是全局性的同时,在军改方面,除了直接去冗性质的并营法、直接改变军队指挥方式的将兵法,还有诸多改变军改支援方式的新政。保甲法的民兵制给精简之后的军队提供庞大的后备军蓄水池,军器监法使得兵器质量大大提高,保马法则通过民养替代官养的马政监牧制大大提高了战马的供应能力,至于外围的通过农田水利法等新政提高全社会经济生产能力从而扩大财政汲取能力,在军事上极大提高了有效的供给能力。

赵涤贤先生将熙丰军改的成就概括为九项:1.裁汰了大量冗兵,禁军较前精锐;2.将士作战奋勇争先,能吃苦,不怕死;3.加强了军事训练,做到了武艺精熟;4.克服了将兵分离的弱点,实行了将兵相知的制度;5.武器精良,战马的供给比较充足;6.赏罚分明,军声大振;7.军粮的供应相当可观,财物的积蓄十分雄厚;8.既有一支精锐的正规军,又有强大的后备军和辅助军;9.战略正确,战术也很讲究。[②] 上述概括大体允当,除了最后一项第九项尤其是战术方面,用于概括熙宁年间或绍圣时期的章惇开边都没问题,但用于包括元丰年间就有夸大之嫌,这是因为王安石是否在相位与宋神宗在世这两个因素并存直接影响战局,至少在熙丰时代非常明显。王安石在相位,则有熙河大捷、江南经略、宋越战争之利;他不在相位而宋神宗在世,则战事祸福难测,宋神宗瞎指挥,就祸及天下,如五路伐夏之惨败。

关于熙丰变法如何解决冗兵冗费问题,前一章熙丰变法财政实效考察部分已基本讲清楚,此处不赘。

---

① 漆侠:《漆侠全集》第二卷《王安石变法》,保定:河北大学出版社,2009 年版,第 73 页。

② 赵涤贤:《试论北宋变法派军事改革的成功》,载《历史研究》1997 第 6 期。

（二）保甲法的军改实效

保甲法始于熙宁四年（1071），五年后的熙宁九年（1076），“时系籍义勇、保甲及民兵凡七百一十八万二千二十八人”[①]。重要的还不是这个数量，而是保甲法下教习武艺的成果，确实达到了王安石所希望“与正兵相参”的水准。章惇绍圣二年（1095）回顾时说：“熙宁中，先帝始行保甲法，府界、三路得七十余万丁。设官教阅始于府界，众议沸腾。教艺既成，更胜正兵。……元祐弛废，深可惜也。”[②]元符二年（1099），曾布也说过类似的话，“熙宁中教保甲，臣在司农。是时诸县引见保甲，事艺精熟”[③]。司马光主政废诸新法时，保甲法虽未尽废，但亦在其列，他提出废除保甲法的理由之一，就是保甲法导致民兵太强了，“万一遇数千里之蝗旱，而失业饥寒、武艺成就之人，所在蜂起以应之，其为国家之患，可胜言哉！”[④]苏辙对此也一样忧心忡忡，他当右司谏时提出花三十万缗将河北的民兵编入禁军，以绝贼患，他说：“故臣愿乞三十万贯为招军例物，选文武臣僚有才干者各一二人，分往河北，逐路于保甲中招其强勇精悍者为禁军。”[⑤]这种来自反对派的观点恰好更有力地证明了保甲法在训练民兵方面获得的惊人成就。

（三）保马法的军改实效

保马法的实施效果，前一章财政考察部分已经详细讲述了朝廷从保马法中的财政获益——既能每年省钱数百万贯又获良马。而考察保马法对军需战马方面的实效，一个简单的数字或可直观

---

① ［元］脱脱等：《宋史》卷一百九十二《兵六》。

② ［元］脱脱等：《宋史》卷一百九十二《兵六》。

③ ［元］脱脱等：《宋史》卷一百九十二《兵六》。

④ 《长编》卷三百六十五“元丰八年四月己丑”条。并见［元］脱脱等《宋史》卷一百八十二《兵六》。

⑤ 《长编》卷三百六十五九“元祐元年闰二月壬寅”条。

说明问题。元丰七年(1084),河东等路和开封府界的民户给禁军提供战马,一次就达6000匹[①],相比保马法实施之前熙宁二至五年河南北十二监的战马年供应数264匹(两者比例数约为23∶1),岂止是霄壤之别。后来的熙河大捷、宋越战争、江南经略等成功案例中,没有高质量且数量庞大的军马支持,是完全不可想象的。

(四)军器监法的军改实效

熙宁六年六月廿七己亥(1073年8月3日)神宗下诏设军器监之后,北宋兵器无论在数量还是质量上的提高都是显而易见的。之前的兵器状况"然而铁刃不钢,筋胶不固,长短小大,多不中度。……以草草之法,教老怯之兵,执钝折不堪之器械,百战百败,理在不疑"[②],军器监一扫此状,曾官至司农少卿的王得臣所谓"神宗留意军器,设监,以侍臣董之。前后讲究,制度无不精致"[③]显然绝非虚言。军器监为了减少浪费,制定了兵器制造的统一规格,同时因网罗天下能工巧匠,新兵器层出不穷。沈括曾有关于神臂弓的记载:"熙宁中,李定献偏架弩,似弓而施干镫。以镫距地而张之,射三百步,能洞重札,谓之'神臂弓',最为利器。"[④]神臂弓正是军器监所网罗的军事重器之一,神臂弓在其发明之后的北宋历次战争中都发挥了巨大作用。例如,元丰四年(1081)十月名将刘昌祚与夏人作战夺取磨脐隘时,除了将士英勇、排阵合理,就充分利用了神臂弓的威力,"贼遂大败"[⑤]。元符二年(1099),曾在军器监工作、负责监造神臂弓的权知邢州王岘

---

① 《长编》卷三百四十六"元丰七年六月丁丑"条;《长编》卷三百四十七"元丰七年(1084)七月癸卯"条。

② 《长编》卷一百三十六"庆历二年五月甲寅"条,欧阳修奏疏。

③ [宋]王得臣:《麈史》卷上《朝制》,上海:上海古籍出版社,2012年版。

④ [宋]沈括:《梦溪笔谈》卷十九《器用·神臂弓》。

⑤ 《长编》卷三百一十七"元丰四年十月乙丑"条。

建议朝廷增加神臂弓的制造，他说："尝丞军器，见作坊所造神臂弓，施于军事，实有奇功。"[①]其他如狼牙箭、鸭嘴箭、出尖四楞箭、一插刃凿子箭、专门对付象阵的战车等也都是那个时候发明制造的。[②] 军器监的设置迎来了北宋兵器制造的黄金时代，不但兵器质量大大提高，威力大大增强，就是数量也极大增长。元祐初年罢新法时，殿中侍御史吕陶上奏欲罢军器监，理由就是武器质量太好数量太多，他说："戈矛弧矢甲胄刀剑之类，皆极完具；等数之积，殆不可胜计。苟有灵旗之伐，可足数十年之用。"[③]这话从新法铁杆反对派的嘴里说出，尤可证明熙丰军器监的成就。元祐更化时期虽然军器监没有在名义上被罢废，但其监制武器的主要实际功能已大受破坏，即使在绍圣期间有所恢复，但也与熙丰时期不可同日而语，直到数十年后的徽宗政和六年(1116)，军器少监邓之纲还上奏说各路兵器质量有问题，"惟河北诸将军器乃熙、丰时造，精利牢密，冠于诸路"[④]。这种时代的对比尤见熙丰兵器之丰富精良。

(五)军改实效证据：熙河开边、江南经略、宋越战争

熙宁军改虽然是个综合性的联动性新政，但最见事功的依然是将兵法的初见成效。虽然全国性的置将法是在王安石第一次辞相后不到半年左右实施的，但在此之前，在王安石的强烈建议下，宋神宗重用军事奇才王韶。熙宁五年(1072)冬十月，已在西北准备数年的王韶终于被任命为熙河路经略安抚使，全面主持熙河开边行动。宋神宗和王安石信任并且极力支持王韶边事，获得

---

① 《长编》卷五百零六"元符二年二月辛巳"条。

② [元]马端临：《文献通考》卷一百六十一《兵考十三・兵器》；[元]脱脱等：《宋史》卷一百九十七《兵十一・器甲之制》。

③ [宋]吕陶：《净德集》卷四《奏乞罢军器监冗作状》，四库全书本。

④ [元]脱脱等：《宋史》卷一百九十七《兵十一・器甲之制》。

了巨大成功,熙河开边的成果是:“1071—1074 年 3 年间,收复了熙、河、洮、岷、叠、宕等州,幅员两千余里,招抚吐蕃三十余万帐。在此基础上设置熙河路,于西夏右厢地区建立了一道进可攻退可守的战略防线,使西夏统治者一直处于高度紧张状态。”①熙河大捷是北宋建政以来,在长期受辱于外敌的环境下,第一次对外敌获得了战略优势,掌握了主动权,对于培育不惧强虏的民气有着不可估量的加持作用。这是奉行宋太宗“将从中御”这种愚蠢的战略战术时不可能取得的军事成功。

熙宁变法时期另一个重要军事成果,是王安石支持章惇主持的经略江南行动。宋神宗时,现在的湘西及其周边属辰州管辖的少数民族聚居地,属于荆湖北路,南部沅水(今沅江)上游地区与北部沅水北支流酉溪(今酉水)流域的南北江两地区合称“两江”。资水(今资江)中上游(今湖南中部山区)的“梅山”地区,属荆湖南路,三个地区都是少数民族聚居区。熙宁五年(1072)闰七月,宰相王安石任命变法派主将之一章惇为察访荆湖北路,主持江南经略行动。章惇率先从“梅山”入手,对该地区的少数民族采取招抚政策,上任四个月后,梅山地区少数民族即告归附朝廷。章惇继续招抚两江地区,因南江地区与夔州路、广南西路等山区相接,是朝廷控制力薄弱地区,多有逃犯隐匿,章惇颁布诏令宣告赦免所有逃犯,无论罪行轻重,如果造作生事则严惩不贷。一年后,经过分化、剿抚并用的持续施压甚至军事行动,熙宁六年(1073)十二月,北江的原下溪州(今湖南古丈北)归附朝廷,接着,熙宁七年(1074)正月,平定南江也告成功。朝廷在该地区设置新的州县,派遣官吏来施政管理,办教育,推广生产。经略江南

① 漆侠主编:《辽宋西夏金代通史·政治军事卷》,北京:人民出版社,2010 年版,第 322 页。

的成功,使得朝廷实际可控领土和人口扩增,比如,仅梅山地区就“得主客万四千八百九户,丁七万九千八十九口,田二十六万四百三十六亩”①。

熙宁变法还有一个重要的军事成果,是宋越战争的胜利。熙宁八年(越大宁四年,1075 年)九月,交趾军先是入侵宋境,攻广南西路古万寨(今广西扶绥西北)。十一月,正式宣战,水陆两军号称八万。十一月下旬,水军渡过珠母海(今北部湾),攻占钦、廉两州(今广西钦州、合浦);陆军攻占太平(今广西崇左)、永平(今广西宁明南)、迁陆(今广西宁明东)及古万四寨。十二月上旬,进攻邕州,知州苏缄率城中 2800 禁、厢军抗敌。交趾军每占城池,必发文告称“欲相拯济”被青苗免役所困之生民,他们是来解民于倒悬的义军。这引发了宋廷的极大愤慨,时王安石二相未及半年,十二月下旬朝廷调派军队迎敌,但因军内人事不和,南征军迟迟未动,贻误战机,直到熙宁九年(1076)正月中旬,在宰相王安石干预之下,朝廷才撤换南征军将领,名将郭逵与赵卨分任主副帅,军队主力由陕西、河北、京西、河东各路将兵法下新训禁军组成,兵额 49 560 人,马 4690 匹,号称 10 万大军。就在南征军南下之前,邕州城被围攻四十二日后落陷,知州苏缄携其家人 36 人一同自焚殉国,交趾军攻下邕州后进行了疯狂的野蛮屠城,“杀邕州军民五万八千余”,“并钦、廉州所杀,无虑十万余人”②。八月,郭逵、赵卨的南征军到达桂林后,先后收复失地,十二月中下旬开始,宋军先后攻占决里隘、机榔县、门州(今越南同登)等地,其间宋军所用兵器大破交趾军的象阵。十二月二十一日,宋越决战富良江,交趾军大败,他们的洪真太子等战死,交趾只能俯首称臣、

① 《长编》卷二百四十五“熙宁六年五月癸亥”条。

② 《长编》卷二百七十二“熙宁九年正月庚辰”条。

割地求和。此战因宋军不习南方水土，病死很多，再加正常的战斗减员，伤亡不小，回朝的士兵和马匹“存二万三千四百人，马三千一百七十四匹”[①]，故郭逵决定受降退兵。时熙宁十年(1077)二月，王安石二次辞相已近四个月了。

(六)将从中御的西征惨败:军改回头路反证军改实效

再能制衡权力的制度也需要权力自身能在制度面前自律，熙宁变法的军政改革已尽最大努力给予将领们在实战中掌军和前线战术上的决定权，但在没有了王安石的朝廷上，宋神宗对战争和战役遏制不住其直接干预的欲望，将他带回到宋太宗“将从中御”的失败老路上。

元丰四年(1081)宋神宗派五路兵马分征西夏(熙河路李宪、鄜延路种谔、环庆路高遵裕、泾原路刘昌祚[受高遵裕节制]、河东路王中正)，总兵力在32万人以上，民夫20多万人，欲攻克兴、灵二州后一举消灭西夏，是宋朝历史上最大规模的军事行动。李宪虽是名义上的主帅，但五路兵马并没有被统一协调指挥，因为事实上的指挥是宋神宗自己。西征毫无悬念地失败了。梁庚尧先生总结元丰宋夏战争时说:“出征西夏的五路大军，其中三路没有抵达预定目标，在中途因为军粮不继而折返，不战而溃，另外两路虽然抵达灵州，却粮草已尽，粮道又被夏军截断，最后战争失利，溃败而归，五路的士卒役夫在征程中都大量死亡逃散。至于进筑永乐城的军队在守城战争中更是粮、水皆绝，主帅阵亡，际近全军覆没。”[②]虽然通常后世史家认为宋军失败的主因是动员兵力过

---

① 《长编》卷二百八十“熙宁十年二月丙午”条。

② 梁庚尧:《北宋元丰伐夏战争的军粮问题》，载《宋史研究集》第26辑，台北:宋史座谈会，1997年，第158页。并见梁庚尧编著《北宋的改革与变法:熙宁变法的源起、流变及其对南宋历史的影响》，台北:台大出版中心，2022年版，第134—135页。

多、深入敌境过远、补给线过长，粮草被断，必然失败。事实上，这一失败主因与其说是原因，还不如说是结果。将兵法使得宋廷拥有更庞大兵力的调配能力，但如果没有相应的后勤管理能力，这种军队的调配能力不但不能成为优势，反倒会成为劣势。① 以熙宁年间三大战事做比，如果王安石在朝为相，即使未必能阻止这愚蠢的西征，至少会在很大程度上纠正这种冒失的大举，或者在战局过程中紧急提高后勤补给的管理能力，或者与宋神宗廷争折辩，为前方将领争取完整的战术决定权。当时的宋神宗已是 33 周岁的壮年统治者，早已不是 19 岁刚登基的大小伙，他的独裁倾向，五年前熙宁九年的王安石二次任相时早已领教过，并为此二次辞相，王安石阻止起来都很艰难的君王之刚愎自用，其后果可想而知。在元丰宋夏战争中，宋神宗既不会用人，也不知道如何知人善任。宋神宗把名将刘昌祚安排给高遵裕节制，引发军中两虎相争模式的内耗（史书上通常都认为是高遵裕嫉贤妒能，严重地妨碍了刘昌祚发挥军事才能，但因《长编》中相应的证据都来自刘昌祚一方，故不随其下定论，但内耗必是事实），是灵州战役失败主因之一。在进筑永乐城一役中，重用草包徐禧，并且支持徐禧的错误战术，以致全军覆没。而他对前方将领随时发手诏指挥作战的恶习，尤为战争大忌，沈括在宋夏战争前线任知延州，短短一年半时间里，神宗给他下了“秘诏至二百七十三道”②。这些都是显而易见的取败之道，王安石为相的熙宁年间，就经常阻止他这么做。

---

① 雷家圣：《高遵裕与宋夏灵州之役的再探讨》，载《首都师范大学学报（社会科学版）》2019 年第 2 期。雷文认为：“随着宋朝动员兵力的扩大，后勤补给的需求也随之增加，如果宋朝没有做好后勤补给的规划，庞大的军队人数不但不能展现战力，反而成为宋朝军队的弱点。”

② ［宋］楼钥：《攻媿集》卷六十九《恭题神宗赐沈括御札》。

熙宁军改其实惠及哲宗元符开边以及徽宗政和时代，因非本书重点，就此暂略。

（七）王安石尊重士兵人格

熙宁军改中还有一项通常极少人关注的问题，就是以"礼义奖养"实行征兵制的设想与实践。宋承唐五代陋制，军人入伍都得在脸上或手上刺字，脸上为"涅"，手上曰"刺"，称为"涅刺"，王安石对此十分反感。熙宁二年（1069）闰十一月，王安石曾对宋神宗议论过此事："义勇不须刺手背，刺手背何补于制御之实？今既以良民为之，当以礼义奖养，刺手背但使其不乐，而实无补也。"[①]他的意思，就是要尊重军人，而不能歧视他们，羞辱他们。可惜王安石军人不刺字的设想在其主持改革期间并没有得到很好的实施，除了熙宁六年（1073）征募"效用""效勇士"（武艺突出的高级士兵）时"不刺手，不置营"[②]，并没有真正规模化地实施过。即便如此，能有此设想，便已如邓广铭先生所言："这是一种极为明达的高见卓识，是超越宋代所有政治家、军事家的一种识见。"[③]

综上，熙宁军改的实效十分显著是毋庸置疑的，无论是在省兵方面带来的冗兵裁撤与巨额的冗费节支，还是在军事上的成功，都是北宋建政以来前所未有的。但确实祸福相依，熙宁变法尤其是后来的元丰改制也给予了宋神宗超越北宋历任君主的巨大权力，独裁倾向严重，这也给元丰时期的军事行动带来了巨大灾难，且殃及全社会。

---

① ［宋］王安石原著：《王安石日录辑校》，孔学辑校，成都：四川大学出版社，2015 年版，第 22 页。

② 《长编》卷二百四十五"熙宁六年五月癸亥"条。

③ 邓广铭：《北宋政治改革家王安石》，北京：生活·读书·新知三联书店，2017 年版，第 195 页。

二、政治改革的实效考察

长期以来,史学界对熙丰变法的关注点,多在其财政与经济政策领域(而且时常将两者混为一谈),其次是教育与文化领域,对其于政治领域,举凡行政、法制、官僚体制等领域的改革殊少关注。这造成了学界对北宋史与南宋史在衔接上的一些认知误区,比如史家们都会注意到,北宋除了蔡京几无权相,南宋却多权相,分析这种差异时,往往不是从制度出发,而是从皇帝和大臣们的个人品质出发,后者虽是部分原因,但远非主因。主因在于官僚制度结构已经发生了变化,这变化就是熙丰变法主要是元丰改制带来的消极后果。又比如史学界考察熙丰变法时,极少有人会注意到中国历史上的胥吏是从宋代开始启动了公务员化的进程,并有着相当现代的薪酬和业务培训制度相匹配,但熙丰新法被废止后,这一进程中断,直到近千年后的现当代才基本完成这一转型。再如,熙丰变法曾致力于法治化、法典化的努力,这对于建立统一的法制体系是十分重要的,对于国家治理的法治化也是相当重要的,但这一努力通常只有专治法制史的学者才会注意到。

(一)重禄法的实效考察

重禄法在元祐更化时曾遭短暂废除,但不久,元祐五年(1090),无法忍受胥吏腐败的旧党执政团队(文彦博和吕大防为宰相)颁布了跟熙宁年间相同的仓法,就连旧党干将吕陶也不得不承认熙宁年间吏治清明,他说:“昔嘉祐之差役,务从宽厚,而条禁太略,贪吏猾胥,幸农夫之在官,而锐意侵渔,害端百出,人甚苦之。至熙宁之免役,止令出钱,官为雇募,凡所谓侵渔于农夫者,一切有禁,毫厘不敢违纵。”[①]了解历史的人会明白这段话对包括免役法、仓法在内的新法之夸赞是有水分的。仓法实施后,吏治虽然澄清不少,只是不可能到达“毫厘不敢违纵”的境界,但无论如何,这话出自反新法的骁将之口,依然是相当讽刺的。另一位反新法主要人物之一苏辙虽多次造谣诬蔑王安石,但在论及仓法时也承认“今行重法,给重禄,赇赂比旧为少”[②]。熙宁五年(1072),王安石曾安抚宋神宗吏禄从何支出的担心时说,“此极多不过费百万缗,然吏禄足则政事举,政事举则所收放散之利亦必不少,且今人吏衣食固亦出于齐民,但不令以法赋之而已。昨虽十万余缗,然九万缗出于酒坊税钱,若将来诸路收酒坊剩钱,必然可足吏禄有余也”[③]。这说明王安石深切地意识到给胥吏发工资是件关乎政事成效的大事,而且只要开源合理,于各方都是全美之事。在熙宁六年底(1073)的一次朝议中,王安石再次清晰地解释了实行仓法的原委就是为了澄清吏治,他说:“纵财用不足,吏亦人,非不衣不食而治公事,既衣食即必有所出,自可以法收敛,以此赋给。”[④]这段话说得就更掷地有声了,“哪怕没钱,也得给胥吏付工资”,这也再次表明王安石的执政思路,就是要顺乎人性,合乎情理。对于在权力缺乏限制的常态下,不给胥吏发工资,就如既不给狗粮,又不给狗系锁链,危险是显而易见的。给胥吏发工资的同时,严厉禁止他们侵渔民众才既是合情合理、又能持续的一项政策。

熙宁三年(1070)在京师试行重禄法时,发放的钱数,根据沈

① 《长编》卷三百九十二“元祐元年十一月癸未”条。

② [宋]苏辙:《龙川略志》卷五“议定吏额”条。

③ 《长编》卷二百三十三“熙宁五年五月”条。

④ 《长编》卷二百四十八“熙宁六年十二月乙酉”条。

括的记载："天下吏人，素无常禄，唯以受赇为生，往往致富者。熙宁三年，始制天下吏禄，而设重法以绝请托之弊。是岁，京师诸司岁支吏禄钱三千八百三十四贯二百五十四。岁岁增广，至熙宁八年，岁支三十七万一千五百三十三贯一百七十八。自后增损不常皆不过此数，京师旧有禄者，及天下吏禄，皆不预此数。"①《长编》提供了熙宁六年年底的数据，以及吏禄发放的来源："京师岁增吏禄四十一万三千四百余缗，监司诸州六十八万九千八百余缗。然皆取足于坊场、河渡、市例、免行、役剩、息钱等，而于县官岁入财用，初无少损，且民不加赋，而吏禄以给焉。"②从这些记载中，可以了解到，重禄法推行之后，其财政支出主要依靠改革本身的收入，既有免役宽剩钱，也有官有民营经济的收入，并没有为此专门增加赋税。梁启超盛赞之，"史又言三司上新增吏禄数，京师岁增 41 万 3400 余缗，监司诸州 689 800 余缗，省冗费以增官禄，诚整理行政之根本哉"③。

重禄法是熙宁新政中特别重要的一项政策，是整个熙宁变法过程中十分关键的环节，没有重禄法的推行，其他改革措施就很难到位，虽然有了重禄法，吏缘为奸的情形依然不可能得到全面清除，但重禄法依然是新法的重要保障。刘子健先生在他那部令人尊敬的《宋代中国的改革：王安石及其新政》中虽然认为重禄法不可能解决胥吏腐败和残贼人民的痼疾，但也高度评价重禄法，"王安石的仓法成效显著，……同时，对吏的必要的警惕性监管和对贪污的严惩，确实明显改善了地方政府的水准。甚至王安石的

① ［宋］沈括：《梦溪笔谈》卷十二《官政二》。

② 《长编》卷二百四十八"熙宁六年十二月壬申"条。并见［元］脱脱等《宋史》卷一百七十九《食货下一》；［清］徐松辑：《宋会要辑稿·职官五十七之九十三》。

③ 梁启超：《王安石传》，北京：商务印书馆，2015 年版，第 111—112 页。

反对者也承认这一点”[①]。这个结论是令人信服的。事实上,前述元祐五年(1090),执政的旧党人士不得不恢复仓法就足够说明问题了。只是,正如现代政治下,徒有高薪不足以养廉,对权力的限制须有一套环环相扣的系统化制度设计才有可能。在民主思想基本上从未真正发育过的中国古代,而且是在近一千年前,没有民主制度的托底,重禄法无法做到基本杜绝胥吏腐败,但“成效显著”已经是十分难得的成就了。

(二)元丰改制:官制改革的成就、相权扩张的历史后果

宋神宗亲自主持的元丰官制改革,其表面影响主要在于对后世的官制,而深层的影响则在于对权力结构的改变,换句话说,他改造了宋太祖赵匡胤以来中央政府的分权结构,进一步加强了皇权的中央集权。三司被废除,其原属权力通过散归各部而回到中书手中,以宰执大臣为主体的中枢权力因此大大增强,宋代相权从此获得了前所未有的大权。元丰改制之前,三司与宰执之间的关系,一方面,三司的长官任免权受制于宰执,绝大部分三司使都由宰相拟选名单后,由皇帝定夺,但有时候皇帝会直接任命未进入宰相拟选名单的人为三司使,同时宰执也有权监督三司的事务。另一方面,三司掌管财政大权虽受宰执限制,但具体事务上,宰执并不能直接插手操办,也就是三司具体事务,宰执无权派人直接接管,因此,三司辖内的事权是独立和完整的。诸葛忆兵先生认为宰执有权管理三司,三司属于宰执辖内,归其领导,可能不

---

① 〔美〕刘子健:《宋代中国的改革:王安石及其新政》,张钰翰译,上海:上海人民出版社,2022年版,第173—174页。刘先生清醒地指出:“但是吏役次官僚制绝不会轻易治愈自身的顽疾。现在胥吏们获得的收入,很可能还不到之前他们通过贪污所获得的一半。新的监管也不足以查获所有人。许多新政引发抱怨,未能实现其目标,很大程度上是因为协助执行新政的吏在其中找到了挪用公款和敲诈勒索的手段。”(第174页)

完全准确。[①] 熙宁元年(1068),内侍杨棁奉旨让后苑派遣工匠造舒国公主和祁国公主的下嫁礼物,后苑没有听命,中书于是请令两所应办,神宗说:"此细务也,不足以累宰(职)[执],自今宜一听三司裁决。"[②]神宗诏命此后涉及这一类的宗室月料、婚丧嫁娶礼物的给赐都由三司决定。这件事很能说明中书对三司领导权的边界,许多时候,除了惯用的台谏官,皇帝还可以通过支持三司而获取对中书权力的制衡甚至牵制。但诸葛先生也认为,"宋代三司有一定的独立性,但始终隶属于宰辅领导,元丰改制后就融入尚书省,完全成为宰辅的下属机构"[③],相权扩张看上去与神宗通过元丰改制以进一步加强皇权的意图是冲突的,但事实上,神宗不是通过分割宰辅事权来控制宰辅,而是通过增加宰执团队的人数以及改革议事规则来削弱宰相们个人的独立相权,这与事实上增加了相权的集体权力并不冲突。

宋代以元丰改制为界,经历了一个从三省制向一省制运行的相权轨迹。宋神宗的元丰改制承前启后,至关重要。神宗以《唐六典》三省六部制为蓝本改革中央官制,拔除宋初以来混乱官制的冗余,将三省制(门下省、中书省、尚书省,合称三省)直接改造为相权机构。北宋前期,三省设于宫外,三省长官若非宰相兼任,通常不去政事堂办公,没有议决政事大权。元丰改制后,三省成为中央最高政务机构,至南宋时,三省合为一体,宰相们集体办公的官厅称为"三省都堂"或"都堂"。元丰改制前,中书省主管郊祀、皇帝册文,改制后,专门负责取旨出令,成为三省相权机构中最重要的部门。改制前,门下省主管皇帝玉玺、外宫和流外官考

---

① 诸葛忆兵:《宋代宰辅制度研究》第七章,北京:中国社会科学出版社,2000 年版。

② [清]徐松辑:《宋会要辑稿·职官一之十八》。

③ 诸葛忆兵:《宋代宰辅制度研究》,北京:中国社会科学出版社,2000 年版,第 2 页。

课等事务,改制后,其职能是政令正式颁布前的复审,名义上具备与尚书省、中书省同等的政事决议权。改制前,尚书省总辖吏、户、礼、兵、刑、工六部和司封、司勋、考功等二十四司,改制后,负责执行政令。改制后,以尚书左仆射兼门下侍郎、尚书右仆射兼中书侍郎为正宰相,以门下侍郎、中书侍郎、尚书左右丞为副宰相,一个完整的宰执集体通常包括两名宰相和四名副宰相。

元丰改制,最终确立了朝廷中央的中书省、门下省和尚书省的定策、审议和执行三权分立的体制。这个体制看上去像现代宪政架构中的立法、行政、司法分立的样子,但其实不是,而只是相当于现代三权分立架构中行政权部分的分立。由于行政权是所有政府权力种类中最具主动性的一项权力,在权力性质上需要尽快作出决策并且施行,最重要的是其效率,这种效率的条件就是权力要集中。但元丰改制后形成的三省制,政务处理的流程变得极其繁琐。处理政务需要经过中书取旨、门下复奏、尚书省复审,而尚书省下辖的六曹调查核对公文后送回中书,门下再次审议,最后才送回尚书省执行。这个繁复的公文旅行流程,因“文字繁冗,行遣迂回”而各省留滞,效率极其低下,后来,宰执们为了解决这个问题,逐渐形成一种新流程,就是宰执团队协商达成共识后奏报皇帝,三省制在现实政务需要面前不得不完成其一省制的嬗变过程。

宋神宗因其个人的独裁作风,三省轮班奏对制度使得改制后的宰执权力看似被大大削弱,但三省制向一省制变迁不可遏制的现实权力运作方向是难以改变的。一旦皇位上坐的人不再是神宗,而是别的皇帝,那么已经大大扩张了的相权就会展示其巨大的权力效果,北宋末年到南宋之所以权相辈出,从蔡京、秦桧、韩侂胄、史弥远到贾似道,以制度考察,便是元丰改制的后果之一。

余英时先生在其名著《朱熹的历史世界:宋代士大夫政治文化的研究》中,认为王安石虽然不是权相,但他变法时期的一些扩权行动为后世开启了权相之门,他说:“(王安石)扩张相权的种种策略(可能多出于僚属的献议)却为以后的权相开启了方便之门。所以自神宗以下,直至南宋之亡,权相(或权臣)一个接一个出现在政治舞台之上,哲宗朝的章惇、徽宗朝的蔡京、高宗朝的秦桧、宁宗朝的韩侂胄,以及理宗、度宗两朝的贾似道,尤其是著名的例证。”①(此处余先生漏提了理宗朝的大权相史弥远,掌权25年,是两宋掌权时间最长的宰相)余先生全书并未深入讨论过元丰改制的相权扩张问题,反而错袭程颐和朱熹的意见,认为神宗削弱了相权,而没有能够理解神宗削弱宰相个人的权力和加强制度性的相权是完全可以共存的现象,从而径直将北宋后期终南宋的权相问题归因于王安石时代开了坏头,显然是找错了因由。②

相权扩张的一个糟糕结果,是台谏制度的进一步异化。仁宗朝和英宗朝,台谏制度已经成为党争的最重要桥梁,台谏官员们依仗着皇权的支持,对宰执大臣们已经形成了过度的干预能力,庆历新政的失败即与此相关。英宗朝的濮议,也引发后果严重的党争,以至于党争笼罩了整个英宗朝,除了裁减部分冗兵,英宗的四年执政基本上没有做什么特别有价值的事。神宗朝的熙宁变法之所以引发如滔天巨浪般的反对,新法的弊病只是部分原因,更重要的原因是台谏官员们无休无止甚至胡作非为地挑事攻讦。虽然到熙宁四年(1071),在神宗的强势干预下,反新法的台谏官

① 余英时:《朱熹的历史世界:宋代士大夫政治文化的研究》(上册),北京:生活·读书·新知三联书店,2011年版,第245页。

② 虞云国先生对宋代台谏制度有深入研究,但在权相问题上,也承袭了程颐、朱熹、余英时等认为宋神宗元丰改制是削弱相权以及王安石开启宋代权相之门的观点。见虞先生论文《王安石的“非常相权”与其后的异变》,载《商丘师范学院学报》2014年第4期。

员们基本上被清空，但已落下严重的党争后遗症，旧党只是暂时地蛰伏而已，神宗一死，党争及旧党复辟即满血复活。也就是说，在元丰改制之前，台谏制度的异化已经相当严重。虽然宋代台谏制度一直讲究宰执不预的独立政策，但宰执进拟台谏人选制度却在很大程度上抵消了宰执不预的台谏独立性，神宗熙丰年间由于改革的需要，神宗已经在很大程度上任由宰执掌控台谏，虽然王安石个人的政治品质很高洁（例如罢免阿附自己的御史中丞邓绾），没有因此产生很严重的后果。而元丰改制带来的相权扩张，使得宰辅掌控台谏的能力得以大大提高。这在元祐更化期间表现得极为明显，绍圣期间，新党以其人之道还治其人自身。徽宗蔡京权相时代全面来临之后，台谏阿附权相几成必然。

为此，元丰改制扩张相权的恶果是双重的，既导致了出现权相的可能性大大提高，也进一步破坏了台谏制度，使得台谏制度在发生了第一种异化（党争急先锋）的基础上，进而发生第二种异化（阿附宰辅权臣）。

为此，元丰改制在官制改革上虽然获得了不小的成果，但其扩张相权，进一步挤压台谏制度，则是个可悲的后果，恐怕也是神宗自己所始料不及的。

（三）元丰立法综合法典化的成果

元丰年间还有一项通常不易引起人们关注的成就，就是立法的综合法典化活动。元丰之前，包括神宗在内的北宋历代皇帝都曾频繁地按照敕令格式编纂分门别类的法典，比如熙宁六年的26卷《熙宁详定编敕》，熙宁七年的400卷《三司敕式》等，但元丰年间才开始将敕令格式进行综合化的法典编纂，也就是参修宣、敕与令、格、式，将它们综合汇编的立法形式。这一综合法典化的立法活动，主要是神宗自己推动的，主要有熙宁十年（1077）详定编修诸司敕式所编纂的《诸司敕令格式》12 卷,元丰二年(1079),由参知政事蔡确主持编纂的《元丰司农寺敕令式》15 卷,元丰七年(1084),刑部侍郎崔台符等修订《元丰编敕》基础上编纂的《元丰敕令格式》81 卷,其他还有《诸敕令格式》12 卷,《武学敕令格式》1 卷。

此外,神宗朝还首创了编例,就是将"断过刑名近例分类门目编修",就是分门别类地将判例整理汇编,神宗朝的《熙宁法寺断例》对后来的宋代历任皇帝影响很大,《元符刑名断例》(徽宗朝)、《崇宁断例》(徽宗朝)、《绍兴刑名疑难断例》(高宗朝)、《乾道新编特旨断例》(孝宗朝)等都是这一影响的产物。

综上,前述的重禄法改革、元丰官制改革、立法综合法典化,都产生了重大的制度影响。其中,重禄法虽然在元祐更化时就开始被短暂废除,绍圣时恢复,而到了南宋时期则全面废除,但这一重要的制度改革成就并没有因此彻底消亡,只是到近代融入整个国家与社会的近代化改革中才重启。而元丰改制虽然导致了相权的过度扩张,但一扫神宗朝之前的混乱官制,澄清官僚体制则是功在千古的。至于综合法典化的立法以及判例汇编的活动,对于提高国家和社会法治化水平的正面效果则是显而易见的。

三、文化改革的实效考察

新贡举法(熙宁四年)、太学三舍法(熙宁四年)、设经义局(熙宁六年)是熙丰变法中文化领域改革的大事,是王安石"一道德,同风俗"思想在教育领域的重要体现,并且得到神宗的大力支持。批评王安石变法的人,认为王安石“一道德,同风俗”的文化思想是搞文化专制主义。

(一)文化改革的实效:教育改革与人才蓄水池

不必讳言,新贡举法、太学三舍法、设经义局,文化改革的这三项重大措施确实都体现了王安石“一道德,同风俗”的主张。新贡举法的核心是废除以诗赋选拔人才的旧制,倡导经世致用,选拔有实际政治与实务才能的人进入政府机构。太学三舍法的核心是通过国家兴办教育实学来选拔人才,教育过程中设置经学、律学、医学、武学等科目,而设经义局的目的是编制统一科考教材,通过太学三舍法等相关的教育制度确立国家意识形态。三者相维便是国家广泛选拔这样的理想人才:遵循国家意识形态,具备律学、医学、武学等专业才能的人才,同时,通过全国兴办教育的新制度,让人才库永不衰竭,可以源源不断地向朝廷和社会提供。王安石并且将科举制视为暂时的权宜制度,而以太学三舍法以及各路地方官学类似三舍法的分科教育制度才是更关键的、具有持久价值的。王安石的这一远见曾在蔡京执政的崇宁年间得以尝试,短暂地推行过从学校中直接选拔官员的废科举兴教育新政,但因可操作性不够也没能推行下去。

王安石的这一教育和人才新政,既有其利亦有其弊。分科教育,经世致用,这不仅在中国历史上是开天辟地的大事,就是在全球史范围内,也是毫无疑问的先驱者,梁启超甚至视其为大学的滥觞,并非毫无道理。王安石通过王雱和吕惠卿的协助,颁发《三经新义》,将自己的思想直接转化为官学,成为举子们科考的标准答案。司马光虽然也认为应该有官学,但批评王安石以一己私学窃据官学地位不合适,这一批评是中肯的,即便王安石的学问哪怕在旧党大臣们的眼里,也是极高的。且不论司马光在王安石去世时说的“介甫文章节义过人处甚多”，元祐元年（1086）监察御史上官均弹劾国子司业黄隐时，就有过一段推崇王安石经学的议论，“安石自为宰辅，更张政事，诚有不善，至于沉酣六经，贯通理致，学者归向，固非一日，非假势位贵显，然后论说行于天下。其于解经，虽未能尽得圣人之意，然比诸儒注疏之说，浅深有间矣，岂隐肤陋所能通晓，此中外士大夫之所共知也”[①]。

更重要的是，王安石并没有因为自己的私学成为了官学，就系统性、制度性地打压甚至禁止其他诸学，王安石甚至连零星的打压私学之举都没有过，这与王安石一直以来建议神宗要兼听明辨而不是排斥小人是一致的[②]，所以谈不上什么文化专制主义。尤为讽刺的是，所谓“文化专制主义者”荆公新学并没有禁止他学，而王安石的《字说》却被元祐朝廷明令太学生们禁止引用，《三经新义》也在元祐元年曾遭国子司业（国子监副校长）黄隐短暂私禁（焚版《三经义》禁太学生诵习、禁止太学生设斋致奠刚去世的王安石），但黄隐也因此事遭殿中侍御史吕陶、监察御史上官均弹劾而于元祐二年八月被罢免，改任鸿胪少卿。[③] 梁启超对此评论说：“荆公未尝禁人习王氏以外之学说，而反对荆公者，则禁人习王氏学说，然则束缚思想自由、言论自由者，为荆公耶？为反对荆公者耶？”[④]任公此论对旧党过于愤怒，以至于未能了解此事完整过程。应该说，旧党总体上并不反对王安石之前在太学领域的安排（《字说》之禁在绍圣年间即恢复，《字说》是否有问题是个学术问题，而禁止引用则是个学术自由问题），即使如司马光的反对，

① 《长编》卷三百九十“元祐元年十月癸丑”条。

② 《长编》卷二百三十九“熙宁五年十月癸未、壬辰”条。

③ 《长编》卷三百九十“元祐元年十月癸丑”条。

④ 梁启超：《王安石传》，北京：商务印书馆，2015 年版，第 179 页。

也是程序性反对,而不是对其作为官学的学说本身的反对。整个北宋期间,除了黄隐的这个插曲,旧党没有毁荆公新学之意,这是可以确定的。朝廷动念头禁毁荆公新学是南宋高宗受伊川洛学弟子杨时启发才动的念头。

对科举制弊端的批评以及对兴办教育的认同,是北宋大批士大夫的共识,即使有苏轼等少数人反对以经义替代诗赋的科考形式,但也从来无法成为主流。这一背景使得太学三舍法自熙宁年间实施以后即成为一项稳定性极高的政策,虽然新旧党争反反复复,《字说》虽然一度被禁止,考试时不得引用,但后来也解禁,终两宋太学三舍法本身都一直无间断地存在,蔡京时期、南宋甚至还有程度不同的进一步发展。

新贡举法、太学三舍法是王安石人才与富国思想的新教育法实践,也是熙丰变法及其后续党争中受较少影响的领域,这种稳定性使得其实施的效果得以较好体现。新科举与新教育,为北宋皇朝输送了大量杰出人才,尤其是拥护改革的人才,与此相关的弊端,是从太学中直接选拔官员(虽然比例很小,但太学生被皇帝赐予进士出身甚至直接授官的情况也不少),同时,三舍法又极其重视学生的道德品行,导致标准殊难掌握,而这就给腐败留出空间。当然,这些法律漏洞朝廷也在想办法弥补,元丰初年的太学狱发生之后,朝廷重订学规,比如,学生由学官考察改为由朝廷特派官员去考察、严格规范师生关系等。太学三舍法由此得以继续正常推行。终两宋再无严重太学狱。新科举和新教育法还有一个弊病,就是诗赋科举固然只能录取文人,但经义策论考试则如有人所批评的,在未入仕之前就学会阿谀奉承的恶习,这确实是王安石始料所不及,如其所悔,本欲以学究为秀才,不意秀才为学究。

新贡举法和熙宁兴学对后世的影响极大，明清两朝的科举制正是熙宁贡举法的后续，虽然明清科举制尽显科举之弊。明清两朝的官学体系，也受熙宁太学体系诸多影响，当然，与熙宁太学三舍法相比，明清两朝不但没有能够沿着熙宁的分科教育思路进一步增加学科门类，甚至回到单一经学科举制的老路上，是个极大的倒退。南宋太学后续了三舍法，明清国子监、晚清京师大学堂、民国诸大学，以及 1978 年以来的中国大学制度，也都多多少少继承了北宋熙宁三舍法的太学精神。

熙宁太学法设律学、武学、医学分科，且不论这在教育史上的开先河之重要地位，它至少对于熙宁新法来说是十分重要的人才库蓄水池。没有这些分科教育，无论是胥吏、医生还是军人，其专业性都会大打折扣，专业性打了折扣，政务的处理能力自然也得大打折扣。然而，能够写出皇皇巨著的司马光却对专业化分工这一极其重要的社会未来趋势完全无感，上台就把明法科废除了。罢废的理由竟然是"至于律令，皆当官所须，使为士者果能知道义，自与法律冥合，何必置明法一科，习为刻薄，非所以长育人材，敦厚风俗也"①。当真是腐儒之见，这一类的见识便是王安石最看不上的"流俗"。熙宁分科教育的创举，可以说无论怎么高估都是不过分的。熙宁分科教育体系被梁启超视为现代大学之滥觞，"至其大学，以校诸今日欧美各国，虽未可云备，然观其有律学、医学等科，与经学并重，则是分科大学之制，实滥觞于是。"②考世界教育史，这一评价并无虚高成分。

熙宁太学法所拟定的分级考选制度，也是世界上最早的分级考选制。西方近现代的官僚制、公务员制，也都不同程度地受中

① ［明］陈邦瞻撰：《宋史纪事本末》卷三十八《学校科举之制》。
② 梁启超：《王安石传》，北京：商务印书馆，2015 年版，第 181 页。

国科举制影响，自然也是熙宁新贡举法的流波所及。

（二）国家—社会伦理共识："一道德，同风俗"

后代史家通常认为，王安石的"一道德，同风俗"设想，随着宋神宗驾崩后熙丰变法的落幕而未能成功。如本文所澄清的，王安石"一道德，同风俗"并不是一个文化专制主义的思路，因为他们没有制度性地禁毁、打压其他学说，这是鉴别是否文化专制主义的唯一标准，而只是试图给国家和社会确立一个基本的国家伦理。随着党争的反复，新旧党双方越来越剑拔弩张，到南宋高宗时，为了急于给南渡之祸找替罪羊，以及理学的崛起，王安石和荆公新学才逐渐遭到打压，以至于到南宋末年，王安石的新学思想已式微。

公允地说，荆公新学的衰落和理学的崛起，在中国整个文化思想史上并非一件好事，从学说性格上来说，相对而言，无论比之洛学、朔学还是后来的朱子学，荆公新学都称得上门户之见最少、兼收并蓄能力最强、视野更阔大的学说。荆公新学不但不是文化专制主义的代表，它的衰落，才是文化专制主义正在崛起的象征，明清两代专奉程朱理学便是最好的证据。

小　结

熙丰变法是中国古代史上一场空前的皇朝自救行动，但考察其成败却成了一个大问题。因南渡之祸，南宋偏安朝廷一直通过贬低王安石以及熙丰变法来转移后人对宋徽宗蔡京君臣的责任追究，史料因此被严重窜乱。历史的真相因此蒙尘纳垢，但自清代以来,尤其是20世纪以来,已经有越来越多的学人力图澄清历史的真相。

本章是在前人研究的基础上尽可能全面但简要地考察熙丰变法的实效,唯有以实效发言,才有资格谈成败;唯有全面考察,也才有资格谈完整、真实的实效。熙丰变法期间,反对派对变法的批评一直缺乏总体实证研究的基础,以至于通常仅仅针对青苗法、免役法、市易法等新法实施过程中的一些个案发表反对意见,除了加深反对派的偏见,并不能为新法实施效果的研究增加新知。虽然这些反对意见对于改善新法的执行不无裨益,但总体上并没有让整个朝廷能够认真地进行改革,有时候反对意见仅仅使得变法派更加固执己见,再加台谏夸大事实甚至对改革者个人人身攻击,道德贬低性质的攻击新法,对于新法实施与改善更无增益。

吕大临是反对派之一的洛党领袖二程的弟子,他就曾反思过反对派的意气之攻败坏改革问题:“新政之改,亦是吾党争之有太过,成就今日之事,涂炭天下,亦须两分其罪可也。……大抵自仁祖朝优容谏臣,当言职者必以诋讦而去为贤,习以成风,惟恐人言不称职,以去为落便宜。昨来诸君,盖未免此。苟如是为,则是为己,尚有私意在,却不在朝廷,不干事理。”①后来的陆象山则尤其是在举世诋毁新法与王安石时为王安石说公道话:“熙宁排公者,大抵极诋訾之言,而不析之以至理,平者未一二,而激者居八九,上不足以取信于裕陵,下不足以解公之蔽,反以固其意,成其事,

① [宋]吕大临:《蓝田吕氏遗著辑校》,陈俊民辑校,北京:中华书局,1993年版,第514页。并见《二程遗书》卷二上《二先生语二上》。这段话被朱熹《宋名臣言行录·外集卷二》收入程颢名下,实为吕大临自己的话。

新法之罪,诸君子固分之矣。"[1]陆象山这段话虽然说出了一个许多人都意识到但未必愿意说的事实,但他也依然将新法视为有着"大罪"的错误的政治行动。

即使不把北宋灭亡的账记到王安石头上,至少将熙丰变法视为一个严重错误的政治行动,在梁启超《王荆公》出版之前,几为学界定论。梁启超首次对王安石的熙宁变法进行了全面梳理,对王安石的主要新政都进行了评析,并且以现代政治学、经济学、教育学等分析工具,对王安石的新政给予了极高评价。但是,由于对王安石的经济思想缺乏深入了解,就无法参透王安石推行的新政所隐含的经邦济世之思。被王安石视为流俗的那些他同时代的儒生之见,以及此后整个九百年间的后王安石历史时代,也都少有人能够从更远更高的视角来看待他的新政,不仅仅是看到了他的青苗法、免役法等使国库大增这一最易引发误解的现象。

为此,本书的视域,除了关注青苗、免役、市易、保甲、保马、将兵等传统的研究项目,还将熙宁年间宋廷在仓法(重禄法)、漕运、均输、榷务、铜禁、减税、金融、淤田、治黄、方田均税等更全面的政治经济政策纳入详细分析,王安石经邦济世的全面构想终于在这些事实及其分析中一点点呈现——大力发展经济、官民共享红利。

本书对熙丰变法在财政、经济、政治(包括行政)、军事、文化、军事等领域做了尽可能全面的实效分析,力图澄清长期以来学界的某些误区。

例如,最近30年来,许多学者根据市易法的失败、青苗免役的敛财性以及保甲法的兵民一体化将王安石视为国家主义者或

① [宋]陆九渊:《象山先生全集》卷十九《荆国王文公祠堂记》。

社会主义者。但本书的分析表明,熙丰新政绝不是一个为了所谓国家利益就必须以牺牲平民利益为代价的苛政(有部分这样的失误,但不是全局性的),尤其是熙宁变法最重要的改革设计师和主持者王安石是一个希望国家和人民都能从提高社会生产力中获益的异数宰相。王安石既不同于桑弘羊这样的刻剥宰相,也不同于司马光这样的空言甚至胡闹宰相(元祐更化废尽新法、将河湟地区送还西夏),这是持"天地所生之财止有此数,不在官,即在民"这种静态财政论的古代儒生们很难理解的动态财政论的理财家。王安石对辽国、西夏的邦交战略与能力,更是有宋一代少数远高于同侪的大战略家,后继者只有章惇可堪齐其项背,富弼、韩琦、司马光等均于外交无能,王安石的这种能力完全可视为一位现代政治家。

再如,不少人仅仅将熙丰新政视为聚敛之政,但本书的分析全面还原了熙丰新政的几乎所有特性:它有聚敛的一面,有发展生产的一面,有重振国威以获真正平等外交能力的一面,还有全面构建新三代的理想。至少,为朝廷理财、丰盈国库绝非熙丰新政的唯一目标,而只能是目标之一。

将节流成果从熙宁变法中一笔抹去,也是常见的一大误解。因史料中延和殿廷辩的记录不公,王安石如何解释发展生产力问题没有得到记录,以至于后人尤其是反对新法的人们在想象熙宁聚敛时,只会想到与聚敛同性质的恶名:开源。却不知道天天号称节流的司马光,宋神宗给过他机会让他节流,但他什么都没做,倒是鼓吹开源的王安石不但发展了生产力开源,甚至还通过并营法裁军取得了所有高呼财政节流者都未能获得的巨大节流性财政收益。

除了这些常见的误解,还有一个最大的误解,就是认为熙丰变法失败了。本书的实效分析表明，从官民两利的严格要求出发，青苗法、免役法、市易法（含免行役法）确实都是失败的，前两者课敛太重，要到章惇独相的绍圣元年、二年（1094、1095）才通过降低利率和禁止抑配臻至完善，而市易法本来就不可能官民两利，只有官利无民利。熙宁新法中的其他新政，均输法、措置宗室法、农田水利法、重禄法、保甲法、贡举法、太学三舍法、保马法、方田均税法、军器监法、并营法、置将法，至少在熙丰年间，总体上都成功推行，并且获得了巨大收益。至于其在宋神宗驾崩后遭遇的立废，自然可列入因其无法持续的政治失败，但这并不该是衡量各项具体新政成败的标准。

历代迄今，对熙丰变法，尤其是对熙宁变法和王安石，还有许多误解。这里不再详细列举。这些误解绝大部分都是出于党争，以及南宋士大夫们为迎合高宗以来的朝廷意识形态而歪曲甚至伪造的史料所致，并且随着程朱理学在经学上获得的独尊地位，熙宁变法与王安石在前现代几无翻身可能。从清代蔡上翔，尤其是近现代梁启超以来，现代许多学人也都意识到了这个问题，但在具体史料中穿梭，就未必能那么清晰地鉴别与考辨。一个有趣的现象，是王安石的政治、经济等思想宏深远大，非其同代那些腐儒所能理解，故在有些本来是为了贬低他的史料中，常常会混杂着现代人看来是赞美他的支持性证据，这恐怕是那些诋毁者万万没想到的。熙宁四年文彦博与宋神宗对话时说的那句著名的"（陛下）为与士大夫治天下，非与百姓治天下也"，便反映了其实保甲法免役法等只要正常推行，便于民有利，嚷嚷着保甲法免役法不便的是品官形势之家。

元丰五年（1082），退休在金陵的半山老人写下了《歌元丰五首》：

其一：水满陂塘谷满篝，漫移蔬果亦多收。神林处处传箫鼓，共赛元丰第一秋。

其二：露积成山百种收，渔梁亦自富虾鳝。无羊说梦非真事，岂见元丰第二秋。

其三：湖海元丰岁又登，稆生犹足暗沟塍。家家露积如山垄，黄发咨嗟见未曾。

其四：放歌扶杖出前林，遥和丰年击壤音。曾侍土阶知帝力，曲中时有誉尧心。

其五：豚栅鸡埘暗霭间，暮林摇落献南山。丰年处处人家好，随意飘然得往还。①

诗人满怀深情地描述了五谷丰登的好年景。我以前总是半信半疑，怀疑荆公是否过于自负，他只看到了自己希望看到的世界。后来看到韦骧（皇祐五年[1053]进士，曾任利州路转运判官、主客郎中、知明州等）那首比王安石早写三年（1079）的五绝，发现他们合上了：

万里耕桑富，中原气象豪。河淤开亿顷，海贡集千艘。②

---

① [宋]王安石：《王安石文集》（全五册）卷二十七《律诗（七言绝句）》，北京，中华书局，2021年版。

② [宋]韦骧：《钱塘集》卷七，四库全书本。

第九章
熙丰残照：变法的现代平议
——一个交易费用政治经济学的视角

熙丰变法，尤其是熙宁变法，近千年来持续地刺激后人研究的兴趣，固然与政治纷争相关，不独在古代有庙堂上的党争，就是在现当代也有持论者党见之博弈夹杂其中。梁任公《王荆公》开启了以现代学术方法讨论熙丰变法之路，此后，这一趋势越发显著，学者们除了使用一般的现代政治学、经济学、金融学、教育学等方法，还运用了政治心理学、区位经济学等更加细分的学科方法论来讨论熙丰变法。受此学界盛况激发，本章欲以近几十年来西方新兴的交易费用经济学（Transaction Cost Economics，简称TCE，也称“新制度经济学”“交易成本经济学”，本书“交易费用”和“交易成本”通用）方法来加入这一讨论，以期以更为清晰的视角审视熙丰变法。

一、交易费用经济学与交易费用政治学

美国经济学家、旧制度经济学创始人康芒斯最早将“交易”这一概念引入制度经济学，作为该学科的最小分析单位，他说，人类产生利益关联的“根本的活动单位，使法律、经济学和伦理学有相互关系的单位，必须本身含有‘冲突、

依存和秩序'这三项原则。这种单位是'交易'。一次交易,有它的参加者,是制度经济学的最小的单位"①。同时,他也强调,"应该记住,交易的公式不是自然或现实的一个副本——它只是对经济理论的最小单位的一种想象的结构——一种研究的单位,用它来了解现实"②。随后,康芒斯将交易分为三种类型,即交易双方法律地位和关系平等的"买卖的交易",交易双方法律地位不平等、一方地位高于另一方的"管理的交易",以及交易双方法律地位不平等并且是集体性的"限额的交易"(比如苏联的配给制,就是典型的"限额的交易"),康芒斯认为:"这三种活动单位包罗了经济学里的一切活动。买卖的交易,通过法律上平等的人们自愿的同意,转移财富的所有权。管理的交易用法律上的上级的命令创造财富。限额的交易,由法律上的上级指定,分派财富创造的负担和利益。既然这些交易是地位平等的人们之间或者上级和下级之间的社会活动的单位,它们的性质是伦理的,也是法律的和经济的。"③三种活动的组合就形成了制度。我们通常所说的制度,在科斯以后的交易费用经济学里,可以将其视为一个交织着所有交易类型和无数交易活动的一个巨大交易束。分析一个制度的优劣,可以从拆分这些交易束开始,直到拆分到最小交易单位之后,再根据其具体运行过程中产生的交易费用来评价。如果可以把制度比喻为一栋房子,那么这栋房子从房主动念头盖房子到图纸设计、购买建材、雇佣施工队、盖房,直到盖房彻底完工,便是一个集合并且完成了无数交易束的过程。但制度和房子一样,

---

① 〔美〕康芒斯:《制度经济学》(上册),于树生译,北京:商务印书馆,2017年版,第69—70页。

② 〔美〕康芒斯:《制度经济学》(上册),于树生译,北京:商务印书馆,2017年版,第71页。

③ 〔美〕康芒斯:《制度经济学》(上册),于树生译,北京:商务印书馆,2017年版,第82页。

它们在事实上并不是静态的,在流逝的时间和自然力作用下的空间里,它们都需要维护与修缮,有时甚至是重建或改建,于是,它们都将继续产生费用。

经济学家肯尼斯·阿罗将交易费用定义为经济制度运行的费用(Arrow,1969,p.48),但“除了这些日常性的费用之外,交易费用还包括建立、维持或改变体制基本制度框架的费用。因此,相对于正式制度,我们可以说交易费用是源自建立、使用、维持和改变(1)法律意义上的制度(如德国宪法或德国民法典)和(2)权利意义上的制度(如一种基于自愿达成的劳务合约之上的具体要求权)所涉及的费用。进一步地,由于存在与基础性正式制度相关联的非正式活动,这里出现了额外的交易费用。交易费用的典型情形是使用市场的费用和企业内部发号施令的费用。我们可以将第一种情形中的费用称为市场型交易费用(market transaction costs),第二种情形中的费用称为管理型交易费用(managerial transaction costs)。就法律意义上的制度而言,必须考虑的是政治体制中制度框架的运行和调整所涉及的费用安排。由于没有更好的术语,我们将它称作为政治型交易费用(political transaction costs)”①。上述三种交易费用囊括了人们现代日常社会生活里所有利益关联过程中发生的费用,即横向的所有权市场交易费用、组织内部垂直管理的交易费用,以及由法律制度所产生的纵横交错的政治性调整的交易费用。

三种类型的交易费用一般包括但不限于②:

市场型交易费用通常至少包括:1.搜寻交易的费用和信息费

① 〔美〕埃里克·弗鲁博顿、〔德〕鲁道夫·芮切特:《新制度经济学:一个交易费用分析范式》,姜建强、罗长远译,上海:上海人民出版社,2012 年版,第 59—60 页。

② 以下内容转述自《新制度经济学:一个交易费用分析范式》(第 61—66 页)。

用,交易费用经济学的创始人科斯教授认为,交易之所以是经济学分析的对象,是因为它具有稀缺性,因此,交易并非天然存在,而需要寻找,因此,寻找交易本身即需要费用;2.讨价还价的费用以及决策费用,交易过程中讨价还价无处不在,这会产生费用(例如律师顾问费用、会计顾问费用等),决策也同样会产生费用;3.监督和执行费,交易在其契约的执行过程中以及监督契约的执行都会产生费用。

管理型交易费用来自于企业,通常至少包括:1.建立、维持或改变一个组织的设计费用;2.组织运行的费用,包括信息费用、与有形产品和服务在可分的技术界面(技术与人、社会、自然环境之间的密切作用所形成的界面)之间转移时发生的有关费用,比如货物留置费用、企业内运输的费用等。

政治型交易费用,产生于政治管理,包括:1.建立、维持和改变一个体制中正式和非正式政治组织的费用,例如立法、行政、司法、军队等组织架构确立和维护的费用;2.政体运行的费用,即Levi(1988,p. 12)所谓"对服从活动进行度量、监督、建立和执行"的费用;3.代理费用,政治组织需要人去管理,由此产生代理人费用,同时,交易费用经济学认为,通常情况下,代理人的决策与实现委托人福利最大化的决策之间存在差距,代理人很难达到委托人要求的标准,这一差距的货币等价物被称为"剩余损失"(residual loss),代理费用是委托人的监督费用加上代理人的担保费用,再加剩余损失。

交易费用经济学认为,产生上述交易费用的原因在于人性,由此导入交易费用经济学的人性假设。交易费用经济学对人性及其相关的利益半径内有一些基本的假设,作为交易费用分析法的原点。

1.个人主义方法论。即分析的人类基本单位是个体的人类，个体的人和人之间是不同的，但又有着人性意义上共通的行为方式，这是分析人类社会所有问题和现象的起点。即使是分析政治型交易费用现象时，也是建立在个人主义方法论上的，组织化的行动也是在个人行动的相互作用中形成的。因此，个人主义方法论既有助于了解和理解组织的行为，无论经济组织还是政治、军事组织，同时，它也是区分个体行为与组织行为的起点。没有个人主义这个起点，一切的分析都将变得可疑。

2.效用最大化假设。这是经济学的一般假设，认为个体的人在现有约束条件下，天然地追求效用的最大化，也可以说是利益最大化。只是如马克斯·韦伯所言，利益包括物质利益和精神利益，正是不同的个人对于自己的物质利益和精神利益的配比安排上存在差异，才会产生一些不相通的决策行为。

3.有限理性假设。在古典经济学的早期文献中，所谓经济人假设，意味着个人被假定为完全理性，而在真实的世界中，这样的个体是不存在的，为此，交易费用经济学将其修正为更准确的“有限理性”，即决策者的偏好是不完全的，会随着时间、空间以及信息获取方式以及信息内容的变化而发生变化。

4.机会主义假设。由于世界的不完全性，以及交易者之间的信息差，自利的个体之间经常会发生机会主义现象，利用欺骗、隐瞒等手段从对手手中获取利益，即威廉姆森等经济学家认为的所谓无法被信赖的个体，然而要确定每个交易者的这一信息显然不可能，交易费用很大程度上是与机会主义互为因果的。

除了上述四项基本假设，由于交易费用经济学在其创立（罗纳德·科斯）和基础理论完成（奥利弗·威廉姆森）之时，主要分析对象都是现代经济社会，因此，其学科的假设基础，通常还包括下述四项。

5.经济社会(个人以及将认可的产权赋予社会每一成员的一系列规则或惯例);6.治理结构(一个经济体现存的产权结构是由治理结构或秩序界定和保护的);7.制度(一组正式和非正式的规则,以及规则的执行安排);8.组织(按道格拉斯·诺斯的观点,制度与受益于制度者在一起就被称为组织)。

但上述第5—8项假设,在分析资本主义世界之外包括历史上的各种现象时,并非必需,尤其是在诺斯创立制度变迁的交易费用理论以及交易费用政治学理论时,上述第5—8项恰是交易费用政治学的分析和解释对象,而不是基本的前提假设。而本章的工作,与诺斯《经济史上的结构与变迁》《西方世界的兴起》是类似的,为此,前述第5—8项会在分析问题时作为一个参照性存在,但显然无法成为分析本章所涉内容时的前提。

诺斯在其《交易费用政治学》一文中认为,与经济市场相比,政治市场是个效率更低下、交易费用更高的领域,即使是民主政体下,交易费用也很高,而通常认为民主政体是比非民主政体更有效率、交易费用更低的政治市场,因此,非民主政体更需要交易费用的分析。[①] 诺斯的这一论断,正是基于前文所述的分析交易费用时,第5—8项假设条件无法成为非民主政体政治市场的前件使用。

当然,包括中国古典社会在内的一切前现代社会,并非就没有制度,这些制度至少在其本国本社会语境下,有着支撑本国本社会前现代政治、经济、文化、军事的功能和价值。这种支撑本身所产生的交易费用有着该社会本身的特性。

---

① 〔美〕道格拉斯·诺斯:《交易费用政治学》,载《交易费用政治学》,刘亚平编译,北京:中国人民大学出版社,2011年版,第1—14页。

二、理想变法的交易费用

威廉姆森对交易费用有个非常著名的形象比喻,“交易成本在经济中的作用相当于物理学中的摩擦力。……应该堂堂正正地把摩擦力计算进来”[①]。政治制度的运行费用,便是全社会运转的摩擦力主要来源之一,另一个摩擦力之源是社会的自运行费用。宋代在熙丰变法之前,虽然赋税征收,早已“倍于汉唐”(宋太祖语),但“三冗问题”却经百年积累,已是迫在眉睫、急需解决,以政治为主导的社会,已经处于摩擦力过大、运行困难的状态。

唐宋时代,中国经济重心南移,这已是史学界公认之史实,随着真宗时代占城稻的栽培与耕种地区的扩展,农业生产力也已经得到比宋初要大得多的提高,而商业之繁荣,更是远迈前代。宋代开封夜不闭市,在帝制时代是独一无二的,这都表明了宋代的商业之繁荣,是宋代的重要经济成就,市场的扩展意味着社会性的交易费用下降。经济史学家安格斯·麦德森估计,“宋朝的中国开始了一个时代的经济扩张,使人均收入提高了大约1/3”[②]。这一经济成就中,著称于后世的宋代“不立田制”(不实行国家授予土地的制度,未动用国家权力再分配土地,不破坏已有土地产权)、“不抑兼并”(任由土地自由买卖)也起了极大的推动作用,土地的市场流通,使得土地财富的交易费用下降。但这一政策也使得土地兼并问题越来越严重,以至于对北宋中期的财政汲取能力造成了严重伤害。在北宋初期,宋太祖欲除五代重敛之弊,曾

---

① 〔美〕奥利弗·E. 威廉姆森:《资本主义经济制度:论企业签约与市场签约》(分科本),段毅才、王伟译,北京:商务印书馆,2017年版,第35页。

② 〔英〕安格斯·麦迪森:《中国经济的长期表现:公元960—2030年》(修订版),伍晓鹰、马德斌译,王小鲁校,上海:上海人民出版社,2016年版,第21页。

让官员们丈量田亩,以减轻人民负担,《宋史·太祖本纪》赞词所谓:“务农兴学,慎罚薄敛,与世休息,迄于丕平。”[1]确非虚美之辞。因此,那时候的赋敛增长更多的是依靠生产力提高、耕地面积扩大取得的。随着时间推移,生产力继续提高、耕地面积继续扩大的同时,兼并者隐瞒田产、自耕农寄名伪佃于品官形势之家以规避赋税,逐渐成为司空见惯之事,生产力继续发展的红利逐渐被品官形势之户持续性地蚕食,朝廷财赋由此未能同步增长,而“三冗”问题在继续膨胀,终至于入不敷出。

从这里可以看到,对于朝廷来说,至少显见的就有几个不易逾越的障碍:

(一)全国性方田的困难

包括官户在内的品官形势之家虚报田亩问题始终无法解决,这既受制于信息获取的技术手段,包括交通、人力、邮传、获取信息的费用等一系列获得真实信息所需的交易费用,也受制于信息的使用技术,比如丈量田亩的技术、确认土地肥力的精确度都不容易,因此,费用之高,让朝廷望而生畏,以至于在熙丰变法之前一直未能下决心进行全面的方田均税。

(二)士大夫阶层不肯放弃自身利益

宋代优待士大夫、不抑兼并是其政权之基础,也是皇权与士大夫共治天下的交易费用。熙宁四年三月那场涉及免役法的著名廷对中,枢密副使文彦博与宋神宗、王安石的对话最能说明这个问题。[2] 文彦博说得很清楚:皇帝陛下你和我们士大夫才是利益共同体,你和老百姓不是利益共同体。现在你要推行改革,要

---

① [元]脱脱等:《宋史》卷三《太祖本纪三》。

② 《长编》卷二百二十一“熙宁四年三月戊子”条。

利民利国，你损害了士大夫的利益。言下之意，陛下你不应支出这笔高昂的皇位费用，对你没有好处。

（三）不改革，后续将更困难

和平时期若不改革，“三冗问题”只会继续膨胀，绝不会自动收缩，这也是政权暂时能够与全社会和平共存的交易费用。累卵之危在其没有垮塌之前必须继续累卵，否则就连这暂时的安宁也是没有的，因此，继续累卵就成了维持其危而不垮的交易费用。

（四）胥吏阶层已成公害

自魏晋以来官吏分途，尤其是胥吏无禄至多极少禄的制度，造成了在熙宁重禄法实施之前，胥吏成为一个社会公害，他们利用儒官的无能和授权，大肆渔侵百姓，贪赃枉法、腐败横行，胥吏阶层成为横亘在朝廷和人民之间的一个严重的社会破坏因素，如何解决这个问题，至少在当时的朝野上下，只有王安石等少数人是清醒的。交易费用经济学中最常用的“委托—代理”理论可以很清晰地解释这个胥吏问题，虽然我们现在看起来较低限度地解决这个问题也许不是什么难事，但在近千年前，那是极难极难的事，就连提出古今帝王皆贼的明末大儒黄宗羲，都在胥吏这个问题上看不清历史的趋势——都过了600年，还认为应该回到差役制。[①] 可见，要做到像王安石那样不但想清楚这个问题，还有远见，从而推行重禄法得有多不容易。

除了上述这些时代及制度本身的重力摩擦，对于改革来说，还有诸多其他的障碍，比如，自仁宗朝以来形成的台谏—党争势力、朝野上下的儒家政治与经济观念、宰执大臣财权残缺、帝国规模与改革措施多样化需求之间的矛盾、当时的制度与科学技术条

---

① ［明］黄宗羲：《明夷待访录·胥吏篇》。

件等，这些都会成为改革的重要阻力，克服这些无论是政治的还是经济阻力需要极高的交易费用是显而易见的。

(五)强大的台谏—党争势力

台谏力量是在真宗朝逐渐强大起来的，到仁宗朝，一方面因仁宗是个极其宽仁的皇帝，另一方面台谏权自身天然的扩权欲望，两厢结合，使得台谏势力变得几乎难以遏制。虽然台谏权扩张对于阻遏朝廷胡作非为是有利的，但对于真正做事的宰执却不是好事，这是仁宗朝开始到熙宁变法前期台谏制度运行的基本特征。南宋吕中对宋代台谏的制度运行有个简要概括，虽不全中，可资参考。他说："治平以前，为大臣者，皆以台谏之言而去；治平之后，为台谏者，皆以大臣之怒而去；而熙宁四年之后，为台谏者，皆大臣之私人也。"[①]这个概括在分期上相当准确，但台谏与宰执之间的关系不能仅仅看他们彼此间的关系，皇帝才是最大的变量，甚至可以说，基本上不存在皇帝不介入的宰执—台谏关系。台谏会成为宰执的掣肘，还是会成为宰执的工具，全看皇帝。仁宗对庆历新政有疑惑，对范仲淹也没有那么信任，因此，台谏就成了倒相工具。神宗一心要改革，而且没有谁比王安石更适合给他背锅，所以台谏就成了扶相工具。台谏制度中"风闻言事"[②]"法定言事额度"等制度使得台谏官员出于自身政绩考核的需要，有事要谏议，无事也要创造条件谏议。由此，台谏官员逐渐偏离制度原意，而成了仅仅专事阻挠宰执正常政务或被宰执收编做其打手的一个重要存在(后一种情况在徽宗朝之后愈演愈烈)，并且时

① [宋]吕中撰：《类编皇朝大事记讲义》卷十七《诸君子与王安石争论新法》，张其凡、白晓霞整理，上海：上海人民出版社，2014年版，第314页。

② 王安石曰："许风闻言事者，不问其言所从来，又不责言之必实。若他人言不实，即得诬告及上书诈不实之罪。谏官御史则虽失实亦不加罪，此是许风闻言事。"见《长编》卷二百一十"熙宁三年四月壬午"条。

常因政见不同而引发集团性的党争攻讦。仁宗朝范仲淹主持的庆历新政,在当时的御史中丞王拱辰、权御史中丞张方平、御史鱼周询、刘元瑜等人合力弹击下,只进行了16个月就继续不下去了,范仲淹借口河东告急离开朝廷。英宗朝的濮议之争,比庆历党争更严重,持续时间很久,一直延续到神宗朝,而所用的手段甚至更加下流,"皇伯派"(认为濮安懿王赵允让应当为皇伯)的殿中侍御史里行蒋之奇受御史中丞彭思永授意诬陷"称亲派"(认为濮安懿王赵允让应当为皇考)欧阳修乱伦。熙宁变法前期,甚至熙宁变法正式开始前,旧党群集的台谏官员们就成了改革障碍的主要阵地。而且台谏官员仗着"风闻言事"的制度保障,极尽捕风捉影甚至是否凭空捏造都未可知,由此激发了神宗和王安石对反变法派台谏官员的反感,不断罢黜他们。比如,早在熙宁二年(1069)四月,变法尚处于筹备状态,御史中丞吕诲就弹劾参知政事王安石,神宗认为"诲殊不晓事,诘问又都无可说"[①],重要的是后半句"问他又说不出王安石的具体罪错",于是罢了他的御史中丞之职。熙宁三年(1070)四月,右正言、秘阁校理李常谏奏青苗法祸国殃民,有州县官员不给老百姓贷青苗钱却要收利息:"散常平钱流毒四海,又州县有钱未尝出而徒使民入息者。"[②]但神宗让他提供五六位违法官吏的姓名,李常却拒绝提供,曾公亮以"风闻言事"为李常辩护,神宗说:如果朕让他说出控告人或者朕以此责罚谏官,那确是堵塞言路,朕现在是让他提供违法官吏,以便追责,怎么妨碍了风闻言事?王安石也认为这跟风闻言事无关,李常最后被神宗以"言事反覆,专为诋欺"降为太常博士、通判滑州。神宗自己的生活相当节俭,而李常却依仗风闻言事这件台谏铁布

---

① 《长编拾补》卷四"神宗熙宁二年五月甲午"条。

② 《长编》卷二百一十"熙宁三年四月壬午"条。

衫在奏疏中诬蔑说："陛下一宫殿之费百余万，一宴游之费十余万，乃令大臣剥肤椎髓掊敛百姓。"[①]反变法派台谏的造谣和诅咒甚至直接针对神宗本尊"天不祐陛下，致圣嗣不育"，按神宗的说法，如此恶毒的谣言因出自台谏之口而尽人皆知。[②] 对于古人来讲，骂普通人断子绝孙就已经十分骇人听闻，连对皇帝都敢如此，可以想见当时反变法的攻讦之歪风已经到何等地步。神宗一方面表示信任王安石，真诚地希望进行大刀阔斧的改革；另一方面又没有及时改革台谏言事制度（比如废除风闻言事和言事指标），同时坚持真宗以来所谓"异论相搅"的传统，却不知"异论相搅"在全局意义上有助于理性行政，但应当将其安于合适的位置（比如议事时而非推行新政时），而不是将其专门安置在掣肘正常政务的推行上面。正是在这种混乱的执政思路下，虽然到熙宁四年变法即将推进到中期时，神宗已将台谏官员中的旧党几乎清空[③]，基本上换成了支持改革的官员，但这一过程却伴随着改革丧失对舆论的管理。台谏官员们进则升官，退则得名。[④] 而王安石却落得个"独裁"恶名（官员们只敢把罪名扣王安石头上，不敢说皇帝的不是，哪怕上谏章时敢披着风闻言事的隐身斗篷胡说八道骂皇帝），新政即使推行，也是在重重阻力和疑惑中推动。

台谏势力成为改革几乎无法支付的巨额交易费用，而整个熙丰变法中，宋神宗并没有按照王安石的意见降低新政推行的这一

---

① 《长编》卷二百一十"熙宁三年四月壬午"条。

② 《长编》卷二百一十"熙宁三年四月甲申"条。

③ ［元］脱脱等：《宋史》卷三百二十七《王安石传》罗列了被王安石变法时期被罢黜的台谏与两制官员："御史刘述、刘琦、钱颉、孙昌龄、王子韶、程颢、张戬、陈襄、陈荐、谢景温、杨绘、刘挚，谏官范纯仁、李常、孙觉、胡宗愈皆不得其言，相继去。骤用秀州（洲）推官李定为御史，知制诰宋敏求、李大临、苏颂封还词头，御史林旦、薛昌朝、范育论定不孝，皆罢逐。翰林学士范镇三疏言青苗，夺职致仕。"加上之前罢黜的御史中丞吕诲共 24 人。

④ 孟天运：《王安石改革与社会舆论》，载《史学集刊》1988 年第 3 期。

交易费用——他认为不能继续“异论相搅”的传统，否则改革无法进行。[1] 但神宗并不听他的，虽然也承认，继续异论相搅下去，啥也干不成[2]，但也只是粗暴地将台谏官员换掉，神宗甚至在王安石二次辞相后使用文字狱来对付旧党（如乌台诗案），而这在实际效果上，其实是加重了改革的交易费用。

（六）流俗：士大夫阶层与变法不容的政经观念

正如道格拉斯·诺斯在《经济史上的结构与变革》一书中所言：“意识形态是一种节省的方法，个人用它来与外界协调，并靠它提供一种‘世界观’，使决策过程简化。”[3]换句话说，如果社会与时代流行的观念与改革精神和目标能够同步的话，那么改革将减少许多阻力，极大地降低交易费用。王安石也深刻地意识到这个问题，也因此，在他的宏大改革目标中，“一道德，同风俗”其实是处于改革灵魂的地位。熙宁变法之所以会招致如此汹涌的反对声浪，固然有士大夫阶层的利益受损之原因，也有新政本身存在一些缺陷，但还有一个容易被忽视的原因，就是被王安石斥为“流俗”的士大夫们陈旧保守狭隘的政经观念。“流俗”正是新政最大的观念之敌，也是改革各项高昂的交易费用之渊薮。

“流俗”到底是指什么，王安石没有明确给出定义，倒是时任起居舍人、天章阁待制兼侍讲的知谏院司马光在嘉祐七年（1062）五月的《谨习疏》里作了很清晰的解释，他说：

> 是故上行下效谓之风，薰烝渐渍谓之化，沦胥委靡谓之流，众心安定谓之俗。及夫风化已失，流俗已成，则虽有辨智

---

① 《长编》卷二百一十三“熙宁三年（1070）七月壬辰”条。

② 《长编》卷二百一十三“熙宁三年（1070）七月壬辰”条。

③ 〔美〕道格拉斯·诺斯：《经济史上的结构和变革》，厉以平译，北京：商务印书馆，2017年版，第57页。

弗能谕也，强毅不能制也，重赏不能劝也，严刑不能止也，自非圣人得位而临之，积百年之功，莫之能变也。[①]

这段文字对风化和流俗都做了十分精彩的定义，相信王安石也会同意的。《长编》中涉及熙宁变法期间部分记载了大量王安石的论政言行，其中多处提及“流俗”问题，其含义所指，与司马光大致相同，虽然司马光过了两个月之后，用这个词来指斥社会上的“佛老”思潮[②]，而王安石则认为司马光为首的旧党就是流俗。早在仁宗嘉祐年间王安石上万言书时，他已经提醒仁宗要善于鉴别言论，并且表明自己万言书里的改革建议是流俗不会讲的。[③] 从熙宁三年四月到熙宁九年十月（卷二百一十—卷二百七十八，缺了熙宁元年到熙宁三年三月），王安石以“流俗”这个概念反击旧党的攻讦，王安石在变法语境下使用的“流俗”概念，大体上是包括那些坚决反对新法的旧党官员、对新法缺乏基本了解人云亦云的人，以及对于新法整体思路完全无法理解又固执己见者[④]，神宗在很大程度上是认同的。[⑤] 王安石拒斥流俗的强硬风格在当

---

① 《长编》卷一百九十六“嘉祐七年五月丁未”条。

② 《长编》卷一百九十七“嘉祐七年九月辛亥”条。

③ 《长编》卷一百八十八“嘉祐三年十月甲子”条。

④ 《长编》卷一百八十八“嘉祐三年十月甲子”条；《长编》卷二百一十一“熙宁三年五月丁未”条（此条史料因源于《林希野史》，林希是当时公认的两面派，故此录未必是信史）；《长编》卷二百一十三“熙宁三年七月壬辰”条（此条第一处李焘选了陆佃的编史，亦未必可靠，李焘也说权且用之；第二条一看就像是假的，原来是出自《林希野史》，李焘自己也说需要详考）；《长编》卷二百一十四“熙宁三年八月戊午”条、“辛未”条、“戊寅”条；《长编》卷二百一十五“熙宁三年九月庚寅”条；《长编》卷二百二十二“熙宁四年四月丁巳”条；《长编》卷二百二十三“熙宁四年五月癸巳”条（此条王安石共有四处用到流俗这个词）；《长编》卷二百二十四，“熙宁四年六月甲子”条（王安石大骂欧阳修“与一州则坏一州，留在朝廷则附流俗”，此条记载不可信）、“熙宁四年六月乙丑”条；《长编》卷二百二十九“熙宁五年正月丁未”条（此条又是源自《林希野史》，也不可信）；《长编》卷二百四十“熙宁五年十一月戊午”条；《长编》卷二百四十六“熙宁六年七月戊戌”条；《长编》卷二百五十“熙宁七年二月丁丑”条。

⑤ 《长编》卷二百七十五“熙宁九年五月癸酉”条。

朝未能得到最广泛的支持,却在两百年后的理学大师朱熹那里获得了巨大的回声,黎靖德《朱子语类》记下了朱子对王安石的激赏:“即曰:‘吾辈此个事,世俗理会不得。凡欲为事,岂可信世俗之言为去就!彼流俗何知?所以王介甫一切屏之。他做事虽是过,然吾辈自守所学,亦岂可为流俗所梗?”[①]朱子对熙宁变法有许多批评,但他无疑是王安石最重要的解人之一。

旧党反对新法的过程中,也指控和反击王安石用“流俗”这个概念来给他们贴标签,参知政事赵抃指责王安石“以天下之公论,为流俗之浮议”[②],御史刘挚概括新旧党互攻是“彼以此为乱常,此以彼为流俗”[③]。他还认为“流俗”是新党污名化旧党的重要标签之一:“至于轻用名器,混淆贤否,忠厚老成者摈之为无能,侠少儇辩者取之为可用,守道忧国者谓之流俗,败常凿民者谓之通变,能附己者不次而进之,曰吾方擢才;不可招者为名而斥之,曰吾方行法。”[④]陈瓘也有类似说法,“守此(指王安石的思想)意者谓之守正,不然则指为邪朋;立此说者谓之特立,不然则指为流俗。非我类者皆邪朋也,异我说者皆邪诬也”[⑤],权御史中丞邓润甫指责新法实行过程中钳制言论,也涉及这个词,“故论恤民力,则疑其违道干誉;论补法度,则疑其同乎流俗;论斥人物,则疑其讦以为直。故言者之气日以摧伏,天下事变有不得尽闻,而纤邪刻薄之徒得容其间”[⑥]。《长编》记载的大臣们这些话从熙宁三年到熙宁九年王安石二次辞相前一直都有,而且在王安石彻底离开权力中

① [宋]黎靖德编:《朱子语类》卷一百一十三《朱子十》。

② 《长编》卷二百一十“熙宁三年四月己卯”条。

③ 《长编》卷二百二十四“熙宁四年六月戊午”条。

④ 《长编》卷二百二十五“熙宁四年七月丁酉”条。

⑤ 《长编》卷二百三十四“熙宁五年六月辛未”条。

⑥ 《长编》卷二百七十八“熙宁九年十月己酉”条。

心之后,也继续长期被新旧党双方使用。

从上述旧党使用此概念的语义以及语言环境中,可以知道,王安石,甚至包括神宗对“流俗”是既厌烦也无奈的,他们深知这种基于利益差异和知识差异的巨大观念鸿沟常常是难以弥合的。王安石认为宰执大臣就得会理财,显然神宗也这么认为的,只有扩大再生产使得全社会的财富都增长了,国家的财政收入才能稳定增长,同时这也跟财政节流并不冲突。而司马光等旧党则认为,政府尽可能不要生事,不要老想着弄钱,一个国家的自然财富有其极限,官多得,民就会少得。公允地说,这两种观点都有它们各自的道理,本来至少部分内容是可以互补的,但旧党认为新党的政治经济观念不但是完全错误的,而且是道德低下的,大臣们只需要辅佐皇帝实行仁政就可以了,考虑财政问题是被儒家君子所不齿的“喻于利”,生财之道只是横征暴敛的遮羞布。而王安石等新党则认为旧党的政治经济观念陈旧落后,不可理喻,于是,双方变得水火不容,台谏制度则成了这一观念裂痕的扩张器,小细缝于是变成了大鸿沟。原本很大程度上能够互补的观念变成了剑拔弩张的敌对观念之后,诺斯所说观念相同带来的决策过程简化就走向反面了,决策过程不但无法简化,还高度复杂化,比决策过程复杂化更糟的,是执行过程也相应地变得复杂、迟滞、混乱,甚至腐败(仓法的推行也与此相关)。观念领域的交易费用变得极其昂贵。事后证明,至少整个熙宁年间,这一观念的鸿沟不但没能逐渐弥合,反而越来越加大。即使改革的许多领域都取得了不错的绩效,观念的鸿沟也会对绩效视而不见。因为观念还带着复杂的情感与情绪元素,它并不担保持有任何观念的人会尊重事实,有时事实不但无助于人改变其原有与事实不符的观念,甚至会加重其对不符合事实之观念的坚持,这便是美国心理学家费斯汀格所谓"认知失调"。

萧公权先生谈宋代政治思想史的那段著名言论[①]将熙宁变法所遭遇的观念困境说得明明白白了。宋神宗—王安石所推崇的有很大一部分是效用论的实学,其所受的困扰便是从之前的儒学传统中继续内向纵深发展的新儒学,就是后来在朱子手里集大成的理学。原本互补的两种观念和思路竟成一对劲敌,他们最终将改革扔进党争的热锅里翻炒。

(七)帝国规模、地区差异与改革措施多样化需求之间的矛盾

宋代的治理,若以现代政治学考察,自然不是民主政治,但也到不了独裁的地步,意大利经济学家阿尔伯托·阿莱西纳和恩里科·斯波劳雷下面这段话专门针对帝国的独裁统治者论,也同样适用于通常的大一统帝国:

> 相对于小国家,独裁者更偏爱大的帝国。这是因为他们可以从更大的人口中攫取更多的总租金。然而,独裁者本身又不得不面对规模和异质性之间的权衡。随着规模的增长和人口异质性的增强,独裁者们会发现挫败暴乱代价愈发高昂。这种权衡决定了帝国的均衡规模。[②]

北宋虽然在疆域上远逊于唐帝国,但与当时世界上其他地区相比,依然是个庞大的帝国。国土的辽阔必然呈现纵横均跨多纬度和经度,各地区的水土、气候、民情因此也呈现相应的差异。唐五代以来的经济重心南移在宋代继续推进,宋代前期的暖湿气候

---

① 见本书第五章。

② 〔意〕阿尔伯托·阿莱西纳、〔意〕恩里科·斯波劳雷:《国家的规模》,戴家武、欧阳峣译,上海:格致出版社、上海人民出版社,2020年版,第78页。

使得南方的水稻种植扩展到江淮地区和黄河流域，即便如此，与西夏接壤的西北地区（秦凤路、永兴军路），以及与大辽接壤的北部地区（河东路、河北路），还有中原地区（京畿、京东、京西各路）、淮南地区（淮南诸路）、江南地区（江南及两浙诸路）、中南地区（荆湖南路）、西南地区（成都府路、广南西路）、东南地区（广南东路、福建路），这些大片区的水土、气候、植被、农作物、语言、民情风俗，都存在着很大差异。而这些差异足以体现在政治、经济、文化、军事等几乎所有领域。

科举制兴起后，随着经济重心的持续南移，南方士人科考能力越来越强于北方士人，这终于也越来越引起本以北方人为中心的中原朝廷对在朝南方人和整个南方的不满。本书第六章所引明代章衮的那段话①，就说到了地区差异引发的朝廷人际冲突。包括经济发展水平的各种人文地理差异在内，经济更发达的南方士人也更注重政务的理性化程度。熙宁变法刚开始推行青苗法不久（熙宁二年，1069），北方大臣一片反对之声，而来自两浙路刚入京的前秀洲（嘉兴）军事判官李定则兴奋地告诉谏官李常，老百姓很欢迎青苗法，李常说，现在朝廷为青苗法打得不可开交，你还是别乱说了。李定见了王安石后说，没想到京城不让人说青苗法的好话。② 这条史料表明，青苗法至少在两浙路的秀洲推行得不错。毕仲衍《中书备对》里统计的熙宁九年的免役宽剩钱征收数据中，两浙路征收的宽剩钱利率只有 14.45%，是所有 23 路/军中最低，且低于 20%法定利率的；另一个低于法定利率的是湖北路，18.55%，而其他所有各路都存在着违法高利征收宽剩钱的问题（见本书之前相关章节）。如果这不是巧合的话，或许表明，青苗、

---

① 见本书第六章。

② 《长编》卷二百一十“熙宁三年四月己卯”条。

免役这两项争议最大的新法，确实在大多数地方推行得不好，而只有在两浙路等少数地区推行得不错。

青苗、免役都是税收货币化的新法，可以推断，它们通常在货币经济更发达的江南地区会比较受欢迎，而北方与西北方的经济落后地区，就不易推行，如司马光所说，北方农民一年都见不到几个钱，用钱交税自然不方便。当时的钱荒主要集中于东南地区，旧党认为都是青苗免役造成的。本书已经详细解释过钱荒的起因，青苗免役当是其中之一，但旧党大臣将钱荒完全归因于青苗法免役法显然是夸大其词的。

青苗法免役法这个案例表明，各地存在着地理、气候以及由此引发的政治经济文化习俗差异，因此，在所有地区推行同一种政策时，确实需要考虑地方特征，为此适当调整新法的适用性。但在中央集权之下，地方权力有限，朝廷推行的新法如果不能得到一体遵行（即使能够微调之后推行也不可能完全适应本地需要），那改革就等于没有发生。于是，对于朝廷来说，哪怕允许地方进行小幅度之内的调整，总体上的一体化推行新政是改革之所必需，由此，削足适履就是不可避免的。

对于朝廷来说，是削足适履地强行推行新政（这样可能会对一些地方的发展和利益造成伤害），还是让地方各行其是，都是颇费思虑的两难选择。对新法东削一块、西砍一条甚至完全废除新法固然可能更适合各地方本地，但于朝廷，不但新政等于作废，甚至严重损及朝廷最高权威。率由其发生，中央集权就会土崩瓦解，而这是朝廷绝不可能允许发生之事。于是，朝廷会认为，为了改革，牺牲地区利益甚至一定程度上短暂的地方忠诚这样高昂的交易费用是必须支付的。

(八)新政所需的制度与科学技术条件

20世纪以来的学人在研究熙宁变法时,常常会提及青苗法本质上是一种农村小额信贷,在现代银行出现之前,它的全国性一体化推行存在极大的风险和障碍。而免役法则可能是世界上最早的制度性货币化徭役,在货币经济尚未发展到与其相适应的程度,也会造成许多弊病。此外,人们并不那么关注的重禄法(仓法),则是世界上最早的专业的带薪公务员制度,而在权力缺乏根本性限制与制衡的古代,吏禄并不能杜绝胥吏腐败,最多只能减轻。方田均税法需要高精数学与科技的现代丈量与统计技术支持,在微积分发明之前,精确丈量土地很难实现的,即使不需要那么精确,也会在千疮百孔的官僚体制下产生诸多弊病,从而带来不公。农田水利法需要高水准的科技技术支持,治理黄河的失败,以及推行该新法过程中出现的胥吏腐败问题也是无法避免的。均输法需要商业奇才主持,薛向固然是奇才,但不可能每一任发运使都是这样的奇才。至于新法中的所有其他措施,包括保甲法、保马法、市易法、免行役法等,也都端赖支持者的才德,以及最重要的官吏系统对其支持的才德,而这几乎很难倚靠。

黄仁宇在《中国大历史》里曾经谈到熙宁变法,虽然他对熙宁变法的过程以及新法的实效因受旧说影响、偏见蒙眼,一如历代议论,硬伤不少,但他对一般性的变法与制度之间关系的论述却十分精彩,他看到了熙宁变法若要取得理想的成果,需要一系列配套的制度:

> 现代金融经济是一种无所不至的全能性组织力量,它之统治所及既要全部包涵,又要不容与它类似的其他因素分庭抗礼。显而易见的财产权之被尊重和分工合作的交换率所

> 根据之客观价值,不能在某些方面有效而在其他的地方无效。如果这当中产生两种条例和不同的习惯,则必生出罅隙,不仅引起争辩,而且将鼓励经济因素逃脱管制。大凡金融经济生效,有关货币与信用的事物必须取得随时随地都可公平而自由交换的法定地位,此有如液体被封锁于油管或水管之内而仍保持其赋有之压力。……有了今日的历史眼光,我们才能断言要将这帝国之财政商业化,金融之管制方式必须就位。有关汇票、提货单、保险单、共同海损、以船作抵押之借款、冒险借款、股份、打捞权利等都要经过立法才能执行无碍。更重要的是法律上有关遗产继承、破产、丧失赎取权、假冒、欺骗、监守自盗等之规定也要与商业社会里的流动状态相符,且一切都用金钱统治,这一点才做得通。宋代内陆商业组织之实况与这种要求相去至远。……付费公路既未曾修建,一种正规之邮政也付之阙如。法庭的费用无力支付,则迟滞新式民法之展开。[①]

黄先生上述的论述虽然精彩,但他没有花时间详细考察熙宁变法的实效(显然更没有详考史料),因此对新法推行的实效缺乏公允的判断,他甚至断言“新法中无一项目得到确切的效验”[②]这都是对史实缺乏基本梳理的荒唐论断,本书已经全面地考察了新法的成就,大量的内容都是定量而非定性的,岂能说“无一项目得到确切的效验”。黄先生上述的精彩论断并非从熙宁变法的真实图景出发,而是从理论本身的逻辑出发,从而这段论述不仅可用于熙宁变法,也可用于中国历史上其他的变法实践,其精彩因此

① 黄仁宇:《中国大历史》,北京:九州出版社,2011 年版,第 141—142 页。

② 黄仁宇:《中国大历史》,北京:九州出版社,2011 年版,第 139 页。

变得无的放矢。

熙宁变法真正值得重视的,不是上述条件的欠缺就导致了其全面失败,神宗去世后新法被废除不是新法本身的失败,而是新法的政治失败,这不是一回事。熙宁变法真正值得重视的,恰恰在于,在欠缺了那么多制度条件的前提下,新法在许多方面获得了巨大的成果,比如大淤田的成就、方田均税的成就、开铜禁带来的矿冶业成就、重禄法的成就、漕运引入竞争性民船整顿后效率大大提高、禁榷领域引入扑买坊场制后官民两利、政府采购中大规模节流、并营法裁减冗兵的成就、军器监法使得北宋武器质量和数量都大大提高、将兵法获得的直接的军事成就、太学三舍法为朝廷长期培养律学医学武学等专业人才,即使被那么多人那么持久地攻击且其自身也存在诸多问题的情况下,免役法依然成就徭役货币化、为千年立法,青苗法和免役法并且在绍圣年间(1094、1095)即章惇任独相期间将其调整后终成善法。所有这些成果都是依靠大量历史数据支撑起来,而不是空口白牙指天誓日而来,所有这些新法的成果都不能因新法存在问题而一概视而不见。

我们所最需要考察的,不是因为北宋熙宁时代没有黄仁宇先生所说的这些制度条件,所以变法失败了——这是一种后人富有同情心的想象,不是事实。后人需要考察的,是即使没有上述黄先生说的所有现代制度条件,新法依然在很大程度上(虽然有些是以极高的交易费用)取得了丰硕的成果,这显然需要比寻常更加深入地考察北宋熙宁时代是否存在着那些容易被傲慢的现代人忽视的特殊条件,它甚至可能在很大程度上起到了对现代产权、金融、司法等制度的替代作用,否则,上两章所考察的所有新法实效成就将变得不可解释。

三、熙宁公司的一般困境及其残次新品

从科斯创始交易费用学说以来，在交易费用经济学里，企业就被视为一个降低交易费用的生产组织，以此区别于一般市场。交易费用经济学的重要奠基人威廉姆森则进一步将现代企业视为一个巨型的契约束，以此更为微观地清晰展示了现代经济生活无处不在的交易费用，以及企业是如何通过其生产组织的运作降低交易费用的。

如果将北宋熙宁政府比喻为一家现代公司，简称“熙宁公司”，宋神宗是董事长，王安石是副总经理，后来是总经理。从熙宁二年到熙宁九年推行的新政是熙宁公司的产品，熙宁公司欲将这些产品卖给全社会，市场遍及整个大宋，但熙宁公司与社会的这一交易是垄断性的，没有别的公司。那么对于本章上一部分论述的八项主要交易费用，公司用什么来支付，以及如果这些费用太高，公司又将如何降低费用？

交易费用的发生来源，既有熙宁公司内部的，也有公司外部的。

熙宁公司在新董事长宋神宗上任之初，根据公司章程，总经理不掌财权，一般而言，总经理无权过问公司的财务状况，公司的财务状况由财务部管理。但由于公司管理层机构臃肿和人员冗余，保安部尤其开销惊人，整个公司的财务状况非常糟糕，前任董事长英宗虽然裁撤了保安部部分人员，但他们的开销依然十分庞大，占每年公司收入的百分之七八十是常有的。为此，新任董事

长急需理财的人才和高级管理人才，公司需要进行的改革也将从此处入手。

在熙宁公司内部，除了董事长、总经理，为了新产品的推出和顺利销售，1069年（熙宁二年）2月26日，根据副总经理王安石的提议，董事长下令成立了新的机构，即制置三司条例司。这是熙宁公司的新产品研发部，由陈升之和王安石共同领导，研发部任用了一批新锐，包括日后反新法主力之一的程颢与苏辙。董事长和副总经理成立这一机构的重要使命，就是绕过财务部和现任总经理室，能够通过推出新产品，为公司理财，以掌控公司的财务。但这一目的昭然若揭，立刻遭到公司监察部以及其他高管的反对，监察部官员刘琦、钱觊、刘述（御史），还有其他高管如吕公著、韩琦、范镇、苏轼，他们反对的理由是，研发部的成立是侵夺总经理和财务部的权力，侵扰地方分公司的财务和司法自主权，同时也在人事任用方面严重越权。

这些反对意见不能说都是错的，甚至是对的，但是董事长上任后不久，就曾咨询过公司诸元老，他们对于改革积弊既没有意愿，更没有方法，让中书去推进改革，显然是让行动障碍者去赛跑，完全没有可能。研发部（制置三司条例司）就是这一背景下成立的，为非常时期的非常之举。

研发部成立后，迅速派遣王广廉等八名骨干到各地做市场调研，巡查当地农田、水利、赋役情况，复命后继续研发新产品。苏辙因反对新产品，在任职五个月后求退，转去市场部；不久后，程颢也因反对新产品求去，转去市场部。1069年5月15日，董事长召集公司高层管理人员，包括总经理、副总经理、文秘部和保安部、监察部（两制、两府、御史台、三司、三馆）共议贡举法。

1069年6月9日，监察部部长吕诲在公司高层公开发表《论王安石奸诈十事状》,认为王安石是奸诈小人,上欺董事长,下压公司同僚,德不配位,没有资格担当副总经理这么重要的职位。6月12日,王安石提交辞呈,被宋神宗拒绝。第二天,吕诲发表《论王安石奸诈十事状第二状》,按照公司惯例,王安石称病不出,董事长竭力安抚,直到6月20日,王安石才复出工作。7月13日,吕诲被董事长免职,安排到邓州分公司当经理(知邓州),吕公著继任总公司监察部长。

1069年8月6日,研发部推出第一个新产品:均输法。监察部诸员工群起而上,批评均输法是与民争利的聚敛之恶法,主管均输事务的发运使薛向是小人、酷吏。谏官刘琦、侍御史里行钱顗、知谏院范纯仁、条例司检详文字苏辙、知谏院陈襄、权开封府推官苏轼,都参与了这场围攻。

1069年9月21日,公司推出第二个新产品:青苗法。这次引发的争议比均输法还严重,因为各地分公司涉嫌强买强卖(抑配,即摊派),强行贷款,并且高于法定利率违法发放贷款。依法规定,借贷者以货币或实物贷款都行,还款也听其自便,但地方分公司为了自己工作方便,常常强行贷款而且要求货币还贷。之后,熙宁公司继续推出其余的十四项新产品。

大部分新产品在其推出和实施期间,都遭遇了旧党力度大小不等的反对。青苗法因其存在的诸多问题,在公司和市场上都遭到了极大阻力,并且在公司内部形成了反新法浪潮的第一个洪峰。1071年1月12日(熙宁三年底)的保甲法、1071年(熙宁四年)10月26日的免役法、1072年(熙宁五年)4月17日的市易法也都各自形成了反对声浪的新洪峰。免役法让之前享受免徭役特权的公司内部高管官户也要出钱免役,深切地触犯了所有高管的利益,因此所遭反对尤烈,而同时,免役法在征收过程中,也存在违法高利现象，且十分普遍。如前所述，毕仲衍《中书备对》显示熙宁九年的免役宽剩钱，23路/军地方政府在征收过程中，只有湖北路和两浙路没有征收高利的宽剩免役钱。因此，旧党对青苗法和免役法的反对，并非仅仅出于党争，也并不完全是因为自身利益受损。为新产品而发生的内部纷争，不但无助于新产品的销售，还因旧党出于拆台的动机而严重地妨碍了新产品质量的提高，继而妨碍了销售。

如果以现代产权观念看待青苗法免役法中的各种问题，“抑配”意味着在政府和人民之间缺乏基本的产权边界，人民并不拥有稳定和完全受保护的财产，在官府甚或朝廷对其财产发生兴趣之前，人民似乎拥有其财产的产权，一旦官府（有时也包括其支持的其他人）以及朝廷看中平民的某项财产，这项财产即会被强行夺走。不管以何种名义，这种现象我称之为财产的“二级处分权”现象，中国历史上的产权一直都属于可以进行二级处分的残次产权。更为糟糕的是，当产权的二次处分发生之后，并没有相应的有效制度可以救济遭受产权剥夺的人，中国历代行政与司法并不分离，换句话说，遭到行政侵害的人们，是通过向侵害者告诉寻求救济，这显然是不可能得到有效救济的。因此，一旦遭到官府及其支持者或朝廷的直接剥夺，人民无从得以补偿和赔偿，这便是所谓罗马法上“无救济则无权利”的经典案例。

至于市易法，虽然理想地施行，它似乎应该能起到“抑兼并、利商贾”的效果，但那只是一种想象，一种如交易费用经济学家们所说的，只有在无摩擦的真空社会里才能实现的想象。摧抑垄断性豪商过程中形成更大的唯一兼并者、垄断者官商，市场将变得更不公平。一方面，公司内部部分高管就是被市易法摧制的豪商，市易法让他们丧失了市场地位和市场份额；另一方面，市易法也使得市场不正常。市易司通过垄断市场获得垄断性政府收益的同时,因其权力扩张和肆无忌惮的本性,使其碾压的对象其实无法区分商贾的大小,因此必然严重伤害立法本意要保护的中小商人。可以说,市易法作为熙宁公司推出的一个新产品,对社会除了解决科买之弊,其他方面几乎毫无增益,而对市场的破坏,导致其所解的科买之弊被严重抵消。无怪乎即便是最推崇王安石的梁启超也没法为市易法辩护,梁启超说:“荆公诸法之不可行者,莫此若也。”①应该说,其他诸新法,哪怕存在各种问题,甚至像青苗法免役法这种问题比较大的新法,也都有其合理的于社会和人民增益的成分,唯独市易法除了权商豪佑丧失原先的垄断利润(如果这也算一种社会增益的话),解决了之前的科买之弊,政府采购过程中通过可以节省开支,其他成分都是于社会和人民不利的。这是熙宁公司推出的所有十六项新产品中最糟糕的一项。

面对汹涌的公司内部反对大潮,宋神宗董事长要推广新产品,唯一的办法只能是借助至高的垄断性权力,将反对派调离重要职位,强行推广新产品。以如此方式推广新产品,尤其是青苗免役市易,高昂的交易费用中包含了公司的部分商誉和董事长的权威。虽然青苗免役市易不是新政的全部,却是引起反对声浪最大的新政,对整个新政的伤害都是严重的,因此,也是交易费用高昂的。

除了这三项新产品,熙宁公司的其他十三项新产品,在其推行过程中虽然绝大部分也遭到公司内部旧党保守派的反对和杯葛,但其交易费用并没有达到青苗免役市易的地步,因此总体上还算是顺利的。

---

① 梁启超:《王安石传》,北京:商务印书馆,2015 年版,第 128 页。

一般法令的推行,也就是北宋公司历来的产品销售模式,在交易费用上有个常数。受限于通讯、交通等现有的科技能力,公司所采集的信息,通常既不完整也不可能及时,尤其很难收集广袤领土上各地区同类事项具有差异性的全面信息。在解读信息时,也存在着高管们能力的欠缺,比如,苏轼就曾写诗撰文说,士人不必学律学,读懂经学就可以处理实际事务,而事实上,大量的政务需要专门人才才能解读专业信息,从而采取合理的对策,可见,无能的高管并不能有效地处理公司事务。在推行法令过程中,儒家高管通常推崇论心不论迹的做法,以致各地分公司推行政令缺乏统一的程序性规范,比如新法推行过程中,各地高管出于党派之私或一己对政令的好恶,而随意改变法令内容,有些反对新产品的地方分公司高管干脆彻底拒绝新法,对敢推行新法的下属甚至进行责罚。在监督新法实施效果时,缺乏独立中立有效的司法系统,地方分公司高管也是按照自己的好恶决策。比如,为了自己升迁的需要,地方分公司高管强行提高青苗免役的利率,遭受损害的人民并没有途径获得救济。这是当时一般法令推行过程中的常态。

在推行熙宁十六项以及更多的新产品过程中,由于地方分公司高管的个人政见、好恶以及政绩考核的需要,使得至少在推行青苗免役市易时,出现大量严重违法案例(《中书备对》统计的熙宁十年各路免役宽剩钱数额以及利率比足够说明问题),因此,违法推行少数几项新品很大程度上已成常态,但其他新政实施过程中则好多了,这表明,新产品推广的平均交易费用并不那么高——熙宁公司总体上都做到了,除了少数几项争议最大的新品。

四、熙宁公司新产品的收益与成本比较

到熙宁四年(1071)上半年,通过大约两年的斗争,在董事长宋神宗的支持下,改革派高管不但掌控了中书,也掌控了监察部,此后,新产品的推出速度加快,推行阻力也大大减少,交易费用明显降低。同时,不少新品本身就自带降低交易费用功能,比如重禄法、方田均税法。因此,可以说,熙宁公司的新产品,很大程度上通过自身的运作,大幅度降低交易费用,以使得新法相互之间产生良性的关联与互保。

以下是对所有十六项新法以及其他部分工商业新政进行简单的收益与成本比较。

均输法(熙宁二年,1069 年 8 月 6 日)虽然最初遭到反对,但由于其集中于政府采购,而且所用的主持者薛向是个商业奇才,因此,均输法实施得很好,尤其连带着整顿了漕运,效率大大提高,政府采购的成本大大削减,后来就没什么反对声音了。可见,推行该新产品除了最初受到阻挠那点交易费用,总体上交易费用很低。

青苗法(熙宁二年,1069 年 9 月 21 日),熙宁公司从中获得财政巨利,但因抑配与违法高利,内部部分旧党极力反对,地方分公司的执行状况也是五花八门,由于在推行青苗法时,重禄法还没有实施,地方胥吏的豪横尚无最基本的制约,许多民怨就来源于此,为此,公司内部所产生的交易费用和社会性的交易费用都极其高昂,可能得不偿失,可以说是失败的低质新产品。

措置宗室法(熙宁二年,1069 年 11 月 27 日),作为一项去特权的节流性新产品,熙宁公司推行此法,除了宗室反对而且遭到遏制,朝野上下几无阻力,也是交易费用极低廉,而削减的财政开支每年都是巨额,因此是收益极高的成功高质新产品。

农田水利法(熙宁二年,1069 年 11 月 29 日),虽然其自身带着并不低廉的成本,比如人力物力的投入,科技水准的天花板不够高,但其一系列的成就,比如兴修水利新增与加固的设施对于提高农业生产力厥功至伟。而取多河流之水的淤田更是大大增加土地肥力,也大大提高农业生产力(亩产提高三分之一),同时淤田之后的官田,价值提高到未经淤田荒地的几十倍,这于总公司又是一项极大的财政收入。作为提高赋税总额(而不是税率)的配套法规,农田水利法的效益远高于其成本。而且因各地分公司对于兴修水利向来还算是比较支持的,故交易费用也极低。在实现"不加赋税而国用饶"方面是最有实据可查的,是王安石扩大农业生产领域效益最明显的新政。以其巨利而言,交易费用还大大低于一般政治新产品的销售费用。

重禄法(熙宁三年试行,1070 年 9 月 12 日;熙宁五年全国推行,1072 年 5 月 24 日)的实施,在所有新法中处于相当重要的地位。胥吏之恶人所共知,无须多论,这项新产品对于中国数千年历史而言,相当重要,对当时也相当重要。重禄法是连接总公司和地方高管、高管与客户最重要的桥梁,是理顺所有这些关系最重要的交通要道。重禄法未能引起后人重视,一个重要原因是它实行的时间较短,南宋完全废除。该法的效益极高,对于规范胥吏执法、打造平安社会都有着革命性的开创之功,重禄法虽然不能完全解决胥吏腐败问题,但因增吏禄加违法重罚,吏治为之一清则是显而易见之事,就连反对派也承认甚至盛赞。这是一项有利于改革的基础性法案，以交易费用政治经济学论，它极大地改善了熙宁公司对外推销新产品时的“委托—代理”关系，结束了之前那种代理人纯免费、逆向激励的恶劣代理关系，使得代理人（胥吏）利益与委托人（政府）利益比之前大大接近。由于吏禄来源并非新增赋税，也没有遭到有声势的反对，因此，交易费用几乎为零。最重要的是，在实施重禄法之后，也大大降低了熙宁公司其他新产品的交易费用，是一项极成功的高质新产品。

保甲法（熙宁四年，1071 年 1 月 12 日），保甲法一直遭遇旧党抵制，但没有引发过大的反对声浪，基本上推行下去，而且练兵效果并不差，甚至可以填禁军之缺，同时提高社会的治安质量，可谓获巨利之新品。交易费用较高，比如，农村权力组织性加强、人民自由度比之前减少、对农时有一定影响，但以当时全球的人民自由度相比并结合北宋的国家安全和强兵需求，其收益当高于交易费用，也属于盈利的新产品。

贡举法（熙宁四年，1071 年 3 月 5 日），该新产品罢诗赋而以经义取士，有其利亦有其弊，利在士人开始思考政治这一项经世之学，有助于人们产生政治自觉，弊在减少了人才的才能多样性，增强了人才的学究性和阿谀之风，利弊相当，故属于一般性产品。其推行并无多少阻力，属于移风易俗的一项产品，交易费用很低。

免役法（熙宁四年，1071 年 10 月 26 日），此项新产品是反对声最烈的三项新产品之一，本新产品利弊皆有。利在徭役货币化开历史之先河，无论如何高估都不过分，漆侠先生认为免役法扫除了劳役制残余，为宋代进一步提高生产力松绑。[①] 这一评价是很到位的。梁启超则更视免役法为“厘革数千年之苛政，为中国

① 漆侠：《漆侠全集》第二卷《王安石变法》，保定：河北大学出版社，2009 年版，第 117 页。

历史上开一新纪元”[①]，又说，“自此法既行，后此屡有变迁，而卒不能废，直至今日。而人民不复知有徭役之事，即语其亦往往不能解，伊谁之赐？荆公之赐也。公之此举，取尧舜三代以来之弊政而一扫之，实国史上、世界史上最有名誉之社会革命也”[②]。梁启超对免役法历史地位的评价应该能够成立，但他忽略了或者有可能未能见到免役法在施行当时存在的问题，即严重的违法高利问题，本章和前两章都已详述不赘。因此，免役法虽显然是个明星级的拳头新产品，但由于一方面尖锐地损害了品官形势之利益，另一方面也严重地损害了人民的利益，因而交易费用高昂。属于高成本的高质昂贵新产品，其“价格”要到 20 多年之后的绍圣年间才降下来（章惇独相期间减轻利率到一分，且规定实物和货币均可），成为一个真正的高品质良法。

太学三舍法（熙宁四年，1071 年 11 月 11 日），熙宁公司出人力财力发展教育，选拔人才，是一款各方都基本支持的新产品，因而交易费用低廉。尤为重要的，是新设律学、医学、武学等分科培养专业人才的实践，被梁启超誉为现代大学之滥觞，“分科大学之制，实滥觞于是。其起原视英之阿士弗大学为尤古矣”[③]。世界公认最早的大学博洛尼亚大学成立于 1088 年意大利，二者可视为早期大学之双雄。这项新品自然也是成功的高质新产品。

市易法（熙宁五年，1072 年 4 月 17 日；含免行役法，1073 年 9 月 29 日），如前述，基本解决之前的科买之弊，政府采购也节省了开支，但因其对社会市场和商业的害处太大，以至于其收益得不偿失，是一款交易费用过高的失败产品。

---

① 梁启超：《王安石传》，北京：商务印书馆，2015 年版，第 221 页。
② 梁启超：《王安石传》，北京：商务印书馆，2015 年版，第 136 页。
③ 梁启超：《王安石传》，北京：商务印书馆，2015 年版，第 182 页。

保马法(熙宁五年,1072 年 5 月 27 日),与之前的监牧制相比,熙宁保马法使得马匹无论质量还是数量都有了极大提高,而养马的费用则大大降低(详见前两章),可谓公私两利、低交易费用的高品质新产品。但真正原汁原味的熙宁保马法只实施了不到四年半,王安石二次辞相后才四天(1076 年 11 月 26 日),朝廷就采纳蔡确意见,熙宁保马法开始变质,从减少给养马户的资费(停给钱布)开始,到实施强制性养马的元丰三年户马法和七年再改为都保养马法。因此,仅以熙宁马政而论,熙宁保马法是一项低交易费用的高质新产品。

方田均税法(1072 年 10 月 12 日),以北宋的科技能力而言,熙宁公司要精确地丈量田亩是不可能的,但以郭谘的千步方田法可以丈量个大概是办得到的。以其成果而论,十年间丈量了全国原在籍的大约 54%田亩,这是个了不起的成果。因方田的目的是均税,故这也是在遭到旧党反对的情形下获得的成果,方田的结果是纠正了以前许多错漏登记,让逃荒者归家,让税赋更公平。这自然也是个超大型工程,新法推行期间,投入的人力和财力也都不小,同时因受限于科技能力以及吏治的不尽如人意,固然存在一定问题,但总体上是交易费用不低,但成功的新产品。

设经义局(熙宁六年,1073 年 4 月 16 日),以王安石为总经理的熙宁公司推《三经新义》为法定教材,将其作为科举考试的官方标准教材,这存在司马光所批评的以个人私学窃据官学地位的问题,但在当时情境下,推广时并没有受到很大阻力。这是王安石变法思想中"一道德,同风俗"特别重要的一环,于当时而言,可算是一个基本成功的新产品,交易费用低廉。

军器监法(熙宁六年,1073 年 8 月 3 日),网罗天下能工巧匠,鼓励创造发明,改变兵器生产和监督制度,兵器的数量和质量因此都大大提高,反对意见不多,成绩卓然。结合当时均输法实行后政府全新的低成本采购能力,以及高效的监督制度,可谓交易费用低廉,是一款高质新产品。

置将法(熙宁七年,1074 年 10 月 11 日,含早已开始的并营法),熙宁年间所获得的所有军事胜利,从熙河开边 2000 余里(1071—1074 年)到经略江南(1072 年),再到宋越战争的胜利(1075 年),所有这些都是熙宁军改的结果。裁军三分之一,战果辉煌,节流利于富国,军事胜利证明强兵,在外交上北宋第一次获得了与外国几乎完全平等的国际地位。战争耗费巨大,反对者亦不在少数,人员伤亡、财富浪费都无法避免,因此是一项交易费用极高的高质新产品。

熙宁公司除了上述这十六项新产品,还有其他与工商业和金融领域相关的新规。比如开铜禁(1074—1085 年)使得十年铜矿自由冶炼期间的铜铁铅锡产量、铸币量均达到两宋最高点,并且因此解决了东南地区的钱荒,这不但是两宋 319 年间唯一开铜禁的十年,也是汉武帝以来国史上罕见的矿冶自由时代。熙宁公司在金融等领域还有多种新政,比如出售度牒等大量有价证券以增强市场的流通能力等。在茶酒盐等禁榷领域引入“实封投状法”“扑买坊场制”,在漕运领域引入市场化民船,这都大大解放了工商生产力,在重禄法实施之后,与之结合,效益卓著。熙宁公司还减免过一些工商税收,以鼓励工商业的发展。这些工商业新政,因其方向是自由市场,故自带降低交易费用的功能,推行时至少在民间毫无阻力,阻力几乎全部在高管内部,比如开铜禁,民间怎么会反对呢!

通过上述的简单比较,可以确知,熙宁公司推出的十六项主要新产品中,有三项,即青苗、免役、市易诸法,在民间是引起不少反对的。但其他十三项，在民间的阻力较小或毫无阻力甚至极受欢迎，尤其是与之前相比尽可能开放的其他工商业新政想必是民间热烈欢迎的。总体来说，至少在变法未被废除期间，熙宁公司推出的所有新品综合收益是相当高的，新品成本和交易费用虽然不低，但与收益相比，还是低很多。

五、政治继承与专用性政治人力资本

帝制中国的一个大问题，是政治继承问题一直无法妥善解决。皇权的巨大权力在皇帝们在位期间，政策是否能够持续，通常寄于皇帝的意志，而在皇帝驾崩、新皇继位之后，则取决于新皇的执政团队是否认为应当延续之前的政策。无论新的执政团队是由新皇自己决定的，还是摄政者掌控的，总之取决于谁是实际的权力掌控者。即便是在以"皇帝与士大夫共治天下"著称的宋代，也不例外。

元丰八年三月初五(1085 年 4 月 1 日)，38 岁的宋神宗驾崩，次日，年仅 8 岁的太子赵煦继位，是为宋哲宗。哲宗年幼，宋神宗的母亲高太后摄政，是为高太皇太后，神宗的皇后向皇后为向太后。摄政的高太皇太后，以及向皇后都是反对熙丰变法尤其熙宁变法的，因此，高太皇太后以"母改子法"之名，立刻重新重用旧党官僚，旧党精神领袖司马光，以及旧党其他重要骨干人物吕公著等迅速回到朝廷掌权，废除新法，史称"元祐更化"。《宋史》所谓"光、公著至，并命为相，使同心辅政，一时知名士汇进于廷。凡熙宁以来政事弗便者，次第罢之。于是以常平旧式改青苗，以嘉祐差役参募役，除市易之法，逭茶盐之禁，举边寨不毛之地以赐西戎，而宇内复安”①，便是指元丰八年(1085)到元祐八年(1093)高太皇太后驾崩这段时间的废除熙宁新法活动。《宋史》编撰者沿袭南宋官方旧说，出于党争偏见反对新法，对于高太皇太后、司马光、吕公著等出于意气废除新法的做法给予了高度评价，司马光赠西北四寨给西夏以求减少军事侵扰不得反而因送寨而被鄙视以至于军扰更频繁，就连这种自取其辱的荒唐政事都能被《宋史》称赞为“宇内复安”。而新党重要大臣蔡确、章惇、吕惠卿、曾布等一大批熙丰大臣则遭到严酷迫害，蔡确甚至被罗织文字狱“车盖亭诗案”，而被贬至岭南，死于贬所。关于元祐更化更细节的详细内容，前面的章节已多所涉猎，此处不赘。

高太皇太后驾崩后，年已16岁的宋哲宗亲政。出于对父皇政业的继承，也出于对元祐年间受大臣们冷落的报复，宋哲宗迅速恢复起用变法派新党大臣，章惇最早被召回朝廷，哲宗欲“绍述”(继承)其父神宗遗业。元祐九年(1094)四月，改元绍圣，表继承新法之意。章惇为尚书左仆射兼门下侍郎，即宰相，其他被贬窜的曾布、蔡卞、蔡京等一大批新党人士纷纷回朝，担当要职。重掌政权的新党开始报复旧党元祐更化时期对新党的迫害，贬逐旧党吕大防、刘挚等，追夺司马光、吕公著赠谥。废元祐法度，在进行合理化调整后，比如降低利率、禁止抑配后，恢复青苗法、免役法等各项新法，使之臻于完善，成为真正的善法。是为“绍圣绍述”。章惇独相期间，北宋也取得了对西夏的多次军事胜利，从而在与西夏的国际关系上取得了绝对性的战略优势。同时，正如元祐期间旧党迫害新党，绍圣期间，新党迫害旧党也一直没有停止，

① [元]脱脱等：《宋史》卷二百四十二《后妃传上·宣仁圣烈高皇后》。

残酷程度,双方旗鼓相当。

党争由此愈演愈烈,到哲宗驾崩(元符三年,1100),徽宗登基后,尤其在崇宁年间(1102—1106)开始,徽宗任用政治变色龙蔡京为相,徽宗—蔡京政府虽然一直打着新法旗号,所作所为却只是大肆搜刮民财,只为了讨好徽宗的穷奢极欲,终而至于彻底抛弃了王安石的官民分利经济思想,也极大败坏了王安石的改革名声。在党争方面,蔡京时代不但更加严酷,并且远远超出党派之见,而仅出于私人好恶,对新党旧党一并打击,刻写了 309 个人名以作迫害花名册的元祐党籍碑遗臭千古。而在外交上,几乎是权相蔡京独裁的徽宗—蔡京政府更是制定了联金灭辽的愚蠢政策,以至于短短海盟七年后,即敌骑肆虐、山河破碎,徽钦北掳、宗庙南渡。

从上述简要叙述的历史过程中,可以大致看出北宋后期党争对北宋国运的巨大影响,而翻烙饼式的党争,其主要来源,就是缺乏稳定的政治继承。宋代的皇位继承问题,是历代中解决得较好的朝代,太祖太宗两朝的制度安排,基本上避免了历代容易发生的外戚、宦官、军人专权问题,但宋代在总体上解决了皇位继承问题的同时,却并没有解决新旧政策理性延替问题。这个问题在激烈的党争激荡中,严重地败坏了执政的理性能力,在新旧皇帝交替过程中带来了政局和政策的严重动荡。善政缺乏连续性,修复即可的瑕疵政令缺乏理性的自修复能力,而恶法却时常得不到有效纠正,党争加剧了这种情形,严重放大其弊。而元丰改制后相权的扩张,在不久之后就导致了权相的出现,从蔡京到秦桧,到韩侂胄、史弥远、贾似道,权相们把持朝政,为一己权力之私执政不公,至少在宋代的政治体系下,是比权力集中于皇帝更糟糕的一种情况,因为宋代的皇帝通常并不独裁,即使如骄奢淫逸的亡国之君宋徽宗，在政治上也并非狭隘之人，徽宗朝迫害章惇的是向太后，而不是被章惇认为不该继位的徽宗。

由于宋代的皇权集权机制，使得新旧皇政策无法稳定地正常延替。这导致了皇帝个人的政治观念和人格特质，以及他们个人所重用的股肱大臣们，前者的生死，后者的去留，都对政治形成了过度的影响，从而使得他们从原本所是的通用性政治人力转化为专用性政治人力——威廉姆森提出的四种类型“专用性资产”中的“专用人力资产(human capital specificity)”①。

资产专用性(asset specificity)是指被锁定于特定用途后很难再派作其他用途的资产，否则价值会降低，甚至可能变成毫无价值的资产。“资产专用性”概念是威廉姆森交易费用经济学理论中最重要的概念之一，也是自威廉姆森提出之后，经济学家们最常用于定性甚至定量分析交易费用的分析工具之一。“交易成本经济学……强调的是资产专用性所规定的那些条件；并认为企业使用专用的固定资产是一种普遍现象，因此往往无法使用‘打一枪换一个地方’的做法”②。换句话说，威廉姆森认为，资产专用性是企业最重要的特征之一，正是它使得企业成为一种必需，它是企业之所以成为企业，人们借由企业完成交易而不是都通过市场完成交易，就是因为资产专用性是企业运作过程中降低交易费用的关键元素之一。因此，资产专用性既有它降低交易费用的好处，也有其专用性限制市场流通的坏处，即专用性程度越高，其市场流动性程度越低。资产专用性由此带来交易中的机会主义，即

---

① 〔美〕奥利弗·E. 威廉姆森：《资本主义经济制度：论企业签约与市场签约》(分科本)，段毅才、王伟译，北京：商务印书馆，2017 年版，第 88 页。

② 〔美〕奥利弗·E. 威廉姆森：《资本主义经济制度：论企业签约与市场签约》(分科本)，段毅才、王伟译，北京：商务印书馆，2017 年版，第 54 页。

它既然导致了契约的独特性就使得契约更具垄断性,也因此增加履约过程中不道德现象的发生频率。专用性人力资本是四种专用性资产中的一种,在一般的企业中,它通常是那些有专门技术的人才,离开了这些专门的技术人才,企业往往只能低效运转,甚至无法运转。因此,专用性人力资本其实是比专用性物质资本更重要的资本。

中国历史上像宋神宗这样受过良好的帝王教育又青年登基,且发宏愿试图改革国政,同时又能够找到有雄才大略且道德卓异的志同道合的大臣,此大臣还能最大可能信任给予全力支持的皇帝,大概是没有第二个了。以交易费用政治学论,作为一个改革皇帝,他显然属于改革领域最高品级的专用性政治人力资本。同理,中国历史上像王安石这样道德卓异、学贯古今、淹博百家,政治识见远超同侪与时代,并且能够被皇帝欣赏继而几乎全力信任并且支持其放手改革的大臣,也几乎绝无仅有。以交易费用政治学论,作为主持改革的大臣,王安石显然也是属于改革领域最高品级的专用性政治人力资本。宋神宗+王安石这样的君臣组合,被朱熹艳羡地称为千载一遇的得君行道,显然也是最高品级且更为稀缺的组合式专用性政治人力资本。

熙宁变法从熙宁到元丰,再到元祐、绍圣,又再到崇宁,可以清晰地看到,以变法的完整性、系统性、全局性以及可修正性,还有它的实效而论,只有宋神宗+王安石才能让它尽可能地保持健康良好地运行。绍圣年间宋哲宗—章惇对熙宁新法的完善也是在熙宁变法基础上进行,而非凭空自创。神宗驾崩后,元祐旧党全面废除熙宁新法,崇宁年间蔡京的所作所为则是以敛财为目的,打着新法旗号篡改新法,变良政为恶政,可视为政治上的假旗事件。甚至是王安石二度辞相后神宗尚且在世的熙宁十年和元丰年间,也因王安石退休而对熙宁新法的延续性有不少伤害。比如,王安石任相期间的熙宁保马法与元丰三年户马法、元丰七年都保养马法相比,都有极大不同,熙宁保马法要合理有效得多。再如,元丰年间不少事,因王安石的阙如,宋神宗独力独裁,极容易刚愎自用而无人制约,改革之路越走越危险。比如,元丰二年(1079)的"乌台诗案"开党争文字狱先河,其恶果要到元祐更化"车盖亭诗案"时才开始显现(虽然两案有诸多差异,但前案糟糕的示范性则是当然的,且后者比前者更恶劣);元丰三年(1080),宋神宗独力改革官制,相权极大扩张却未能有效改革台谏制度,权力结构失衡,为后来权相辈出奠定制度基础;以元丰四年(1081)灵州战败、元丰五年(1082)永乐城之败为标志的五路征西之大败,如当头冰水,彻底浇灭了宋神宗对未来的热望,也给后来元祐更化时司马光给西夏白送土地自取其辱埋下伏笔。

上述所有这些事实,都从正反两个方面说明了宋神宗+王安石这一君臣组合在熙宁变法中不可取代的首要性,其中王安石的重要性尤其凸显。正因如此,这对君臣组合成为熙宁变法的组合式专用性人力资本,居于首要地位,宋神宗和王安石去掉一个,熙宁变法都会大打折扣,都不会是现在我们看到的被后人反反复复关注的熙宁变法。有些人认为,历史走到那一步了,即使没有宋神宗也会有宋仙宗,没有王安石也会有王安树来改革,但以资产专用性分析,熙宁变法作为一个巨型的政治交易束,它只能是宋神宗+王安石为专用政治人力资本的变法作品,而不可能是任何他人的作品。宋神宗、王安石君臣是志同道合、携手相互激励的一对君臣,也是帝制中国历史上唯一一次皇帝几乎完全信任宰相、大臣得君行道变法事件,故宋神宗+王安石的君臣组合,更是极品级的专用性政治人力资本。

正如交易费用经济学家们早已指出的,从经济学角度看,可悲的是,专用性程度越高,市场可流通性就越差,垄断性就越高,履约过程中的不道德风险也越高。那么将这种经济学视角转换成改革视角,就可以同样清晰地看清:没有了宋神宗+王安石的组合,宋神宗独力难支,他的乾纲独断只是让许多事情失败;当然,没有宋神宗只有王安石,就会更糟糕,庆历新政的前车之鉴,即当年的范仲淹就是没遇到宋神宗的半个王安石。可见,宋神宗+王安石是改革君臣的一对超级组合,他们俩缺了谁都不行,都不会有熙宁变法。

宋神宗+王安石这一改革君臣组合,既是熙宁变法政策性成功的源泉,也是其政治性失败的渊薮,成在有它,败在无它。这正是专用性政治人力资本的显著特征。宋神宗+王安石的最大失误,是没有做出适当的改革保险安排。因此,当王安石离开朝廷之后,已经成长为成熟中年男人的宋神宗,他的权力失去了王安石在熙宁初年那样的强力制衡,改革就走上一条险路,而他自己在最后两年里已经失去了清明的思想和执行力,对自己一生的心血未采取任何像样的保护性措施。也就是未能有意识地将自己的专用性政治人力资本性质尽可能地转化为通用性政治人力资本,没有试图探索一条制度性保障改革成果的道路——他并不是不知道那些妄图破坏甚至摧毁改革的大有人在,甚至可以说到处都是,许多人就在身边,包括他的母后与皇后。如此,神宗死后焉有不败之理。自然,其中也有王安石的责任,至少迄今尚无史料显示,离开朝廷之前,王安石曾与宋神宗商量未来如何保住改革成果的制度方案。

宋神宗去世之后所发生的一切,反面的高太皇太后、司马光“元祐更化”和徽宗蔡京假旗乱政,部分正面的宋哲宗“绍圣绍述”,都证明了宋神宗+王安石这一改革君臣组合的不可替代性,其改革的专用性政治人力资本性质具有最鲜明的特质。而这并不是真正的好事,因为它缺乏可持续性,也就是缺乏交易费用经济学上所谓通用性,无论是时间上的通用性还是空间上的通用性都不存在。

正如“资产专用性”这一术语的概念本身所表明的,宋神宗+王安石这一君臣组合被锁定于特定的熙宁变法用途后,在当时的制度和政务语境下已很难再派作其他用途,因为宋神宗未能解决政治继承问题,那么他也就未能将自己和王安石在熙丰变法中专用性的政治人力资本性质转化为通用性的政治人力资本,从而使得他们这一对君臣组合在宋神宗自己驾崩后,就变成可以被随时抹掉、毫无价值的政治资产。

小　结

熙丰变法,尤其是熙宁变法,是一个全局性的变法。宋神宗在最初的时候可能主要是奔着改善财政去的,但王安石不是,他从一开始就想着要进行全局性的改革,这无论从他长期的政治经济军事文化思想,还是落实到具体政策的新法,都是如此。本书第五章曾简要概括讨论王安石的治国思想,就是为了能够准确把握熙丰变法的灵魂到底是什么。因此,对熙丰变法的理解和考察必须是全面的,所有这些新法之间都不是各自孤立的,而是相互关联的。

比如,免役法须和重禄法联系起来看,才能更清楚其立法原意，就是要走专业的公务员道路；青苗法也必须和农田水利法、方田均税法等联系起来看，才能更清楚其立法原意，即尽可能地鼓励人民提高农业生产力；开放铜禁，须和长期以来的东南钱荒联系起来，才能明白王安石对金融的思考在当时达到了何种水准，可能是世界上最早注意到货币流通速度对经济影响的人、被李约瑟誉为中国古代科技巨人的沈括，都未能理解王安石开放铜禁背后的金融思想，果然，开铜禁之后巨大的铜铁铅锡产量带来的巨大铸币量，不但解决了东南钱荒问题，还让两浙地区成为北宋商税收入最丰厚的地区。

熙宁变法自身固然有其交易费用，青苗免役市易还交易费用极高，但熙宁变法中许多新法本身就是为了降低交易费用而设计的，至少全局性地降低交易费用是其题中应有之义。正如在考察青苗免役市易野蛮推行过程中，不仅仅要考察三项新法自身的利弊，还需要考察三项新法野蛮执行带来的负面溢出效应，考察其他所有新法也需要考察其外部性。其中重禄法依然是最典型的，如前所述，它是所有政令被有效执行的重要基础，有效地全面降低了政令推行的交易费用，可谓世界史上最早的公务员法。它对于提高政务合法执行力的加持能力原本是开天辟地的，但因腐儒们的党争，将这最具远见的安邦大法废除了。均输法因用人得当，政府采购的交易费用下降直接明了。措置宗室法自身推行的交易费用较低，其节流性质极明显，故本身自带降低全局交易费用的特性。本书经常提及的开铜禁之举，虽然几乎举朝反对，却不但在矿冶领域极大降低交易费用，并且朝廷因此收获巨利，极大地推动了经济货币化的进程，其价值不仅是金融界、经济界，而且几乎是降低了全域的交易费用。此外，在漕运领域引入的竞争性私营民船，在盐酒茶等禁榷领域引入的私营竞投制，都是一方面自身就降低了交易费用,另一方面提高了生产效率和财政收益。其他诸多零星的工商业扶持政策,也都具有类似功效;保马法自带降低交易费用功能,让朝廷比以前既省钱又保证了军马供给;军器监法也是类似,既省钱又极大提高兵器质量和数量;旨在裁军和精军的并营法,也是本身就自带降低全局性交易费用的功能,朝廷从中获得巨额的财政节流。

在十六部新法中,农田水利法交易费用不低,但其效益更远高于交易费用,方田均税法与其类似。相比之下,保甲法的交易费用比前几项新政的交易费用都高,但收益也高。置将法可能是收益巨大,投入也巨大,其交易费用倒未必高。

全部新法中,只有市易法是交易费用可能远高于收益的糟糕法案,其他各项新法,哪怕是沸反盈天的青苗法免役法,都可谓利弊参半之法。尤其是免役法,摧毁了落后的劳役残余,虽然尚无数据显示各户等在免役钱总额中的占比,但可以想见官户富户们所出的免役钱不会是个小数目,即使在神宗下诏官户减半缴纳的情况下,这笔钱数也不可能小。这部新法的交易费用因此主要来自于官员们的反对。免役法确实存在违法高利抑配的权力恶行,但它所体现的税负平等精神也不容因此被抹杀,宋代官员们第一次被法定需要与人民分担重负。

通过这样的梳理,可以清晰看到,熙宁变法是一个组合性联动型的全局改革,因此,若只挑其中一两个项目考察,必然一叶障目不见泰山,只要不是偏见蒙眼,都没法否认熙宁变法所取得的巨大成就。熙宁变法,虽然也很大程度上依靠皇权的权威推行,但若非其自身设计中即自带降低交易费用功能,从而降低甚至部分化解了本章第一部分所列举的八项常规性交易费用,那么皇权也不可能给予这么大力的支持。

这些新法的总体成就，大大地促进了包括农业在内几乎所有领域的生产力大发展，与现代经济社会相比，即使在治理结构、制度和组织都相对薄弱的古代，熙宁公司依然以其相当特殊的新品关联模式极大地克服了障碍，获得了成功。这才能解释熙宁公司何以挣得盆满钵满，仅仅靠青苗法和免役法是不可能让熙宁公司如此富足的。熙宁变法因青苗免役市易等新法未能尽善，无法达到一般的帕累托最优均衡，即便如此，在近千年前的古代，能获此佳绩，不得不说是个惊人的奇迹。

然而，整个熙丰变法有一项巨额的交易费用并没有支付，也未能在根本制度意义上降低，就是由台谏制度和台谏势力所表现的、挟混乱政治经济文化观念的旧党，尽管这一超高额的交易费用被宋神宗以皇权的权威直接强行压缩——他既未能及时改革台谏制度，也未能防范未来可能的反弹，而只是换人。这种压缩是短期行为，在皇权发生变动之后，这一超高额的交易费用不但会反弹，甚至可能成为整个熙丰变法预后交付的超额交易费用。

然而，以现代政治学观念而论，这也不是最高的超额交易费用，最高的超额交易费用是专制皇权，不只是熙丰变法的超额交易费用，也是中国数千年历史上人民正常生活中永恒的超额交易费用。

第十章
熙丰人物简论之新党篇

北宋仁宗朝开始出现了群星璀璨的人才盛况，很大程度上是熙丰变法的人才蓄水池。熙丰变法时期新旧两派最重要的人物，仁宗后期也都至少开始崭露头角，比如王安石、司马光，以及苏轼、苏辙兄弟等人。

如果历史走的不是宋神宗—王安石的熙丰变法之路，北宋这些文化巨星们可能会是另一番风云际会的景象。同时，也由于熙丰变法，这些文化巨星们在历史上的形象也经常受影响而生变，比如，出于党争原因，吕惠卿、曾布、章惇等新法派的重要政治人物就被《宋史》这种缺乏史德的"正史"诋毁为奸臣；出于寻找政治替罪羊的需要，宋高宗极力贬低王安石，放任甚至鼓励杨时等人把他诬枉为北宋灭亡的罪魁祸首；而苏轼、苏辙兄弟因变法时期反对变法而备受赞誉，他们在政治行动上的错误和过失也就被相应忽视；司马光则因其高洁的德行和巨大的史学成就，其治国政策之愚妄与离谱也在很大程度上被淡化。另一方面，由于南宋以来的主流史观既受政治本身的影响，也受理学与事功学派之争的影响，熙丰变法中大量获得巨大成就的新政都被无视，而其失误则被极大地夸大。为此，在考辨史料、去伪存真基础上，尽可能给历史人物以公正的评价显然并非无关紧要。

一、宋神宗赵顼·王安石

宋神宗赵顼是整个熙丰变法的灵魂人物,因为他是整个变法的权力的源泉,虽然后人常常以王安石变法代称熙宁变法。这一代称有两个相互对立的原因,一种是反对熙丰变法的,为宋神宗避讳,所以“祸国殃民”的全锅都应该让王安石背,这是自熙宁变法当时就开始了的一种变法的命名方式,到南宋高宗之后,朝廷的主流观点更是如此,包括后来理学兴起之后,出于学术和政治双重的门户之见,这个锅都得王安石背更无疑义。另一种原因正好相反,是出于尊崇王安石的原因,认为王安石是整个改革的总设计师,宋神宗只是个支持者,并不具备变法的真实能力,因此,熙丰变法的成就不能因为宋神宗是皇帝就归他。但是,如果从帝制中国的整个历史来看,像宋神宗—王安石这样的君臣搭档“上与安石如一人,此乃天也”①,或如朱熹所谓“论王荆公遇神宗,可谓千载一时”②。在国史上大概都是独一份,宋神宗对王安石主持的改革之支持(至少在王安石第一次辞相之前)都是空前绝后的。因此,将熙丰变法尤其熙宁变法仅仅目为“王安石变法”都是不准确也是不公允的,因为没有将宋神宗的重要作用纳入其中,无论出于什么原因。

神宗是赵顼的庙号,虽然通常认为庙号未必都按《逸周书·谥法解》来取,也未必都含评价之意,但观宋代历任皇帝的庙号,评价之意甚明,庙号取“神”字,含有纠结之意,《逸周书·谥法解》说,“民无能名曰神”——让人没法给他命名的叫“神”。确实,对于熙丰元祐反新法大臣们来说,给赵顼定庙号是不好定,毕

---

① 《长编》卷二百一十五“熙宁三年九月庚子”条。

② [宋]黎靖德编:《朱子语类》卷一百三十《自熙宁至靖康用人》。

竟他支持王安石进行了他们不喜欢的全面变法,变法期间,他们因为反对新法都靠边站了。这个“神”字就代表了他们对神宗的态度,反之,也说明了神宗对变法的重要作用。

神宗登基时还不到19周岁,他在北宋的东宫制度下成长,虽然年轻,但已经是个有一定学识也有一定能力的“职业”皇帝。他对北宋的国家危机相当了解,因此,励精图治改变国家,就是他一生事业最重要的发心与宏图。但神宗毕竟还是十分年轻的皇帝,甚至没有离开过皇宫,还缺乏治国所需十分重要的社会阅历,而且这会成为他终生的残缺。因此,他毫无疑问和其他历代皇帝一样,需要一批股肱之臣,能够理解他的意图,支持他的改革目标,并且为他出谋划策,以妥当的方式展开他念兹在兹的改革,重振国力。宋神宗接手北宋帝国时,仁宗、英宗两朝留下的重要大臣中,有韩琦、富弼、欧阳修等庆历新政的旗手改革家,现在他们都已垂垂老去,对当年改革中的遭遇他们讳莫如深,虽然他们在嘉祐年间还进行了悄无声息的改革,但毕竟只是局部的非全局性改革,效果有限,而对于未来的改革,他们既迟疑又期待。迟疑的是,皇帝太年轻,而朝中除了名高甚久的王安石似乎也没有别的改革之才,而对王安石,他们虽然十分器重,但对他的执拗性格也有几分担心,所以,提拔归提拔,担心依然不免。他们期待的是,在有生之年看到大宋重振国势,不再继续冗腐萎靡下去,所以他们无私地举荐贤才,包括王安石坐火箭般进中央,都是这帮老臣悄无声息提拔之功(详见本书前面相关章节)。

王安石在治平年间曾因母丧丁忧,丁忧期过后,本该回朝,但朝廷尚处濮议纷争,不是做事的时候,王安石因此朝廷屡召屡拒,稳坐江宁不归。治平四年(1067)英宗正月驾崩,神宗继位后,一方面问政于富弼、吴奎、张方平、司马光等老臣,但得到的反馈是别着急，慢慢来。而另一方面，早在神宗未登基还是颍王的时候，秘书郎韩维就在他面前屡屡盛赞王安石，因此，登基后的神宗迫不及待地召其回朝。熙宁元年春四月，王安石以翰林学士这一宰执跳板的职位到达京城，并立刻被神宗以正常流程外迅速召见（越次入对），君臣一番推心置腹地谈话，让神宗既安心又兴奋，他下决心要启用王安石，开展改革大业。

应该说，神宗对王安石是倾心信任的，并且有着年轻人对杰出人物强烈仰慕的心理倾向，因此，即使朝中不少大臣都不赞成神宗重用王安石，他依然力排众议，第二年就任命王安石为参知政事，主持变法大业。宋神宗的这一安排看似草率，其实极有主见，应该说，朝中大臣们对王安石的看法总体上是较为公允的：固执甚至偏狭、特立独行、识见超群、才华过人。不过王安石是否确实偏狭而缺乏宰辅度量，这个问题一时不易说清，后面再讨论。正是在绝大部分人都反对王安石出任宰辅职位的情况下，宋神宗下了决心要让他来主持改革。

在改革的初期，宋神宗对王安石几乎言听计从，从来京不到一年就任命他为参知政事（熙宁二年二月初三），到听从王安石的建议设置制置三司条例司作为改革设计院（二月二十七），再到第一个新法均输法出台（七月十七），仅仅用了不到半年的时间。随后就是青苗法（九月初四）、措置宗室法（十一月十一）、农田水利法（十一月十三），这年下半年的四个月里推出了四项新法，从解决朝廷的政府采购问题，到直接增加财政收入，再到节省朝廷开支，还鼓励全国扩大农业生产能力，显而易见是节流、开源并重。四项新法中，有两项是节流性改革，一项是增收型改革，还有一项则是扩大社会再生产能力的改革。这些改革都遭到大小不等的阻力，宋神宗完全不为所动，至少在他眼里，这些反对意见哪怕是正确的，也是反对增收、反对节流，没法说服他。即使反应最大的青苗法，也有来自嘉兴的李定当面告诉他，老百姓喜欢得很。根据史料可以推断，李定并没有骗他，他说青苗法好话的时候还根本不知道青苗法正在遭到朝廷大部分大臣的反对。问题在于，青苗法的全国性推广过程中，跟后来的免役法一样，地方官员为了政绩考核违法推广从而使得本来的善政很大程度上成了大部分地区的公害，而且这个问题相当严重。但是，反对新法的群臣缺乏基本的政治理性，从当年五月十八吕诲弹劾王安石开始，反新法的官员们常常是先对人后对事甚至干脆对人不对事的。王安石还没有推出新法，已经被吕诲等台谏重臣贬低为小人、奸臣。均输法推出后，谏官刘琦、侍御史里行钱颉、知谏院范纯仁、知谏院陈襄等谏官又将新任命主持均输法的发运使薛向痛贬一番，说他是小人、酷吏。这种完全情绪化的人身攻击不但于改善新法无益，还淹没了像苏轼（权开封府推官）、司马光等少数理性讨论均输法的声音，而为了阻止青苗法，反变法派谏官们甚至十分牵强地挖出多年前变法派官员李定的所谓匿丧案来倒他，真可谓欲加之罪何患无辞。

事情闹到这地步，再要来说服神宗和王安石就变得相当困难了，因为以台谏官员为先锋的反变法派官员，很多人都丧失了基本的就事论事能力，而只会进行毫无政治品格，也毫无政治理性，尤其是毫无必要的人身攻击甚至人身迫害。神宗不是傻子，他当然明白让台谏官员们随便说话有利于施政时做到尽可能谨慎，但他从吕诲弹劾王安石开始，就明白台谏官员们一来存在由政见导致的党派，二来台谏官员出于自身的工作绩效，常常是有事要谏，没事也要谏，实在没事谏，那就造出事情来谏。因此，神宗为了推进改革，对反对新法的台谏官员采取罢官落职的政策，让他们靠边站，别碍手碍脚。

宋神宗—王安石君臣继续推进改革，熙宁三年推出两部新法，秋八月开始试行仓法，即重禄法（试行于熙宁三年八月，全国推行于熙宁五年五月），年底则推出保甲法（熙宁三年十二月）。熙宁四年推出三部新法，贡举法（熙宁四年二月）、免役法（熙宁四年十月）和太学三舍法（熙宁四年十月）。熙宁五年也是三部，市易法（熙宁五年三月）、保马法（熙宁五年五月）、方田均税法（熙宁五年八月）。应该说，除了军改领域的大动作，涉及全局的新法基本上都已推行。熙宁六年的改革主要是辅助性和配套性的新法，主要是三部，设经义局（熙宁六年三月）、军器监法（熙宁六年六月）、免行役法（熙宁六年八月）。熙宁七年四月十九，王安石第一次辞相知江宁，半年后，他上台伊始就构想方案的军改新政置将法，在经过了并营法等七年的准备工作后，终于由神宗主导，亲自推行。在此过程中，免役法、市易法、保甲法等都遭到反对派的激烈反对，有些反对并非完全无理，有些反对则纯出于党派偏见甚或挑衅，终而至于有理无理夹杂，而旧党在反对过程中强烈的人身攻击、自我道德感动等状况，经常让神宗和王安石处理问题失焦，即使在有些事情上反对派指出的问题是正确的，也无法让宋神宗完全接纳，反而因反对的态度恶劣而导致宋神宗与王安石固执己见，甚至出于意气，明知是对的也不接受，坚持错误。熙宁三年（1070）九月宋神宗主动跟王安石抱怨反对派不明是非颠倒黑白，他先是引用司马光的话说现在是非很混乱，“司马光言方今是非淆乱，因曰是非难明，诚亦为患”。紧接着“上曰：司马光云：‘如李定不孝，王安石乃欲庇护；如苏轼虽贩盐，亦轻于李定不孝。'然定岂得为不孝乎?"[①]这表明他对司马光是否公正产生了怀疑,同时对司马光的影响力也感到担忧。

熙宁七年王安石第一次辞相,宋神宗并不愿意,但在反对派发动后宫参与支持反对新法后,神宗无法抵御,显然,需要抛出替罪羊才能缓解这种攻势。宋神宗虽明知王安石是"群臣中,惟安石能横身为国家当事耳"[②]。但他没有别的选择。王安石感佩于能够有一位如此信任他甚至崇拜并且愿意推行他思想的皇帝,为报答这种信任和实现这一理想,王安石别说愿意为皇帝背锅,就是挡枪挡箭也是心甘情愿的,宋神宗所谓横身当国便是这层意思。事实上,宋神宗的治国思路与王安石并不能完全榫合,以至于对新法的态度也与王安石有差异。王安石的理想改革,解决财政问题只是他改革设想中的一部分,甚至都不是最重要的,它应该是改革成功的副产品。熙宁四年(1071)五月,王安石与宋神宗讨论免役法时,抱怨神宗改革精神不坚定,说两浙试行免役法都还没有什么抑兼并的效果呢。但神宗已经有点坚持不住了,宋神宗回答说,青苗法就已经有这效果了。但王安石回答说:"此于治道极为毫末,岂能遽均天下之财,使百姓无贫?"[③]这句话包含了两层意思,一是抑兼并的精神应该尽可能贯彻到所有推行的新法中,另一层意思是,仅仅抑兼并其实并不能使人民富裕。王安石的这一思想十分重要,但历来不很受重视,唯有注意到这一点,才有可能考察他是如何在推行新政中鼓励扩大再生产的。

宋神宗对新法,至少从青苗法开始,就有诸多疑惑,这些疑惑并不都是错误的。例如,关于青苗法的抑配问题、违法高利问题

---

① 《长编》卷二百一十五"熙宁三年九月己丑"条。

② 《长编》卷二百五十二"熙宁七年四月丙戌"条神宗语。

③ 《长编》卷二百二十三"熙宁四年五月丙午"条。

就是合理的质疑，但反对派提出这些的目的往往不是调整和完善新法，而是要废除新法，所以常常需要王安石等变法派人物向宋神宗持续地辩护和鼓励。最典型的事件，就是熙宁三年二月韩琦反青苗法上疏之后，经王安石辩护后化解，宋神宗继续支持青苗法。[①] 再如，免役法中，王安石为了减少官僚集团的阻力，对上等户官户减半收取，宋神宗就不以为然。[②] 事实证明，王安石减半收取官户的免役钱，他自己可能觉得这是妥协，但官僚集团并没有买他的账，依然反对激烈。这恰恰证明了神宗的担忧是正确的，当然，按照神宗一视同仁的想法，官僚集团的反对会更加激烈也是完全可能的。然而，从一种新政的严肃性以及坚定推行角度看，神宗可能是更正确的。

诸新法中，市易法很可能是最让宋神宗改革意志动摇的新法，韩琦、文彦博、司马光等反对派对市易法的反对和攻击，应当说是有理有据的，宋神宗因此大受震动，很难接受市易法。因此向王安石直接提出："市易卖果实，审有之，即太繁细，令罢之如何？"[③]神宗的这个意见显然给王安石留足了面子，尽可能将事情说得轻描淡写一点，而且市易法和青苗法、免役法的一大差别，在于事实上似乎也没有人能够"完善"市易法，它的推行不可能成功地促进商业更加繁荣。虽然在其后的根究市易法过程中，宋神宗最后是支持了王安石和吕惠卿，但这是因为曾布在调查案件过程中暴露了自己迎合皇帝、企图摆脱变法派的动机，导致了他即使相当有理有据也未能让宋神宗完全信任他，反而弄巧成拙被罢官，赶出朝廷。

---

① ［宋］杨仲良：《皇宋通鉴长编纪事本末》卷六十八《青苗法上》。

② 《长编》卷二百二十三"熙宁四年五月庚子"条。

③ 《长编》卷二百四十"熙宁五年十一月丁巳"条。

从某种程度上说，宋神宗从市易法开始，与王安石在改革理念和思路上的分歧越来越大，王安石第一次辞相，虽然他的挽留是真诚的，但同意他辞职也是真诚的，只是远到不了《宋史》所谓“厌之”“益厌之”这种地步，这种自相矛盾并不奇怪。

随着时间的推移以及变法派内讧的爆发，宋神宗与王安石的这一分歧变得越来越严重，以至于对正常施政也造成了极大的妨碍。这种情况在王安石熙宁八年二月复相后，表现得尤其明显，宋神宗因为吕惠卿在自己面前多次诋毁王安石而对他十分反感，最终吕惠卿里外不是人，无法与王安石继续共事，坚决离开朝廷。宋神宗却也通过这件事，认为王安石用人存在失误，而未能理解王安石的用人特点是但凡人有可用之才就不遗余力地拔擢任用，可谓求贤若渴。王安石虽因根究市易法一案疏远甚至在政治上抛弃曾布，但曾布在其《曾公遗录》中记录自己绍圣年间在宋哲宗面前盛赞王安石的话：“安石以义理、名节、忠信自任，不肯为非。至于性强，自是以此骄人，故时有过举，岂他人可比！……其孳孳于国事，寝食不忘，士人有一善可称，不问疏远、识与不识，即日召用。诚近世所无也。”[①]这个评价是中肯的，有大量史实可证。而且宋神宗用人与王安石用人，有个很大的差异。神宗为了遵循宋真宗以来所谓“异论相搅”的帝王术，刻意安排那些反对新政的人在重要位置上，以防止宰执专权，而王安石为了推行新法，则只任用赞成和支持新法的人才。由此双方经常发生分歧，本书之前曾提及《长编》记载的熙宁三年王安石跟宋神宗抱怨说，如果由得异论相搅，那就什么事都做不成，宋神宗也不得不承认这一点。那段话的下面，还有一条类似的记载：“他日，安石独对，又为上言：

---

① ［宋］曾布撰：《曾公遗录》，顾宏义点校，北京：中华书局，2016年版，第142页。

'君子不肯与小人厮搅,所以与小人杂居者,特待人主觉悟有所判而已。若终令君子与小人厮搅,则君子但有卷怀而已。君子之仕,欲行其道,若以白首余年,只与小人厮搅,不知有何所望。'上以为然。"[①]这话就说得更加明明白白了。虽然反对新法的未必都是小人,比如欧阳修、韩琦、司马光等,但大量反新法的台谏官员,特别是像吕诲、唐坰那样的所谓弹劾,可以说是比胡搅蛮缠还要糟糕,毫无基本政治品格,毫无政治自觉的恶毒人身攻击而已,说他们是小人还真不冤枉。但即便如此,王安石也未对吕诲有何疾言反击,对唐坰,据李焘的转录,就是在未必可靠的反新法笔记《林希野史》中,王安石也只是说了句"此小儿风狂,又为小人所使,不足怪也"[②]。同样据李焘转录,在南宋高宗时代的韩驹(1080—1135年)笔记里则说"唐坰熙宁初诋时政,神宗欲黜之,王安石曰:'黜谏官非美事,止令还故官。'"[③]如刘成国教授所言:"王安石在处置异议者时,并没有越过仁宗朝以来一种相对包容的政治底线,没有对异议者横加迫害。这只要考察一下熙宁初期那些反对新法的官员在熙宁期间的履历,就很明显。"[④]从元丰年间的乌台诗案至少可以看出宋神宗和王安石对待异议官员的做法相当不同,前者远比后者专制、颟顸。这很大程度上与宋神宗个人成长相关。元丰年间,神宗已是在30多岁的壮年时期,他对政治问题早在熙宁晚期就已经相当成熟,他再也不是刚登基时政治摇滚巨星王安石的迷粉了,所以,许多问题与王安石想法相左几乎是必然的,甚至可以说,在王安石第一次辞相时,君臣二人的

---

① 《长编》卷二百一十三"熙宁三年秋七月壬辰"条。

② 《长编》卷二百三十七"熙宁五年八月癸卯"条。

③ 《长编》卷二百三十七"熙宁五年八月癸卯"条。

④ 刘成国:《我不赞成整体否定王安石变法》,来源:澎湃新闻·私家历史,2018-10-15,09:28,https://www.thepaper.cn/newsDetail_forward_2451349

分歧就已经比较明显了。宋神宗已经不是仅仅出于“异论相搅”的目的容忍反对派高居庙堂，而是许多方面已与王安石不完全合拍了。

元丰年间最大的事情就是三件事：乌台诗案、元丰改制、五路征西惨败。一个文字狱，把熙宁以来的党争推向巅峰；一场官制改革，把宋代的相权推向巅峰；一场宋代最大规模远征的惨败，把宋代收复燕云十六州的希望彻底碾灭。这几件大事，宋神宗都是第一责任人，对比王安石执政的熙宁时代，那时候没有文字狱，不管反对派和反新法有多离谱，王安石即便当了宰相，推行改革也是困难重重，对夏战争取得巨大胜利。时代显然已经不一样，皇权专制已通过相权扩张取得极大进展。可以想象，王安石如果依然在任相位，他不会同意这么做。

元丰八年三月初五（1085 年 4 月 1 日），宋神宗驾崩，但他事先没有安排后事，也就是说，他没有对自己的改革大业进行任何保护性措施，于是，迅速地，熙丰变法随着宋神宗去世而被强行按下删除键。这可以说是神宗最大的失误，熙丰变法时期所有失误全部加起来也没有这个失误大。

纵观宋神宗赵顼的一生，确实如《宋史》赞词所言：“不治宫室，不事游幸，励精图治，将大有为。”①但因《宋史》是按照南宋反变法派士人的观点修撰，故在涉及宋神宗与熙丰变法关系时，其说多经不起推敲②，需重新考察。宋神宗天资聪颖，在北宋的东宫体制下从小受儒家教育，为人德行极尽儒家帝范，但毕竟登基时

① ［元］脱脱等：《宋史》卷十六《本纪第十六・神宗三》。

② “未几，王安石入相。安石为人，悻悻自信，知祖宗志吞幽蓟、灵武，而数败兵，帝奋然将雪数世之耻，未有所当，遂以偏见曲学起而乘之。青苗、保甲、均输、市易、水利之法既立，而天下汹汹骚动，恸哭流涕者接踵而至。帝终不觉悟，方断然废逐元老，摈斥谏士，行之不疑。”（［元］脱脱等：《宋史》卷十六《本纪第十六・神宗三》。）

还是个少年，且长居禁中，故其不可能达到王安石那种思想与政治境界。他能够深切地理解，并且至少有过五年的时间几乎全力支持王安石变法，已是两千年帝制时代独一份了。并且在一些变法问题上与王安石发生分歧时，其实他也经常是对的一方，至少在熙宁年间变法的主要时期，宋神宗的政治判断力可以说是相当好的，无论青苗法抑配问题，还是免役法本身的问题，以及其与保甲法冲突问题[①]，或者市易法问题，宋神宗在这些重大变法措施推行时，对其中的问题都相当有主见，而且具备相当中正的政治理性。

一个稍带遗憾的问题是，在王安石执政的主要时段，宋神宗的政治能力因尚未完全成熟，以至于在和王安石发生分歧时未能完全坚持主见，使得有些措施的弊端未能得到妥善解决。而在王安石二次辞相以及不可能打算再次回朝复相后，宋神宗自己也已经完全成年，对政治的许多见解也日渐成熟，但他在元丰年间实行的政策，却不如熙宁年间他和王安石合作时那么成功，最重大的几件大事上甚至全都是失败的，当然熙宁变法也存在问题。因为宋神宗已经逐渐被调教成一个更愿意使用权力的皇帝，而权力的危险性却并没有得到很好的警示，没有了王安石，也没有一个有强大独立见解的宰执集团，再贤能的皇帝都可能出大问题，但宋神宗自己未必清楚这一点。可见，缺乏一个王安石这样几乎可称得上政治十项全能的大臣，宋神宗独力难支。可以说，宋神宗的成长过程与熙丰变法的发展过程在时间上失之交臂，这是个很大的历史遗憾。不过，话说回来，假设元丰时代的宋神宗出现在熙宁年间，与王安石的君臣合作很可能会更差。不妨大胆地假

① 《长编》卷二百六十三“熙宁八年闰四月甲寅”条记载：“上曰：‘已令出钱免役，又却令保丁催税，失信于百姓。又保正只合令习兵，不可令贰事。’”

设，王安石二次坚辞相位固然有变法派内讧、爱子早逝之痛这两大打击的原因，还有更重要的原因或许是他已经深切地感受到，宋神宗虽依然对他相当敬重，但熙宁年间那种几乎完全放手让他去推行改革的君臣合作状态再也不可能有了。简而言之，皇帝长大了，大臣也老了。

二、王安石·宋神宗

邓广铭先生在其名著《北宋政治改革家王安石》中曾痛切地说过：

> 倾泻在王安石身上的污泥浊水、以莫须有的罪状来丑化王安石的种种谤言谤语、虚枉记载，以及对王安石的一些高超言论和卓越业绩的歪曲湮没，始自王安石生前，到南宋而愈演愈烈，其后经俗儒村夫递相传承，迄今几近千年而未得昭雪。[①]

虽然罗生门原本是历史最常见的现象之一，但像王安石这样遭遇来自官方几乎可被视为阴谋的全面系统性的诬陷与诽谤的现象，即使在历史造假史上也是相当骇人听闻的。撇开政治经济观念差异导致的分歧不论，直到今天，对王安石评价中的众说纷纭，时常是来自对虚假历史的态度，赞之者毁之者，时常剑拔弩张，笔墨官司林林总总，其实常常都是为了某种说法是否可信引

① 邓广铭：《北宋政治改革家王安石》，北京：生活·读书·新知三联书店，2017年版，第5—6页。

发的。这不能不说是令人遗憾的。南宋以来官方意识形态和小人儒作祟联合伪造了糟糕的王安石形象,也就是蔡上翔所痛斥与力辩的、邓广铭教授所痛斥的不公正问题,再加熙宁变法本身也并非毫无可指摘之处(历史上何曾有过十全十美的改革?)使得包括王安石在内的熙宁变法在历史评价中变得人为的无意义的复杂,剪不断理还乱。历代儒家君小、忠奸等两极论的道德评价体系与世界的真实图景—复杂性现象难以并存,有失误的改革或者新的掌权者不喜欢的改革,不管有没有改革成果,都必须打入地狱。

当代人在讨论与评价王安石的时候,需要厘清几个重大问题。一是熙宁变法是成功还是失败了?这首先要区分变法本身成功与否及其后来是否被废除是两件事,而不是可以合并的事项。二是王安石政治经济文化军事思想的性质是什么,如何从其变法内容中尽可能公允地解读。三是王安石个人的政治品格是怎样的,该如何评价?四是区分熙丰变法和熙宁变法各自对后世的影响,两者的交相混杂需进行合理的分离。

关于第一个问题,即熙宁变法成功与否,这个问题可参见本书前面章节《熙丰变法的实效考察》,本章不再详述。熙宁变法总体上是成功的,虽然问题也很多。

关于第二个问题,熙宁变法所体现的主要是王安石的政治、经济、文化、军事思想,到底属于什么性质的?自变法时开始,反变法派就斥之为聚敛之术、申商之术,视其为法家,这种观点几乎一直统治着北宋之后的八百多年,只有陆九渊、朱熹[①]、李绂、蔡上翔等少数人视王安石为儒家。陆九渊和朱熹虽然对王安石以及

---

① 朱熹对王安石评价极高,但认为“只是介甫之学不正,不足以发明圣意为可惜耳”。([宋]黎靖德编:《朱子语类》卷一百九。)

熙宁变法都有诸多批评,但对王安石各个方面的才能和德行也都有极高评价。他们的批评中有出于儒学门户之见的(这是正常的),有批评中肯的,也有不在点子上的,但至少他们确实力求公允。由于王安石"无书不读",所以,他广阔和深邃的儒家思想中杂糅了释道及其他百家之说,其中自然也有法家的内容,这就造成了当时和后世的陋儒盲人摸象而不自知。但二程兄弟以及陆象山、朱子等大儒就能看得更分明,虽有学说异见,也并不妨碍他们在许多情况下能够较为深入地体察王安石学说。但他们的识见毕竟还是故步自封在了儒家一门之中,未能如王安石那样将视线越过更宽广的空间和更绵长的时间,因此无法全面考察王安石的系统变法,也无法理解他在提高全社会生产力上所作所为及其成就,二程朱陆等这些大儒们无一例外地从未提及熙宁变法在工商领域的新政便是明证。

自近代以来,尤其是梁启超《王安石传》出版之后,许多学者受任公的影响极大,认为:"荆公欲举财权悉集于国家,然后由国家酌盈剂虚,以均诸全国之民,使各有所借以从事于生产。"[①]尤其因见王安石强烈的抑兼并思想,以及具体新政中的青苗法、市易法、保甲法等具有力度不等的国家主义性质,因此,无论是赞成还是不赞成其新政,都将王安石列入国家主义或国家社会主义序列中。然而,根据本书第七、第八章关于熙丰变法实效考察的梳理,王安石的市易法、保甲法固然有着浓重的国家主义性质,但他一贯反禁榷、将民营经济以招标制引入官营经济、降低商税、开铜禁,这一系列的工商经济政策不但不是国家主义的,更是很大程度上自由主义的。尤其开铜禁这一项,便是两宋319年绝无仅有

① 梁启超:《王安石传》,北京:商务印书馆,2015年版,第109页。

的10年。但神宗对于这些偏自由主义的经济工商政策常常是不同意的,比如,熙宁七年川茶入陕设榷,就是神宗自己亲自下令的,熙宁八年在王安石中书的力抗下虽短暂罢榷,但熙宁九年四月不但恢复,连四川本地的茶业也设榷。

从这些政策中可以看出,王安石确实存在着部分的集财利于国家的新法,但并不是全部,他还有大量活跃市场、开放市场和鼓励民营经济的措施。而这些方面,往往是他和神宗后来发生越来越多分歧的领域,许多研究者往往只是根据一些抽象的观念或一般性的人际关系,最多加一些很不全面的政事信息,就推断王安石第二次辞相的原因。而事实上,从王安石复相后以及二次辞相后一系列的政务事件中,宋神宗—王安石君臣的执政理念已经发生了诸多微妙变化,裂痕越来越大。宋神宗自认为越来越成熟的政治理念带着浓重的皇权专制色彩,这在上述熙宁七年川茶入陕设榷、熙宁九年川茶设榷一事中,以及本书之前讨论保马法时已经详述过的保马法变迁过程中都可见到。

从王安石复相后到熙宁末年、元丰年间,从神宗的施政中可以看到一条清晰的皇权专制日渐加深的轨迹,这显然不是王安石所喜的,这也是他们君臣的根本分歧所在。这一条皇权专制的轨迹可以解释王安石为何那么坚决地离开朝廷,充分反映了他“易退难进”的从政风格——能得君行道则当仁不让,不能则解甲归田绝不恋栈。当君臣理念一致的时候,他可以为皇帝背锅,可以做箭垛式人物,让反对派“向我开炮”;当理念不一致的时候,他选择离开。

熙丰变法是两个时代的变法,熙宁变法以王安石的思想为主,但到后期逐渐变弱;包括元丰改制在内的元丰政事,则是宋神宗独力进行的改革,与王安石的思想大相径庭。因此,唯有全面梳理王安石二次辞相前为变法所进行的工作,以及他在两次辞相之前与宋神宗的政治理念分歧,才能搞清楚王安石在变法中的政治经济文化军事思想,以及他是如何尽可能努力实现这些理想,并且在变法过程中有哪些失误。

通过本书前述数章的梳理,大致可以概括王安石的政治、经济、文化、军事思想可能属于一种建构准民族国家的思路。

通过设经义局、新贡举法和太学法的教育改革力图实现"一道德,同风俗",是王安石确立国家—社会伦理共识的努力,虽立官学而不禁私学,表明他没有进行文化专制主义的意图。

政治上,王安石试图通过教育制度的改革为朝廷选拔干才,他自己的执政过程中可谓不拘一格降人才,后人所谓所用者多为"小人"的主流叙事,是宋代儒学发展走向狭隘化以及南宋以来士风没落的部分结果之一,且早有蔡上翔、梁启超等前辈辩驳,不再赘述。王安石试图用这种稍嫌间接的方式逐步改革官僚体制,但历史没有给他时间。王安石推行的仓法(重禄法),可能在世界范围内都是开先河之举,已经具备公务员法的雏形,对于完善官僚制、澄清吏治、确保执政理性、保障社会公正与稳定都有着良好的效果,但历史也没有给他时间。

经济上,王安石的经济财政政策,是节流和开源并重,措置宗室法、均输法、并营法、置将法都属于节流性的财政政策,这些节流政策可谓效果显著。青苗法、免役法、市易法,是开源性财政工商政策,新政本身就有问题,执行过程中问题更多,而且还存在地区差异。因此,相当复杂,但总体上,市易法基本上是全败,青苗法、免役法本身不是恶法,但因抑配与违法高利,使其被扭曲为恶法。免役法更是为千秋立法,后世未能废除,其历史成就高于现实成就。王安石在经济领域的其他诸多政策,包括农田水利法、方田均税法、开铜禁、尽可能宽禁榷、以招标制引民营经济入官营经济、降低商税，所有这一切都大大提高了农工商业的生产力。说他是国家主义者是无法成立的。

因当时的国际局势，主要体现为保马法、保甲法的财政与社会政策，当与并营法、置将法、军器监法等军事政策相关联才能看清。这是一种全民皆兵的征兵制思路下的产物，可以说相当现代。但于社会，显然存在加强皇权控制社会的一面。

综上，通过王安石熙宁变法的全面政策考察，大致能确定的是，王安石的政治、经济、文化和军事思想，是一种以前没有过的全新的儒家——“荆公新儒家”——有别于通常所谓“荆公新学”。其学术特征，是一种以孔孟之道为底色，积极进取、广纳博收、不分畛域、融汇百家之学的“新儒学”，因此，也不同于程朱理学意义上的新儒学。“荆公新儒家”在施政过程中，除了存在部分国家主义特性，也有着明晰的事功主义（或曰功利主义）色彩，即王安石自己所谓“官民分利”思想，而这些都还只是治道层面的技术性特征。而更重要的是，其“一道德，同风俗”的目标，其实是一种为国家未来长治久安设定的大经大法，这就超越治道技术层面，而达到政道。

这种后世目之为怪并且力排的新学，以及王安石施政中所表现出来的“荆公新儒家”，其两种技术性特征的交融以及建构新政道的宏大目标，于那个时代而言可谓极其超前的建构“准民族国家”政道。所以时人难以理解，后人也未曾触及。通说所谓现代国家是由民族（Nation）形成的国家（State），国家内绝大多数人群都保有同一认同，并共享相同文化。这不正是王安石孜孜以求的“一道德，同风俗”，为一个民族国家设定文化与伦理共识？故晚清学人陈焕章在其名著《孔门理财学》中盛赞王安石说：“如果王安石的全部计划得以贯彻施行，那么，中国早在一千年前就应该是一个现代国家了。”[①]这话说得是很到位的。

最后，需要讨论一下王安石个人的政治品格问题。

熙宁年间，除了吕诲、唐坰等台谏官员们对王安石进行骇人听闻的人身攻击，绝大部分反对新政的官员，在个人才华、见识、道德人格等方面，都承认王安石是个非同凡响的人物。对王安石进行恶毒的人身攻击，是在南宋随士风堕落逐渐开始的。高宗以降，因朝廷主流意识形态的需要，诋毁王安石成为一件既能泄愤，又能在社交中讨喜还安全的士人谈资，由此，大量士人笔记中以道听途说甚至刻意捏造的所谓轶事诋毁王安石，成为宋代笔记中的重要内容，邵雍的儿子邵伯温的《邵氏闻见录》可为谤书代表，已引起许多宋史研究者的广泛注意。

对王安石的诸多诽谤，李绂、蔡上翔、梁启超等人都做了极其重要的考辨驳正工作，本书并不打算在这些问题上多做纠缠。本书更感兴趣的是从现代政治学的政治伦理角度考察王安石的政治品格问题。

王安石最著名的绰号是“拗相公”，大概是来自司马光的一句评语：“人言安石奸邪，则毁之太过；但不晓事，又执拗耳。”[②]李焘《长编》中也多处记载司马光对王安石的类似评语。[③] 从一众擅长吟诗作画、读儒家经典、清谈道德性命却于治国诸多专业方面几乎一无所能的儒生眼里，认为像王安石这样大臣理财就是让人

---

① 陈焕章：《孔门理财学》，韩华译，北京：商务印书馆，2017 年版，第 467 页。

② ［清］毕沅撰：《续资治通鉴》卷六十七《神宗熙宁二年》。

③ 《长编》所记司马光谈王安石有三次都批评他“不晓事”：1.卷二百一十“熙宁三年四月甲申”条；2.卷二百二十“熙宁四年二月辛酉”条；3.卷三百七十五“元祐元年四月癸巳”条。有趣的是，200 年后，朱熹也批评司马光废除新法是“温公忠直，而于事不甚通晓”（［宋］黎靖德编：《朱子语类》卷一百三十）。

鄙视的道德低下的逐利敛财行为。若要变法就是热衷兴作、坏祖宗之法；而无论说得有理没理，只要劝而不听，那就是"不晓事，又执拗耳"。这样子说王安石，相比台谏官员以及南宋那些以笔记面目出现的小作文已经十分温和有口德了。总体上，当时的整个士大夫阶层即使对王安石的新政反感，但对他个人的才德依然是认可的。

王安石确实是执拗的，他曾经的密友曾巩在《与王介甫第二书》结尾处有这样一句："足下于今最能取于人以为善，而比闻有相晓者，足下皆不受之，必其理未有以夺足下之见也。"[①]这话本来是略含抱憾与讽刺之意的，但对于王安石来讲，至少大部分事实情况如此，过于密集和不讲理的气氛，淹没了讲理的可能性，本书前面第九章曾详细引述过二程弟子吕大临和陆九渊都曾深刻反思过反对派的意气之攻败坏改革问题。但是，从政治品德上考察，过度的执拗依然是严重的过失，古人所谓"宰相肚里能撑船"讲的便是身居宰执高位，就得有容人之雅量，这是宰相这个职位决定的，人的性格不能成为托词。因为身居相位便是身系天下，他们有义务过滤掉那些建言中的情绪，合理取舍，而不能因为建言者的情绪而拒绝正确的意见。王安石对于纠正青苗法、免役法、市易法实施过程中出现问题的态度是消极的，甚至是文过饰非的。错误的固执终而导致一定程度上王安石成了他自己的敌人，成为改革的一部分阻力。

除了固执这一个严重的政治品格失德，王安石在其政治品格的其他方面，确实可以陆九渊对他的赞词"英特迈往"来形容。人们普遍赞扬王安石不贪财色、难进易退、不恋权位、唯孜孜于国

① ［宋］曾巩：《南丰文钞》卷三《书 · 与王介甫第二书》。

事，这自然已是十分不易，尤其是不恋权位，这在两千年帝制中国的一千多位宰相中也是不多见的。

除了上述被陆九渊盛赞"英特迈往，不屑于流俗，声色利达之习，介然无毫毛得以入于其心，洁白之操，寒于冰霜，公之质也"[①]高贵的政治品格，王安石身上还有一些古代政治家通常不具备而现代政治家才被要求具备的品格。

一是王安石有着不党不私不隐、中正昭然的执政品格。从熙宁二年初任参知政事开始，到熙宁七年四月第一次辞相的五年间，王安石基本上是变法的主要推动者。从熙宁八年二月复相到熙宁九年十月二次辞相的一年八个月，两次相加总共执政时间长达六年十个月，这么长时间身居高位，姑且不论王安石从未谋过私利，更重要的是，他也从未针对任何政敌搞过任何阴谋，他的一切政治行为都是光明磊落的，司马光所谓一生行事无不可对人言者，王安石亦如是。[②] 这无论在古代还是在现代，都是政治家们极其难得与罕见的高贵品质。

熙宁年间，宋神宗将朝廷中的公开的反对派官员逐渐逐出朝廷，通常是罢黜原职，改任地方官；或者将他们安置于宫观，做宫观使。李焘《长编》曾记一条："时以诸臣历监司、知州，有衰老不任职者，令与闲局，王安石亦欲以处异议者，故增宫观员。"[③]王安石的这一处置方式比宋神宗喜欢让反对派官员降职地方更合理。宋神宗的做法往往导致反对派到了地方上之后成为改革的阻力

---

① ［宋］陆九渊：《象山先生全集》卷十九《荆国王文公祠堂记》。

② 王吕交恶后的书信案，即所谓王安石私信吕惠卿"勿令齐年知"与"毋使上知"这两件事（"齐年"为冯京），北宋史官并未见到书信真章，由此，此案为子虚乌有的"风闻言事"。一则，这显然不是王安石的作风，二则王安石也没这么蠢。此事考辨的详细过程请参见《长编》卷二百七十八"熙宁九年十月丙午"条。

③ 《长编》卷二百十一"熙宁三年五月癸卯"条。

核心，而王安石的处置方式就是一方面在生活条件上善待反对派，而在政治上则令其无法发挥反对的作用与影响力，这是既宽容反对者，又不至于让他们破坏改革，从政治上说是比较明智的做法。这种做法完全算不上迫害，只是让反对派靠边站，不至于为害，这与后来元丰乌台诗案、元祐车盖亭诗案、元祐迫害、绍圣报复性迫害不可相提并论，性质上完全不同。正因为王安石让反对派离开朝廷的方式是仁慈的，他也不是为了自己的私利，他也不用搞什么阴谋诡计，所以他没有什么不是光明磊落的。

御史中丞邓绾为了谄媚王安石，向神宗建议赐予王安石豪宅，王安石得知后立刻建议罢黜其要职，邓绾终而至于弄巧成拙黜落知虢州。当儿子王雱联合练亨甫、吕嘉问阴谋迫害吕惠卿时，王安石得知后，对王雱大发雷霆，并且查清情况后立刻如实向宋神宗汇报。向来以光明磊落自傲的王安石于此遭受重创，不久王雱病逝，曾对王雱寄予厚望，认为儿子有宰相之才的王安石从各个方面都感到了彻骨之寒。后人常常将王雱之死作为王安石二次坚辞相位的重要原因，这固然正确，然而，我以为以王安石的骄傲，王雱的行为显然让他这个做父亲的深以为耻，王雱的才具、自己对王雱的重责、王雱病逝、亲情、伦理等所有这些重要线头全部胡乱地缠绕在一起，其所织之网，让王安石几难立足。

二是王安石有心胸极其阔大的一面，一生几无私敌，他受佛道影响至深，不独对其本阶层的士夫不存芥蒂，就是苏轼这样的政敌都在他退出政坛后相互化干戈为玉帛，并且双方互相激赏。而对于他曾一手提拔重用最后反目交恶并极尽诋毁他的吕惠卿也释却前嫌，就是对最下层的百姓，他也始终心怀尊重甚至悲悯。各种史书从未记载过他乘轿的经历，一来也是北宋时代士大夫不惯于乘轿（乘轿风气是南宋之后开始的），据不那么可靠的《邵氏闻见录》说是因为他反感乘轿是“以人代畜”[①]。二来即使这是谣传，也有其可信成分，因为确实在钟山半隐居的半山老人平时出门先是以神宗所赐御马代步，马死后，他就改用驴，从未乘轿大概是可确定的。三来半隐居金陵时，王安石每天都放生鱼。

三是王安石的内心始终有着那个时代普通士大夫几乎无法具备的优良品质，就是与庶人平等之心以及天然的民主精神。李焘《长编》曾引刘挚弹劾王安石的弹章《分析第二疏》（1071），其中说到王安石经常把普通老百姓带到政事堂讨论政事，以备制定政策："其议财也，则商贾、市井、屠贩之人，皆召而登政事堂。"[②]这种新政作风在当时的士大夫眼里自然是怪异之极，以至于刘挚将其作为王安石败坏政事的丑行之一加以痛诋。本书第八章《熙丰变法实效考察（下）》中曾涉及王安石军改设想中废除军人刺面、手背的陋习问题，这也同样反映了王安石尊重普通百姓人格的愿望，虽因时势艰难，只在短期小范围内实行过，但依然与制定政策时尊重百姓心声一样，是值得后人肃然起敬的平等精神。不过，王安石在推行新政过程中，也曾出现过为了大局牺牲个体小民利益的政治失德行径，这个问题在本书第七章讨论农田水利法时已讨论过，不再赘述。

王安石的政治品格主要是上述各项，综合其才其德，梁启超盛赞他“若乃于三代下求完人，惟公庶足以当之矣”[③]。虽然让人听着有些愕然，但这样一位融思想家、政治家、理财家、文学家和

---

① ［宋］邵伯温撰：《邵氏闻见录》卷十一。邵伯温讲的这件事很让人怀疑是从程颐那里嫁接来的（《二程集》卷第十《河南程氏外书》），后来朱子并提王安石、程颐不坐轿（［宋］黎靖德编：《朱子语类》卷一百二十八），其中王安石部分，很可能是沿袭了邵伯温的说法。

② 《长编》卷二百二十五“熙宁四年七月丁酉”条；并见［元］脱脱等：《宋史》卷三百四十《刘挚传》；并见［宋］刘挚撰：《忠肃集》，裴汝诚、陈晓平点校，北京：中华书局，2002年版，第57页。

③ 梁启超：《王安石传》，北京：商务印书馆，2015年版，第5页。

诗人于一体，且其中每一项都是国史上最高水准之一的人物，还德行超迈卓越，在数千年国史中确实罕见，很难找出可与他并驾齐驱的第二个人物当是无疑的。

三、吕惠卿

吕惠卿（1032—1111年），字吉甫，号恩祖，福建晋江人（今福建泉州），嘉祐二年进士，历任真州推官、太子中允、崇政殿说书、集贤校理、制置三司条例司检详文字、判司农寺、参知政事等。吕惠卿是熙宁变法中紧随王安石的第二号人物，在熙宁七年（1074）四月王安石第一次辞相后，经王安石推荐，宋神宗任其为参知政事（时年42岁），继续主持变法事业。吕惠卿在变法派中占重要的地位，他所遭受的污蔑次数虽然在数量上无法与王安石相比，但程度上则甚至更厚更黑。《宋史》就是将其列入"奸臣传"系列。《宋史·奸臣传》基本上可以被视为熙宁变法派人物传，除了没敢把王安石列进去，其他重要变法派成员基本上都被一网打尽了。邓广铭先生说过："对于变法派中另外几个重要人物，如吕惠卿、章惇、曾布等人，在《宋史》当中都列入《奸臣传》内，尽情加以诬蔑和诽谤，事实上他们在变法运动当中却有很多贡献，是不容加以歪曲的。"[①]诚如梁启超所言，"据《宋史》本传所载罪状，大半指其奉行新法者。然吾以此为不特非罪状，且可作功状矣"[②]。《宋史·吕惠卿传》所罗列的吕惠卿罪状，基本上都是吕惠卿协助

① 邓广铭：《北宋政治改革家王安石》，北京：生活·读书·新知三联书店，2017年版，第12页。

② 梁启超：《王安石传》，北京：商务印书馆，2015年版，第265页。

宋神宗—王安石推行熙宁变法中的政绩,此外,还有涉及所谓王吕交恶事的诽谤性内容。为包括吕惠卿、曾布、章惇等变法派群臣辩诬,是近代以来熙丰变法研究中的重要内容之一。

王安石与泉州吕家是世交,早在嘉祐二年(1057)时年 37 岁的王安石曾有一首五言律诗《送潮州吕使君》[①]送吕惠卿的父亲吕璹[②],这一年也是吕惠卿高中进士的一年,时年 25 岁。嘉祐六年(1061),29 岁的吕惠卿前职任满入京后,获得了当时的文坛领袖欧阳修赏识,也结识了当时已相当著名的王安石。熙宁二年,王安石任参知政事后,重用吕惠卿(37 岁),将其调到新创立的制置三司条例司任检详文字,负责起草与制定熙宁新法的具体法条,从此到王安石第一次辞相前,吕惠卿都是王安石最重要的改革助手,新法中几乎所有重要内容,都是在得到宋神宗支持前提下,两人商议的结果。可以说,离开了吕惠卿的王安石,很大程度上是不完整的。《宋史·吕惠卿传》原本用于诋毁他的文字,所谓王安石"事无大小必谋之,凡所建请章奏皆其笔"[③],于此倒是不虚。

变法期间,王安石在人前人后一直盛赞吕惠卿的贤能,尤其在宋神宗面前屡屡称赞他,而吕惠卿的工作成绩也十分出色,因此屡得神宗赏识,当吕公著、司马光等人在宋神宗面前指控吕惠卿奸邪的时候能够不为所动[④],继续信任和支持他。变法过程中吕惠卿不仅在具体的法条制定上呕心沥血,在朝廷舆论上为新法立基辩诬也曾经做出杰出贡献,最著名的莫过于熙宁二年十一月

---

① [宋]王安石:《王安石文集》(全五册)卷五,北京:中华书局,2021 年版。

② 刘成国:《王安石年谱长编》(第 1 册),北京:中华书局,2018 年版,第 393 页。

③ [元]脱脱等:《宋史》卷四百七十一《吕惠卿传》。

④ [宋]王安石原著:《王安石日录辑校》,孔学辑校,成都:四川大学出版社,2015 年版,第 19 页。

十九日(1069年12月5日)在迩英殿给神宗侍讲时为该不该变法与司马光的论辩。目前所见史料,比如《皇宋通鉴长编纪事本末》《续资治通鉴》《长编拾补》《宋朝事实类苑》等,基本上都是源于司马光日记,当时到底是如何辩论的实难考索。即便如此,最重要的一点,是宋神宗并没有听从司马光的意见,也没有视吕惠卿为奸臣。王安石、吕惠卿、曾布、章惇等变法派人物虽有诸多变法记录,但后来都遭到了刻意销毁,不独如此,反变法派在史料伪造上也下了极大功夫,后人研究时稍一不慎即刻踩雷,故难以在史料上形成对质局面,后人在大量问题上都只能极其谨慎地大致推断,而无法梳理出较为真实的史实。

王安石第一次辞相后,吕惠卿临危受命,在熙宁八年三月,王安石复相后不及一月,宋神宗曾对他感慨,说你不在的时候,全靠吕惠卿了。[①] 王安石复相前,吕惠卿因打击反对派,而导致王安石的弟弟王安国罢官归田,同时,吕惠卿还曾暗示宋神宗不要让王安石回朝,双方关系开始出现裂痕。王安石复相后,双方在不少政策的政见上又发生了分歧,王安石将吕惠卿执政时颁布的手实法和给田募役法废除,而且两人在市易、四川交子等问题上也产生了分歧,他们甚至在学术观点上也发生了很大分歧。再加御史中丞邓绾为了讨好王安石对吕惠卿家族进行骚扰性调查。虽然二十条罪状一条都无法落实,吕惠卿的弟弟吕升卿、吕温卿、吕和卿所谓不法之事也缺乏证据,他们是清白的,但吕惠卿因此已无法安于位,于是坚决辞去副相位。甚至在吕惠卿主动离开朝廷之后,王雱还背着王安石勾结练亨甫和吕嘉问继续迫害,被吕惠卿发现后,向宋神宗上疏痛斥王安石。王安石调查清楚后对王雱大

---

① 《长编》卷二百六十一"熙宁八年三月己未"条。并见[宋]王安石原著《王安石日录辑校》,孔学辑校,成都:四川大学出版社,2015年版,第344页。

发雷霆,并如实汇报给宋神宗,重病的王雱经不住打击,不久去世。

随着时间的推移,吕惠卿发现自己曾经那样攻击王安石纯出于误会——哪怕是在他们的关系出现裂痕之后,王安石对他也是极尽善意的。吕惠卿曾多次在宋神宗面前抱怨甚至攻击王安石,神宗忍不住以此暗示甚至明示王安石,但王安石置若罔闻,依然在神宗面前为他辩护,并一如既往地对他极尽欣赏与褒扬,全无芥蒂。也许吕惠卿逐渐醒悟过来,元丰三年(1080),他曾主动给王安石写信,以释前嫌,王安石心胸如海,自是更无芥蒂,他回信说:

> 某启:与公同心,以至异意,皆缘国事,岂有它哉?同朝纷纷,公独助我,则我何憾于公?人或言公,吾无与焉,则公亦何尤于我?趣时便事,则吾不知其说焉;考实论情,公宜昭其如此。开喻重悉,览之怅然。昔之在我者,诚无细故之可疑;则今之在公者,尚何旧恶之足念?然公以壮烈,方进为于圣世,而某茶然衰疢,特待尽于山林。趣舍异路,则相呴以湿,不若相忘之愈也。相趣召在朝夕,惟良食,为时自爱。承累幅勤勤,为礼过当,非所敢望于故人也。不敢视此以为报礼,想蒙恕察。承已祥除,伏惟尚有余慕。知有所论著,恨未见之。惟赖恩覆,以得优游,然以疾惫弃日,茫然未有获也。诸令弟各想示褆福。①

王安石的意思是说,在举朝反对我的时候,只有您给了我最宝贵的支持,我对您没有任何不满意的事,我们之间的分歧都是为了国事,没有别的什么。外界如果有什么议论也不必去理会。

---

① [宋]王安石:《王安石文集》(全五册)卷七十三《答吕吉甫书》,北京:中华书局,2021年版。

以前的旧事就让它过去吧,就像没有发生过一样。王吕关系因此修复。元丰五年(1082),吕惠卿母丧丁忧服除,知太原,给王安石去信,王安石再次回复,此时王安石的心态已如老僧,“观身与世,如泡梦幻,若不以此洗心,而沉于诸妄,不亦悲乎?”[①]完全是一副壮士暮年景象,这可能是后人能见到的他们最后交往了。让人欣慰的是,后人可以想象,直到生命终了,王吕都有着相互间温馨的怀念。如吕一燃先生所言:“可见所谓王安石晚年‘深悔为吕惠卿所误’的说法,纯属无稽之谈。”[②]

熙宁十年(1077),吕惠卿以资政殿学士转知延州兼鄜延路经略使,立刻整军备武,在军队中实行番汉合一政策,并从军中直接选拔将官,以落实将兵法,提高战力,抵御西夏,不久因丁母忧去职。元丰三年(1080),吕惠卿加大学士,知太原府,因与宋神宗奏对时不讨喜而调任知单州,直到宋夏战争失败,宋神宗才意识到吕惠卿是对的,复知太原。元丰八年(1085)年,神宗驾崩,反变法派掌权后畏敌如鼠,吕惠卿集二万兵马痛击驻扎在聚星湖准备犯边的西夏军,斩首600余级,却反被反变法派以“挑起边衅”为名攻击。第二年,降职为光禄卿,分司南京,再贬为建宁军节度副使。元祐八年(1093),哲宗亲政后,恢复中大夫,知苏州。绍圣元年(1094)八月,三省提交了包括吕惠卿在内三人的无罪报告,章惇说,吕惠卿受的迫害毫无道理[③],哲宗因此恢复了吕惠卿的资正殿学士,但因曾布、韩忠彦、李清臣等人阻挠,吕惠卿未能回到朝廷,知苏州改江宁。整个绍圣年间,章惇虽是独相,且希望吕惠卿

---

① [宋]王安石:《王文公文集》卷六《再答吕吉甫书》,唐武标校,上海:上海人民出版社,1974年版,第70页。

② 吕一燃:《吕惠卿与王安石变法》,载《史学月刊》2003第2期。

③ [清]毕沅撰:《续资治通鉴》卷八十四“绍圣元年八月壬申”条。

回朝，但依然受到曾布等人的钳制，故吕惠卿未能回到朝廷。[①] 绍圣二年（1095），以资正殿学士知大名，同年十一月，以观文殿学士再知延安。绍圣三年（1096 年）夏季，吕惠卿曾率军十四次击退来犯的西夏军，十月，西夏以数十万之众大举入侵鄜延路，并将围困延安，吕惠卿修米脂诸寨备战，其准备工作使得来犯敌军，欲攻不能、欲劫无物、欲战无敌、欲走则恐腹背受敌，结果围了两天悻悻而退，但他们攻陷了金明寨。绍圣四年（1097），吕惠卿修筑威戎、威羌，在大沙堆大破夏羌，被加授银青光禄大夫，制授保宁军节度使，元符二年（1099），转任武胜军节度使。但吕惠卿在地方上有目共睹的这些军事成就，都没能让他回到中央，而是一直辗转地方做各地知州，除了此前的屡屡贬官，在徽宗朝蔡京掌政时，甚至遭更严重的政治迫害。大观元年（1107），蔡京借“妖人”张怀素谋反案，将吕惠卿之子吕渊发配沙门岛，吕惠卿被连坐贬为祁州团练副使、宣州安置，再转鄂州、庐州。大观三年（1109），蔡京罢相，吕惠卿复宣奉大夫秩，提举亳州明道宫，第二年恢复资政殿学士衔，知大名。政和元年（1111）10 月，吕惠卿以 80 高龄去世，十二月，朝廷赠其开府仪同三司，后来谥“文敏”。

纵观吕惠卿一生，从其熙宁二年（1069）37 岁进入中央，逐渐成为熙宁变法中除了王安石最重要的骨干大臣，到熙宁九年（1076）离开参知政事宰执高位，虽然看似只有 7 年的仕途高光时间，但其深度参与的变法震撼朝野，影响力波及后世近千年。此后，因其同样杰出的军事才能，虽遭贬黜，却长期经营西北，共达五次之多，总时间前后相加长达近 12 年，而时间跨度长达 25 年，

---

① 王姝琪：《章惇与吕惠卿关系演变及其对熙丰变法的影响》，载《绵阳师范学院学报》2023 年第 7 期。

其中第四次经营西北的时间长达七年（哲宗绍圣元年［1094］十月辛巳到徽宗建中靖国元年［1101］三月癸亥），可见，朝廷虽不肯重用他，但也是知人善任，确知其军事上的杰出才能的。他在改革和国防两个当时最重要的领域，都做出了杰出的贡献。

吕惠卿虽然早先是王安石的助手，但后来也在实践他自己独立的改革思想，尤其在王安石第一次辞相到复相之前的短暂时期，他实行的手实法确是苛政，但从他自身的目的来说，只是为了确切获知民间财富的实数，以备精准地公平征税，但胥吏制度尚未得以全面升级换代，手实法就变成了苛政几不可免。而给田募役法，虽然也被王安石废除，但并不意味着吕惠卿做错了，绍圣章惇独相期间，对熙宁新政诸法做了极大调整，使其更合理以成惠民善法，其中有给地牧马法便是受给田募役法启发而来。与手实法激起民愤相比，给田募役法深受百姓欢迎，元祐元年四月讨论免役法时，反对派重臣时任中书舍人苏轼在奏章里甚至极力推荐此法，他说："臣知密州，亲行其法，先募弓手，民甚便之。"①并且提出实行给田募役法有五利二弊。包括吕惠卿对市易法和交子的不同意见，都只是变法派内部异见而已，并不是所谓互相倾轧，如王安石自己所言"异意皆缘国事"，市易法的问题先遭曾布反对，后遭吕惠卿反对，这应该说是市易法本身的问题，王安石这位拗相公，在这个问题上的执拗是错误的，无论证诸当时，还是证诸后世。吕惠卿遭到当时反变法派的几乎殊死之贬斥，一个重要原因，是他在维护新法过程中的手段远比王安石狠辣（王安石通常将反对派赶出朝廷，任职一些待遇优厚的闲职，比如最常用的就是宫观使），比如他对郑侠的处置方式确实是过分的，他维护新政

① 《长编》卷三百七十四"元祐元年四月癸巳"条。

的强硬态度与手段是他遭受滔滔恶意以及长期得不到公正对待的主要原因。而吕惠卿与曾布之间数十年的恩怨，一个特别重要的原因是两人在根究市易法违法案中的分歧，曾布在此事中没有过错，吕惠卿则用了一些不正当的手段，包括迫害重要证人魏继宗等。吕惠卿为了维护变法派的政治正确不惜使用违法和违反道义的错误手段，这其实是对变法的更大破坏，是他一生中的重要污点。至于那些从变法尚在筹备时就对吕惠卿充满了敌意攻击的，则不必在此讨论了。

吕惠卿晚年短暂隐居泉州南安杨山，曾有诗《居杨山有感》云："强邻虎视心何安，国政刷新岂畏难。天毓奇才多劲正，方知平地显高山。"[①]虽然吕惠卿的政治品格远不及王安石，但他也是一位"不畏浮云遮望眼"的杰出改革家。

四、曾布

以下曾布生平主要根据熊鸣琴女士的专著《曾布研究》，并参考《宋史》卷四百七十一和《长编》整理，熊女士使用的年龄算法是古代的虚岁，本书一律用周岁。

曾布（1035—1107 年），字子宣，南丰（今江西南丰）人，为曾巩之异母弟。宋仁宗嘉祐二年（1057），与兄曾巩、曾牟，从弟曾阜，二姐夫王补之同时中进士，时年 22 周岁。

熙宁变法前历任各地县令，熙宁二年（1069），经韩维、王安石

① 官桂铨、翁纪阳：《改革家吕惠卿世系》，载汪征鲁主编《吕惠卿研究》，福州：福建人民出版社，2002 年版，第 393 页。

举荐，自海州怀仁（今江苏赣榆县）令徙开封，监开封府检校库，九月转著作佐郎，闰十一月，差看详衙司条例，时年34岁。

熙宁三年（1070），时年35岁，得宋神宗召见，得首肯，开始参与熙宁变法。四月，曾布差编敕删定官；八月，差编修中书条例；九月，授太子中允、崇政殿说书；九月八日，吕惠卿丁父忧，去职，曾布代其位，差权同判司农寺，改助役为免役；同月，先后授集贤校理、差检正中书户房公事；十月，差看详编修中书条例。

熙宁四年（1071）七月，时年36岁的曾布任试知制诰，进入权力中枢外围，因杨绘、刘挚论助役十害而撰章反驳，有理有据。熙宁五年（1072），曾布时年37岁，九月，曾布以检正中书五房公事，详定天下账籍。12月，拜翰林学士。

熙宁六年（1073），曾布年38岁，正月，权知贡举，负责科考。四月，详定天下账籍成；八月，详定编修《三司令式敕》《诸司库务条例》，上《义勇》《保甲》及《养马条》三卷；九月，详定《一州、一县、一司、一务敕》当月由右正言迁起居舍人。

熙宁七年（1074），曾布年40岁，正月，兼河北西路察访使。二月，罢同判司农寺，权三司使；三月，上《熙宁新编大宗正司敕》，诏付本司施行；三月二十日，曾布论吕嘉问市易掊刻违法事，与吕惠卿同根究市易务；四月，王安石罢相，吕惠卿任参知政事；八月，曾布以根究市易务案得罪，出知饶州。

熙宁十年（1077），曾布年42岁，受诏复集贤院学士、知广州，兼广东经略安抚使。第二年八月，受诏以起居舍人、龙图阁待制，知桂州，兼广南西路经略安抚使。

元丰二年（1079），曾布年44岁，平定顺州侬志春联越作乱，又措置广南西路嗣丁、进筑城寨、与交趾边境榷场贸易诸事宜，十一月，因功进龙图阁直学士。元丰四年（1081），曾布时年46岁，正月入对神宗,判将作监(即将作监的判官,元丰改制后将作监成为职事官,主管城壁、宫室、桥梁、道路、舟车营缮修造之事,出纳籍帐,隶属于工部),二月遭台谏弹劾,陆续知陈州、蔡州、成德军、知庆州并兼环庆路经略使。

元丰八年(1085),神宗驾崩,宣仁太后垂帘听政,五月,时年已50岁的曾布迁户部尚书。元祐元年(1086),司马光令其按更化之意重修免役法,被曾布拒绝,由此再次外贬,闰二月,受诏以龙图阁学士知太原府,兼河东经略安抚使,转朝散大夫。

在地方上辗转多年,哲宗亲政后,绍圣元年(1094),曾布时年59岁,四月过京,留为翰林学士,并迅速迁翰林学士承旨兼侍读。章惇拜相,曾布撰写制词,对章惇评价极高。五月,曾布请以《王安石日录》载之《神宗实录》。六月,曾布拜中大夫、同知枢密院事。绍圣三年(1096),曾布时年61岁,九月,弹劾章惇和蔡卞。绍圣四年(1097),曾布时年62岁,反对章惇等人追夺司马光等元祐党人恩例,四月,上《废马监奏》,以回归保马法。九月,建议将旧党吕大防、刘挚等稍迁移近地。十月,荐引旧党陈瑞、张庭坚入枢密院。

元符元年(1098),时年63岁,四月上《删修军马敕例》。六月,因在京任提举榷货务的外甥王斿(三姐与王安国之子)系苏轼、苏辙门生遭台谏官弹劾,欲辞职,哲宗不允。七月,与章惇因进驻横山问题争执。九月,王旊、王斿兄弟被人告发元祐时为父伸冤状中有诋毁神宗言论被罢官,曾布向宋哲宗自辩不知情。十一月,朝议恢复保甲法,曾布认为需缓行,让民众慢慢适应。元符二年(1099),哲宗欲恢复市易法,曾布力谏反对。

元符三年(1100),曾布时年65岁,正月哲宗崩,曾布参与策立徽宗。六月,曾布认为元祐、绍圣各有过失,应当以大公至正消释朋党。十月，韩忠彦和曾布分别拜相，前左后右，曾布拜右银青光禄大夫、尚书右仆射兼中书侍郎，曾布弟弟曾肇草制词。

宋徽宗建中靖国元年（1101），曾布时年66岁，二月，章惇贬为雷州司户参军。崇宁元年（1102），曾布时年67岁。三月，蔡京入朝。五月六日，韩忠彦罢相。闰六月九日，曾布罢相，为观文殿大学士、出知润州，不久罢职，提举亳州明道宫、太平洲居住。九月，曾布降授中大夫守司农卿，分司南京，依旧太平洲居住，继而被贬武泰军节度副使，衡州安置，年底论弃湟州罪，被贬为贺州别驾，依旧衡州安置。崇宁二年（1103），曾布时年68岁，六月，因诸子受赃被贬为廉州司户参军，衡州安置。曾布之子承议郎曾纡特送永州编管，承奉郎曾缲除名。崇宁三年（1104），时年69岁，被打入元祐党籍，曾布的弟弟曾肇（汀州安置）和儿子曾纡（永州编管）也入籍。崇宁四年（1105），曾布时年70岁，九月，徽宗大赦天下，曾布从衡州移舒州安置。崇宁五年（1106），年71岁，彗星出西方，太白星昼出，大赦天下，毁元祐党人碑，元祐党人部分复职。曾布叙复大中大夫、提举崇福宫。许大部分元祐党人任意择地居住，曾布与弟曾肇还居润州里第。

大观元年（1107），时年72岁的曾布于八月二日卒于润州，次日，其弟曾肇也去世于润州，时年60周岁。第二年，朝廷追复曾布为通议大夫、光禄大夫。大观四年（1110），追复资政殿学士；政和三年（1113），复观文殿大学士。宋徽宗宣和七年（1125）十月，曾布已去世十九年，赠谥曰文肃。[①]

从前述曾布生平可以看出，曾布的一生行止大致可分为五个阶段，即熙宁变法前、熙宁变法开始到市易法根究事件结束、市易

① 熊鸣琴：《曾布研究》，南昌：江西人民出版社，2019年版，第234—244页。

法根究事件贬出朝廷到哲宗亲政前、哲宗亲政后到建中靖国罢相、徽宗朝罢相后到去世，其产生全国性影响的政治活动主要集中于两个时期，即熙宁变法开始到市易法根究事件结束（1069—1074），哲宗亲政后到建中靖国罢相期间（1094—1102），前后相加大约十四年时间。

参与到熙宁变法中的曾布，在起草、完备新法方面可谓功勋卓著，前述生平简述中已可大致看出这一点。他所参与的立法，包括将吕惠卿拟定的“助役”改为“免役”“保马法”“保甲法”（《义勇》《保甲》及《养马条》），并且主持修订《方田均税条约并式》《三司令式敕》《诸司库务条例》《一州、一县、一司、一务敕》《熙宁新编大宗正司敕》等条例。另外，熙宁三年八月曾布提出以肉刑替代部分死刑的建议，得到王安石的首肯[①]，这是熙宁变法研究史上时常不为人注意的内容。

曾布不仅主持重要的熙宁新法，根据新政的实施效果，调整和修订新政具体措施，也竭力捍卫新法。熙宁四年七月，免役法初行，旧党御史中丞杨绘、御史刘挚等台谏官员上章弹奏，所谓“助役十害”之论，王安石让时任编修的张琥（即张璪，？—1093，嘉祐二年进士）作十难反驳，被张琥拒绝，曾布遂主动请缨，将“十害论”全部驳倒[②]，可谓辩才无碍，刘挚杨绘因无法再反驳而被神宗罢黜。这件事对于推动免役新法的全面推行十分重要。曾布得到了宋神宗的诸多赞许之辞，比如“诚宣力多”[③]，也深得王安石信任与重用，所谓“安石用曾布为腹心”[④]云云。元祐元年，已

① 《长编》卷二百一十四“熙宁三年八月戊寅”条。
② 《长编》卷二百二十五“熙宁四年七月戊子”条。
③ 《长编》卷二百二十五“熙宁四年七月丁酉”条。
④ 《长编》卷二百三十七“熙宁五年八月癸卯”条。

回到朝廷的刘挚新任御史中丞,咬牙切齿地攻击曾布就是因为当年曾布是王安石的左膀右臂,他说:“安石托以腹心,故其政皆出于布之谋,其法皆造于布之手。……安石一以咨之布,布以为然,然后落笔。遂使流毒肆恶,人被其害,皆安石为之,布实成之。”[①]于此可见,曾布在熙宁变法时期对推行和捍卫新政的重要作用。不独于此期间,就是在神宗去世后,政治形势逆转,旧党势力回潮时,曾布也依然为保卫新政而努力。司马光执政之后,要废除免役法,让曾布执笔,曾布俨然拒绝,说:“免役一事,法令纤悉皆出己手,若令遽自改易,义不可为。”[②]也许《宋史》的这段记载是为了谴责曾布是个死不改悔的改革派,倒是显现出曾布耀眼的政治品格。

但在熙宁变法时期,曾布襄助王安石变法的结局是个悲剧。历代史家多认为在根究市易法一案中,曾布乃是投机失败而被贬官落职、逐出朝廷。成为《宋史》将其列入奸臣传的重要原因之一。这一说法是很不公允的。在变法派中,曾布是少数难得有相对独立政见的人。根究市易法违法案中曾布的表现,无论是以何种动机分析甚至诋毁,一个最重要的事实,是曾布并没有违法调查,王安石无法接受市易法失败的事实,导致神宗不得不半夜下手诏让曾布秘密调查,而曾布获得的调查结果,无论从程序上还是从结果上,都没有显著的证据显示他在市易法违法案的调查中有何不正当和违法的欺瞒现象。并且曾布非常有骨气,在宋神宗利用他查清市易法违法案之后,明白了事情真相的皇帝并没有因为曾布的公正调查而褒奖他,而是为了所谓改革大业,倒向吕惠卿,抛弃曾布。曾布自然非常清楚这一点,但他毫无怨言地离开

① 《长编》卷三百六十九“元祐元年闰二月甲辰”条。

② [元]脱脱等:《宋史》卷四百七十一《奸臣传·曾布》。

朝廷，离开改革派阵营，并且从此王安石再也不肯用他——不是曾布的错，而是王安石不知反省的错误。著名谤书《邵氏闻见录》曾记载王安石早年密友曾巩对王安石的评价："勇于有为，吝于改过。"[①]不管这话是不是曾巩说的，但这八个字于王安石也是相当公允的。

就前述这两件事可知，梁启超盛赞曾布为"千古骨鲠之士"[②]，并非毫无根据的拔高。在这种面临自身仕途巨大利害的关头，曾布不止一次地站在了原则的一边，虽然根究市易法违法案从动机上说也可能是曾布想依附宋神宗本人，但当时宋神宗与王安石虽然已有分歧，君臣关系依然极好，因此作为一个深度参与了变法活动的干将与变法副帅决裂依然是需要极大勇气的，他这样做甚至会遭到新旧两党同时不齿。从这个意义上说，新旧两党水深火热地缠斗了数十年，有几个人真的是站在原则一边的。而曾布在几次重大事件中都做到了，包括后来他企图调和两党的努力，这都是一个大政治家的智慧和胸襟。至于在逆势之下依然坚持自己就更不容易了，不知道历史上那些著名的大奸臣如李林甫、秦桧们哪个做得到。

许多人都会援引建中靖国元年（1101）曾布给他弟弟曾肇信中的一段话来评价曾布的权术行为：

> 布自熙宁立朝以至今日，时事屡变。唯其不雷同熙宁、元丰之人，故免元祐之祸；唯其不附会元祐，故免绍圣之中伤，坐视两党之人反复受祸，而独泰然自若，其自处亦必粗有义理，以至处今日风波之中，毅然中立……恐未至贻家族之

---

① ［宋］邵伯温：《邵氏闻见录》卷二十。

② 梁启超：《王安石传》，北京：商务印书馆，2015年版，268页。

祸，为祖考之辱，而累及亲友也。[①]

清人缪荃孙曾对曾布有“权谲自喜”[②]的评价，恐怕也与曾布这段夫子自道有关，当然，同时也可能更因为曾布在绍圣年间压制吕惠卿起复以及与章惇关系从相和到相倾轧过程中的行止所致。

但是评价政治家，虽然需要注意其公开言论，但更重要的是要从其行为上去判断和评价，其私下里的言论最多只供参考，有时甚至连参考价值都很一般。曾布这封信应当写于建中靖国闰六月九日罢相前的上半年，从前一年十月元符三年（1100）拜左相到建中靖国元年（1101）闰六月罢相这不足一年的时间，是曾布一生仕途中高光的八个月，在给亲弟弟的信中出现“权谲自喜”的言论显然并不奇怪。而这并不构成历史对其评价的基础。对于历史而言，曾布一生行迹才是对他进行历史评价的基础，如果行迹与其自身想象十万八千里，也只需以其行迹考察，无论其公开言论，遑论私议。至少从他无论风云如何变幻，对免役法、市易法、保马法等前后基本一致的态度，他对绍圣期间是否应该恢复保甲法的理性态度，以及他对新旧党人的态度和做法上（认为元祐、绍圣各有所失，引新党人入朝，也引旧党人入朝，建议变法派报复元祐旧党不要太过分，包括他在哲宗面前没有介意当年王安石对他的愤怒与抛弃而给予王安石的高度评价），其实都很难找出真正的骑墙恶行。

曾布以“大公至正消释朋党”的努力，无论从政治品格还是政

① ［宋］杨仲良：《皇宋通鉴长编纪事本末》卷一百三十《久任曾布》。

② ［宋］曾布撰：《曾公遗录》附录《清缪荃孙后跋》，顾宏义点校，北京：中华书局，2016年版，第379页。

治远见抑或政治智慧看，都高元祐绍圣同侪一筹，这正是他勠力于好的新政初衷之善果，与旧党之范纯仁等有着相当的共性。可惜这一努力才刚刚开始不久，就因蔡京入朝、曾布罢相而昙花一现。之后一直到死前徽宗崇宁四年（1105），不仅他自己，还有他弟弟曾肇和儿子曾纡都因其不肯依附蔡京而屡遭迫害，三人均入籍元祐党人碑。换句话说，即使曾布自认为深通权术平衡之道，但因其不依附的"毅然中立"之姿，终于无法保持他曾沾沾自喜的"恐未至贻家族之祸，为祖考之辱，而累及亲友也"。他要清白地维护自己的骄傲与自尊，在那个两党火并的政治形势下确实很难立足，这很大程度上也可以说是曾布在政治动机上相当单纯的一面。

梁启超为曾布鸣冤时说："荆公之冤，数百年来为之昭雪者，尚有十数人，而子宣之冤，乃万古如长夜，吾安得不表而出之！"[①]确实，细捋曾布生平，尤其是其一生仕途，你可以不同意他的政见和参与的新政政策，但除此之外，欲求其政治恶行实难。《宋史》那样将其打成奸臣，实在是毫无治史基本操守可言。

五、章惇

章惇也是《宋史·卷四百七十一·奸臣传一》所极力贬低的变法派重臣。章惇的政治行迹在熙宁年间主要是参与变法，元祐年间与其他变法派大臣类似，都是遭受反变法派的迫害。而在绍圣任独相年间，除了对之前的新法进行修订后重新实施，因其对

① 梁启超：《王安石传》，北京：商务印书馆，2015年版，268页。

反变法派群臣的报复性迫害而备受反变法派士人的憎恶，罢相后则一直重新遭受迫害，直到去世。

以下章惇生平履历系综合《宋史·卷四百七十一·奸臣传一》《宋宰辅编年录·卷十》《长编》，以及当代学者整理的《章惇年表》①《章惇官历年谱》②等资料缩编而成。

章惇（1035—1106年），字子厚，福建建州浦城（今福建浦城县）人，仁宗朝宰相章得象族子。嘉祐二年（1057），章惇22岁，与苏轼苏辙等同中进士时，因名次低于侄子章衡（状元）愤而放弃，嘉祐四年（1059），章惇24岁，中进士科甲第五名（后来的旧党重要骨干刘挚第四名），除商洛令。治平元年（1064）29岁时，迁雄武军节度推官。熙宁元年（1068），33岁，试馆职，改著作佐郎，知武进县。

熙宁二年（1069），34岁。二月，王安石推荐章惇做编修三司条例官，开始参与变法。

熙宁四年（1071），36岁，三月，经制夔州夷事；七月，检正中书户房公事，不久加授集贤校理。

熙宁五年（1072），37岁。闰七月，为荆湖北路察访使，章惇剿抚并用，梅山蛮夷相继纳土，愿为王民，成为熙宁变法重大成就之一；十二月，自知制诰、秘书丞、集贤校理移同修起居注。

熙宁六年（1073），38岁。五月，自检正中书户房改礼房；十月，平懿、洽州。

熙宁七年甲寅（1074），39岁。三月，命为起居舍人，章惇坚辞，改右正言；四月，判军器监；五月，兼直学士院、右正言；八月，为河北西路察访使，不久被沈括取代；九月，三司大火，章惇率军

① 萧庆伟：《章惇年表》，载《闽台文化研究》2014年第4期。

② 黄锦君：《章惇官历年谱》，载《宋代文化研究》第8辑，成都：巴蜀书社，1999年版，

器监部兵救火，身先士卒、奋不顾身，神宗亲见后十分高兴，拔擢他为权发遣三司使，后迁为权三司使。

熙宁八年(1075)，40岁。在三司使任内。六月，因章惇奏请，在河北、京东两路实行榷盐；十月，遭御史中丞邓绾弹劾，罢三司使，出知湖州。熙宁九年(1076)，41岁。十月，湖北辰、沅二州蛮人叛乱，知湖州任上的章惇受命去安抚，疾赴荆南，道中坠马伤足。熙宁十年(1077)，42岁。正月，因前一年足伤返知湖州；五月，以知湖州、右正言、知制诰章惇知杭州，未行，为翰林学士。元丰元年(1078)，43岁。在翰林学士任。

元丰三年(1080)，45岁。二月，自翰林学士、右正言、知审官东院擢右谏议大夫、参知政事(副宰相)。元丰四年(1081)，46岁。三月，因大理寺弹劾章惇的父亲、弟弟侵占民田，罢参知政事，出知蔡州。

元丰五年(1082)，47岁。四月，由知定州擢门下侍郎(元丰改制后的副宰相)。元丰八年(1085)，50岁。三月，自门下侍郎改同知枢密院事；五月，徙知枢密院事；十月，监察御史王岩叟弹劾章惇，高太皇太后三月垂帘听政后至此拉开了放逐新党序幕。

元祐元年(1086)，51岁。正月，左正言朱光庭、监察御史王岩叟、御史中丞刘挚因冬春未降雪，认为蔡确、章惇、韩缜应当罢官；二月，司马光废免役，章惇反对："如保甲、保马(此为元丰七年的都保养马法，并非熙宁保马法——本书作者注)，一日不罢，有一日害。若役法，则熙宁初以遽改免役后有弊，今改差役，当议论尽善，然后施行，遽改恐后亦有弊。"[①]持论与苏轼当天提出的相同。章惇并且详章逐条驳斥司马光罢免役法论，《驳司马光札子

① 《长编》卷三百六十七"元祐元年二月丁亥"条。

奏》因其确凿的事实和缜密的理据成为该变法史上极重要的历史文献。朱光庭、刘挚、王岩叟再奏蔡确、章惇、韩缜应当罢官。右正言王觌等因章惇反驳司马光罢免役法而认为章惇应当罢官。闰二月初一，朱光庭上奏，将蔡确、章惇、韩缜列为三奸，认为应当罢官。第二天初二，蔡确罢相，知陈州。闰二月十五日，刘挚再次上奏，认为章惇当罢。第二天十六日，朱光庭又奏章惇、韩缜应当罢官。紧接着，才隔了一天的十八日，右司谏苏辙奏称章惇反对司马光废除免役法，应当罢官。二十二日，刘挚再次奏请速速罢去章惇官职。之后，王觌、朱光庭、王岩叟、监察御史孙升等都继续上奏速速罢去韩缜、章惇等人的官职。于是，在旧党台谏官员们密集交攻之下，闰二月二十三日，章惇罢知枢密院事，出知汝州。十月，章惇向朝廷申请改知扬州，朝廷本已同意，但因王岩叟等人攻击和反对而移扬失败，依旧知汝州。

元祐二年(1087)，52岁。仍以正议大夫、提举洞霄宫，居汝州。元祐三年(1088)，53岁。二月，正月迁资政殿学士，因给事中赵君锡反对而罢所复，改知越州，章惇没有赴任，仍提举洞霄宫。四月，章惇以父亲老迈需照顾为由申请知苏州，朝廷从其所请，但知苏州诏到达时，章父已病逝。

元祐四年(1089)，54岁。六月，章惇因苏州违法贱买民田案，罚铜十斤，给事中赵群锡弹劾请加降黜，不听；八月，谏官梁焘、刘安世再劾章惇田案，以为罪在不逃，朝廷下诏让章惇等到父丧除服后等待宫观差遣；十一月，诏章惇买田不法降一官，与宫观差遣，候服阙日给告；十二月，丧除，因降授通议大夫、提举杭州洞霄宫。

元祐八年(1093)，58岁。因朱光庭去年奏请给章惇法外加罚而在提举洞霄宫任上额外加一年，直到当年十二月，才从通议大夫、提举洞霄宫复资政殿学士，但遭到权给事中吴安诗封还诏书，章惇再一次遭到额外处罚，继续任提举洞霄宫。九月，宣仁太后崩，哲宗亲政，吏部侍郎杨畏举荐章惇、吕惠卿可大任。

绍圣元年(1094)，59岁。四月廿一壬戌(1094年5月8日)，自资政殿学士降授通议大夫、提举洞霄宫除正议大夫、尚书左仆射兼门下侍郎，即元丰改制后的左相，开始了六年半的章惇独相时代。闰四月，命左仆射章惇提举修《神宗国史》。章惇任相后，迅速开始大规模恢复熙丰新法，并且是在进行合理化调整后的恢复。闰四月，复免役法(宽剩钱不得超过一分之利，并对五等户以下物力最低者实行酌情减免政策)、元丰官制法；罢元祐中司马光创置的十科举士法；复元丰一年四试的太学补外舍法；复置义仓；七月，复置制置三司条例司；九月，罢制科、罢广惠仓，见管钱斛拨入常平仓收管，并诏立户部按元丰敕令立法；又诏复行置水磨茶出卖与在京铺户。

绍圣二年(1095)，60岁。正月，复行导洛通汴；三月，复神宗以散文官定为寄禄法；七月，复青苗法，并送详定重修敕令所，定取息一分，不得抑配，借贷否听人自愿。

绍圣三年(1096)，61岁。二月，复元丰官印契书既有法式，诏三路保甲依义勇法教试；七月，复保马法，并且规定愿意养马的民户可以减免租课，之前所欠租课利息也一并免除，同时规定不得摊派养马，听人自愿。

绍圣四年(1097)，62岁。任左相已三年。二月，重贬司马光、吕公著等，并且认为吕大防、刘挚、苏辙等罪与司马光无异，并行责降，元祐重臣遭到报复性处罚。八月，令翰林学士承旨蔡京兴同文馆狱，迫害刘挚、梁焘等人。十二月，复置市易务，并规定："许用见钱交易，收息不过二分，不许赊请。监官惟立任满赏法，即不得计息理赏。其余应杂物，并不许辄有措置。”[①]尽可能地改革熙丰时期该法的弊端。

元符二年(1099)，64岁。任左相已五年。正月，曾布弹劾章惇为相“刑政失当”，“如元祐之人，罪戾深重者，悉已贬窜。其间一言之差，一向搜求，有何穷尽?”二月，曾布认为章惇、蔡卞整治元祐党人都是出于私怨。八月，向哲宗进读《新修敕令式》，涉及元丰未行而元祐行的敕令，哲宗问:“元祐法也有可取的吗?”章惇回答说:“取其善者。”

元符三年(1100)，65岁。正月，出为山陵使，为特进、申国公。七月，殿中侍御史陈师锡弹劾章惇，认为他当国七年，祸国殃民。九月，落相，出知越州。

建中靖国元年(1101)，66岁。二月，自潭州安置责授雷州司户参军、员外置。崇宁元年(1102)，67岁。蔡京本年七月拜相后，即徙雷州司户章惇为舒州团练副使、睦州居住。第二年，崇宁二年(1103)，自睦州居住移越州居住，再改湖州居住。崇宁三年(1104)，69岁，在湖州。本年初，朝廷认为章惇、王珪为臣不忠，别为一籍，仍按元祐奸党安置。

崇宁四年乙酉(1105)，70岁。十一月，舒州团练副使、湖州居住，去世。去世后，大观三年诏复特进、申国公，政和元年赠太师，南宋绍兴五年八月，诏示章惇、蔡卞诋宣仁太后之罪，章惇被追贬为昭化军节度副使。

考察章惇一生仕途行迹，从熙宁二年(1069)34岁参与变法开始，一直到元符三年(1100)九月65岁罢相，其间30多年起落沉浮多次，从一个编修三司条理官的小官到三次位列执政宰辅之

① 《长编》卷四百九十三“绍圣四年十二月甲辰”条。

职，其中第三次是独相近六年五个月。哲宗亲政后的绍圣、元符年间，章惇独相，主持修订和改善、恢复熙宁新政，将之打造为无重大纰漏的善法后继续推行，为熙丰变法画上完美句号，可谓厥功至伟。《宋史·奸臣传一·章惇传》罗列的章惇罪名中，其中一条就是所谓"凡元祐所革一切复之"，将章惇严肃谨慎地保护新政歪曲为不顾利害的意气用事——他不是第二个司马光。章惇对熙丰、元祐可谓一视同仁，同时吸收两者成功的经验吸取失败的教训基础上的改善，正是他最大的功绩。

除了这一最重大的政绩，章惇在熙宁时代的经略江南和绍圣时代的西北开边之功，也是相当重要的，尤其是绍圣开边使得大宋对西夏从此居于绝对战略优势，彻底清扫了司马光执政时留下的西北烂摊子。但这也是《宋史·奸臣传一·章惇传》罗列的章惇罪名之一，所谓"肆开边隙"。西夏对大宋边境长期军事骚扰，熙宁以来北宋对西夏的军事行动，包括绍圣元符章惇执政期间的继续开边，都需要立于这个基本事实。而《宋史》站在熙宁新政反对派立场上，罔顾这一基本事实，对于送地求和自取其辱加剧夏军骚扰的反对派赞誉有加，而对正常反击与自卫的新党却肆意造谣诬蔑，完全是颠倒黑白之史。

章惇的执政劣迹，主要是对元祐旧党的报复性迫害。元丰年间宋神宗亲自主导政局后发起"乌台诗案"，开启了突破底线的迫害反对派方式，元祐"诸贤"继承之，绍圣执政报复之。对此，后人既无须为其辩护，也无须着意贬斥，如梁任公所言："至窜逐元祐诸臣，则亦还以元祐所以待熙丰者待彼而已。元祐诸臣是，则惇亦是也；惇非，则元祐诸臣亦非也。"①也就是说，在迫害反对派问

① 梁启超：《王安石传》，北京：商务印书馆，2015年版，第269—270页。

题上，元祐、绍圣半斤八两，两边都非善类。但《宋史》只是将迫害元祐旧党的章惇打成奸臣，却没有把迫害新党的元祐“诸贤”打成奸臣，是非常明显的双标。自然，以《宋史》的立场，元祐旧党是君子，熙丰、绍圣、元符新党是小人，君子迫害小人自是理所当然的。

至于《宋史》罗列章惇的另一个重要罪名，是“欲追废宣仁后”。这倒是事实，是不是可以成为罪名，则即使置于古代政治语境中亦可两议。

一是宣仁太后在神宗去世后垂帘听政，以司马光所谓“母改子法”为旗帜，将神宗新政悉数罢去。这个过程中尤以免役法被罢废的过程最能说明以司马光为首的元祐“诸贤”执政之非理性。当时旧党之范纯仁、苏轼，新党之章惇等都提出过相当理性的意见，认为不可骤废免役法。章惇数千字的奏折将司马光前后自相矛盾的废除免役法奏章可以说驳得体无完肤，就连旧党台柱副宰相尚书左丞吕公著都不得不承认章惇讲得有理，不过他的意思是说，虽然章惇讲得有理，但他居心叵测。[①] 这可以说是欲加之罪何患无辞到极致了。对章惇十分反感且旧党立场的朱熹，对元祐元年的免役法争议也无法颠倒黑白胡说，他说：“章子厚与温公争役法，虽子厚悖慢无礼，诸公争排之，然据子厚说底却是。温公之说，前后自不相照应，被他一一捉住病痛，敲点出来。诸公意欲救之，所以排他出去。又他是个不好底人，所以人皆乐其去耳。”[②]这段话充分说明了所谓元祐“诸贤”，无非一群置国事于一边，只顾党争的所谓“君子”。章惇奏章俱在，连激烈一点的情绪之辞都未见，而且完全是对事不对人的态度，毫无人身攻击的内容，有事实有是非，反驳得有理有据，足以让元祐“诸贤”哑口无言，朱熹却说

① 《长编》卷三百六十七“元祐元年二月丁亥”条。

② ［宋］黎靖德编：《朱子语类》卷一百三十《本朝四》。

"子厚悖慢无礼","悖慢无礼"在哪儿呢？难道不是"诸贤"恼羞成怒吗？而宣仁太后也是因为反对新法，对旧党之胡作非为不但没有阻止，反而推波助澜，置国事于涂炭。且不论"母改子法"说，在帝制时代的合法性也是模糊的；而司马光那么罔顾政情意气用事执政，宣仁太后毫无矫正的作为，并且在其鼓励之下，司马光死后的政局更是一塌糊涂，就连大骂熙宁变法、大骂王安石是小人的王夫之都看不上元祐之政，他说："(元祐诸公)皆与王安石已死之灰争是非，寥寥焉无一实政之见于设施。"[①]元祐执政者更是在宣仁太后推助下，大兴党狱，尤其是制造了迫害蔡确的"车盖亭诗案"，开逐臣流放海南之恶例，为后来绍圣报复性迫害旧党埋下炸雷。所以，宣仁太后垂帘听政的正当性也就更成问题。

当然，同样是以古代帝制时代的执政合法性与正当性论之。宣仁太后之垂帘听政，既然大权在握，以什么名义推行什么政策事实上并不重要，至少在君臣共治天下的前提下，宣仁所推行者，也都是她交由宰执们推行的政策。大臣们乱政之责，即使当由其一人总承担，以古代帝制之礼制论，章惇提出追废之议，自是大逆不道。

可见，从正反两个方面看，章惇追废宣仁之议，也并非无可讨论余地。

受《宋史》之毒害，后世历代主流观点几乎都是将章惇视为穷凶极恶之人，却忘了在宋神宗主持新党迫害苏轼的"乌台诗案"中，章惇不顾自己的新党身份，为苏轼辩护，极力营救，苏轼写于元丰三年早春的《与章子厚参政书之一》中有"惟子厚平居遗我以药石，及困急又有以收恤之，真与世俗异矣"[②]句，便是指此事。了

---

① [明]王夫之：《宋论》卷七《哲宗》，北京：中华书局，1998 年版。

② [宋]苏轼：《苏轼文集》(第四册)，孔凡礼点校，北京：中华书局，2004 年版，第 1412 页。

解章苏关系的人可以说,这是因为苏轼是章惇的朋友。但元丰六年(1083),旧党骨干之一的权知开封府刘挚遭到弹劾,与其毫无私交的章惇时任门下侍郎,为其辩护说:"挚为人平直不反覆,前此左右司皆间见执政,挚止于都堂白事,盖与宰府掾属持两端以取容者有间矣。……蔡确曰:'挚固善士,但尝异论尔。'上曰:'异论是昔时事。'惇曰:'挚自被逐,不复异论。人岂不容改过?'"[①]于此可见熙丰党争时期,章惇一直秉持着就事论事的态度对待异见,无论对待朋友还是对待毫无特殊关系的同僚,都是如此,而且这种情况一直持续到元祐更化初期。

或许元祐更化时的免役法之争是个转折点,这件事让章惇彻底看清旧党反新政几乎毫无理智可言。章惇完全对事不对人且摆事实讲道理的奏议得到的惊人回应:不是讨论问题,而是元祐"诸贤"连篇累牍的交章攻讦,几乎全是毫无理据毫不讲理的人身攻击,其大致过程已如本节前述生平中介绍。时任右司谏的苏辙其实在关于役法问题上有许多不错的见解,但他在此次免役法讨论中,却也罔顾事实地攻击章惇说:"且差役之利,天下所愿,贤愚共知,行未逾月,四方鼓舞,惇犹巧加智数,力欲破坏。"[②]这种话就连苏辙自己都不信,虽然王安石评价苏门三人是纵横家这种传言未必可信,但苏辙这种做法跟纵横家还真没什么区别。[③] 右正言

① 《长编》卷三百三十四"元丰六年四月己巳"条。

② 《长编》卷三百六十九"元祐元年闰二月丙午"条。

③ 曾枣庄先生的《苏辙评传》可能没有细读章惇反驳司马光的免役法奏议,也未全面了解这场无理群殴的过程,以至于依然受惑主流史论,并且按照苏辙本人的《乞罢章惇知枢密院事状》为苏辙这次不公正也不光彩的政治霸凌强词辩护(曾枣庄:《苏辙评传》,成都:巴蜀书社,2017年版,第120页)。幸好章惇虽然绝大部分文稿都被刻意销毁,但《驳司马光札子奏》的全文却被包括《长编》《宋会要辑稿》《宋史》在内重要史籍留存,章惇一开篇就讲清楚了自己何以在免役法被废除前无法及时了解情况,只有更化的政令下达后才知情,才能驳斥司马光。但苏辙《乞罢章惇知枢密院状》却和其他诸多反对派一样,歪曲事实、深文周纳,诬陷章惇,不讲事理,只会搞诛心之论和道德攻击。

王觌甚至连章惇的奏章都没有读就先把他打成“小人”，要求将其罢官：“光之论事，虽或有所短，不害为君子。惇之论事，虽时有所长，宁免为小人？”[①]如此明目张胆地撒泼打滚，还能怎么讨论问题。此外，朱光庭、刘挚、孙升等也都参与了这场围攻，持论方式大抵如此，吕公著则已如前引，说章惇就算是讲得有理，但也还是个小人。因此，亲历这一切并为此付出罢相黜落代价的章惇，觉得以后不再跟反对派讲理也就没什么奇怪的了。正如林秋均先生所言：“熙丰时期的章惇对待政敌是宽厚公正的，即便与司马光争论役法，态度激进，也还算就事论事不作人身攻击，但经过元祐更化的教训，章惇已经认清无法与旧党说理沟通的事实，那便只能用强硬态度对付之了。”[②]林先生此处所谓章惇“态度激进”也是受诸多谤书误导，以章惇所上数千字驳议看不出他在态度上有什么不当之处。邵伯温《邵氏闻见录》卷十一中说章惇在宣仁太后面前与司马光激烈争论免役法，有“他日安能奉陪吃剑”之语，惹得太后大怒以至于罢去其知枢密院事一职。李焘在《长编》中考证过，此事不可能，因为当时司马光已经卧病在床，并未上朝。但他认为有可能不是当面说的。[③] 李焘留着这个尾巴毫无道理，他相信章惇说了这句话，而这很可能只是李焘自己政治偏见的产物，并无可靠的证据支持，反而是邵伯温经常造假倒是有许多证据。

除了苏辙对章惇的不讲事理、仗势欺人，苏轼对章惇的态度更为人所不齿。就在章惇被以苏辙为主攻手之一的旧党群攻贬

---

① 《长编》卷三百六十六“元祐元年二月乙酉”条。

② 林秋均：《奸相或能臣：章惇与哲宗后期绍述新政之研究》，台湾师范大学历史系 2016 年硕士学位论文，第 90 页。

③ 《长编》卷三百七十“元祐元年闰二月辛亥”条；卷三百六十七“哲宗元祐元年二月丁亥”条。

谪出朝廷,闰二月二十三日罢去知枢密院事要职出知汝州之后,才过了一个月,元祐元年三月二十二日,起居舍人苏轼作《缴进沈起词头状》,其中有斥责章惇开拓梅山的内容:"臣伏见熙宁以来,王安石用事,始求边功,构隙四夷。王韶以熙河进,章惇以五溪用,熊本以泸夷奋,沈起、刘彝闻而效之,结怨交蛮,兵连祸结,死者数十万人。"①而在章惇突遭此次仕祸之前,尤其是早在熙宁年间章惇因开梅山之功而得神宗重用时,苏轼对章惇的军功可是赞不绝口的,他在熙宁八年十一月知密州期间所作的《和章七出守湖州二首其一》中就写过"功名谁使连三捷"②这样的恭维之句。如果说作于乌台诗案之后元丰三年七月黄州期间的《观张师正所蓄辰砂》很难探究他是否真心恭贺开边之利的话,前面这首"和章七"总是没有任何压力之下的诗作了吧,何以到了元祐元年自己交了好运的时候就改变观点了呢?没有别的原因,唯一的原因就是那时以司马光为首的旧党主政后,对宋神宗王安石的边事政策深恶痛绝,欲全面翻转,而苏轼也就自动地转向旧党的边事政策同流合唱了,只是没忘了把已经落难了的救命恩人再踩一脚。

元祐元年十二月,苏轼给章惇去信,就是著名的《归安丘园帖》:"轼启。前日少致区区,重烦诲答,且审台候康胜,感慰兼极。归安丘园,早岁共有此意,公独先获其渐,岂胜企羡。但恐世缘已深,未知果脱否耳?无缘一见,少道宿昔为恨。人还,布谢不宣。轼顿首再拜子厚宫使正议兄执事。十二月廿七日。"③信里说,我

① [宋]苏轼:《苏轼文集》(第二册),孔凡礼点校,北京:中华书局,2004年版,第774页。并见《长编》卷三百七十三"元祐元年三月己卯"条。两个来源的文字略有不同。

② 《和章七出守湖州二首》其一,载[清]王文诰辑注《苏轼诗集》(第二册),孔凡礼点校,北京:中华书局,1982年版,第651页。

③ 苏轼:《与子厚一首》,载《苏轼文集·苏轼佚文汇编》(第六册),孔凡礼点校,北京:中华书局,2004年版,第2496页。

们早年曾经相约一起归隐田园,没想到你先我而实现,真是让人羡慕呀！这种话在平时看似乎是朋友间推心置腹之言,而在当时情势下,尤其是章惇被罢苏辙是主攻手的背景下,章惇很难不把它当作嘲讽甚至是落井下石之恶语了。

至此,哪怕章惇是个心胸再宽大的人,也不可能像什么都没发生一样地与苏轼继续交往吧?

苏轼在绍圣期间吃了不少苦头,无论是当时的人,还是后世,都将之归罪于章惇对他的迫害。事实上,早在哲宗亲政不久、章惇被召回朝廷当宰相之前,苏轼、苏辙兄弟就已经遭到新党排挤。绍圣元年四月廿一壬戌(1094 年 5 月 8 日)章惇才被任命为左相,而苏轼在章惇任相前十天的四月十一壬子(1094 年 4 月 28 日)已遭"落端明殿学士、翰林侍读学士,依前朝奉郎知英州"[①]。所谓"依前"是指前一年的元祐八年六月廿六壬申(1093 年 7 月 22 日)因遭黄庆基、董敦逸弹劾而被黜官知定州,同一天,苏辙也因之前在奏疏中引用汉武帝比拟宋神宗而触怒哲宗,贬黜为知汝州。[②] 可见,苏轼、苏辙兄弟之前早已开罪于哲宗,宣仁太后对他们兄弟的偏爱与顾惜,很大程度上正是哲宗讨厌他们的原因之一。而此时朝廷对苏氏兄弟的贬黜排挤都与章惇无关。

章惇任左相之后,苏氏兄弟继续遭受迫害。但没有任何证据表明章惇有专门针对二苏兄弟的恶劣行为。

绍圣元年闰四月三日癸酉(1094 年 5 月 19 日),苏轼罢定州任,责知英州[③];绍圣元年六月初五甲戌(1094 年 7 月 19 日),苏

① 孔凡礼:《三苏年谱》卷四十九(第四册),北京:北京古籍出版社,2004 年版,第 2560 页。
② 孔凡礼:《三苏年谱》卷四十七(第四册),北京:北京古籍出版社,2004 年版,第 2466 页。
③ 孔凡礼:《三苏年谱》卷四十九(第四册),北京:北京古籍出版社,2004 年版,第 2566 页。

轼遭来之邵弹劾，贬谪至惠州[①]；绍圣四年闰二月十九甲辰（1097年4月4日）责授琼州别驾、昌化军安置[②]，四月十七日庚子（1097年5月30日），苏轼接到该续贬令，遂贬儋州。[③]

苏辙，则于绍圣元年六月十二辛巳（1094年7月26日）降三官，知袁州（今江西宜春）[④]；七月十八日丁巳（1094年8月31日）降授朝议大夫、分司南京、筠州居住。[⑤] 绍圣四年二月二十五庚辰（1097年3月11日）谪化州（今广东化州市）别驾，雷州安置[⑥]，次年元符元年三月二十四日癸酉（1098年4月28日），移居循州[⑦]（今广东龙川）。

上述从绍圣元年（1094）四月章惇任左相之后直到元符三年（1100）九月他被罢相之前的六年半里，苏氏兄弟遭受的迫害是不断地连遭追贬与更远的谪居，章惇自然是有极大责任的。但从目前所见较为确切的史料可知，这种责任是一种章惇居于独相职位的职务责任，是对整个绍圣元符年间所有遭到迫害的旧党人士的集体责任。没有确切的史料表明，章惇是出于个人恩怨专门针对苏氏兄弟进行的政治迫害，同时，更没有确切的史料表明章惇亲自下场迫害二苏兄弟。其实，前面已经说过，迫害二苏兄弟与哲宗的个人态度关系极大，从普通人的人之常情看待，章惇有什么理由为了对自己恩将仇报的人得罪皇帝呢？

后世反感章惇的人们，往往都认为章惇心胸狭隘，睚眦必报，

---

① 孔凡礼：《三苏年谱》卷四十九（第四册），北京：北京古籍出版社，2004年版，第2584页。
② 孔凡礼：《三苏年谱》卷五十二（第四册），北京：北京古籍出版社，2004年版，第2737页。
③ 孔凡礼：《三苏年谱》卷五十二（第四册），北京：北京古籍出版社，2004年版，第2752页。
④ 孔凡礼：《三苏年谱》卷四十九（第四册），北京：北京古籍出版社，2004年版，第2589页。
⑤ 孔凡礼：《三苏年谱》卷四十九（第四册），北京：北京古籍出版社，2004年版，第2594页。
⑥ 孔凡礼：《三苏年谱》卷五十二（第四册），北京：北京古籍出版社，2004年版，第2732页。
⑦ 孔凡礼：《三苏年谱》卷五十三（第四册），北京：北京古籍出版社，2004年版，第2797页。

但并没有什么强有力的史料能够证明这一点。反倒是章惇在元丰二年力救乌台诗案中的苏轼,元丰六年为旧党骨干刘挚的善意辩护,都表明他心胸开阔、对事不对人的政治家气度。前面已经说过,元祐元年二月那场导致章惇被罢知枢密院事的免役法交章围攻战中,章惇早已将这帮旧党蛮不讲理的情形记在心中,日后,他重新掌权后,他将毫不留情地对待旧党,因为他已经给过他们讲理的机会,但他们轻蔑地宁取仗势欺人而不是讲理论事,那么就会有风水轮流转的时候。后来,二苏兄弟遭到的迫害,就是集体迫害中的一例,章惇既没有特意去加害他们,也没有去救助他们,他身为皇帝之外的最高实际执政者,下属们自会用心打击当年迫害新党的元祐"诸贤"——他们深知皇帝怎么想的,怎样才能讨他欢心。

观章惇一世沉浮,不但像《宋史》那样将他打成奸臣是不公正的,他更是一个于国于民立下奇功的政治家。在迫害旧党方面,他确实是做过头了,对此负有极大的政治责任,而这种类似的责任,两派都有。居于反对派地位的元祐"诸贤",司马光、苏辙、刘挚等人同样也有着迫害新党的政治责任。如梁启超所言,要一视同仁地对待。章惇为官清廉,不肯私人,而这竟然成了《宋史》攻击他所谓"穷凶稔恶"的理由:"惇敏识加人数等,穷凶稔恶,不肯以官爵私所亲,四子连登科,独季子援尝为校书郎,余皆随牒东铨仕州县,讫无显者。"[①]为了攻击政敌,宋代那些旧党史家能够黑白颠倒到这种地步,而元代修史者大概是闭着眼睛抄书的。

---

① [元]脱脱等:《宋史》卷四百七十一《奸臣传一·章惇》。

小结：无意义的新党小人论

王安石、吕惠卿、曾布、章惇都只是变法派中的巨头，后三者都曾经是王安石的左膀右臂，在推行新法过程中厥功至伟。除他们之外，还有大量或有一定名声，或毫无名气的变法官员。主流史论为了否定熙丰变法，但他们又不敢把直接矛头指向宋神宗，所以就造出一个流行千年的舆论，所谓王安石尽用小人，以至于变法失败的论调。

梁启超在《王荆公》中专辟一章，专门考辨王安石是不是用的都是小人，结论是王安石用的人大抵都还不错。本章所论的王安石之外的三位新法派重要人物，在其推行新政过程中，自然不可能完美无瑕，但如果有错，也只是认知和推行上的政治失误，很难给他们安上政治品格恶劣的恶名，如果小人是这个意义上的话。王安石非常固执，这是他在推行新政中最大的政治错误，但陆九渊早已解释过，这种固执很大程度上是旧党人士千方百计破坏、阻挠新政，尤其是旧党台谏官员们蛮不讲理专事人身攻击的产物。如果将胡搅蛮缠、不讲事理、人身攻击视为一种政治品格缺陷的话，新政官员在这个问题上总体上恰恰比旧党官员做得好得多。

除了宋神宗、王安石这两位最重要的以及本章其他三位重量级的改革派人物，还有诸多次要一些的改革派人物，限于篇幅，本书不作详细论列，那恐怕是需要另外写一本大书才能解决的问题。本章的主要目的，是通过对几位重要的改革派人物的讨论，引发读者注意：如果史家丧失了尊重历史事实的基本操守，那么不但对历史人物不公，也会严重误导后人。

这里还需要引起注意的是，元丰年间宋神宗亲自主持改革之后,新党官员的政治品格迅速下降,尤以乌台诗案中李定、舒亶、何正臣这几个始作俑者为典型。虽然苏轼曾以子虚乌有的匿丧案写诗讽刺李定,在当时情势下确有落井下石之嫌,但李定报之以乌台诗案,欲置其于死地,这两件事的性质是截然不同的,李定的做法,既缺乏个人品质,也缺乏政治品质,严重败坏了政风。当然,政治风气的败坏,严格地说,旧党反对新政的诸多做派才是开恶劣风气之先的,比如吕诲著名的弹劾王安石奸邪论。

中国古代政治中,一个严重的问题是各方都喜欢对政敌进行道德批判,而对本派则热衷于道德标榜,所谓君小之辩。这种君小之辩并非全然错误,然而,君子和小人这种两分,在现实的政治中常常是毫无意义毫无效率的、离题万里的争斗,因为大量的政策是否可行,是否有利于社会,是否有利于哪个阶层,都是十分具体的常规行政事务。比如,免役法和差役法哪个更符合社会需求,现实中的利弊得失到底是什么样的,以及即便是选择了较好的法,如何具体实施才是最好的,都主要依靠政治实践来解决来论证,而不是把具体实施的人批倒批臭,这个法就是错误了,也不是把实施的人抬到云端,这个法就高大上了。因此,在具体的政务讨论中,热衷于君小之辩的时风不但无助于社会治理的提高,还破坏政治的正常开展,同时将朝廷搞得分崩离析,被那些真正的奸臣如蔡京之流篡居高位,以致引来亡国恶果,北宋后期的党争就是这种惨痛结果的主因。

第十一章 熙丰人物简论之旧党篇

自南宋以来，与新党人士遭受长期诬谤相对应的，是旧党人士得到了超过他们才德的赞誉，从高太后到司马光、范纯仁、吕公著、苏轼苏辙兄弟、刘挚等所有这些重要人物。司马光因其《资治通鉴》的伟大成就，杰出历史学家的名头很大程度上掩盖了他在政治上的无能和严重过失，迄今未能得到广泛的公允评价。二苏在历史上迄今光芒万丈，尤其是苏轼，他的诗文自然让人喜爱，但其政治行迹则未必都是绝对真理，同样需要公允对待。

本章不独欲对二苏兄弟作出公允的政治评价，也力图对其他旧党骨干人物作出公允评价，不增不减，不溢不掩。

一、司马光

司马光(1019—1086年)，字君实，号迂叟，陕州夏县涑水乡(今山西省夏县)人，故后人常称其为涑水先生。司马光是北宋重要的史学家，也是中国历史上少数几位最重要的史学家之一。他也是北宋最著名的政治家之一，历仕仁宗、英宗、神宗、哲宗四朝。司马光在历史上最重要的成就是主持编纂了中国历史上第一部编年体通史《资治通鉴》。或因《资治通鉴》的成就，对于后世来说，司马光是熙宁变法中最知名的反对派，但于当时而言，司马光作为熙宁变法的反对派旗手（王安石所谓“流俗之宗主”），完全因其自身的政见、才德与声望而成就。

无论时人还是后人，对于《资治通鉴》的评价极少有否定的，对司马光的史学成就因此几乎是一致的高度评价，但对其政治成就，则通常都因各自对熙宁变法的态度而不同。本书涉及司马光的也只是他与熙丰变法相关的政治事务，不及其他。

司马光与王安石在仁宗嘉祐年间即有很好的私谊交情，与韩维和吕公著一起被称为“嘉祐四友”。英宗治平年间，王安石在江宁丁母忧，而司马光则参与了濮议党争，成为反对派的旗手。治平四年初，英宗驾崩、神宗登基之初，宋神宗曾将改革大业寄托于司马光，任用其为侍读与翰林学士，让他负责专设的裁减国用局（熙宁元年六月二十七丁卯设[①]），这显然是欲付之以宰执之位的前奏，但司马光只是教导神宗治国要“选贤举能，赏信罚严”这种抽象的政治理念，对于具体的改革，也只有意见，没有行动。熙宁元年（1068）七月三日，司马光上《辞免裁减国用札子》，一方面提出因撰著《资治通鉴》无暇研究国事而坚辞高位；另一方面，认为国用不足是因为“用度太奢，赏赐不节，宗室繁多，官职冗滥，军旅不精”[②]，并说：“必须陛下与两府大臣及三司官吏，深思其患，力救其弊，积以岁月，庶几有效，固非愚臣一朝一夕所能裁减也。”[③]札子的大意，就是陛下您将改革大业错付于我了，我没这个本事，也没这个兴趣，请把我调走吧。话说到这个份上，宋神宗也就不能再勉强了，在同时也咨询了富弼、韩琦等元老都碰壁之后，

---

① 《长编拾补》卷三《神宗》“熙宁元年六月丙寅”条。

② 《司马光集》（第二册）卷三十九《章奏二十四·辞免裁减国用札子》，李文泽、霞绍晖校点，成都：四川大学出版社，2010年版，第877页。

③ 《司马光集》（第二册）卷三十九《章奏二十四·辞免裁减国用札子》，李文泽、霞绍晖校点，成都：四川大学出版社，2010年版，第877页。

转向王安石,结果君臣一拍即合。不久,延和殿廷辩中,司马光即与王安石发生了著名的理财开源节流之争,司马光着重于节流,王安石专注于开源,并兼顾节流。从现代经济学常识看,双方都没有错,只是侧重点的差异,原本是互补的。而且从此后的改革成效看,王安石的节流之效,应该说远远超出了司马光本身的预期(详见本书第七、第八章),只是王安石的开源措施吸引了以司马光为首的反对派几乎全部火力,节流之效已经不在他们关注之列。

此前不久,阿云案也引发了朝中大臣的对峙,其中司马光和王安石分别持两种对立的观点,宋神宗支持王安石,司马光没有得到宋神宗的支持(详见本书第五章)。应该说,这些事中都能看到司马光维护国家法治政策持续性的努力,也显示了他与宋神宗的改革愿望背道。从一般的治道而论,司马光没有错,但问题在于,即便是司马光也明白目前国家的财政需要更革,否则难以为继,但他的那些建议都是慢悠悠的节流政策,而且并没有非常具体的抓手,宋神宗不可能忍受。

司马光反对熙宁变法的心态可以追溯到变法开始之前,但确切的具体反对则是从制置三司条例司设置开始,并且几乎毫无改变地一直持续到他去世。如有学者所指出的:“(司马光)在熙宁新法推行之初反对立场最为坚决,始终是反新法的旗帜人物。与其他官员相比,他对新法的参与最少,也因此完整地保持了自己立场上的纯洁性,这构成了他彻底否定新法的重要资本。”[①]这种立场的纯洁性很大程度上是因为当司马光发现自己无力阻止变法之后,即下决心离开朝廷专心修撰《资治通鉴》。本书第六、第

① 张呈忠:《论司马光时代的新法改废与新旧党争——兼与赵冬梅教授商榷》,载《清华大学学报(哲学社会科学版)》2021 年第 3 期。

九章已经详细介绍过从熙宁到绍圣年间激烈的新旧党争，其中大量内容涉及司马光的行止，此处不再赘述。除已经提及的司马光《体要疏》（熙宁二年八月初五）、《乞罢条例司常平使疏》（熙宁三年二月二十二日）等早期反变法的重要文献之外，还需关注司马光写给王安石的三封信，即熙宁三年二月二十七日的《与王介甫书》，三月三日的《与王介甫第二书》，以及《与王介甫第三书》，因为这三封信以及王安石的两封回信当是促成司马光坚决离开朝廷的重要触媒。

三封信中以第一封《与王介甫书》最重要，系统批评了王安石执政的风格和内容。司马光认为王安石之所以犯这些错误，是因为"用心太过，自信太厚"，随后，他将截止到他写信时熙宁三年二月底的新政全盘否定。制置三司条例司、拔擢新人是侵官乱政、任用言利小人；置提举常平广惠仓巡视，青苗、免役、农田水利则是贷息钱、徭役，骚扰百姓，为古人所不齿，但王安石却孜孜以求，以至于农商丧业、民不安生，朝野怨声载道，此为生事与征利。此之谓"用心太过"。接着，司马光列举王安石种种强势固执作风，拒不纳谏，尤其举例说，王安石每次辩论的时候都是"每议事于人主前，如与朋友争辩于私室，不少降辞气"，而对其他人，则只喜欢听好话，听到不同意见就羞辱谩骂，甚至让皇帝罢黜之。从其他相关记载看，王安石确实存在对异议的拒斥，但司马光也严重地夸大了这种情况，比如《长编》中多次记载王安石将反对意见斥为"流俗"之论，但《长编》从无记录王安石谩骂异议的情况，倒是旧党对王安石的谩骂可谓随处可见。诚如不同意新政的吕大临和后来南宋陆九渊曾为王安石辩护过的，当时的反对派其实是很少讲道理的,主要是意气用事地指责与反对。[①] 但司马光对旧党之反对新政之种种显然毫无反省之意,这第一封信就显示了司马光自己"用心太过,自信太厚",这一点早有研究者指出,比如万斌生就说:

> 自古以来,当局者迷,旁观者清,责人易,责己难。司马光将王安石说得如此不堪,如此偏激、狭隘、狂躁、浅薄,不辨贤愚、不识忠奸、不知好歹、不懂恕道,岂知过犹不及,正反映了司马光自身的"自信太厚"和"用心太过",严于责人而宽于恕己。到元祐他为相废止新法时,其偏激、狭隘,固执己见,不听人言,却比王安石厉害得多。他不问青红皂白,全面罢废新法,不仅听不进变法派的意见,将蔡确、章惇、韩缜等人一个个贬黜出朝;而且连自己同一个营垒中的不同意见也概不听,如苏辙、王觌、范纯仁、范百禄、李常、苏轼等人都反对废除免役法,尤以苏轼反对最为激切。[②]

收到司马光这第一封信之后,王安石马上就回了信,可惜这封回信后来散佚,后人无从得见。司马光接到回信后立刻写了第二封信,时间是三月三日,王安石第二天就回信了,就是后人熟知的《与司马谏议书》,王安石一一驳斥了司马光所谓"侵官、生事、征利、拒谏"四宗罪的指控。司马光又立刻回信,即第三书,但王安石没有继续回信,结束了两人的论战。第二书与第三书的内容基本上没有超出第一书的范围,总之是要求王安石立刻改弦更张,停止变法,恢复原状。

---

① [宋]吕大临:《蓝田吕氏遗著辑校》,第514页。并见《二程遗书》卷二上《二先生语二上》。这段话被朱熹《宋名臣言行录·外集卷二》收入程颢名下,实为吕大临自己的话。又见[宋]陆九渊:《象山先生全集》卷十九《荆国王文公祠堂记》。

② 万斌生:《解读司马光〈与王介甫书〉兼论王安石回信》,载《闽江学院学报》2003年第3期。

这场著名的论战以司马光自己的“用心太过，自信太厚”责备王安石“用心太过，自信太厚”，对新法除了大量言过其实[①]的批评和强烈要求罢废，并无一毫的补缺修订之意。这样的“谏议”至少对于一个任地方官多年且政绩斐然、思考全局性变革凡数十年的改革家来说了无新意，只有一些“流俗”的陈词滥调罢了。此事让司马光下决心离开朝廷，力辞枢密院副使之职，同年九月，以端明殿学士出知永兴军，十一月十四日到达长安，就任该职。此后不久，就上《乞不令陕西义勇戍边及刺充正兵札子》《乞留诸州屯兵札子》等反对新法的札子。但翌年四月（1071），诏允判西京留司御史台之后，居于洛阳，一心修撰《资治通鉴》，直到元丰七年（1084）《资治通鉴》书成。其间，基本上绝口不论政事，中间只有熙宁七年四月（1074）应诏上《应诏言朝政阙失事状》，极言新法之害。但正如元祐元年上札子攻击免役法时经常自相矛盾，且故意回避那些支持免役法的民间声音，这份《应诏言朝政阙失事状》札子里的大量内容并无实证的案例事实与数据，且多有道听途说缺乏基本制度逻辑的谣言（比如将皇城司按皇命进行的监控人民言论当作王安石下令的钳制言论恶行）。因此，其对新政的批判与谴责，存在大量的意气、愤激怨言，而缺乏实证。

元丰八年，神宗驾崩，哲宗继位，高太皇太后垂帘听政，司马

---

① 比如，司马光责新政是“今介甫为政，首建制置条例司，大讲财利之事；又命薛向行均输法于江淮，欲尽夺商贾之利；又分遣使者散青苗钱于天下而收其息，使人愁痛，父子不相见，兄弟妻子离散，此岂孟子之志乎？……今介甫为政，尽变更祖宗旧法，先者后之，上者下之，右者左之，成者毁之，矻矻焉穷日力继之以夜，而不得息。使上自朝廷，下及田野，内起京师，外周四海，士、吏、兵、农、工、商、僧、道，无一人得袭故而守常者，纷纷扰扰，莫安其居，此岂老氏之志乎？何介甫总角读书，白头秉政，乃尽弃其所学而从今世浅丈夫之谋乎？”——这显然不止是言过其实，完全可以说是耸人听闻、胡说八道了。虽然司马光在第二书中辩解说，这是说过几年之后会发生的事。但讨论政治问题，严谨远重于修辞，这种文学性的夸张描述不但于事无补，还于事有害是显而易见的。可惜，一般的儒生最好这一口，他们就是不会平实地好好说话。

光终于等到了属于他的机会,挟举朝旧党之人望,回朝施政视事,时为五月二十七日,诏除门下侍郎(副宰相)。此前四月份还在洛阳时,司马光即已密集上疏,计有《进修心治国之要札子状》《乞去新法病民伤国者疏》《乞罢保甲状》《乞罢免役状》《乞罢将官状》《乞开言路状》等,迫不及待要罢废新法。从那时到元祐元年九月初一去世的十五个月里,司马光在高后的支持下,带领着他和吕公著安排的台谏官员,力排众议,包括新党旧党两派所有部分或全部支持新法的官员,所向披靡地废除了新法,如他自己当时所说,青苗、免役、将兵、宋夏关系,这“四患未除,吾死不瞑目矣”①。在司马光最看重的这四个问题上,青苗、免役、将兵三个问题的处理结果就是罢废,哪怕其他新旧党人都告诉他,这些新法早已不是当年他最初反对时候的模样,而是有了诸多改善,以及随着时间推移,同样的事由下新法比旧法更利民利国,这一切都无法改变他未经调查和讨论的决定。甚至如免役法讨论中,在几乎遭到了绝大部分官员反对的情况下,司马光依然我行我素,完全无视自己的偏见、无知以及自己在此问题认知上的极度混乱,无视不同意见的理据,完全不讲理地废除了免役法。至于处理宋夏关系,则同样是在满朝反对声中,偏执地白送领土给西夏以求安,结果也只是自取其辱地获得了更多的边境军扰,直到绍圣继续开边之后才扭转了这一可悲的局面。

不少宋史学者在研究元祐更化时都注意到,在司马光回朝视事之前,以高太皇太后为代表的旧党对于熙丰变法的态度还存在着相当的调和态度,但正是司马光坚决彻底废除新法以及因此罢

① [元]脱脱等:《宋史》卷三百三十六《司马光传》。

黜新党大臣的非理性意气将元祐政治带上了绝不和解的错误道路①,按下了北宋党争亡国之祸的启动按钮。诚如罗家祥先生痛切指出的:“司马光是一个杰出的编年史家,但他把握历史发展趋向的能力却是惊人的低下。由‘元祐更化’而导致的新、旧党争所产生的消极影响,旋即给北宋的历史发展带来了灾难性的后果。”②罗先生的这一论断并非苛责,而是有着诸多史实证据的论断。

随着宋廷南渡,贬斥与批判熙丰变法成为南宋朝廷的政治正确之后,王安石被说成南渡之罪魁祸首,而司马光的地位相应地就随之一再拔高,并且逐渐顺势成为后世元明清历朝的政治正确,即使在南宋时已有陆九渊为王安石说公道话,但司马光的问

① 例如罗家祥《朋党之争与北宋政治》(武汉:华中师范大学出版社,2002年版)认为:“两大政治派别的许多官员有不少共通之处,不仅对一部分新法的严重弊端有相同的认识,而且对另一部分新法的实效也所见相同。”(第89页),以及“在北宋王朝历史发展的关键时刻,非常不幸的是,一些并非政治家而又能支配朝政的人物在北宋政治生活中起到了举足轻重的作用:实际主宰皇权的是对变法素怀不满,且又疏于国计民生的太皇太后高氏,其所委以朝政者则又是进入垂暮之年、刚愎自用但却众望所归的司马光,从而致使北宋政治迅速发生了悲剧性的变化”(第89页)。罗先生并且认为,高后虽然看似与司马光的意见一致,但司马光为主,高后为辅,他说“高氏一味顺应司马光”(第91页)张呈忠先生也通过概括罗家祥先生的观点,认为:“毫无疑问的是,司马光是旧党激进路线的代表,这种激进路线在整个元祐时期都是主流。”(张呈忠:《论司马光时代的新法改废与新旧党争——兼与赵冬梅教授商榷》,载《清华大学学报[哲学社会科学版]》2021年第3期)另外,方诚峰先生认为司马光是试图调和政局的,将罢废新法过程中出现的异议当作证据,这显然是不符合历史事实的。熙丰以来,台谏往往阿附宰执已是新传统,在役法问题上司马光自己前后颠三倒四,而章惇据理力争,其理据之厚实几乎难以反驳,但最后去位的不是司马光而是章惇,这不正是台谏的宰执打手之效?若将异议的发生却罔顾异议的结果视为容人,岂不是笑话。虽然方先生认为高后与司马光都是对近二十年来的新法了解并不多的人,但也赫然指出“从对新法的了解程度而言,高氏与司马光同属一类。但不同的是,司马光是具有理论高度的,而高氏多出于现实考虑,既然是现实考虑,则当现实改变时,立场也可调整”。表明在元丰元祐司马光当政期间的偏执政治实在是有“理论依据”的。详见氏著《北宋晚期的政治体制与政治文化》,北京:北京大学出版社,2023年版,第22页。

② 罗家祥:《朋党之争与北宋政治》,武汉:华中师范大学出版社,2002年版,第134页。

题并没有多少讨论，依然是一片赞誉。

然而，纵观前现代时期后人对司马光的高度赞誉，司马光的私德确实几无可议之处，但对于一个政治人物而言，私德是否光风霁月虽然并非完全不重要，但政治品德显然更重要。熙宁变法初，宋神宗请司马光当枢密副使，司马光坚辞不就，和王安石一样表现出进难退易的风骨，这是不把权力当私产的好品质。但司马光身为宰执大臣甚至手握实权的宰相，对熙丰新法的利弊、演变与推行过程缺乏全面细致的了解，也不理睬知情者的意见，刻舟求剑地一味反对，甚至固执地全面废除，这不但不是为国为民，更是害国害民之举，可谓显而易见。以其手握权力之重，与其对待权力态度之偏执相比较，可谓极不负责任。无论是显意识还是潜意识，为自己平复多年来的怨气比国家比人民的利益更重要，以此而论，这是政治品格恶劣的表现。

可以说，不贪恋权力这一好品质与滥用权力这一坏品质，如此“和谐”地同时出现在了司马光的身上。

二、苏轼、苏辙兄弟

苏轼、苏辙两兄弟，在北宋中后期是两颗耀眼的明星，也是经常处于党争旋涡中心的人物。苏氏兄弟对新法的态度，和司马光不同，两人都有着相当具体和实际的接触，因而，其反对性的异议和支持性的同意，都是既受自身观念的限制，也受时局变化的影响，所以虽然他们总体上属于新法的反对派，但情况较为复杂，需要具体讨论。

《续资治通鉴》和《长编拾补》都有过关于王安石在神宗面前议论苏轼兄弟的记载，是否事实则另当别论。事在熙宁二年八月十六庚戌，当时苏辙在制置三司条例司当检详文字，因为他与变法派总是意见相左，就想离开朝廷，神宗看了他请任外官的状文后，问王安石说："苏辙和苏轼相比怎么样？朕看他们的学问很相似。"王安石回答说，苏轼兄弟善于察言观色，是飞箝捭阖的纵横家。神宗说，如果真是这样，那不是应该很会见风使舵吗，为什么反而不合时宜呢。于是下诏依苏辙所请，任命他为河南府推官。[①] 梁启超在《王安石传》一书中曾专门提醒读者说："凡杂史述荆公诋他人之言，又岂可尽信耶？"[②]《续资治通鉴》和《长编拾补》中记载了大量王安石肆意诋毁其他大臣的谈话，大多是与宋神宗单独的对话，或者有其他大臣在场议政时说的话，但常因缺乏旁证，且与可征信的王安石日常言行大相径庭，所以都很难当作事实对待，至少应当对其准确性存疑。前述《续资治通鉴》和《长编拾补》所记王安石对苏氏兄弟的评论未必真实发生，但将苏门父子三人视为纵横家并非凿空之论，尤其是三苏的诗文以及苏轼苏辙的政事行迹中时有呈现，当然远比"纵横家"这个标签复杂。

三苏的文名自他们出道以来，早已冠绝京城，尤以苏轼显要。这也使得他们在政见上容易引发人们关注，更何况兄弟两人的政见基本上一致，都是反对新法，这源于苏门三人经学上的一致性。[③] 兄弟两人虽然一生关系融洽、亲密，但性格差异很大，苏轼

---

① [清]毕沅撰：《续资治通鉴》卷六十七"熙宁二年八月庚戌"条；《长编拾补》卷五"熙宁二年八月庚戌"条。

② 梁启超：《王安石传》，北京：商务印书馆，2015年版，第241页。

③ 曾枣庄《苏辙评传》论及"苏辙兄弟对儒家经典的解释，都是沿着苏洵《六经论》的路子，以人情说解释六经"。详见氏著《苏辙评传》，成都：巴蜀书社，2017年版，第27页。

更外向、恣意，而苏辙则更内敛、深沉，这种性格差异在两人处理政治事务时尤其明显。朱熹出于一个理学家的习惯，对苏氏兄弟曾有“东坡虽然疏阔，却无毒。子由不做声，却险”①的评价，虽不全中但也不远。当朝廷出现政治分歧甚至激烈政争时，兄弟两人的不同性格也会相应地展示出不同的政治伦理倾向。关于这一点，其实苏洵著名的《名二子说》说得最清楚了：

> 轮辐盖轸，皆有职乎车；而轼，独若无所为者。虽然，去轼，则吾未见其为完车也。轼乎，吾惧汝之不外饰也。天下之车莫不由辙，而言车之功者，辙不与焉。虽然，车仆马毙，而患亦不及辙。是辙者，善处乎祸福之间也。辙乎，吾知免矣。②

苏洵在给两个儿子取名时就是根据他们不同的性格取的，苏轼之取名为苏轼，在苏洵看来是因为他表现出一种无用之用的大气，但因太直率，怕他惹祸。苏辙之取名苏辙，在苏洵看来就是因为他有着功成去痕、甘于无名的深沉内敛，易于避祸。当代有研究者认为苏洵对苏辙的性格判断不准确，但如果详考元祐年间苏辙的从政过程，恰恰证明了苏洵的“知子莫如父”，他的判断相当准确，即使苏辙未能免祸，但与他哥哥相比，罹祸的严重程度还是差很远。

熙宁二年变法尚在筹备以及刚刚开始，苏辙就因反对均输法和青苗法以及与变法派思路迥异而离开朝廷，自动请求外任，当了河南判官。苏辙反对青苗法的部分理据相当有分量，远胜过他

---

① ［宋］黎靖德编：《朱子语类》卷一百三十。

② ［宋］苏洵撰：《嘉祐集笺注》，曾枣庄、金成礼笺注，上海：上海古籍出版社，1993 年版，第 415 页。

反对均输法的理由。苏轼反对均输法的理由，则比他弟弟更谨慎，也更具包容力。苏氏兄弟一直反对青苗法，理由也大同小异，对青苗法的反对应该是他们在变法过程中最持久的反对项，理由就是青苗法破坏了原先的常平法，而抑配等做法则严重增加了老百姓的负担，其本身声称所要实现的抑兼并济危困功能却并没有成功，最多只是增加了朝廷财政收入。应该说，这些理由除了所谓破坏旧常平法难以成立，其他说得大体上是对的。

苏轼系统反对新法的早期代表作应该是熙宁四年(1071)二月的《上皇帝书》，即后世所谓《上神宗皇帝书》。在这份著名的奏疏里，苏轼劝神宗要“结人心、厚风俗、存纪纲”，具体展开过程中，这份上皇帝书显示出苏门论政的“飞箝捭阖”特征，例如，苏轼说：“宋襄公虽行仁义，失众而亡。田常虽不义，得众而强。是以君子未论行事之是非，先观众心之向背。……自古及今，未有和易同众而不安，刚果自用而不危者也。”[①]苏轼认为，皇帝统治万民依仗的是人心，故而首先强调朝廷推行的新政是否符合多数人的意见(其实是指士大夫，苏轼所谓多数人并不包括普通老百姓，而是指统治者集体)，如果符合就顺利，不符合众意而执意要推行就危险。

至于“结人心、厚风俗、存纪纲”的具体做法，就是首先要废除不好的政令措施。接下来，苏轼逐项批判了制置三司条例司、农田水利法、免役法、青苗法、均输法。

苏轼认为设置制置三司条例司是朝廷逐利，建议罢去，以免乱政；批评农田水利法，认为不但无利可图而且扰民；批评免役法，为差役法辩护，认为老百姓承担徭役是天经地义的，所谓“自

① [宋]苏轼：《苏轼文集》(第二册)，孔凡礼点校，北京：中华书局，2004年版，第730页。

古役人，必用乡户，犹食之必用五谷，衣之必用丝麻，济川之必用舟楫，行地之必用牛马，虽其间或有以他物充代，然终非天下所可常行”①。并且苏轼认为免役法在两浙数郡推行或有可行性，推行到全国不行；批评青苗法，为旧常平法辩护，“乃知常平青苗，其势不能两立，坏彼成此，所丧愈多，亏官害民，虽悔何逮”②，认为虽然朝廷三令五申不许抑配，但以后一定会发生，“青苗不许抑配之说，亦是空文”③那样就会产生暴官污吏，人民就会因此而困苦四散，引发治安问题；批评均输法，认为均输法是朝廷与商贾争利，均输法既会浪费朝廷财政，又会破坏市场，所以应该取缔。

接着苏轼批评了富国强兵的主张，认为应该“道德诚深，风俗诚厚，虽贫且弱，不害于长而存。道德诚浅，风俗诚薄，虽强且富，不救于短而亡”④。苏轼还批评了当时人才任用的状况，认为“新进勇锐之人，以图一切速成之效”，他们将导致“好利之党，相师成风”，提出要让人才有所历练才能拔擢进用。苏轼还批评了朝廷对待台谏制度的排斥，以及将台谏部门都换成宰执团队应声虫（所谓“尽为执政私人”）的弊害。

经过上述对变法的全面系统批判之后，苏轼重申了之前曾对宋神宗说过的话，即正在进行的变法“求治太速，进人太锐、听言太广”，以至于朝廷正在推行的变法是“散人心、薄风俗、隳纪纲”之举，虽然这话没有明确地说出来，由此再次谏议神宗要“结人心、厚风俗、存纪纲”。

苏轼这份上皇帝书是他第一次系统批判熙宁变法，但从政治

---

① ［宋］苏轼：《苏轼文集》（第二册），孔凡礼点校，北京：中华书局，2004 年版，第 733 页。

② ［宋］苏轼：《苏轼文集》（第二册），孔凡礼点校，北京：中华书局，2004 年版，第 735 页。

③ ［宋］苏轼：《苏轼文集》（第二册），孔凡礼点校，北京：中华书局，2004 年版，第 735 页。

④ ［宋］苏轼：《苏轼文集》（第二册），孔凡礼点校，北京：中华书局，2004 年版，第 737 页。

角度看乏善可陈。苏轼对制置三司条例司、农田水利法、免役法、青苗法、均输法的逐项批评中,除了对青苗法的批评比较公允之外(但维护旧常平法也是相当荒唐的),其他批评都很难立足。如农田水利法这样的长效政策在一两年之内是很难考察全面实效的(其真正实效详见本书第七章)。而役法改革朝中即使是司马光等反对免役法的大臣们也早已提出,苏轼维护差役法只是出于一种维护等级观念的陈词滥调,便是王安石所厌恶的典型流俗。均输法则在发运使薛向的支持下早已获得极大效益,但苏轼却一无所知。对制置三司条例司的批评既有其合理之处,也未能体谅改革所需要的绿色通道问题。对于追求富强的批评则完全脱离了当时北宋所处的地缘政治,既不现实又空洞。对台谏现状的批评,则只强调了台谏制度对于理性执政的重要性,却没有意识到当时反变法台谏官员们严重地滥用了他们手中的权力,因其缺乏理性议政的能力,大量台谏官出于自己的政见,一味撒泼式地为反对而反对,不但没有发挥原本应当发挥的校正施政的健康力量,反而成为败坏朝政的主力,从而导致了台谏部门的大换血(改革派的这种应对方式当然也是错误的),最终意义上破坏了制度。

苏轼这份《上神宗皇帝书》之所以成为历史名文,除了因为它是反变法的系统性文件,同时还因为其文采飞扬,文中大量引经据典、排比类比,文气恣肆汪洋。可悲的是,这份上皇帝书政见平庸,议论现实政治尤其缺乏基本的政治远见,既无实证的调研资料,也无第二手的政府统计资料,而只有同僚的流俗共识、道听途说与想象力,如此论政自然是错漏百出的。

在这份上皇帝书递交之后一个月,苏轼再上《再上皇帝书》,除简要重复之前对新法的逐项批评之外,还增加了对并营法的批评和对科举新法的批评。应该说,这些批评并非都是错的,只是与他批评制置三司条例司一样，缺乏更全面的合理性思考，也缺乏宋神宗、王安石以及吕惠卿们那样的全局性思路。苏轼对新法的态度并不像司马光那样一成不变，一个重要原因是宋神宗驾崩前的十多年里，苏轼一直辗转各地任职，对新法有了许多切身的了解，对青苗法的持久反对或许可以说明该法的实施一直都是不理想的，而对免役法的态度，苏轼则先后多次反复，其中第一次和第二次反转之间只隔了一个月，但看得出来，最后他是支持免役法的。具体经过如下：

熙宁四年(1071)二月，《上皇帝书》，已如前引，即"自古役人，必用乡户"之论。

元丰八年(1085)十二月，《论给田募役状》，提出给田募役法的五利二弊，强烈建议推行此法，苏轼以亲身经历证明："臣知密州，亲行其法，先募弓手，民甚便之。"①

元祐元年(1086)七月，与司马光力辩免役法不可尽废，"轼意以为差役法弊当改，但不当于雇役实费之外多取民钱。若量出为入，无多取民钱，则亦足以利民。尝白司马光，光不然之"②，认为免役法有弊端，但改起来很容易，让老百姓少交点钱就行了。

元祐元年(1086)八月四日，《乞不给散青苗钱斛状》："右臣伏见熙宁以来，行青苗、免役二法，至今二十余年，法日益弊，民日益贫，刑日益烦，盗日益炽，田日益贱，谷帛日益轻，细数其害，有不可胜言者。"③离上次为免役法辩护才一个月，就又认为免役法之害"不可胜言"了。事实上，这未必是苏轼对待免役法态度的反转，而是他的一种奏议策略：为了废除青苗法，让免役法陪绑。

---

① [宋]苏轼：《苏轼文集》(第二册)，孔凡礼点校，北京：中华书局，2004年版，第769页。

② 《长编》卷三百八十二"元祐元年秋七月丁巳"条。

③ [宋]苏轼：《苏轼文集》(第二册)，孔凡礼点校，北京：中华书局，2004年版，第784页。

元祐二年(1087)正月十七日,《辨试馆职策问札子》:"法相因则事易成,事有渐则民不惊。昔三代之法,兵农为一,至秦始分为二。及唐中叶,尽变府兵为长征之卒,自尔以来,民不知兵,兵不知农,农出谷帛以养兵,兵出性命以卫农,天下便之,虽圣人复起,不能易也。今免役之法,实大类此。公欲骤罢免役而行差役,正如罢长征而复民兵,盖未易也。先帝本意,使民户率出钱,专力于农,虽有贪吏猾胥,无所施其虐。坊场河渡,官自出卖,而以其钱雇募衙前,民不知有仓库纲运破家之祸,此万世之利也,决不可变。"[①]至此,苏轼已经相当坚定地认为免役法优于差役法了,并且认为这是一种历史潮流,抗拒不了。

元祐三年(1088)二月九日,《大雪论差役不便札子》:"臣闻差役之法,天下以为未便,独台谏官数人者主其议,以为不可改,……昔日雇役,中等人户岁出钱几何?今者差役,岁费钱几何?及几年一次差役?皆可以折长补短,约见其数,以此计算,利害灼然。而况农民在官,贪吏狡胥,百端蚕食,比之雇人,苦乐十倍。又五路百姓,例皆朴拙,差充手分须至转雇惯习人,尤为患苦,其费不赀,民穷无告,监司守令观望不言。"[②]此次苏轼将差役法与免役法进行对比后认为,免役法大大优于差役法。

从这个大致的过程中可以看到,传熙宁年间王安石认为苏氏父子三人是飞箝捭阖之徒并非毫无依据(但这不应该成为标签化的定评,因为苏轼的性格其实更为复杂),后世的许多研究者也将苏轼列入摇摆派。其实,政见发生变化实在是正常现象,元祐更化期间,包括范纯仁、吕公著等人大量反对新法的大臣在对待新法的态度有极大缓和。问题不在于政见的摇摆不摇摆,而在于政

① [宋]苏轼:《苏轼文集》(第二册),孔凡礼点校,北京:中华书局,2004年版,第791页。

② [宋]苏轼:《苏轼文集》(第二册),孔凡礼点校,北京:中华书局,2004年版,第807页。

见变化时，如何对待政敌。包括苏轼、苏辙兄弟在内，哪怕是对待新法已不似先前那么强烈反对，但对新法派大臣则是能排挤则排挤，即使对方占理也要竭力排挤（元祐更化期间，在排挤新党方面，苏辙远比苏轼恶劣），本书上一章讨论章惇时，已详细论述，包括苏轼苏辙与章惇的关系，也都已有详细论列，此处不赘。

苏轼作为一个大才子，以及他在颠沛流离之中，依然笑口常开，豁达以对，都使得他几乎成了后世国人最喜欢的古代文人。苏轼让人产生敬意的一生带来一个弊病，就是后人往往忽视乃至无视他从政期间一些有瑕疵的作为。例如，作为乌台诗案的主谋之一，李定的做法自是让人不齿，但苏轼当年讥讽李定匿丧，朝廷上风闻言事的恶习加上苏轼文名远播，可以想见对李定造成的伤害。不能不说，当年苏轼不严谨地（如果李定匿丧确是定谳则另当别论）得罪李定为日后的自己埋下了祸根。但苏轼脱身乌台诗案并非苏李关系的终点，元祐元年五月，得势的旧党在高后支持下，推行全面废除新法以及报复新党的元祐更化之际，重提李定匿丧案，苏轼也加入战团，认为李定应当服流刑（匿丧罪依法流放两千里）[①]，李定因此被贬滁州，第二年病逝于贬所。在各种苏轼传记中，除李一冰的《苏东坡新传》外，极少作品全面地清理苏轼与李定的关系，即使李著也是千方百计为苏轼辩护，认为苏轼并非出于私怨与李定结仇，也不是出于私怨报复李定。[②] 其实，我倒是认为，可以不必认为出于纯私怨，而只是其中夹杂着私怨才是较为通情达理的解释。苏轼与章惇的关系，已在之前讨论章惇时详述，此处不赘。至于他与晚年王安石尽弃前嫌、惺惺相惜的故事，则是千古文人处理恩怨关系的标杆，早已传之四海，不必详论。

---

① 《长编》卷三百七十八“元祐元年五月甲戌”条。

② 李一冰：《苏东坡新传》，成都：四川人民出版社，2020 年版。

纵观苏轼一生,尤其是其政治行迹,可以看出他未必合适从政。苏轼深受古典文学和经学、史学的影响,因此,他的思想是相当混沌的,虽然政治方面大多持儒家那些见解,但其生活态度,则更多来自巴蜀的道家特性,崇尚自然、闲适、无争和宽容。这注定了苏轼有着一种自我内耗的精神特性,虽然最终是其根深蒂固的生活态度战胜了一切。

苏轼看上去说话不把门,常常不过脑子,但内心并没有很重恩怨之心,他在处理与章惇的关系中,这些性格特征给他带来很大麻烦,也很深地伤了对他有恩的朋友的心。如前所论,苏轼有着苏门纵横家的影子,但他本心其实相当单纯,这就是他为何被视为摇摆派,又屡屡得罪人。在险恶的政治环境下,他有时候似乎随波逐流,对人落井下石(比如对章惇、李定);有时候又似乎异常勇敢不畏流俗,比如为了免役法问题,把旧党也得罪了。即使遭受大难,他依然乐观地生活,表现在文字上更是磅礴、绝美、纯净、自然(比如黄州贬谪期间,他从苏轼蝶化为后人熟知的苏东坡)。受传统经学影响,他有着儒家等级制的优越感,却心怀百姓,为他们的利益呼吁。总之,苏轼是个既复杂又单纯的人,他在政治上有许多自相矛盾之举,那封著名的《与滕达道书》最能说明这个问题。[①] 熙宁四年(1071)苏轼在写给弟弟苏辙的诗中,曾非

① 《与滕达道书》:"某欲面见一言者,盖谓吾侪新法之初,辄守偏见,至有异同之论。虽此心耿耿,归于忧国,而所言差谬,少有中理者。今圣德日新,众化大成,回视向之所执,益觉疏矣。若变志易守以求进取,固所不敢,若哓哓不已,则忧患愈深。公此行尚深示知,非静退意,但以老病衰晚,旧臣之心,欲一望清光而已。如此,恐必获一对。公之至意,无乃出于此乎?辄恃深眷,信笔直突,千万恕之。死罪。安道公殆是一代异人。示谕,极慰喜!慰喜!"([宋]苏轼:《苏轼文集》[第四册]卷五十一《尺牍·与滕达道六十八首之八》,孔凡礼点校,北京:中华书局,2004年版,第1478页。)关于这封信的写作时间史学界一直在争论,但通常认为应当是在乌台诗案之后,即使有着朝政氛围肃杀的压力,这封信可能存在言不由衷的问题,但考察苏轼主动与王安石和解,以及他在元祐年间的言行,都可以证明这封信里的不少自省式言论应当是诚恳的。

常傲慢地讽刺王安石在大学设置分科教育："读书万卷不读律，致君尧舜知无术。"[①]其实他根本看不懂王安石惊人的远见，和当时其他旧党的鼠目寸光是同构的。这些都说明他的许多政事行动，确实只是源于一时的直觉，而非深谋远虑。他陈腐而混乱的政见让他无法像新党人士那样审时度势地行事、前后照应，而他自我暗示的儒家保守政见又与他内在的宽容打架，由此导致了最终把新旧两党都得罪了。正是这些看似复杂、实则单纯的性格，使得苏轼极让人喜欢，除了那些被他讽刺因而得罪的人。

前文说过，与苏轼相比，苏辙更深沉，这在政治上虽然显得更深思熟虑，但如果缺乏更单纯的自律性伦理约束，它所引发的问题也往往更严重。苏轼、苏辙兄弟虽然通常都可划归旧党，两人的政见大体上也相似，但两人行为方式却不大相同，这是性格差异使然。

以一般性的政见论，苏辙对新法的反对，一直都集中于青苗免役市易保甲四大法以及边事与治黄两事，兄弟两人虽然总体上政见相似，但也有一些处理问题方式上的具体差异。

关于边事和治黄两事，本书前面章节已有详论，本章不赘。简而言之，苏辙的边事，无论观点还是具体做法在政治上都是相当低能的，而边事中甚至涉及最早造谣王安石弃地。而他针对王安石的类似造谣行径，并非仅此一项，以政治品格论至少可以说是相当不负责任的行为。至于治黄问题上，苏辙关于回河问题的议论，不乏理性公允的真知灼见，值得重视。

苏辙对差役法和免役法的态度，颇值详考。早在熙宁二年八月，免役法尚在筹备阶段时，苏辙就已经在其全面反对变法的《制

---

① ［清］王文诰辑注：《苏轼诗集》（第二册），孔凡礼点校，北京：中华书局，1982 年版，第 325 页。

置三司条例司论事状》中明确表示了对包括役法在内数项重大变法的反对,其理由是"役人之不可不用乡户,犹官吏之不可不用士人也"①。在苏轼与司马光发生严重分歧的时候,苏辙时任右司谏,虽然也认为免役差役各有利弊,看似各打五十大板,但总体上他还是支持改免为差,只是骤然更革不利于差役法重新推广,差役法晚个一年实施就行了②,但对于司马光为废除免役法而上的几个札子中前后颠三倒四的情况,苏辙轻描淡写的一句"不免疏略及小有差误"③就糊弄过去了。元祐元年闰二月时,苏辙认为,鉴于差役法存在的问题,不妨差雇并行,以差为主,兼行免役法。④ 但到了当年五月,因恢复差役法民间怨声载道,苏辙对差免优劣观首次发生了幅度较大的摇摆,在《再言役法札子》中,他说:"免役之害虽去,而差役之弊亦不可不知也。……臣恐稍经岁月,旧俗滋长,役人困苦,必有反思免役之便者。"⑤才过了二十天的六月十七日,苏辙再上《三论差役事状》,说:"臣谓改雇为差,实得当今救弊之要,然使闻害不除,见善不徙,则差役害人,未必减于免役。"⑥可谓已接近认为差役法与免役法各有千秋了。但总体而言,苏辙对免役法的态度改变,至少在元祐更化的早期阶段是相当模棱两可、含糊其词的,相反,他表现出来的(可能也是希望时人获得的观感):是对差役法的坚持和对免役法的反对相当持久。这在整个朝廷中都是比较突出的,尤其是他在免役法争论最激烈的司马光章惇之争时,不惜无理拥护司马光尤能说明问题。整整

---

① [宋]苏辙:《栾城集》卷三十五《制置三司条例司论事状》。
② [宋]苏辙:《栾城集》卷三十六《乞更支役钱雇人一年候修完差役法状》。
③ [宋]苏辙:《栾城集》卷三十六《论罢免役行差役法状》。
④ [宋]苏辙:《栾城集》卷三十七《论差役五事状》。
⑤ [宋]苏辙:《栾城集》卷三十六《再言役法札子》。
⑥ [宋]苏辙:《栾城集》卷三十九《三论差役事状》。

过了四年之后的元祐五年年中迁为御史中丞后，苏辙才承认，“则差役五年之费，倍于雇役十年所供。赋役所出，多在中等，如此安得民间不以今法为害而熙宁为利乎”①。同年九月八日苏辙上《论衙前及诸役人不便札子》，也承认了元祐更化时罢免役行差役已是朝议纷纭，迄今则更是朝野沸腾，他不得不承认“至于改募役为差役，建议之始，异论已多，逮今五年，终云未便”②，换句话说，他无法不承认免役法比差役法更合理。

从上述的简单考略中，或可了解苏辙政治行为的一些特点，尤其从兄弟两人在免役法纷争中的各自表现里尤可见出两者的不同点。显然，苏轼的态度更明确，也更光明磊落。苏轼虽然十分敬重司马光，但他也坦率地表明自己不同意司马光的态度。而苏辙很大程度上可以说是首鼠两端的，众所周知兄弟二人的政见是十分相似的，对免役法的看法，至少到元祐更化早期，苏辙表面上依然支持差役法，反对免役法，而从这期间他多次关于免役法的上疏中可以看出，他内心早已不是熙宁时期那种“役人之不可不用乡户，犹官吏之不可不用士人也”的独断论态度了。但一方面可能是源于面子，更重要的是源于党派，他尽可能地掩饰自己在两法优劣论上的转变。只是在免役法论战最如火如荼的当口，他依然可以蛮不讲理地支持司马光，目的是党争性的倒章。而在差役法恢复之后，那时差免之争已经尘埃落定，他再多次论列两法优劣，很大程度上肯定免役法的价值，这时新党已被排斥出朝廷，更没有多少大臣还在纠结差免之争，他的上疏已经不再会引起多少人注意，而这一切他自己也知道，所有的事将会进入史册，所以直到四年之后的元祐五年才基本亮出自己的真实态度。在

① ［宋］苏辙：《栾城集》卷四十三《三论分别邪正札子》。

② ［宋］苏辙：《栾城集》卷四十五《论衙前及诸役人不便札子》。

此，政见显然是从属于党争的。从参与差免之争来看，苏辙显然比其兄心机深得多，也更具“飞箝捭阖”的性质。

作为元祐更化的旧党主将之一，苏辙坚持差役法，对司马光助力很大，对当时的朝政产生了不小的影响。苏辙除了为废除新法费尽心血，也为排除新党大臣出朝下了很大的工夫。

元祐更化期间，苏辙深度介入新旧党争，是元祐年间旧党罢黜新党以及竭力阻挡新党人士入朝的主力之一。宋人朱弁《曲洧旧闻》说：“当时台谏论列，多子由章疏。”[①]似非虚言。苏辙不但是新旧党争中的旧党主力之一，而且是党争中一直坚持所谓“正邪不两立”最坚决的骨干之一，所谓“右臣闻天下治乱，在君子小人进退之间耳。冰炭不可以一器，枭鸾不可以共栖，共、鲧、皋繇不可以同朝，颜回、盗跖不可以并处”[②]。苏辙在二月当了右司谏之后到九月升任起居郎之前的八个月里（因其中有闰二月），密集地上了74份札子（《栾城集》卷三十六—四十），论事札子和论人札子数量大约各半。其中，论人札子里主要是弹劾官员的札子，其所弹劾者基本上都是新法派各级官员，既包括像蔡确、韩缜、章惇、李清臣、蔡京、安焘这样的朝廷大臣，也包括官位不高的吕惠卿、吕和卿、郭概、杜纮、张璪、张颉等。其中对韩缜、张颉、吕惠卿、蔡京的弹劾，尤可谓连篇累牍，弹劾吕惠卿三次，弹劾蔡京五次，弹劾张颉六次，对韩缜的弹劾札子甚至先后上了八次，完全是一副不达目的决不罢休的架势。

许多为苏辙作传的研究者都回避了苏辙在元祐党争中的重要作用，尤其是在高后垂帘中后期，朝廷原本有将初期政策转向温和兼容两党的转机时，苏辙在其中起了极坏的破坏作用，很大

① ［宋］朱弁撰：《曲洧旧闻》卷七，王根林校点，上海：上海古籍出版社，2012年版，第141页。

② ［宋］苏辙：《栾城集》卷三十七《乞责降韩缜第七状》。

程度上使得元祐党争朝着未来元祐党人必遭报复的道路上疾驰而难以逆转。元祐元年九月司马光去世后,旧党内部纷争严重。元祐二年八月,在洛党的一再攻击下,苏轼、苏辙兄弟自请外任,但未获允准,依然留在朝廷,当年十一月苏辙任户部侍郎。元祐四年六月,苏辙续迁吏部侍郎、翰林学士、知制诰,五年五月后,续迁龙图阁学士、御史中丞。

苏辙任御史中丞后不久,朝廷为是否拔擢新党人士邓温伯为权兵部尚书发生争议,事实上,这是副宰相傅尧俞等人意在调和两党的一个尝试。但苏辙显然反对这种调和的努力,而力主一个纯净的朝廷,他的理由是邓温伯虽非奸恶之人,但随波逐流,新党来附新党,旧党来从旧党,朝廷用人要分邪正,勿使相杂,因此,他认为:

> 故臣愿陛下谨守元祐之初政,久而弥坚,慎用左右之近臣,毋杂邪正。至于在外臣子,一以恩意待之,使嫌隙无自而生,爱戴以忘其死,则垂拱无为,安意为善,愈久而愈无患矣。[①]

> 今者政令已孚,事势大定,而议者惑于浮说,乃欲招而纳之,与之共事,欲以此调停其党。臣谓此人若返,岂肯徒然而已哉。必将戕害正人,渐复旧事,以快私忿。人臣被祸,盖不足言,而臣所惜者,祖宗朝廷也。盖自熙宁以来,小人执柄,二十年矣。建立党与,布满中外,一旦失势,晞觊者多。是以创造语言,动摇贵近,胁之以祸,诱之以利,何所不至。[②]

---

① [宋]苏辙:《栾城集》卷四十三《乞分别邪正札子》。

② [宋]苏辙:《栾城集》卷四十三《再论分别邪正札子》。

在苏辙等人的反对下，任用邓温伯一事失败。虽然朝廷用某人或不用某人，经常没有那么重要，更重要的在于，以高后为首的朝廷欲行调和之政的努力遭到了强烈抵制，尤其是苏辙等人最热衷的君子小人论——正邪不共存、君小不两立之类，倘若不使用强力，最高当局也只能落荒而逃。元祐六年（1091）闰八月，宰相吕大防、刘挚再次试图行调和之政，任用新党李清臣为吏部尚书、蒲宗孟为兵部尚书，同样遭到了旧党纯净派官员的抵制，其中当然包括苏辙，他说：

> 今日用此二人，正与去年用邓温伯无异。此三人者，非有大恶，但与王珪、蔡确辈并进，意思与今日圣政不合。见今尚书共阙四人，若并用似此四人，使互进党类，气势一合，非独臣等奈何不得，亦恐朝廷难奈何矣。①

苏辙所见依然是党争，可谓严防死守阻止新党在朝。在苏辙等多人的长期抵制下，高后、吕大防、刘挚等人欲行调和之政的谋划均告失败。

苏辙的仕途，最高到达尚书右丞和门下侍郎（副宰相，1091—1093），绍圣元年（1094）三月，哲宗亲政仅半年，范纯仁之前因蔡确被贬岭南而担心的“公（指宰相吕大防）若重开此路，吾辈将不免矣”②即开始应验，新党报复旧党的绍圣绍述也开始了，苏辙即被罢出朝廷，自太中大夫、门下侍郎守本官知汝州，从此，苏辙继续被贬黜，再没有机会回到朝廷。

纵观苏氏兄弟一生，公允地说苏轼、苏辙都不能算是好的政

---

① ［宋］苏辙：《栾城后集》卷十三《颍滨遗老传下》；并见《长编》卷四百六十五“元祐六年（1091）闰八月甲子”条。

② ［宋］徐自明：《宋宰辅编年录》卷九“元祐三年四月辛巳·范纯仁右仆射”条，王瑞来点校，北京：中华书局，1983 年版。

治家，他们都缺乏高于同侪的政治远见，守株于陈旧的见解，但这并不算很糟糕。苏辙虽然在处理现实政治时，能够较为务实地对待，但其所表现出来的政治品质则难堪重任，既无政治家所需之远略（比如对待新法的态度），也无政治家所需之器局宏度（比如对待章惇以及其他新党人物），故深陷党争无法自拔。但与同时代的政治家相比，他们都算得上水平线以上的政治人物。本书以前的章节中曾经讲到他们兄弟俩文采飞扬、雄奇恣肆，却没有从政所需之论人论事的节制和严谨准确。因此他们的奏疏中论事时常言过其实，苏轼说老百姓拿了青苗钱就去喝酒，以至于酒课在青苗钱贷款期大涨以及扑买制导致大量中标者非理性投标因而倾家荡产，都是将特例作为常态对待、言过其实的凿空之论。而论人则易于捕风捉影、褒贬过度，苏辙造谣王安石弃地以及与吕惠卿书信往来中有“毋使上知”，则是产生了严重后果的典型案例。不过兄弟二人对待自己的仕途沉浮，都算得上从容豁达者，苏轼尤其显著。

不从政治，仅从个人而言，苏轼也是远比苏辙可爱的历史文人，当然，兄弟两人一生的情谊，则可为万世之则。

三、范纯仁

范纯仁（1027—1101 年），字尧夫，苏州吴县（今苏州市）人，比范纯仁本身更著名的，是范纯仁的父亲范仲淹，范纯仁是范仲淹的次子。《长编》第一次记载范纯仁的事迹是在第二百零三卷：

屯田员外郎、知襄邑县范纯仁为江东转运判官。襄邑有牧地,卫士纵马暴民田,纯仁取一人杖之。牧地初不隶县,有诏劾纯仁。纯仁言兵须农以养,恤兵当先恤农,朝廷是之,释不问,且听牧地隶县,自纯仁始。纯仁,仲淹子也。①

此事发生于英宗治平元年(1064),范纯仁为襄邑县知县,时年37岁。这件事很能说明范纯仁确有乃父之风,有见识也有担当,也有为民请命的良知和勇气。因此事,英宗看中了范纯仁的德性,第二年六月辛卯提拔为言官殿中侍御史(《长编》卷二百零五),此后不久,范纯仁即参与了濮议党争,与司马光、吕诲、吕大防等均为皇伯派,力攻欧阳修等称亲派②,被罢言职。不久后又恢复,因范纯仁自己多次请求外任,调任安州通判,改蕲州知州,历任京西提点刑狱、京西陕西转运副使。

与熙宁变法开始同步,范纯仁回到朝廷,任同修起居注③,熙宁变法的第一个新法均输法出台后就遭到了反变法派的反对,范纯仁也在其中,他反对均输法,认为是与民争利,同时力攻新任转运使薛向是小人。范纯仁并且上章直言批评王安石,请求神宗罢免王安石,召回被罢的谏官。由此,罢同知谏院,之后,续罢出知河中府,"徙成都路转运使。以新法不便,戒州县未得遽行"④。此处再次可见范纯仁的担当:你可以罢我的官,但无法让我执行我不认同的法令。因反对变法,历任知庆州、知信阳军、知齐州、提举两京留司御史台,直到哲宗继位后,范纯仁重新回到朝廷,召为谏议大夫,因为回避亲属,改任天章阁待制兼侍讲,升为给事中。

---

① 《长编》卷二百零三"英宗治平二年十一月己卯"条。

② 《长编》卷二百零七"英宗治平三年正月壬午"条。

③ 《长编拾补》卷五"神宗熙宁二年八月丙午"条。

④ [元]脱脱等:《宋史》卷三百一十四《范纯仁传》。

真正让范纯仁的政治品格大放异彩的是哲宗的元祐更化与绍圣绍述时代。

高后建立垂帘体制后，重用包括司马光、吕公著、范纯仁、苏轼苏辙、刘挚等旧党官员，实行元祐更化，全面推翻神宗—王安石新法。其间，因司马光执拗于彻底废除新法，与新旧两党诸多官员产生分歧，免役法的存废问题上分歧与论战最激烈。

范纯仁认为免役法、差役法各有适应的地区，南方经济发达，更适合免役法，而北方经济贫弱，则更适合差役法，他既反对王安石那样全面推行免役法，也反对司马光那样举国改为差役法，所以他认为应该试点推广，“去其太甚者可也。差役一事，尤当熟讲而缓行，不然，滋为民病”[①]“法固有不便，然亦有不可暴革，盖治道惟去太甚者耳”[②]。所以，范纯仁有着强烈的“公”意识，在具体的法面前，法本身的良善才是最重要的，因此，他并非抽象地反对新法或旧法，常常是新旧相杂，只要法善，无所谓新旧。范纯仁作为旧党，其党实可谓义之所在的党。范纯仁对待法的这个观点与许多人类似，但司马光听不进去，坚决废除免役法，恢复差役法，从而给整个国家的役法立法造成严重混乱，后续在免役法上的屡废屡复都由司马光导致。范纯仁的观点并非毫无根据，但后续的千年历史表明，忍受时代的改革阵痛有时是必需的，历史已经发展到了清扫劳役制残余的时代，强行恢复它是不明智的，但范纯仁等人都没有能够如王安石一般看得远。熙宁年间王安石所推行之免役法自有其弊，但并非肘腋之患，章惇在绍圣年间轻施其术便将其改为完整的良法。

范纯仁不仅在免役法上与司马光为首的激进旧党有分歧，就

---

① ［元］脱脱等：《宋史》卷三百一十四《范纯仁传》。

② 《长编》卷三百六十七“元祐元年二月丁亥”条。

是在青苗法上，也有自己独立见解，而非人云亦云。旧党中几乎人人认为青苗法只有害处，没有任何好处，但范纯仁考虑到国用不足、财政亏空不可能长期为继，故提出缓废与改造后恢复青苗法的主张。高后接受了范纯仁的意见，下诏恢复青苗法，但遭到包括苏轼等人在内谏官和两制的强烈反对，病中的司马光知道后也大骂作此建议者是奸邪之人，压力之下，元祐元年四月下诏实行的青苗法八月即告废。

范纯仁还提出完善和保留保甲法的建议，即集中教阅与定期检阅的方法，所谓集中教阅，即统计保甲一年应训练的时间，农闲时将三路保甲一同教阅，其他时间遣散归家务农，以便集中高效地管理。如此，则既不误农时，保丁也更加易精通武艺。所谓定期检阅，即通过皇帝的定期检阅，按艺业精疏严分等级，择优精选录用，“武艺超出群众者，乞并给盘缠赴缺，委殿前司检阅”[①]。如此，既能让国家军队保持精锐的换血状态，又能对民间的治安起到很好的作用，因为武艺高强的保丁既能防盗贼，保甲本身也能减少盗贼。范纯仁此论得到韩维、吕公著等人的支持，但当然没有获得司马光的首肯。

在边事上，范纯仁与司马光等人观点一致，都是弃地求和之论，没有什么可取之处。

政见上，范纯仁与一般旧党和新党都有距离，但总体上比较亲近旧党。范纯仁最杰出的地方，在于他的政治品格，这方面，可以说，他是远远高于一般的新党和旧党。尤其是元祐三年(1088)四月范纯仁自同知枢密院加太中大夫、右仆射兼门下侍郎，成为宰相后，如《宋史·范纯仁传》所说“纯仁在位，务以博大开上意，

① [宋]范纯仁：《上哲宗乞拣阅保甲》，载[宋]赵汝愚编《宋朝诸臣奏议》(下册)卷一百二十四，上海：上海古籍出版社，1999年版，第1369—1370页。

忠笃革士风”，无论是对待旧党还是新党，作为宰相的范纯仁都力求宽仁、公正，确为辅弼之大臣。

章惇被旧党攻罢之后，朝廷因其父年老，欲将他就近安置以方便照顾老父，但此事被阻而中止，范纯仁就建议朝廷不必穷究过往，以落实其请。他甚至为极不讨人喜欢并且攻击过自己的新党人物邓绾说话，认为降某人职的时候不要总是算旧账，得到高后的赞赏。苏轼知贡举出考题遭非议，言官尤其不罢休，韩维则无缘无故被罢副宰相外调，范纯仁也为他们说话，认为苏轼正常出题无罪，韩维则是尽心为国之人。王觌因言得罪朝中人，范纯仁就告诫群臣警惕党争。高后痛贬前新党宰相蔡确的车盖亭诗案时，范纯仁对文字狱大不以为然，而首相文彦博欲贬蔡确去海南岭峤，范纯仁十分反对，并且十分忧虑，对左相吕大防说：“此路自乾兴以来，荆棘近七十年，吾辈开之，恐自不免。”[①]范纯仁的反对并没有起作用，蔡确被贬新州，高后对他几乎是仇视态度，即便如此，范纯仁还是向高后坦率地表达了自己的不同意见和忧虑，他说：“圣朝宜务宽厚，不可以语言文字之间暧昧不明之过，诛窜大臣。今举动宜与将来为法，此事甚不可开端也。且以重刑除恶，如以猛药治病，其过也，不能无损焉。”[②]可惜，早已被最高权力腐蚀的高后并不需要这些金玉良言。左相吕大防出于党派偏见，在车盖亭诗案中给高后迫害新党火上浇油，说蔡确在朝廷上党势很盛时，范纯仁说：“（蔡）确无党！”[③]

范纯仁当右相期间，总是千方百计、苦心孤诣地给党争降温。但是这些努力没有换来温良大公之政，只是换来他自己的罢职。

---

① ［元］脱脱等：《宋史》卷三百一十四《范纯仁传》。

② ［元］脱脱等：《宋史》卷三百一十四《范纯仁传》。

③ ［宋］徐自明：《宋宰辅编年录》卷九“元祐元年闰二月庚寅・蔡确罢相”条。

元祐四年(1089)六月,范纯仁自太中大夫、右仆射守前官以观文殿学士知颍昌府。高后对他已是万难忍受了,她说:“纯仁差错久矣,初以其有大名,又司马光所甚重,遂用之,不意如此也。盖止得虚名耳。”[①]直到过了整整四年后的元祐八年(1093)六月才被召回到右相(右仆射)位置上,但不到三个月后的九月初高后就去世了。

哲宗终于开始亲政,垂帘期间,无论是高后,还是其他热衷于党争、不肯接受范纯仁行宽仁之政建议的旧党大臣们都开始遭到整肃,包括范纯仁自己也要陪绑,罹受折辱。

绍圣元年(1094)四月壬戌,章惇自通议大夫、提举洞霄宫加左正议大夫、守尚书左仆射兼门下侍郎,近六年半的章惇独相时代开始了。同日,范纯仁自尚书右仆射兼中书侍郎以右正议大夫、观文殿大学士知颍昌府、京西北路安抚使。哲宗刚开始亲政,范纯仁二次罢相前,哲宗对范纯仁是十分敬重的,范纯仁也一贯地提醒皇帝要行宽仁之政,此外,他也经常性地调和以前皇帝与高后之间的权力龃龉,防止报复性政争。在处理和大臣们的关系时,范纯仁也力图调和不同政见者和谐相处。他与苏辙观点时常不一,但苏辙因引用历史时以汉武帝比拟神宗得罪哲宗遭训斥后,范纯仁不但为苏辙辩护,还劝诫哲宗说,陛下您刚亲政,对大臣不应当像呵斥奴仆一样。范纯仁任相举荐人才,通常不让被举荐者知道是自己举荐的,他认为为国举才,无须人尽皆知谁人举荐。章惇独相后,展开了大规模的报复性贬窜旧党的党争政治,吕大防、范纯仁等旧党大批官员遭贬黜,范纯仁不顾个人安危,为吕大防等人争取不那么差的待遇,别人劝他不要触霉头,他说:

① 《长编》卷四百二十九“元祐四年六月甲辰”条。

“我尝为大臣，今日国家事如此，无一人告上者，我若不言，有负天地。万一主上以我言为然，于国家所系不细，苟不以为然而得罪，虽死无憾也。”[①]绍圣三年(1096)，范纯仁继续被贬武安军节度副使、永州安置，当时他已基本失明，但“闻命怡然就道”，有人讽刺他这是求名之举，他回答说：“七十之年，两目俱丧，万里之行，岂其欲哉？但区区之爱君，有怀不尽，若避好名之嫌，则无为善之路矣。”[②]并且他不许家中子弟表达对章惇的不平之意，被贬途中船翻落水，范纯仁说：“这难道也是章惇所致吗？”当被贬均州的韩维，其子申诉韩维以前与司马光不合而得以免行时，范纯仁的儿子们也想如法炮制，通过以前父亲不同意司马光的役法政策作为申诉条件，范纯仁说，因为司马光的推荐，我才当到宰相。同朝论事意见不合很正常，但现在你们要以此作为今日脱困的借口，就不可以。有愧心而生，不如无愧心而死。[③] 这是一个落难者的尊严。

范纯仁的苦难要到三年后徽宗继位时才解除，但那时他已将不久于人世。纵观范纯仁一生仕途，不可谓不跌宕起伏、波澜壮阔，他秉持着那个时代绝大多数士大夫的共识，与当时的改革派相比，政治观念、经济思想、外交思想虽然都比较陈旧保守，但他的政治品格、政治风范则都可视为一个极高的标杆，这是一个超越党派政见的政格懿范。新旧两党中少有人具备这样的政治品格，可惜元祐以后的朝政品格不能按范纯仁所希望和努力的方向行进，这是宋代历史一个痛点，一个自毁的转捩点。

范纯仁立身之正之严，确如他自己所说：“吾平生所学，得之

---

① 《长编拾补》卷五“神宗熙宁二年九月癸卯”条。类似记载并见于《宋史·范纯仁传》

② ［元］脱脱等：《宋史》卷三百一十四《范纯仁传》。

③ ［元］脱脱等：《宋史》卷三百一十四《范纯仁传》。

忠恕二字,一生用不尽。以至立朝事君,接待僚友,亲睦宗族,未尝须臾离此也。”又说:“人虽至愚,责人则明;虽有聪明,恕己则昏。苟能以责人之心责己,恕己之心恕人,不患不至圣贤地位也。”①

四、吕公著

吕公著(1018—1089年),字晦叔,谥正献,寿州(今安徽省内)人,祖籍莱州(今属山东)。为声名与权势均显赫的吕氏家族第二代宰相,其父吕夷简更是曾经长期执政的仁宗朝宰相。

吕公著曾与王安石是好友,嘉祐年间关系尤其好,为嘉祐四友之一(另外两位是韩维和司马光)。但他与王安石的这种良好关系,在王安石任参知政事开始主持变革的熙宁二年、三年以后终结,因为他也是旧党核心成员。吕公著时为御史中丞,最初他反对的是制置三司条例司(《乞罢制置三司条例司奏》)以及青苗法中存在的问题(《乞罢提举及住散青苗钱奏》),因此他反对的不是青苗法本身,而是青苗法施行过程中存在的问题,比如提举常平官邀功生事导致与地方官的矛盾,由此败法,他还认为应当先在局部地区试行再铺开,如果试行效果不佳就不应该继续推行。应该说,吕公著对青苗法的异议是颇为公允的,可惜在反新法的旧党阵营中可谓凤毛麟角。但随着事态的进一步发展,吕公著对青苗法的反对变得越来越坚定,也越来越失去原先的温和态度,认为变法已经失去人心,应该立刻停止(《乞罢提举常平仓官

① [元]脱脱等:《宋史》卷三百一十四《范纯仁传》。

史奏》《乞罢招正兵益讲民兵府卫之法奏》《乞宽假长民之官奏》《乞致仕官给四分俸钱》《论不宜轻失人心奏》《论新法乞外任奏》)。事实上,总体而言,吕公著对于新法一直保持着较为平允的态度,他在熙宁八年(1075)十月《上神宗答诏论彗星》中的这段话最能表达他的一般政治见解:

> 臣今所言,亦非谓今日法令皆不可行也。陛下诚能开广聪明,延纳正直,公听并观,尽天下之议,事之善者固当存之,其未善者则当损之。苟为非便,不为已行而惮改;言有可取,不以异议而见废。①

熙宁三年四月,吕公著被贬为知颍州。熙宁五年(1072年)七月,召知棣州吕公著判太常寺,八月又提举崇福宫。随着王安石二次辞去相位,神宗开始考虑重新起用吕公著。熙宁十年(1077年)二月,知河阳;十月,提举中太一宫。元丰元年(1078年)闰正月,吕公著兼端明殿学士、知审官西院,正式回到中央任职。元丰五年(1082年)四月,在多次上奏反对西征不被采纳后,吕公著称病要求去位,知定州。在永乐城大败后,神宗哀叹道:"边民疲弊如此,独吕公著为朕言之耳。"②元丰六年(1083年)冬十一月,应吕公著自己的请求,神宗将其调任扬州安抚使。

吕公著最重要的政治生涯是在神宗去世之后、高后建立垂帘体制的元祐更化期间。元丰八年(1085)七月,吕公著从扬州调回到汴京,任尚书左丞,即副宰相;十一月,复光禄大夫,那时已是神宗驾崩半年多之后了。最初,在高后支持下,两位副宰相,尚书左

---

① [宋]吕公著:《上神宗答诏论彗星》,载[宋]赵汝愚《宋朝诸臣奏议》(上册)卷四十二,上海:上海古籍出版社,1999年版,第439页。

② [元]脱脱等:《宋史》卷三百三十六《吕公著传》。

丞吕公著与门下侍郎司马光同心协力推行更化之之政，但随着司马光坚决废除所有新法的执念越来越尖锐，吕公著开始与司马光无法完全同步。在元丰八年六月的《论更张新法当须有术》中，吕公著对诸新法罢废问题的调和之论已相当明确，他说：

臣伏见陛下自临朝以来，留神庶政，以休息生民为念，凡所施为，皆中义理。如罢导洛、堆垛等局，减放市易见欠息钱，罢人户养马，放积欠租税，差官体量茶、盐法。……今陛下既已深知其弊，至公独断，不为众论所惑，则更张之际，当须有术，不在仓卒。且如青苗之法，但罢逐年比较，其官司既不邀功，百姓自免抑勒之患。免役之法，当少取宽剩之数，度其差雇所宜，无令下户虚有输纳，上户取其财，中户取其力，则公私自然均济。保甲之法，止令就冬月农隙教习，仍只委本路监司提按，既不至妨农害民，则众庶稍得安业，无转为盗贼之患。如此三事，并须别定良法，以为长久之利。至于保马之法，先朝已知有司奉行之谬，市易法，先帝尤觉其有害而无利，及福建、江南等路配卖茶、盐过多，彼方之民，殆不聊生，俱非朝廷本意，恐当一切罢去。而南方盐法，三路保甲，尤宜先革者也。①

从这份奏折里，可以很清晰地看到，吕公著对待新法，不是像司马光那样只要革除，不看其良善利民之处，无论对青苗法、免役法、保马法、保甲法、市易法、茶法、盐法，都是如此。因此，吕公著的思路，跟范纯仁、苏轼，甚至跟新党中的章惇、蔡确，都有类似之处，即认为革除新法中那些不合理的弊端部分就可以了。然而，

① 《长编》卷三百五十七“元丰八年六月戊子”条。

司马光虽然嘴上说“公著所陈，与臣所欲言者，正相符合”[①]，而在实际的施政过程中却异常的固执不容分说，本书关于元祐更化中役法朝争的问题已有多次论列，不再赘述。吕公著对待施政，态度温和，但是对待政敌，却难以完全做到像范纯仁那样有着清明的宽容和理性。比如，在对待章惇问题上，吕公著也和其他诸多旧党人士一样，是相当不公允的，他说：“今章惇所上文字，虽其言亦有可取，然大率出于不平之气，专欲求胜，不顾朝廷命令大体。”[②]成为对待章惇不公的旧党合力中重要一份，也为将来章惇还朝报复埋下伏笔。但是，在后来元祐诸臣继续迫害章惇时，吕公著多次为章惇说话，围护章惇之子，使他们没有遭到更严重的迫害。

元祐元年(1086)五月，吕公著从副宰相升为右相，第二年，随着前一年司马光的去世，以及蔡确和韩缜两位旧党大臣被贬出朝廷，宰辅团队中虽然还有太师、平章军国重事文彦博，但他极少参与朝政，吕公著已几为独相。直到元祐四年(1089)二月去世，吕公著都是宰辅集团中最主要的宰相，其在任期间不拘党派，大力提拔人才，如王存、吕大防、刘挚、苏颂、程颐、程颢，其中王存便是新党，而吕大防和刘挚后来任相期间(元祐六年)亦有调和意图，欲引新党李清臣、蒲宗孟等人入六部，但遭苏辙等人阻止。

吕公著主政时期，是元祐更化在党争方面比较缓和的时期，迫害蔡确的车盖亭诗案是在吕公著去世后的元祐四年，旧党骨干

① 《长编》卷三百五十七“元丰八年六月戊子”条。

② 《长编》卷三百六十七“元祐元年二月丁亥”条。

御史中丞梁焘密列蔡确亲党、王安石亲党名单以备迫害[①],也是在此期间发生的,时任右相范纯仁为营救蔡确与激进派力争而被弹劾罢相,朝政转向激进旧党主导、再兴党争的颠簸之路,不能不说,与吕公著的去世大有关联。

纵观吕公著一生仕途,看似并无大刀阔斧更革之举,但其最重要的品质和成就,恰恰就在此。他是旧党中少数与范纯仁类似,依靠某种坚定的操守“不为”而成就政绩的,这是范纯仁、吕公著等少数旧党人士与司马光最大的不同。

小　结

限于篇幅,本书无法全面讨论熙丰变法中所有重要大臣和其他官员,只能选择其中我认为最重要的人物来讨论。因此,上一章和本章分别论列了宋神宗和新旧两党中的九位重要大臣,这些人物有些是在历代研究中被严重歪曲和过度诋毁的人物,如章惇、吕惠卿、曾布;有些则是其政治行迹及其所表现出来的政治品格未得到充分讨论的,比如司马光、苏轼苏辙兄弟、范纯仁、吕公著。

---

① 据南宋徐自明《宋宰辅编年录》:初,焘等之排论确也,又密具确及王安石之亲党姓名以进,其奏曰:“臣等窃谓确本出王安石之门,相继秉政垂二十年,奸邪群小,交结趋附,深根固蒂,牢不可破。谨以王安石、蔡确两人亲党开具于后。蔡确亲党:安焘、章惇、蒲宗孟、曾布、曾肇、蔡京、蔡卞、黄履、吴居厚、舒亶、王觌、邢恕等四十七人。王安石亲党:蔡确、章惇、吕惠卿、张璪、安焘、蒲宗孟、王安礼、曾布、曾肇、彭汝砺、陆佃、谢景温、黄履、吕嘉问、沈括、舒亶、叶祖洽、赵挺之、张商英等三十人。”于是帘中宣谕宰执曰:“确党多在朝。”范纯仁进曰:“确无党。”吕大防进曰:“确之党甚盛,纯仁之言非是。”刘挚亦助大防,言有之,纯仁曰:“朋党难辨,却恐误及善人。”(卷九“元祐元年闰二月庚寅·蔡确罢相”条)

无论新党还是旧党，值得讨论的人物远不止这些，比如，旧党中的吕诲、刘挚等；新党中的李定、邓绾、蔡确、蔡卞，以及权臣蔡京等，但这些人物主要是限于本书篇幅，与变法的密切度在时间和空间上也比前述专论人物稍低，因此暂且略过，以后有机会再写。

通过新旧党的这些重要人物，可以知道在这场关系到朝中几乎所有官员以及普天之下黎民百姓的变革中，人们的政争主要还是集中于对利益的不同理解。其中涉及的阴谋不能说完全没有，但极少。这是通常研究中国古代历史不容易发生的事，换句话说，熙丰变法虽然有种种问题，但无论其新法的产生过程，还是推行，以及反对派的反对等，总体上都是比较光明磊落的。新旧两党主要代表人物们，无论他们的政治观念和思想如何，甚至他们在政治上有时候会犯下严重错误，但他们的政治品格也常常是相当朴拙的，如王安石、司马光、范纯仁、吕公著，都可以说是光风霁月之人，无论是否同意他们的所作所为，但不能不钦佩他们的个人品德。即使像苏轼与章惇的关系中，暴露了双方许多缺陷，双方的人品依然会让人喜欢。

观念会变迁，但人格的光辉常常即使备受诋毁、历经千年依然难以掩盖，这或许便是历史的力量所在。

结 语

改革：救穷还是救急

中国皇权时代，每逢皇朝危机时，都存在着“救急”和“救穷”的矛盾。

“救急”是指朝廷财政危机而言，“救穷”是指整个帝国痼疾当改的问题。这两个问题往往同时凸显其急迫性，通常却难以同时解决，绝大部分皇朝都是头疼医头，脚疼医脚。不管“救穷”，只管“救急”，以迅速度过财政危机，但改革的结果往往差强人意，甚至将皇朝导入更深的全面危机。这是古代几乎每个皇朝都会遭遇的问题。

北宋熙丰变法同时兼顾了“救急”和“救穷”，且其改革措施遍及思想、政治、经济、文化、军事所有领域，这在皇朝时代是相当罕见的，只有清末新政可与之相提并论。熙丰变法的结局比清末新政稍好，其大量合理成分在经历了元祐更化的第一轮摧残后，在绍圣绍述时期，还是得以改良后恢复了。但这主要还是落在了“救急”的部分，全局性的，几乎构造一个民族国家思路的“救穷”部分，在王安石去世之后，就再无可能恢复。王安石的这一宏大的协同“救急”“救穷”的改革思路，是早在近千年前，以至于迄今尚无多少人意识到两者之间的均衡。这很大程度上也是北宋的东亚和东北亚地缘政治的产物。

传统史学中，一般认为元丰改制就是熙宁变法的延续，而我认为，在关注这种表象上的延续性之外，更需关注两者的不同。这在之前的章节中曾经详细论证过,比如马政问题上的一策三变,铜禁问题上的一策二变,盐茶政的一策二变,对待朝中异议者的不同处理方式,以及对待舆论的态度等,都反映了王安石与宋神宗不同的执政理念,宋神宗的专制思想随其成长越来越明显。随之而来的,是包括元丰改制在内一系列重大制度的不适当调整,尤其是相权扩张所带来的后果,在蔡京时代就变得十分明显了,南宋以后更不必说。

日本思想家福泽谕吉曾在《文明论概略》里说:

> 文明有两个方面,即外在的事物和内在的精神。外在的文明易取,内在的文明难求。谋求一国的文明,应该先攻其难而后取其易,随着攻取难者的程度,仔细估量其深浅,然后适当地采取易者以适应其深浅的程度。假如把次序颠倒过来,在未得到难者之前先取其易,不但不起作用,往往反而有害。[①]

这段话仿佛能说明中国历史上诸多改革功败垂成的奥秘,也在一定程度上解释了熙丰变法(主要是熙宁变法)的命运。皇朝时代每个朝代面临不得不改革时,由于缺乏可资参考的参照系,因此,通常只能依靠自身的创造力来解决改什么和怎么改的问题,大量情况下只能原地打转,拆墙补缺,低水平重复也就不奇怪了。王安石主持的熙宁变法显然要突破这一窠臼,但遭到了王安石所称“流俗”的强大阻力,推进起来步履维艰,而且宋神宗一死,立刻被政治清算,同样毫不奇怪。简而言之,观念问题不解决,强行改革就算在强力加持下获得暂时的成功,也无法阻止其最终失败的命运,从这个意义上说,不但熙丰变法,所有超越那个时代

① 〔日〕福泽谕吉:《文明论概略》,北京编译社译,北京:商务印书馆,2009年版,第12页。

“流俗”的改革都不免失败的命运,这就是形势比人强。也就是福泽谕吉前述论述的精义所在。但福泽谕吉的改革顺序论很大程度上也只是一个思想家的一厢情愿甚至空想,因为现实的逻辑是同时展开的,并不存在这种先后顺序。或者说,人们眼见的顺序其实是每种事务展开时的自身速度,这种速度的人为干预是相当困难的。正如种草的速度和种树的速度不一样,观念转变的速度和一条简单交通规则改变的速度也是不可相提并论的。

作为皇权官僚帝国史上的一个重要朝代,宋朝是唯一一个皇权和官僚权力较为平衡的朝代,皇帝与士大夫共治天下是宋代包括皇权和官僚集团在内共同的理想,然而除了王安石等少数士大夫,熙宁时代老旧的儒家官僚集团缺乏适应时势的系统治国理念。与新登基的少年皇帝相比,以宰执团队为代表的整个官僚集团暮气沉沉,这很大程度是仁宗以来病态发展的台谏制度所塑造的:保守、胆小怕事、不敢担责。若由此延续,皇权与官僚集团共治天下必将变成皇权与官僚集团可以相安无事,但各自守着手中的权力无所作为,而新皇帝不能忍受,有责任感的士大夫也不能忍受,于是有了熙宁变法,王安石离开朝廷之后,宋神宗继续元丰改制。

众所周知,这变法过程惊心动魄,从改革开始前,出于各种原因和理由反对这场新法的力量就开始集结:有的人不能忍受王安石一个南方人突然升任宰执;有的人不能忍受一个无书不读的不“正宗”儒士主持改革;有的人被王安石擘画的宏大改革盘局惊吓;有的人是叶公好龙,自以为渴望改革,真正改起来了,发现不是自己想象的那么回事,于是竭力反对,开头只反对那些自己觉得不妥的,后来干脆逢王必反;有的人无法忍受年轻士大夫越过资序进入改革实务;有更多的人意识到自己以及自己所代表的老官僚集团的利益将在改革中受损;还有些人就是讨厌改革,不管谁来改革,都要反对;甚至有些人就是看着王安石这个人不爽,理由说不清楚但就要反对他……各种正常的原因,各种千奇百怪的动机,都参与到了这场反变法大事件之中。正如罗家祥先生所言:“一些论者认为逐渐形成的变法派和反变法派之争的焦点不是要不要变法,而是如何变法,亦应进一步商榷。”[①]这话可谓洞若观火。反变法势力的构成非常复杂,通行的反变法派利益受损说,只能算是其中一部分现象,真相远比这复杂得多,也难说清楚得多。但是,从变法和反变法过程中诸多的奏章中可见一斑,本书已有多处论述,此处不赘。一言以蔽之,观念的分歧依然是最主要的原因,前述不完整罗列的诸多反变法现象就高度地体现了观念的分歧。也印证了福泽谕吉所谓改革次序颠倒的不利后果,转换成熙宁变法的过程,便是王安石主持变法时尽可能同步但其实还滞后了的观念普及,不可能适时地跟上变法具体措施的步伐,这是“救急”和“救穷”行动同时展开的宿命:新观念的力量当然也必然地弱于“流俗”的力量。观念性的交易费用终究是变法无法承受的,宋神宗去世后的元祐更化说明了一切。

熙丰变法是中国帝制时代最后一次朝廷在皇朝中期时就进行的全局性的大规模自我改革,此后再没有了。延续2100多年的皇权官僚帝国,无论征诸前史,还是求诸后世,都可明了在一个长期封闭的帝国体系内,观念变革的困难。朝廷的故步自封带来的社会观念发展停滞,使得任何超越旧观念旧秩序旧制度的改革都会遭到来自四面八方的反对。自中晚唐以来到北宋熙宁时代思想观念的开放性变迁,因缺乏异域观念与制度的冲击,其开放

① 罗家祥:《朋党之争与北宋政治》,武汉:华中师范大学出版社,2002年版,第19页。

程度也远远不够支持一场震动全国的改革，而可悲的是，这样的开放程度已经是中国帝制时代此后到近代之前的天花板了。如刘子健先生概括的：自南宋之后，“中国转向内在”[①]。于是，到北宋熙宁时代为止的观念变迁和开放程度决定了当时改革的高度，也锁死了后代中国的改革能力，直到19世纪中期后大清被逼开门揖“道”，面向世界。

然而，即便最终难以避免政治失败的命运，熙丰变法依然是帝制时代历代朝廷面对皇朝中期综合征时最接近完全成功的自我改革案例，最后的政治失败并不妨碍后人挖掘其丰硕的遗产。尤为重要的是，近代以来，虽然帝国的封闭与开放依然呈胶着之势，但毕竟面向全球的开放，哪怕再短暂再受限，也会因眼界的开阔而至少让人们能够从古今中西的历史比较中，更清晰地看到中国帝制时代的问题及其自我改革成败的原因。“只知其一，一无所知。”（He who knows one, knows none.）德国宗教学家弗里德里希·马克斯·缪勒（Friedrich Max Müller, 1823—1900年）这句名言不仅适用于宗教学也适用于所有的领域。若将熙丰变法置于全球改革史中考察，其本身的优劣成败将更为清晰。

相比中国帝制时代的权力安排，西方自古希腊城邦民主和罗马共和国、罗马帝国以来西方诸国迄今的分权制衡思想与实践史，会给予当代国人诸多新的思考。北宋皇权之下分权制约的观念及实践与西方权力制衡思想与实践颇有相通之处，虽然其中一个显著的差异是帝制中国的皇权具有其自身的独特性，宋代对皇权的制衡现象是普遍存在的，但一方面它没有形成长期稳定有效的制度安排；另一方面，由于各种原因，皇朝中国未能生长出与西

① 〔美〕刘子健：《中国转向内在：两宋之际的文化内向》，赵冬梅译，南京：江苏人民出版社，2012年版。

方13世纪以来控制王权相似的强烈观念。皇朝中国终究是“皇权至上”的人治帝国,未能演变为与西方那种“王在法下”相似的法治共和国。

循着历史,才能理解何以熙丰变法新政遍及全域,却未能在根本意义上改善台谏制度,皇权不能放弃台谏即皇帝之耳目的特权与定势,也就不可能取缔台谏官风闻言事这种特权,任凭台谏官造谣生事。表面上看是皇权保证自己不受权臣控制的法宝,而事实上,它只是皇权突破任何规章制度、肆意妄为的最有效工具。即使如宋神宗信任王安石那样,何况他也同意任凭“异论相搅”会什么事都干不成,他也不肯取缔台谏官风闻言事的特权。可见,宋神宗不是不信任王安石,而是台谏官的风闻言事是他的至高皇权可控的,这种本身不讲理的规则如何运用,全凭皇帝自己的倾向,风闻言事正是皇权控制臣下的手段,面对这一手段,任何大臣都无还手之力。

显然,要改善台谏制度,使之成为真正有效制约权力,却又不至于妨碍日常施政的帝国制度,而非控制臣下的皇权工具,首先必须要让它具有真正的独立性。比如将皇帝亲擢制度改为礼仪性的皇帝签字发布任命诏书,之前包括初级选拔、资序考察、避亲制度、面试决定任用等所有程序由各部官员临时盲选抽调组成的委员会负责。其次,取消台谏官风闻言事的特权,对大臣的弹奏必须有事实和信源依据。再次,成立专门的信源公信力机构,独立和秘密地审查信源,涉及复杂事务以及危及个体生命安全等的信息,经申请允许在事后的安全时间公布,安全时间根据具体情况而定。诸如此类的制度安排,都是让台谏官保持独立与负责的前提。但至少在熙丰时代,并没有见到改造台谏制度的努力,无论皇帝还是大臣们,几乎都认为台谏官胡说八道是正常的特权。

即便优秀如王安石,也完全忽视了改造台谏制度的可能性和必要性,他和宋神宗一样,以为撤掉反对派台谏官,换上变法派台谏官就万事大吉了。事实是,宋神宗可以让台谏官只服从自己,为什么宣仁太后垂帘就不能让台谏官只服从自己呢?台谏制度于是成为朝廷议政举足轻重的存在,常常直接决定朝廷势力的此消彼长,无论是熙丰年间,还是元丰末年和元祐年间,抑或是绍圣年间,因为它永远是无法独立于皇权存在的皇帝耳目。台谏制度就像秤杆上临时加上去并且可以随便移动的副砣,整个局势的力量对比全靠它来表达。既然王安石未能在制度上解决台谏制度的特权问题,最终他和宋神宗的心血也就付之东流——它最终取决于皇权,台谏制度始终只能做一个无法中立无法独立的应声虫。一方面,台谏官再独立至多也就不服从皇权,然后被罢黜,失去台谏资格,但对于制度而言,只是换个人而已,可以一直换到驯服的为止。另一方面,台谏官可以为了一己好恶随便攻讦大臣,让皇帝难堪,却可以毫无事实根据。这样一种制度架构,在山头林立的朝廷,其终将发挥什么样的作用自是不难想象的:引发、参与甚至制造党争,此外,基本上没有别的像样作用了。

如果说宋代还因"皇帝与士大夫共治天下"以及"不杀言官和大臣"的保护,台谏官虽然在根本性质上是皇权的耳目甚至奴才,但具体到许多时候,不少言官还能保持一定的独立性,那么元明清时代,言官的这种独立性则越来越少,作为皇权工具箱里最趁手的工具,它的基本作用不是制衡皇权,而是加强皇权。

两千年帝制养成的家天下政治性格,直到清末才受到了系统质疑,皇权的绝对性遭到了非议和否定,西方分权制衡思想挟立宪观念渐为国人所知,甚至在清末新政之后,就开始逐渐进入具体的制度设计。但民国时期的政体,在权力安排上依然缺乏政治力学上稳定的制度设计,至少成为民国宪政崩溃的重要原因之一。

由此可见权力安排的政治力学是一门并不那么容易的科学,当其运用于政治制度安排时,既体现人类的创新,也受制于权力本身允许的惯性与传统,从而呈现出其优其劣。虽然同为皇权制下的官僚帝国,与其他朝代相比,宋代毕竟在各个方面都是帝制时代中国权力安排方面最为科学也最为成功的朝代。这很大程度上解释了为何熙丰变法是近代晚清新政前,中国改革史上的最高成就。公允地说,熙丰变法在其变法期间的成功,以及宋神宗驾崩后的政治失败,都是同一套北宋皇权制度下的产物,可谓成也皇权,败也皇权。熙丰变法的成就,是大宋综合性国力的展示,政治、经济、文化、军事等所有领域已有成就的合力之果。没有北宋中期以来活跃的新兴儒家新学,就不会有王安石提出的总体改革设想;而没有北宋当时"皇帝与士大夫共治天下"的祖制和新传统,就不会有宋神宗—王安石这样主持改革的千载一遇之君臣组合;没有当时日益发达的经济繁荣,就不会有"民不加赋而国用饶"的扩大生产。包括熙宁年间,改革在军事领域的成果,也不仅是改革的立竿见影之效,更是仁宗以来积攒的人才在军事领域的成效。而北宋制度上的缺陷,在熙丰变法期间就已经对改革形成了巨大伤害,并最终成为改革被政治清算和政治修订与起复的关键。

正是在此意义上,熙丰变法的成败,是考察北宋制度质量及制度改进的重要依据之一。虽然今天人们所生活于其间的制度,有着更多的比较和借鉴资源,尤其是大量的域外资源,但作为本国的历史资源,以及它在本国历史资源中所显现的分量,熙丰变法依然可以在各类资源中成为最耀眼的富矿之一。

我相信,基于破解改革的皇权诅咒之僵局而对熙丰变法政治遗产的挖掘,随时代的变迁与需求,将会变得更为丰富,更具创造性,也将更具现实性。

参考文献

一、宋史基础史料

1.[宋]陈均:《皇朝编年纲目备要》,许沛藻、金圆等点校,北京:中华书局,2007年版。

2.[宋]李焘撰:《续资治通鉴长编》,上海师范大学古籍整理研究室、华东师范大学古籍整理研究室点校,北京:中华书局,2004年版。

3.[宋]李𡌴,《皇宋十朝纲要校正》,燕永成校,北京:中华书局,2013年版。

4.[宋]吕中撰:《类编皇朝大事记讲义》,张其凡、白晓霞整理,上海:上海人民出版社,2014年版。

5.[宋]彭百川:《太平治迹统类》,扬州:江苏广陵古籍刻印社,1990年版。

6.[宋]王称:《东都事略》,济南:齐鲁书社,2000年版。

7.[宋]徐梦莘撰:《三朝北盟会编》,上海:上海古籍出版社,2019年版;台北:大化书局,1979年版。

8.[宋]徐自明:《宋宰辅编年录》,王瑞来点校,北京:中华书局,1983年版。

9.[宋]杨仲良:《皇宋通鉴长编纪事本末》,维基文库版。

10.[宋]赵汝愚编:《宋朝诸臣奏议》,上海:上海古籍出版社,1999年版。

11.[元]马端临:《文献通考》,上海师范大学古籍研究所、华东师范大学古籍研究所点校,北京:中华书局,2011年版。

12.[元]脱脱等:《宋史》,北京:中华书局,1985 年版。

13.[明]陈邦瞻撰:《宋史纪事本末》,北京:中华书局,2018 年版。

14.[清]毕沅撰:《续资治通鉴》,北京:中华书局,1999 年版。

15.[清]黄以周等辑:《续资治通鉴长编拾补》,北京:中华书局,2004 年版。

16.[清]徐松辑:《宋会要辑稿》,刘琳等点校,上海:上海古籍出版社,2014 年版。

二、文集与笔记

1.[宋]包拯:《包孝肃奏议》,四库全书本。

2.[宋]蔡襄撰:《蔡襄全集》,陈庆元等校注,福州:福建人民出版社,1999 年版。

3.[宋]蔡襄:《端明集》,长春:吉林文史出版社,2005 年版。

4.[宋]晁公武撰:《郡斋读书志校证》,孙猛校证,上海:上海古籍出版社,2011 年版。

5.[宋]晁说之:《嵩山集》,四库全书本。

6.[宋]陈亮撰:《陈亮集》,北京:中华书局,1974 年版。

7.[宋]程颢、程颐:《二程集》,王孝鱼点校、注解,北京:中华书局,2004 年版。

8.[宋]洪迈:《容斋随笔》,北京:中华书局,2005 年版。

9.[宋]黎靖德编:《朱子语类》,王星贤点校,北京:中华书局,2020 年版。

10.[宋]楼钥:《楼钥集》,顾大朋点校,杭州:浙江古籍出版社,2010 年版。

11.[宋]陆佃:《陶山集》,北京:中华书局,1985 年版。

12.[宋]陆九渊:《象山先生全集》,南京:凤凰出版社,2019年版。

13.[宋]吕大临:《蓝田吕氏遗著辑校》,陈俊民辑校,北京:中华书局,1993年版。

14.[宋]吕陶:《净德集》,四库全书本。

15.[宋]欧阳修:《欧阳修全集》,李逸安点校,北京:中华书局,2001年版。

16.[宋]沈括:《梦溪笔谈》,金良年点校,北京:中华书局,2015年版。

17.[宋]石介:《徂徕石先生文集》,陈植锷点校,北京:中华书局,1984年版。

18.《司马光集》,李文泽、霞绍晖校点,成都:四川大学出版社,2010年版。

19.[宋]司马光:《温国文正司马公文集》。

20.[宋]司马光:《司马光奏议》,王根林点校,太原:山西人民出版社,1986年版。

21.[宋]司马光:《涑水记闻》,邓广铭、张希清点校,北京:中华书局,1989年版。

22.[宋]司马光:《司马光日记校注》,李裕民校注,北京:中国社会科学出版社,1994年版。

23.[宋]宋祁:《景文集》,北京:中华书局,1985年版。

24.[宋]苏轼:《苏轼文集》,孔凡礼点校,北京:中华书局,1986年版。

25.[宋]苏辙:《苏辙集》,北京:中华书局,1990年版。

26.[宋]苏洵撰:《嘉祐集笺注》,曾枣庄、金成礼笺注,上海:上海古籍出版社,1993年版。

27.[宋]王安石:《王荆文公诗笺注》,[宋]李壁注,高克勤点校,上海:上海古籍出版社,2010 年版。

28.[宋]王安石撰:《王安石老子注辑佚会钞》,罗家湘辑校,上海:华东师范大学出版社,2013 年版。

29.[宋]王安石原著:《王安石日录辑校》,孔学辑校,成都:四川大学出版社,2015 年版。

30.[宋]王得臣:《麈史》,上海:上海古籍出版社,2012 年版。

31.王水照主编:《王安石全集》,上海:复旦大学出版社,2016 年版。

32.[宋]王安石:《王安石文集》,刘成国点校,北京:中华书局,2021 年版。

33.[宋]王安石:《王安石诗笺注》,[宋]李壁笺注,[宋]刘辰翁评点,董岑仕点校,北京:中华书局,2021 年版。

34.王君玉撰:《国老谈苑》卷一,载王云五主编《东斋记事　附补遗　国老谈苑　涑水记闻　附补遗(一)》,北京:商务印书馆,1936 年版。

35.[宋]韦骧:《钱塘集》,四库全书本。

36.[宋]杨时撰:《杨时集》,林海权校理,北京:中华书局,2018 年版。

37.[宋]叶绍翁撰:《四朝闻见录》,尚成校点,北京:中华书局,1989 年版。

38.[宋]岳珂、王铚:《桯史　默记》,黄益元、孔一校点,上海:上海古籍出版社,2012 年版。

39.[宋]曾布撰:《曾公遗录》,顾宏义点校,北京:中华书局,2016 年版。

40.[宋]曾巩:《南丰文钞》,载朱易安、傅璇琮等主编《全宋笔记》,郑州:大象出版社,2006 年版。

41.[宋]詹大和等撰:《王安石年谱三种》,裴汝诚点校,北京:中华书局,1994 年版。

42.[宋]朱弁撰:《曲洧旧闻》,王根林校点,上海:上海古籍出版社,2012 年版。

43.[宋]朱熹:《四书章句集注》,北京:中华书局,1983 年版。

44.[清]王文诰辑注:《苏轼诗集》,孔凡礼点校,北京:中华书局,1982 年版。

45.朱易安、傅璇琮等主编:《全宋笔记》,郑州:大象出版社,2006 年版。

三、其他古籍

1.[战国]商鞅:《商君书》,石磊译注,北京:中华书局,2022 年版。

2.[南朝宋]刘义庆:《世说新语译注》,张万起、刘尚慈译注,北京:中华书局,1998 年版。

3.[唐]杜佑:《通典》,王文锦等点校,北京:中华书局,1988 年版。

4.[唐]韩愈:《韩昌黎文集校注》,马其昶校注,马茂元整理,上海:上海古籍出版社,2014 年版。

5.[宋]司马光编著:《资治通鉴》,[元]胡三省音注,北京:中华书局,1956 年版。

6.[五代]王定保:《唐摭言》,上海:上海古籍出版社,1978 年版。

7.[明]章衮撰:《王临川文集序》,载[宋]詹大和等撰《王安石年谱三种》,北京:中华书局,1994 年版。

8.[清]蔡上翔:《王荆公年谱考略》,载[宋]詹大和等撰《王安石年谱三种》,北京:中华书局,1994 年版。

9.[清]杜文澜辑:《古谣谚》,周绍良整理,北京:中华书局,1958 年版。

10.[清]钱大昕撰:《潜研堂集》,吕友仁校点,上海:上海古籍出版社,2009 年版。

11.[清]黄宗羲:《黄宗羲全集》,沈善洪主编,吴光执行主编,杭州:浙江古籍出版社,2005 年版。

12.[清]阮元:《十三经注疏》,台北:台湾艺文印书馆,2007 年版。

13.[清]谭嗣同:《谭嗣同全集》(增订版),蔡尚思、方行编,北京:中华书局,1998 年版。

14.[清]王夫之:《宋论》,北京:中华书局,1998 年版。

15.[清]赵翼撰:《赵翼全集》,曹光甫校点,南京:凤凰出版社,2009 年第版。

16.《明太祖实录》,"中研院"历史语言研究所缩印影印本,1962 年版。

17.《点校本二十四史》,北京:中华书局,2011 年版。

18.《古本竹书纪年辑证》(修订版),方诗铭、王修龄校注,上海:上海古籍出版社,2005 年。

19.《大清新法令(1901—1911)》(点校本),李秀清等点校,北京:商务印书馆,2010 年版。

四、外国学术著作

1.〔美〕Michael W. Doyle:*Empires*,Cornell University Press,1986.

2.〔美〕刘子健:《两宋史研究汇编》,台北:联经出版事业公司,1987年版。

3.〔日〕宫崎市定:《王安石的吏士合一政策》,载《日本学者研究中国史论著选译》第五卷《五代宋元》,北京:中华书局,1993年版。

4.〔德〕傅海波、〔英〕崔瑞德编:《剑桥中国辽西夏金元史907—1368年》,史卫民等译,北京:中国社会科学出版社,1998年版。

5.〔日〕宫崎市定:《九品官人法研究:科举前史》,韩昇、刘建英译,杭州:浙江大学出版社,2008年版。

6.〔日〕福泽谕吉:《文明论概略》,北京编译社译,北京:商务印书馆,2009年版。

7.〔德〕马克斯·韦伯:《支配社会学》,康乐、简惠美译,桂林:广西师范大学出版社,2010年版。

8.〔德〕马克斯·韦伯:《经济与社会》,阎克文译,上海:上海人民出版社,2010年版。

9.〔美〕道格拉斯·诺斯等:《交易费用政治学》,刘亚平编译,北京:中国人民大学出版社,2011年版。

10.〔美〕埃里克·弗鲁博顿、〔德〕鲁道夫·芮切特:《新制度经济学:一个交易费用分析范式》,姜建强、罗长远译,上海:上海人民出版社,2012年版。

11.〔日〕加藤繁:《中国经济史考证》,吴杰译,北京:中华书局,2012年版。

12.〔美〕刘子健:《中国转向内在:两宋之际的文化内向》,赵冬梅译,南京:江苏人民出版社,2012年版。

13.〔日〕吉冈义信:《宋代黄河史研究》,薛华译,郑州:黄河水利出版社,2013年版。

14.〔德〕特奥多尔·蒙森:《罗马史》,李稼年译,李澍泖校,北京:商务印书馆,2015年版。

15.〔英〕安格斯麦·迪森:《中国经济的长期表现:公元960—2030年》(修订版),伍晓鹰、马德斌译,王小鲁校,上海:上海人民出版社,2016年版。

16.〔日〕内藤湖南:《东洋文化史研究》,林晓光译,上海:复旦大学出版社,2016年版。

17.〔法〕阿列克谢·托克维尔:《旧制度与大革命》,冯棠译,北京:商务印书馆,2017年版。

18.〔美〕奥利弗·威廉姆森:《资本主义经济制度:论企业签约与市场签约》(分科本),段毅才、王伟译,北京:商务印书馆,2017年版。

19.〔美〕道格拉斯·诺斯:《经济史上的结构和变革》,厉以平译,北京:商务印书馆,2017版。

20.〔美〕康芒斯:《制度经济学》,于树生译,北京:商务印书,馆,2017年版。

21.〔意〕阿尔伯托·阿莱西纳、〔意〕恩里科·斯波劳雷:《国家的规模》,戴家武、欧阳峣译,上海:格致出版社、上海人民出版社,2020年版。

22.〔美〕曼昆:《经济学原理(第8版):微观经济学分册》,梁小民、梁砾译,北京:北京大学出版社,2020年版。

23.〔美〕刘子健:《宋代中国的改革:王安石及其新政》,张钰翰译,上海:上海人民出版社,2022年版。

五、近代以来中国学术著作

1.包伟民:《宋代地方财政史研究》,北京:中国人民大学出版社,2011 年版。

2.包伟民:《宋代城市研究》,北京:中华书局,2014 年版。

3.岑仲勉:《黄河变迁史》,重庆:重庆出版社,2022 年版。

4.陈焕章:《孔门理财学》,韩华译,北京:商务印书馆,2017 年版。

5.陈梦家:《殷墟卜辞综述》,北京:中华书局,1988 年版。

6.陈寅恪:《金明馆丛稿二编》,北京:生活·读书·新知三联书店,2001 年版。

7.陈寅恪:《隋唐制度渊源略论稿·唐代政治史略论稿》,南京:译林出版社,2020 年版。

8.陈振:《宋史》,上海:上海人民出版社,2016 年版。

9.程民生:《宋代物价研究》,北京:人民出版社,2008 年版。

10.邓广铭:《北宋政治改革家王安石》,北京:生活·读书·新知三联书店,2017 年版。

11.邓小南:《祖宗之法:北宋前期政治述略》(修订版),北京生活·读书·新知三联书店,2014 年版。

12.杜亚泉:《杜亚泉文存》,许纪霖、田建业编,上海:上海教育出版社,2003 年版。

13.范文澜:《中国通史》,北京:人民出版社,2004 年版。

14.范文澜:《中国通史简编》,北京:商务印书馆,2010 年版。

15.范学辉:《宋代三衙管军制度研究》,北京:中华书局,2015 年版。

16.方诚峰:《北宋晚期的政治体制与政治文化》,北京:北京大学出版社,2023 年版。

17.高聪明:《宋代货币与货币流通研究》,保定:河北大学出版社,1999 年版。

18.顾奎相、陈涴:《中国古代改革史论》,沈阳:辽宁大学出版社,1992年版。

19.顾准:《顾准历史笔记》,北京:光明日报出版社,2013年版。

20.郭正忠:《宋代盐业经济史》,北京:人民出版社,1990年版。

21.何兆泉:《两宋宗室研究:以制度考察为中心》,上海:上海古籍出版社,2016年版。

22.何忠礼:《宋代政治史》,杭州:浙江大学出版社,2007年版。

23.何竹淇编:《两宋农民战争史料汇编》,北京:中华书局,1976年版。

24.胡如雷:《中国封建社会形态研究》,北京:生活·读书·新知三联书店,1979年版。

25.黄纯艳:《宋代财政史》,昆明:云南大学出版社,2013年版。

26.黄纯艳:《宋代茶法研究》,昆明:云南大学出版社,2002年版。

27.黄留珠:《秦汉仕进制度》,西安:西北大学出版社,1985年版。

28.黄留珠:《中国古代选官制度述略》,西安:陕西人民出版社,1989年版。

29.黄仁宇:《中国大历史》,北京:九州出版社,2011年版。

30.姜锡东:《宋代商人和商业资本》,北京:中华书局,2002年版。

31.金观涛、刘青峰:《兴盛与危机——论中国封建社会的超稳定结构》,长沙:湖南人民出版社,1984 年版。

32.邝士元:《国史论衡》,上海:上海三联书店,2014 年版。

33.李华瑞:《宋代酒的生产和征榷》,保定:河北大学出版社,2001 年版。

34.李华瑞:《王安石变法研究史》,北京:人民出版社,2004 年版。

35.李华瑞主编:《“唐宋变革”论的由来与发展》,天津:天津古籍出版社,2010 年版。

36.李金水:《王安石经济变法研究》,福州:福建人民出版社,2007 年版。

37.李晓:《宋代茶业经济研究》,北京:中国政法大学出版社,2008 年版。

38.李一冰:《苏东坡新传》,成都:四川人民出版社,2020 年版。

39.李泽厚:《历史本体论·己卯五说》(增订本),北京:生活·读书·新知三联书店,2008 年版。

40.李震:《曾巩年谱》,南昌:江西人民出版社,2019 年版。

41.梁庚尧编著:《北宋的改革与变法:熙宁变法的源起、流变及其对南宋历史的影响》,台北:台湾大学出版中心,2022 年版。

42.刘成国:《王安石年谱长编》,北京:中华书局,2018 年版。

43.刘守刚:《家财帝国及其现代转型》,北京:高等教育出版社,2015 年版。

44.刘泽华主编:《中国政治思想通史·综论卷》,北京:中国人民大学出版社,2014 年版。

45.刘泽华:《刘泽华全集·中国的王权主义》,天津:天津人民出版,2019 年版。

46.罗家祥:《朋党之争与北宋政治》,武汉:华中师范大学出版社,2002 年版。

47.牟宗三:《政道与治道》,桂林:广西师范大学出版社,2006 年版。

48.彭信威:《中国货币史(校订版)》,上海:上海人民出版社,2020 年版。

49.漆侠:《漆侠全集》,保定:河北大学出版社,2009 年版。

50.漆侠主编:《辽宋西夏金代通史·政治军事卷》,北京:人民出版社,2010 年版。

51.钱穆:《国史大纲》,北京:商务印书馆,1994 年版。

52.钱穆:《中国近三百年学术史》,北京:商务印书馆,1997 年版。

53.钱穆:《中国学术思想史论丛》,合肥:安徽教育出版社,2004 年版。

54.钱穆:《孔子与论语》,北京:九州出版社,2011 年版。

55.钱穆:《中国历代政治得失》,北京:生活·读书·新知三联书店,2012 年版。

56.钱穆口述:《中国经济史》,叶龙整理,北京:北京联合出版公司,2016 年版。

57.钱锺书:《谈艺录》,北京:中华书局,1998 年版。

58.沈起炜、徐光烈编著:《简明中国历代职官辞典》(增订版),上海:上海辞书出版社,2014 年版。

59.唐长孺:《魏晋南北朝史论丛》,北京:商务印书馆,2017 年版。

60.唐春生:《翰林学士与宋代士人文化》,北京:中国社会科学出版社,2011 年版。

61.陶晋生:《宋辽关系史研究》,北京:中华书局,2008 年版。

62.陶晋生:《宋代外交史》,重庆:重庆出版社,2021 年版。

63.汪家伦、张芳编著:《中国农田水利史》,北京:农业出版社,1990 年版。

64.汪圣铎:《两宋财政史》,北京:中华书局,1995 年版。

65.王尔敏:《先民的智慧:中国古代天人合一的经验》,桂林:广西师范大学出版社,2008 年版。

66.王国维:《观堂集林》,彭林整理,石家庄:河北教育出版社,2001 年版。

67.王慧杰:《宋朝遣辽使臣群体研究》,北京:社会科学文献出版社,2016 年版。

68.王家范:《中国历史通论》(增订版),北京:生活·读书·新知三联书店,2019 年版。

69.王学泰:《游民文化与中国社会》(增修版),太原:山西人民出版社,2014 年版。

70.王亚南:《中国官僚政治研究》,北京:商务印书馆,2010 年版。

71.王育济、范学辉:《宋太祖传》,北京:人民出版社,2021 年版。

72.王毓铨:《王毓铨集》,北京:中国社会科学出版社,2006 年版。

73.王元化:《思辨随笔》,上海:上海文艺出版社,1994 年版。

74.王云海主编:《宋代司法制度》,开封:河南大学出版社,1992 年版。

75.王曾瑜:《宋朝兵制初探》,北京:中华书局,1983 年版。

76.魏天安:《宋代官营经济史》,北京:人民出版社,2011

年版。

77.吴慧主编:《中国商业通史》(第二卷),北京:中国财政经济出版社,2006 年版。

78.吴慧:《中国盐法史》,北京:社会科学文献出版社,2013 年版。

79.吴慧:《中国古代经济改革家:镜鉴兴衰三千年》,北京:社会科学文献出版社,2016 年版。

80.吴慧:《中国历代粮食亩产研究》,北京:中国农业出版社,2016 年版。

81.吴宗国:《唐代科举制度研究》,北京:北京大学出版社,2010 年版。

82.萧公权:《中国政治思想史》,北京:商务印书馆,2017 年版。

83.萧清:《中国古代货币史》,北京:人民出版社,1984 年版。

84.萧永明:《北宋新学与理学》,西安:陕西人民出版社,2001 年版。

85.熊鸣琴:《曾布研究》,南昌:江西人民出版社,2019 年版。

86.徐道隣:《徐道隣法政文集》,北京:清华大学出版社,2017 年版。

87.阎步克:《察举制度变迁史稿》,北京:中国人民大学出版社,2009 年版。

88.杨高凡:《宋代"三冗"问题研究》,北京:人民出版社,2018 年版。

89.杨珍:《清朝皇位继承制度》(修订版),北京:学苑出版社,2009 年版。

90.姚汉源:《黄河水利史研究》,郑州:黄河水利出版社,2003

年版。

91.叶坦:《大变法 : 宋神宗与十一世纪的改革运动》,北京:生活·读书·新知三联书店,1996 年版。

92.叶坦:《叶坦文集 : 儒学与经济》,南宁:广西人民出版社,2005 年版。

93.余英时:《朱熹的历史世界:宋代士大夫政治文化的研究》,北京:生活·读书·新知三联书店,2004 年版。

94.余英时:《民主制度与近代文明》,沈志佳编,桂林:广西师范大学出版社,2014 年版。

95.曾枣庄:《苏辙评传》,成都:巴蜀书社,2017 年版。

96.张芳:《中国古代灌溉工程技术史》,太原:山西教育出版社,2009 年版。

97.张晋藩、郭成伟主编:《中国法制通史》第五卷《宋》,北京:法律出版社,1998 年版。

98.张希清等:《宋朝典章制度》,长春:吉林文史出版社,2001 年版。

99.张荫麟:《宋史论丛》,北京:北京师范大学出版社,2020 年版。

100.赵冬梅:《大宋之变,1063—1086》,桂林:广西师范大学出版社,2020 年版。

101.郑学檬:《中国古代经济重心南移和唐宋江南经济研究》,长沙:岳麓书社,2003 年版。

102.仲伟民:《宋帝列传·宋神宗》,长春:吉林文史出版社,2004 年版。

103.诸葛忆兵:《宋代宰辅制度研究》,北京:中国社会科学出版社,2000 年版。

六、论文

1.曹家齐:《“嘉祐之治”问题探论》,载《学术月刊》2004年第9期。

2.程民生:《北宋探事机构——皇城司》,载《河南大学学报(哲学社会科学版)》1984第4期。

3.程念祺:《论中国古代经济史中的市场问题》,载《史林》1999年第4期。

4.邓小南:《关于拓展吕惠卿研究的层面问题——在吕惠卿学术研讨会上的讨论发言》,载汪征鲁主编《吕惠卿研究》,福州:福建人民出版社,2002年版。

5.丁涛:《北宋东南钱荒缘由考辨》,载《中华文化论坛》2018年第12期。

6.高美玲:《“庆历新政”与“熙宁变法”二三事》,载《广东社会科学》1990年第4期。

7.葛金芳、顾蓉:《宋代江南地区的粮食亩产及其估算方法辨析》,载《湖北大学学报(哲学社会科学版)》2000年第3期。

8.关履权:《论两宋农民战争》,载《历史研究》1962年第2期。

9.官桂铨、翁纪阳:《改革家吕惠卿世系》,载汪征鲁主编《吕惠卿研究》,福州:福建人民出版社,2002年版。

10.郭志安:《北宋黄河中下游治理若干问题研究》,河北大学2007年博士学位论文。

11.华山:《宋代的矿冶工业》,载氏著《宋史论集》,济南:齐鲁书社,1982年版。

12.黄纯艳:《略论宋朝铜钱在海外诸国的行用》,载《中州学刊》1997年第6期。

13.黄纯艳:《论北宋嘉祐茶法》,载《中国社会经济史研究》

2001 年第 3 期。

14.黄锦君:《章惇官历年谱》,载《宋代文化研究》第 8 辑,成都:巴蜀书社,1999 年版。

15.雷家圣:《高遵裕与宋夏灵州之役的再探讨》,载《首都师范大学学报(社会科学版)》2019 年第 2 期。

16.李国强:《论北宋熙宁年间的宗室改革》,载《江西社会科学》2010 第 10 期。

17.李华瑞:《近二十年对王安石及其变法的重新认识——为王安石诞辰一千周年而作》,载《史学月刊》2021 年第 11 期。

18.李金水:《熙丰时期农田水利法取得的主要成果及其原因》,载《中国社会经济史研究》2006 年第 3 期。

19.李晓:《论均输法》,载《山东大学学报(哲学社会科学版)》2001 年第 1 期。

20.李裕民:《宋代"积贫积弱"说商榷》,载《陕西师范大学学报(哲学社会科学版)》2004 年第 3 期。

21.李裕民:《周世宗皇子失踪之谜——赵匡胤政治权谋揭秘》,载《浙江学刊》2013 年第 04 期。

22.梁庚尧:《北宋元丰伐夏战争的军粮问题》,载《宋史研究集》第 26 辑,台北:宋史座谈会,1997 年。

23.梁太济:《〈续通鉴〉王广渊、王广廉相混说辨析》,载《文献》1992 第 3 期。

24.林秋均:《奸相或能臣:章惇与哲宗后期绍述新政之研究》,台湾师范大学历史系 2016 年硕士学位论文。

25.刘成国:《我不赞成整体否定王安石变法》,来源:澎湃新闻·私家历史,2018-10-15 09:28,https://www.thepaper.cn/newsDetail_forward_2451349

26.刘成国:《〈弟子记〉与北宋中期儒学——以刘敞、王安石为核心的考察》,载《社会科学辑刊》2021 年第 1 期。

27.吕一燃:《吕惠卿与王安石变法》,载《史学月刊》2003 第 2 期。

28.马小凤:《宋代“均输法”研究》,山东大学 2016 年硕士学位论文。

29.毛元佑:《王安石变法中的军事改革》,载《历史教学》1994 年第 8 期。

30.孟天运:《王安石改革与社会舆论》,载《史学集刊》1988 年第 3 期。

31.米礼宾:《从庆历新政到熙宁变法——范仲淹、王安石所面对的不同改革阻力及其影响》,载《文史博览(理论)》2011 年第 6 期。

32.谭平:《中国古代皇位嫡长子继承制的计量分析》,载《成都大学学报(社会科学版)》1998 年第 4 期。

33.田志光:《宋代宰辅贴职考辨》,载《社会科学战线》2020 年第 4 期。

34.万斌生:《解读司马光〈与王介甫书〉兼论王安石回信》,载《闽江学院学报》2003 年第 3 期。

35.王姝琪:《章惇与吕惠卿关系演变及其对熙丰变法的影响》,载《绵阳师范学院学报》2023 年第 7 期。

36.吴旭霞:《宋代钱币封建割据性原因初探》,载《江西社会科学》1989 年第 3 期。

37.萧庆伟:《章惇年表》,载《闽台文化研究》2014 年第 4 期。

38.杨德华、王荣甫:《略论王安石变法中“将兵法”和“保马法”的积极意义》,载《云南师范大学学报(哲学社会科学版)》1992 年第 6 期。

39.杨永兵:《宋代政府对买扑课额的征收、蠲免和使用》,载

《思想战线》2009年第5期。

40.杨永兵:《宋代的买扑盐业》,载《盐业史研究》2010年第2期。

41.于士倬:《薛向与“均输法”研究》,华东师范大学2010年硕士学位论文。

42.虞云国:《王安石的“非常相权”与其后的异变》,载《商丘师范学院学报》2014年第4期。

43.张邦炜:《“嘉祐之治”:一个叫不响的命题》,载《四川师范大学学报(社会科学版)》2021年第1期。

44.张呈忠:《论司马光时代的新法改废与新旧党争——兼与赵冬梅教授商榷》,载《清华大学学报(哲学社会科学版)》2021年第3期。

45.张晋藩:《论中国古代的德法共治》,《中国法学》2018年第2期。1939年《暨南大学丛书》第十四期,《中国历代天灾人祸表》附录。

46.张全明:《也论宋代官员的俸禄》,载《历史研究》1997年第2期。

47.张希清:《宋太祖“不诛大臣、言官”誓约考论》,载《文史哲》2012年第2期。

48.张希清:《宋太祖誓约与岳飞之死》,载龚延明、岳朝军主编《岳飞研究论文集汇编》(第二辑),杭州:浙江大学出版社,2013年版。

49.赵涤贤:《试论北宋变法派军事改革的成功》,载《历史研究》1997第6期。

50.朱琳:《北宋熙丰时期宗室改革再探——以制度落实情况为视角的考察》,载《郑州航空工业管理学院学报(社会科学版)》2022年第1期。

跋

写这本书的四年间，一直想去开封待几天，觉得开封虽然已过近千年，但那里总应该还留下点宋代的影子吧。终于，2023 年正月初三，我们全家从北京出发，驾车 670 公里，历经 6 个半小时，下午四点钟之前就赶到了预订的酒店。

掐头去尾，在开封待了整整三天。天寒地冻，游客没有平时多，但清明上河园依然熙熙攘攘、摩肩擦踵，要看个实景演出“东京保卫战”都挤不到个像样的站位。排老长的队买了个荠菜猪肉锅盔，给五岁的女儿之前我咬了一口，好吃，心想她不吃就我吃，结果比她脸都大一圈的锅盔她竟然全部吃光，连块渣也没留。我猜想，各地的人们还是比较喜欢北宋主题的旅游。

不知道这好吃的锅盔北宋有没有，宋代东京人该是面食控，常吃的就有馒头（现在的包子，北宋叫“包子”的是一种将肉馅铺在荷叶上蒸熟的食品，并非面食）、炊饼（现在的馒头，水浒武大郎卖的就它，原称“蒸饼”，后为避宋仁宗赵祯的讳改叫“炊饼”）、胡饼（现在的烧饼）、馄饨（现在的饺子）、餶飿（是现在包子放大的三四倍）……记不起在哪见过一份宋仁宗宴请大臣的菜单，十四个菜里有八个菜是面食。

除了面食，还有鱼生，还有各种点心……宋代出现了铁锅，独异于全球的中华炒菜就此开始了它的辉煌历程。严复先生所谓要了解国人历史民情，须从宋人入手，看来跟饮食的关系也千丝万缕。现代人常用的菜品和香料，除了辣椒、番薯、玉米等少数品种没有，江北的北宋人跟现在的我们日常饮食差别不会很大。有个晚上，我们冒着严寒去河南大学附近吃烤串，没想到也是人山人海，吃什么都需要排队，很有回到《东京梦华录》饭庄酒肆茶楼灯火通明之夜市的恍惚，历朝历代唯有宋代不宵禁。

当然去了开封博物馆、大相国寺、繁塔……在清明上河园里坐船，感受一下模拟的宋代漕运——那曾是整个宋朝国运所系。按全汉昇先生的说法，蔡京废除王安石熙宁变法期间经薛向确立的转般法之后，良好的漕运制度被摧毁，京师保供系统遂遭败坏，禁军给养无以为继，东京因此陷落。

写书是种神游，跟实体实地的旅游相似，有期待，有跋涉，有劳累，更有惊喜。读者对这本书的内容或许毫无悬念，悬念反倒是我自己不经意间发生的，现在最终完成的文本，和我最初想写的内容之间差别不小。我对那场改革的想象，在大量阅读史料和下笔写作之前与最终写成之后，完全不同，这既让我惊异，也让我欣慰——我遵循了研究的内在伦理，缺乏根据的猜测必须服从并让位于有根据的事实和逻辑结果。写作的过程，于我自己最终只是学习的过程，这本书事实上也就是一本比较系统的学习笔记。

书名是来自疑似李白所作《忆秦娥·箫声咽》末句“西风残照，汉家陵阙”的谐音，我觉得这句词里同时闪烁着泛黄的历史苍茫感和历史纵深广阔之感，与本书的论域和阅读想象是匹配的。

写作得到了亲友们的帮助。最应该感谢的是广西师范大学出版社的总编室副主任张洁女士，这本书凝聚了她数年来持续的心血。从最初的签约邀请到最后出版，光是书稿来来回回的打磨，就经历了三四回合，且不论日常讨论的章节布局、内容取舍等问题，她一直给予了最诚恳负责的建议，没有她，这本书不会是现在的样子，而出版过程的烦琐与冗滞，于我只能想象，真正的承受者就只有她了。我还要感谢本书的责任编辑邓进升先生，他不厌其烦地逐条核对本书的全部注释，力求严谨、准确；此外，他还承担了编辑出版流程后期大量的协调性烦琐事务，他的敬业精神以及耐心细致的工作态度都给我留下了深刻的印象。

还须感谢我的太太李静睿，没有她的支持，我可能没有足够的自律和效率如期完成这本书。为了这本书，她比我更多地陪伴孩子；集中写作的今年一整年，我不肯出门旅行，这对于爱旅行的她来说，也是个无奈忍受。在孤独和艰苦写作过程中最让我快乐的是女儿猫猫，很大程度上，这个聪慧的小精灵赋予了我生命全部的意义和价值，感谢她是理所当然的。

沈从文的后半生，就是工作、工作、工作，做所有能做的工作。工作经常会拯救困境中人。静睿的长篇小说《慎余堂》里令之对林恩溥说："原来任何时代，咱们都可以不管不顾，只种一棵自己的树去。"我觉得，这种状态的人才是在生活，而不只是活着。人生苦短，一辈子只够做一件事（有时候就连这都是奢望），还不知道能不能做好。写作的人，只要身体和时间尚且允许，不就是一本书写完接着写下一本，下一本也写完了，就接着再写下下一本吗……

这似乎让人想到荒诞，想到西西弗；既然想到了西西弗，不妨也想到加缪：

> 这块巨石上的每一个颗粒，这黑夜笼罩的高山上的每一颗矿砂对西西弗都是一人一世界。他爬上山顶的斗争本身就足以使一个人心里感到充实。应该认为，西西弗是幸福的。

2023 年 12 月 18 日

大学问，广西师范大学出版社学术图书出版品牌，以“始于问而终于明”为理念，以“守望学术的视界”为宗旨，致力于以文史哲为主体的学术图书出版，倡导以问题意识为核心，弘扬学术情怀与人文精神。品牌名取自王阳明的作品《〈大学〉问》，亦以展现学术研究与大学出版社的初心使命。我们希望：以学术出版推进学术研究，关怀历史与现实；以营销宣传推广学术研究，沟通中国与世界。

截至目前，大学问品牌已推出《现代中国的形成（1600—1949）》《中华帝国晚期的性、法律与社会》等100多种图书，涵盖思想、文化、历史、政治、法学、社会、经济等人文社会科学领域的学术作品，力图在普及大众的同时，保证其文化内蕴。

“大学问”品牌书目

大学问·学术名家作品系列

朱孝远《学史之道》
朱孝远《宗教改革与德国近代化道路》
池田知久《问道：〈老子〉思想细读》
赵冬梅《大宋之变，1063—1086》
黄宗智《中国的新型正义体系：实践与理论》
黄宗智《中国的新型小农经济：实践与理论》
黄宗智《中国的新型非正规经济：实践与理论》
夏明方《文明的“双相”：灾害与历史的缠绕》
王向远《宏观比较文学19讲》
张闻玉《铜器历日研究》
张闻玉《西周王年论稿》
谢天佑《专制主义统治下的臣民心理》
王向远《比较文学系谱学》
王向远《比较文学构造论》
刘彦君　廖　奔《中外戏剧史（第三版）》
干春松《儒学的近代转型》
王瑞来《士人走向民间：宋元变革与社会转型》
罗家祥《朋党之争与北宋政治》

大学问·国文名师课系列

龚鹏程《文心雕龙讲记》

张闻玉《古代天文历法讲座》

刘　强《四书通讲》

刘　强《论语新识》

王兆鹏《唐宋词小讲》

徐晋如《国文课:中国文脉十五讲》

胡大雷《岁月忽已晚:古诗十九首里的东汉世情》

龚　斌《魏晋清谈史》

大学问·明清以来文史研究系列

周绚隆《易代:侯岐曾和他的亲友们(修订本)》

巫仁恕《劫后"天堂":抗战沦陷后的苏州城市生活》

台静农《亡明讲史》

张艺曦《结社的艺术:16—18 世纪东亚世界的文人社集》

何冠彪《生与死:明季士大夫的抉择》

李孝悌《恋恋红尘:明清江南的城市、欲望和生活》

李孝悌《琐言赘语:明清以来的文化、城市与启蒙》

孙竞昊《经营地方:明清时期济宁的士绅与社会》

范金民《明清江南商业的发展》

方志远《明代国家权力结构及运行机制》

严志雄《钱谦益的诗文、生命与身后名》

严志雄《钱谦益〈病榻消寒杂咏〉论释》

全汉昇《明清经济史讲稿》

大学问·哲思系列

罗伯特·S. 韦斯特曼《哥白尼问题:占星预言、怀疑主义与天体秩序》

罗伯特·斯特恩《黑格尔的〈精神现象学〉》

A. D. 史密斯《胡塞尔与〈笛卡尔式的沉思〉》

约翰·利皮特《克尔凯郭尔的〈恐惧与颤栗〉》

迈克尔·莫里斯《维特根斯坦与〈逻辑哲学论〉》

M. 麦金《维特根斯坦的〈哲学研究〉》

G·哈特费尔德《笛卡尔的〈第一哲学的沉思〉》

罗杰·F. 库克《后电影视觉:运动影像媒介与观众的共同进化》

苏珊·沃尔夫《生活中的意义》

王　浩《从数学到哲学》
布鲁诺·拉图尔　尼古拉·张《栖居于大地之上》
罗伯特·凯恩《当代自由意志导论》

大学问·名人传记与思想系列

孙德鹏《乡下人:沈从文与近代中国(1902—1947)》
黄克武《笔醒山河:中国近代启蒙人严复》
黄克武《文字奇功:梁启超与中国学术思想的现代诠释》
王　锐《革命儒生:章太炎传》
保罗·约翰逊《苏格拉底:我们的同时代人》
方志远《何处不归鸿:苏轼传》
章开沅《凡人琐事:我的回忆》

大学问·实践社会科学系列

胡宗绮《意欲何为:清代以来刑事法律中的意图谱系》
黄宗智《实践社会科学研究指南》
黄宗智《国家与社会的二元合一》
黄宗智《华北的小农经济与社会变迁》
黄宗智《长江三角洲的小农家庭与乡村发展》
白德瑞《爪牙:清代县衙的书吏与差役》
赵刘洋《妇女、家庭与法律实践:清代以来的法律社会史》
李怀印《现代中国的形成(1600—1949)》
苏成捷《中华帝国晚期的性、法律与社会》
黄宗智《实践社会科学的方法、理论与前瞻》
黄宗智　周黎安《黄宗智对话周黎安:实践社会科学》
黄宗智《实践与理论:中国社会经济史与法律史研究》
黄宗智《经验与理论:中国社会经济与法律的实践历史研究》
黄宗智《清代的法律、社会与文化:民法的表达与实践》
黄宗智《法典、习俗与司法实践:清代与民国的比较》
白　凯《中国的妇女与财产(960—1949)》

大学问·法律史系列

田　雷《继往以为序章:中国宪法的制度展开》
北鬼三郎《大清宪法案》
寺田浩明《清代传统法秩序》

蔡　斐《1903：上海苏报案与清末司法转型》
秦　涛《洞穴公案：中华法系的思想实验》

大学问 · 桂子山史学丛书

张固也《先秦诸子与简帛研究》
田　彤《生产关系、社会结构与阶级：民国时期劳资关系研究》
承红磊《“社会”的发现：晚清民初“社会”概念研究》

其他重点单品

郑荣华《城市的兴衰：基于经济、社会、制度的逻辑》
郑荣华《经济的兴衰：基于地缘经济、城市增长、产业转型的研究》
拉里 · 西登托普《发明个体：人在古典时代与中世纪的地位》
玛吉 · 伯格等《慢教授》
菲利普 · 范 · 帕里斯等《全民基本收入：实现自由社会与健全经济的方案》
王　锐《中国现代思想史十讲》
简 · 赫斯菲尔德《十扇窗：伟大的诗歌如何改变世界》
屈小玲《晚清西南社会与近代变迁：法国人来华考察笔记研究（1892—1910）》
徐鼎鼎《春秋时期齐、卫、晋、秦交通路线考论》
苏俊林《身份与秩序：走马楼吴简中的孙吴基层社会》
周玉波《庶民之声：近现代民歌与社会文化嬗递》
蔡万进等《里耶秦简编年考证（第一卷）》
张　城《文明与革命：中国道路的内生性逻辑》
洪朝辉《适度经济学导论》
李竞恒《爱有差等：先秦儒家与华夏制度文明的构建》
傅　正《从东方到中亚——19 世纪的英俄“冷战”（1821—1907）》
俞　江《〈周官〉与周制：东亚早期的疆域国家》

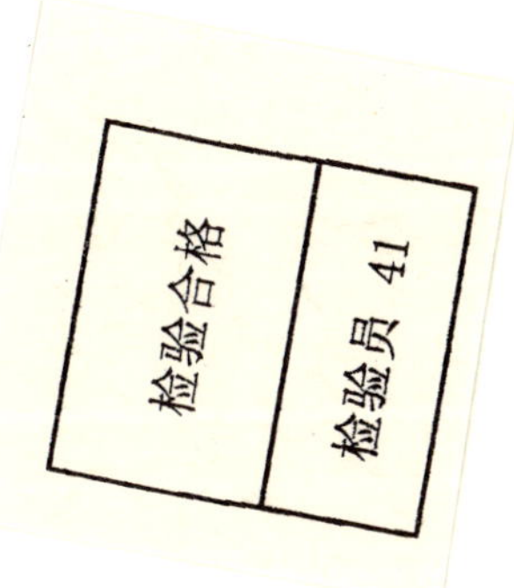
检验合格
检验员 41